中等职业教育汽车专业技能人才培养规划

ZHONGDENG ZHIYE JIAOYU QICHE ZHUANYE JINENG RENCAI PEIYANG GUIHU

汽车钣金基本工艺与设备

■ 梁振华　主编
冯培林 王长友　副主编
韩亚芹　主审

人 民 邮 电 出 版 社
北 京

图书在版编目（CIP）数据

汽车钣金基本工艺与设备 / 梁振华主编. — 北京：人民邮电出版社，2011.12（2021.9重印）
中等职业教育汽车专业技能人才培养规划教材
ISBN 978-7-115-26988-1

Ⅰ. ①汽… Ⅱ. ①梁… Ⅲ. ①汽车－钣金工－中等专业学校－教材 Ⅳ. ①U472.4

中国版本图书馆CIP数据核字(2011)第267705号

内容提要

本书从够用、实用的角度出发，专业、系统地对汽车钣金维修安全知识、汽车钣金修复的常用工具设备、汽车车身结构、汽车车身常用材料、汽车车身焊接工艺、放样与下料工艺、手工制作工艺、车身的测量、车身的拉伸与校正、车身钣金结构件的切割更换等内容作了全面而详尽的介绍。

此外，针对 2007 年以来在全国技能比赛中使用的奔腾公司超声波测量系统，本书对奔腾公司 Allvis 车身电子测量系统作了重点的、直观的讲解，对各职业院校指导学生参加钣金项目比赛的测量项目大有裨益。

本书文字简洁，通俗易懂，图文并茂，形象直观，形式生动，既可作为全国各类职业院校汽车类钣金专业的教学用书，也可作为汽车钣金类在职人员的学习、培训用书。

◆ 主　　编　梁振华
副 主 编　冯培林　王长友
主　　审　韩亚芹
责任编辑　刘盛平
◆ 人民邮电出版社出版发行　北京市丰台区成寿寺路 11 号
邮编　100164　电子邮件　315@ptpress.com.cn
网址　http://www.ptpress.com.cn
北京七彩京通数码快印有限公司印刷
◆ 开本：787×1092　1/16
印张：13.75　2012 年 2 月第 1 版
字数：349 千字　2021 年 9 月北京第 9 次印刷

ISBN 978-7-115-26988-1

定价：28.00 元

读者服务热线：(010)81055256　印装质量热线：(010)81055316
反盗版热线：(010)81055315
广告经营许可证：京东市监广登字20170147号

前言 PREFACE

随着我国汽车工业技术的高速发展，汽车行业对汽车专业人才的需求更为迫切。为更好地贯彻落实《国务院关于大力发展职业教育的决定》以及教育部等六部委《关于实施职业院校制造业和现代服务业技能型紧缺人才培养培训工程的通知》精神，适应汽车工业飞速发展和汽车运用与维修专业技能型紧缺人才培养的需求，我们编写了这本书。

“汽车钣金基本工艺与设备”是汽车类相关专业的主干课程之一，主要内容包括汽车钣金维修安全知识、汽车钣金修复的常用工具设备、汽车车身结构、汽车车身常用材料、汽车车身焊接工艺、放样与下料工艺、手工制作工艺、车身的测量、车身的拉伸与校正以及车身钣金结构件的切割更换。每个模块又分为“学习目标”“基础知识”“课题实施”“模块总结”“复习思考题”等五部分内容。

为满足当前汽车技术发展的需要并结合职业院校学生的实际情况，我们在编写过程中，注重理论与实践相结合、应知和应会相结合、传统技术与现代新技术相结合。注重知识体系的实用性，体现先进性，保证科学性，突出实践性，贯穿可操作性，反映了汽车工业的新知识、新技术、新工艺和新标准。本书文字简洁，通俗易懂，图文并茂，形象直观，形式生动，对培养学生的学习兴趣，提高学习效果有很大的促进作用。

同时针对目前全国职业技术院校“年年有技能大赛”的情况，本书特别加入了奔腾 Allvis 车身电子测量系统的使用介绍，以便更好地服务于每个参赛的职业院校。

本书由广西交通技师学院梁振华任主编，广西交通技师学院冯培林、江苏汽车技师学院王长友任副主编，由江苏汽车技师学院韩亚芹主审。全书共分 10 个模块，其中模块一由广西交通技师学院谢雨编写，模块二由江苏汽车技师学院韩亚芹编写，模块三由广西交通技师学院吴春凤编写，模块四由长沙汽车工业学校胡文军编写，模块五、模块六、模块七分别由江苏汽车技师学院王长友、徐磊、熊俊编写，模块八由桂林市交通技工学校何子心编写，模块九由广西玉林市机电工程学校陈新编写，模块十由江苏汽车技师学院倪训阳编写。

由于编者水平有限，书中难免有错误和不足之处，恳望广大读者批评指正。

编　者

2011 年 9 月

目录 CONTENTS

模块一 1 汽车钣金维修安全知识

知识目标

◎ 能正确描述汽车钣金维修车间的环境安全要求
◎ 能正确描述汽车钣金维修人员保护人身安全的方法
◎ 能正确描述汽车钣金工具与设备的使用安全要求

课题一 一般车间安全注意事项

基础知识

一、紧急情况处理

当伤害事故、车间火灾或者其他事故发生时，应该对下面的紧急情况处理信息有所了解。

（1）熟悉车间电话旁边张贴的紧急情况电话号码表，包括匪警、火警、中毒控制、急救中心、医生和最近医院电话号码。

（2）熟悉车间内急救箱的存放位置。急救箱中有处理车间中经常发生的轻伤的医疗用具，如消毒纱布、绷带、剪刀、杀菌药水和其他工具，用这些物品可以处理轻度割伤和烧伤。急救箱应该放在随手可以取到的位置，如靠近办公室和休息室的地方。

（3）熟悉眼睛冲洗站的位置和眼睛冲洗方法。眼睛冲洗站有清水和喷头，当溶剂等腐蚀性液体接触到眼睛时，在眼睛冲洗站可以及时进行冲洗，如图 1-1 所示。

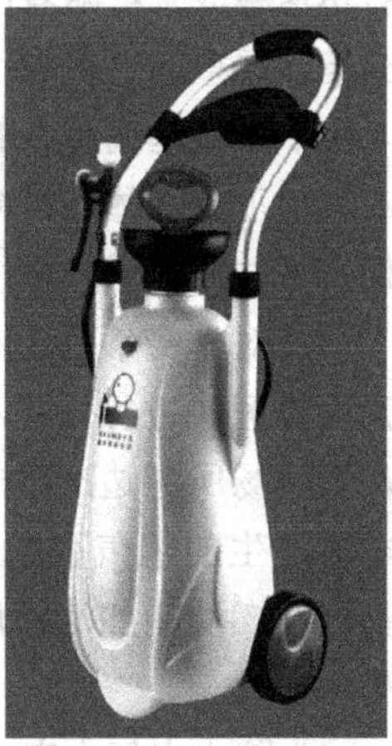

图 1-1　冲洗眼睛的设备

（4）熟悉安全标志包含的信息。安全标志能够增加车间的安全性，在管理规范的企业遍布整个车间以确保工作人员能看到并且理解。安全标志通常标明了紧急出口的位置、灭火器的位置、危险或易燃物品和其他一些信息。

二、电路及气路安全

钣金维修车间的工作要使用电和压缩空气，电路、气路的布置是否合理，是否符合规范非常重要。

车身的焊接工作用电量很大，电路的布置除了要符合电工布线安全规范外，还要特别注意焊接电流的要求。如气体保护焊焊接时的输入电流必须大于 15A，电阻点焊设备的输入电流必须在 30A 以上。配电箱中的三孔、四孔插座要保证接地良好。注意焊机电源线不能过长，以免引起线路过热损坏。

在使用压缩空气时，应遵守压缩空气机的极限警示，气动工具必须在其制造商推荐的压力下工作。车间内的气源通常为 0.5～0.8MPa，但这一压力足以致人重伤。符合 OSHA 要求的吹气枪应利用泄压孔保证安全，如果在更高的压力下工作，也要参照设备制造商提供的各工具的最大允许压力限值。

在用压缩空气进行清洁作业时应小心，只要喷嘴是非 OSHA 类型的吹气枪，其使用压力值应保持在 0.5MPa 以下，在清洁车门立柱和其他难以达到的位置时，眼睛一定要戴上防护装备和防粒子面罩。禁止利用压缩空气来清洁衣物，即使是在较低的压力下压缩空气也能使灰尘粒子嵌入皮肤造成伤害；吹气枪绝不能直接对准皮肤吹，因为如果将空气通过伤口吹入血管系统，血液中的气体能够立即置人于死地。

三、消防安全

1．钣金维修时的安全

严禁在车身维修车间内吸烟、随身携带火柴或丁烷液体打火机。在喷漆区域划火柴或吸烟，会使漆雾和烟尘像一个随时准备爆炸的炸弹；火柴头部主要成分是磷，遇高温时能突然开始燃烧，形成巨大、炽热的火焰；打火机内丁烷非常易燃并可能发生爆炸；车间内大量的易燃物都能引发车身车间内的火灾。

丁烷液体打火机不但容易产生火灾，还十分容易造成烧伤。烧伤通常发生在技师进行电弧焊或火焰切割时，炽热、熔化的金属接触到口袋里的打火机，打火机的塑料外壳就会熔化，使丁烷被迅速释放来；随着压力的降低，液体丁烷变成高度易爆气体，能够产生炽热的、像喷灯一样的火焰，严重的会造成Ⅲ度烧伤。

热源应远离可燃的材料。进行焊接或切割时，远离调漆台或调漆间，绝不可在油漆、稀释剂或其他可燃液体或材料周围进行焊接。在进行喷涂之前，必须清除掉所有的可燃的残留物，移走便携灯并打开通风系统。

在对车身钣件进行焊接、用割炬或等离子弧切割时，必须先将易燃的隔音材料拆下；在车辆内饰旁边进行焊接和切割时，应拆下座椅、地板垫或用一块浸水的布或焊接毯盖上，一定要在工作场所旁边准备一桶水和一个灭火器；不能在蓄电池周围进行焊接或研磨，避免蓄电池充电时产生的氢气引起爆炸；绝不能不经检查容器中原来装的是什么材料就对其进行焊接或切割。在燃油箱加油管周围进行作业时，要把燃油箱排空后拆下，简单的切割应拧紧箱盖并盖上湿布。

为防止电气火灾，在进行电气作业或当车身作业可能会割断导线时，一定要断开蓄电池。汽车的导线间短路、导线对地短路产生的过大电流会使导线过热、熔化甚至燃烧，都可能造成电器损坏。

在发生火灾时，最重要的是确保在开始灭火之前就有人去打火警电话；在室内发生火灾时，注意不要打开门窗，防止空气流动加大火势；如果过热或烟雾过大，应尽快离开火场，撤离时贴近地面，避免吸入烟气。记住，绝不要再为任何东西回到正在燃烧的建筑物中。

2．灭火器的使用

火灾因燃烧物的不同可分为A、B、C、D四种类型。

A类火灾是由一般固体可燃物如木材、纸、塑料等引起的火灾；B类火灾是由可燃液体如油、汽油、油漆、溶剂等引起的火灾；C类火灾是由电气设备引起的火灾；D类火灾是由某些可燃金属如铝、镁、钠、钾等引起的火灾。

灭火最常用的设备就是灭火器，不同类型的火灾要用不同类型的灭火器来扑灭。当然有些灭火器可以扑灭几种类型的火灾，比如干粉灭火器可以扑灭易燃物、易燃液体和电气火灾。

使用灭火器时应该站在距离火源2～3m的地方，首先拉下手柄上的安全销，握住灭火器，将喷嘴对准火焰的根部，然后挤压手柄，将灭火剂喷入火焰中，就能将火熄灭。干粉灭火器及其使用方法如图1-2所示。

3．易燃材料的处理

喷漆技师会面对多种易燃的材料，主要是易燃溶剂和其他易燃液体（油漆、密封剂、底漆、还原剂、溶剂、清洁剂、燃油、润滑油等），这些材料中有些还是易爆、有毒的，特别是汽油和喷涂材料的挥发气体会发生爆炸性燃烧。

在喷漆、调漆区或是车间内的任何地点内都不要点燃火柴或抽烟，在离开车间的时候要确保手上或衣物上没有溶剂；在点燃割炬或焊机的电弧之前核对两次，确保工作区内没有易燃物。将用来处理溅出机油的吸收剂打扫干净，因为机油或燃油的吸收剂遇到微小的火花就会燃烧成大火。

正确地转移可燃液体，运送溶剂时避免溢出，在危险地点只能使用许可使用的防爆炸设备。在转移易燃的化学物品时，应使用经过安全部门检查和许可的容器，以及带有通风装置的安全罐和输送泵，并确保容器接地，而且要在容器和安全罐之间连一根导线。否则，会积聚静电，并引发爆炸，如图1-3所示。

干粉灭火器适宜扑灭油类、可燃气体、电器设备等初起火灾。
使用时，先打开保险销，一手握住喷管，对准火源，另一手拉动拉环，即可扑灭火源

图1-2 干粉灭火器的使用方法

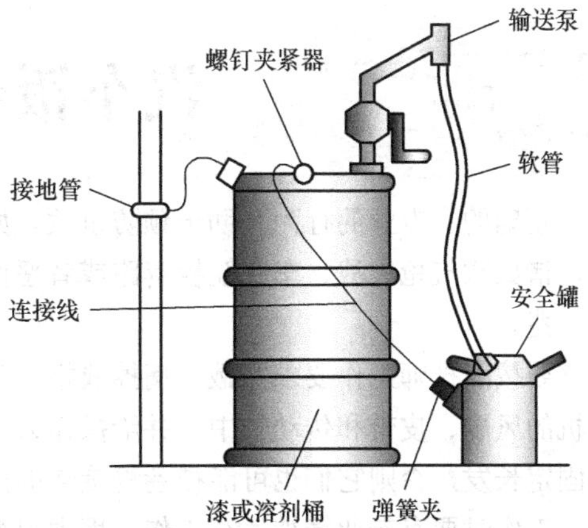

图1-3 专用泵抽送溶剂示意图

定期报废或清洗所有空的溶剂容器。这些容器底部残余的溶剂是重要的火源，切记不要用汽油作清洗剂；在排放易燃材料的残留物时确保有毒物质不会通过地面进入下水道，或由其他出口流向公用水道。

用户和所有非工作人员，一律不允许进入车间的工作区。

4．易燃材料的正确储存

除了灌注期间，所有的溶剂容器都应配以清晰的标签并保持密闭；在不使用时，所有易燃和

易爆液体的容器和管道的连接器必须保持严密封闭。

汽油是一种极为易燃的从石油中提炼出来的液体，能够迅速地蒸发和燃烧。因此，汽油和柴油燃料一定要保存在许可使用的安全容器中并放在防火的柜子中。不能用车用燃油来清洗双手、零件或工具。

油漆、稀释剂、溶剂、承压容器以及其他易燃材料存放在许可并指定的防火金属存储罐、柜子或房间内。在任何可能出现高浓度易燃液体蒸气的地方，都应当小心控制并监视所有的火源，避免任何可能的火灾危险。

沾满了机油、润滑脂或油漆的抹布应当存放在许可使用的带盖金属容器中。沾有化学物品的纸巾和其他纸制品应存放在一个单独的容器中，并应每天清空。若将沾满化学物品的抹布或纸巾成堆地弃置在车间内，它们就是最可能自燃的材料，无需外部的热量、火星或火焰即可开始燃烧。这是因为当某些化学物质混合到一起后，它们能够发生化学反应，产生热量并点燃自己。

存放间或调漆间应充分通风，绝不能将易燃材料留在工作区内；使用单独的设备散装储存易燃材料时，也要注意不能把超过一天用量的漆料放在储存区以外。用了一半的容器应该牢牢盖紧，因其底部的溶剂气体是主要的火源。

四、环境安全

钣金维修车间，常遭受到有害气体、灰尘等物质的危害，应制订相应的控制措施保证通风。可采取换气系统进行地面抽气，或以强力抽气中心来抽吸维修时的磨料或喷漆场地的灰尘，只有在通风良好的地方运行发动机，才能防止一氧化碳的危害；维修车间最好安装尾气排气系统，利用它排出一氧化碳；如果没有安装尾气排气系统，可用直接通往室外的管道系统，通过过滤装置排出室外。

课题二 汽车钣金维修的人身防护知识

正确的、专业的行为有助于预防事故。如果打闹让一个人住进医院，那就不是件好玩的事情了，诸如吹气枪大战、车底躺板赛跑或者恶作剧，都不能在车间里进行。注意开玩笑是发生事故的前兆。

要按照技师工作要求穿戴。摘掉戒指、手镯、项链、手表和其他饰物，这些东西会被绞进发动机的风扇、皮带和传动轴中，并给操作人员带来严重的、永久的伤害。另外，一定要收紧衣袖并固定长发，否则它们也可能被卷进旋转的部件中。

工作时要有专业精神。在工作过程中很容易兴奋，但是千万不要因为工作兴奋而干得太快，这样很容易忽视一些重要的维修程序和安全规则。必须懂得，干得快不一定会节省时间。

对于每一个维修任务，通常都会有最适合的工具，选择错误的工具会使工作效率和工作质量降低，同时也会造成某些危险。工作之前一定要认真考虑哪种工具更合适，遇到困难时更要懂得选择。

提示：顾客和非工作人员绝不允许进入车间的任何一个工作区。

基础知识

一、呼吸器

在对有色金属或镀层金属（如镀锌钢板）进行焊接时产生的焊接烟尘、在进行打磨抛光时产生的微尘、清洗部件时挥发的溶剂成分，在喷涂防腐剂时挥发的液滴，都会被吸入呼吸系统，对人体产生暂时的、甚至永久的伤害，所以在进行这些操作时都应该佩戴呼吸器。

1．呼吸器的种类及特点

呼吸器的种类如图 1-4 所示。

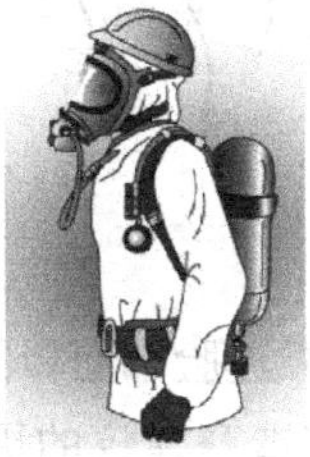

（a）供气式呼吸器

（b）滤筒式呼吸器

（c）焊接用呼吸器和口罩

（d）防尘呼吸器和口罩

图 1-4　呼吸器种类

（1）供气式呼吸器。供气式呼吸器通常包括一个具有透明护目镜的兜帽和一个外接气源软管。洁净可呼吸的空气通过软管从一个单独的气源泵送到面罩或头盔中。外接气源软管与气泵相连，气泵的空气入口必须位于洁净空气区域。如果使用的是车间压缩空气，则必须利用 U 形阀和活性碳过滤器将空气中的机油、水分、水垢和异味清除。

气源必须有一个与呼吸器设备规定气压相配的阀门，以及一个在过热和被污染时发出报警声并关闭压缩机的自动控制装置，过热会造成气源被碳氧化物污染。

供气式呼吸器可以保护操作者免于吸入极为危险的空气悬浮物，如添加了同化剂的异氰酸脂涂料蒸气或烟雾以及危险的溶剂蒸气。供气式呼吸器是最安全的保护方式，建议在喷涂所有类型的底漆、密封材料和涂料时都采用这种呼吸器。

（2）滤筒式呼吸器。滤筒式呼吸器通常是由贴合脸部轮廓保证气密性的橡胶面罩、能够清除溶剂和空气中其他蒸气的、可更换式预滤器和滤筒及进气阀、出气阀组成。进气阀与出气阀用来确保所有吸入的空气都通过过滤器。

滤筒式呼吸器可以隔绝单组分瓷漆（无固化剂）、硝基漆以及其他非异氟酸脂类材料的蒸气和喷雾。滤筒式呼吸器只能用于通风良好的环境中，对于含氧低于 19.5%的环境绝不能使用。

滤筒式呼吸器具有不同的规格，应按照自己的脸形购买和使用。滤筒式呼吸器存放时，应保持呼吸器的洁净并按照厂商的指导更换预滤器和滤筒。

（3）防尘呼吸器。它也包括防尘口罩。防尘口罩一般是用多层滤纸制作的廉价过滤器，它能够阻挡空气中的微粒、粉尘进入人的鼻腔、咽喉、呼吸道和肺部。在进行打磨、研磨或用吹气机吹净钣件时会产生大量的粉尘，所以应佩戴防尘呼吸器。

2．滤筒式呼吸器的测试和保养

滤筒式呼吸器是一种常用的防毒呼吸器，在使用之前应进行密合度测试，包括负压和正压测试，如图 1-5 所示。

（1）负压测试。用手掌挡住滤筒不给进气并用力吸气，密合性良好时，面罩部分会向脸部凹陷。

（2）正压测试。用手罩住呼气器并用力呼气，密合性良好时，面罩部分会鼓出，而空气会随着正常的呼气从面罩溢出。

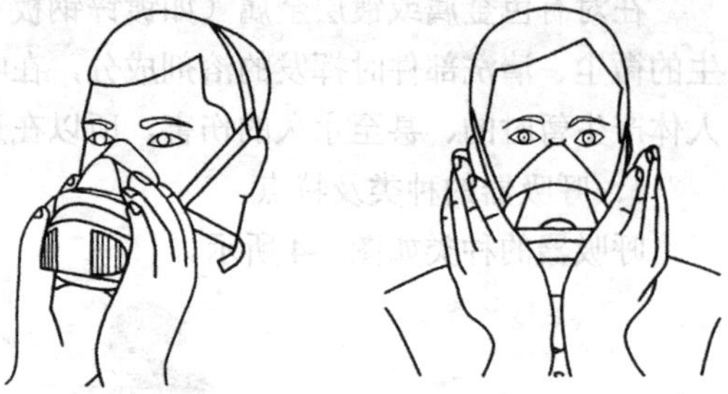

图 1-5　呼吸器的密合性检查

另外一种密合性测试是将烷基醋酸盐（橡胶水）靠近脸部面罩的密封处，如果未闻到气味，则密封正常。当通过呼吸器的呼吸变得困难或到达制造商建议的更换周期时应更换前置式滤清器，一旦闻到溶剂的味道就应更换滤芯。定期检查面罩，确保没有裂纹或变形。呼吸器可保存在气密的容器内或塑料的自封袋中，保持清洁。

二、身体各部位的保护

1．头部的防护

在对车辆开始工作之前一定要将头发束在脑后，防止头发与运动部件或气动工具绞到一起造成事故；车间内的很多物品都会造成严重的头部伤害，如车身钣件、车架校正机以及链条，还有其他重型设备，在车身修理车间工作时，要当心头部不要意外碰到这些东西上；头发还必须防止被灰尘或喷雾污染。

要保持头发的清洁和健康，在工作区内应佩戴工作帽；在喷漆间要戴弹性兜帽；在发动机罩中、车底或车架上进行操作时，车间技师应考虑戴上有软衬的帽子或安全头盔。

2．眼睛和面部的防护

眼睛和面部的防护用品如图 1-6 所示。

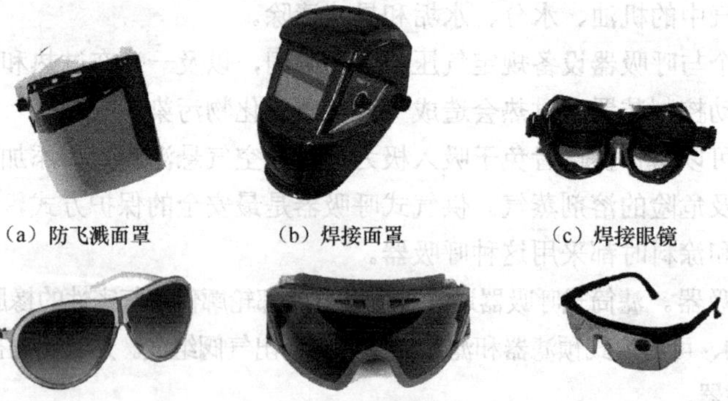

（a）防飞溅面罩　（b）焊接面罩　（c）焊接眼镜

（d）墨镜　（e）风镜　（f）普通护目镜

图 1-6　眼睛和面部的防护用品

汽车钣金维修人员在进行锤击、钻孔、磨削和切削等工作时都要求佩戴防护眼镜、风镜、面罩、头盔等眼睛和面部的保护装置；氧乙炔焊操作时应佩戴带有深色镜片的“墨镜”；有些工作必须使用防飞溅面罩或头盔加以保护。在利用金属调理剂处理金属表面时，因调理剂含有磷酸，最好使用防酸碱护目镜，防止调理剂溅入眼睛。

在进行电弧焊、等离子切割时应佩戴焊接专用的焊接护目镜或焊接面罩。焊接面罩能保护面部免受高温、紫外线或熔融金属的灼伤。

3．耳朵的防护

在噪声严重的环境中工作，必须佩戴耳塞或耳罩等耳朵保护装置，例如，使用气动錾、气动锯等切割工具或进行钣件击打、打磨等操作时可防止所产生的高分贝噪声对耳朵产生的伤害。在进行焊接时，耳塞或耳罩还可以避免飞溅的金属损伤耳朵。防护耳罩如图1-7所示。

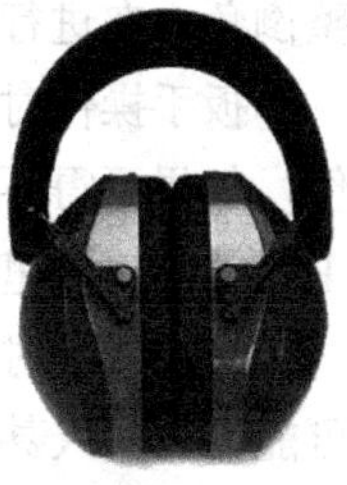

图1-7 耳罩

4．手的保护

在工作中，应该能根据不同工作的需要适当选择手套来保护好自己的双手，避免双手遭受到刺伤、擦伤、烧伤等伤害。一般的工作可以用棉纱手套，焊接时要用专用的皮手套，处理化学液体时应该用橡胶手套。手套的种类如图1-8所示。

在处理任何对皮肤有害的化学物品（如溶剂或双组分底漆和面漆）时，应戴上橡胶或合成橡胶手套的防渗手套，如果这些化学物品接触到皮肤，应立即用肥皂水清洗接触部位。在离开工作场地时要彻底洗手，建议使用适当的清洁剂，绝不能把稀释剂当清洁剂来用。每天工作结束时可用一种不含硅的护肤膏滋润皮肤。

5．脚的保护

在进行钣金维修工作时，最好穿上有金属脚尖衬垫及防滑鞋底的安全工作鞋，金属衬垫可保护脚趾不受落下物体伤害；焊接时还要穿上防护脚盖。工作鞋如图1-9所示。

图1-8 手套

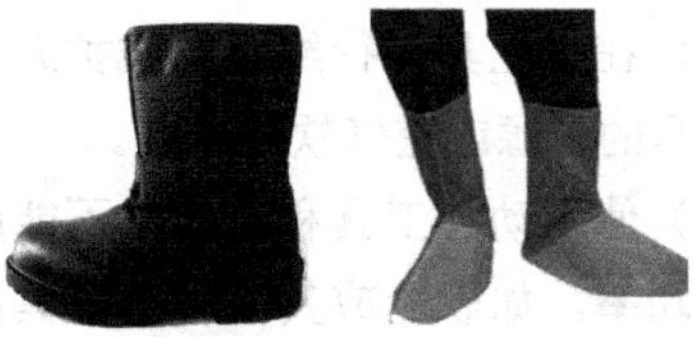

图1-9 脚的保护

课题三 汽车钣金维修工具和设备的安全知识

在进行汽车钣金维修时会用到大量的手动、电动、气动工具和校正设备，在使用任何工具前都要充分了解其使用方法、安全提示及操作规程，避免产生危险。

基础知识

一、手动工具的安全

请勿将手动工具用做任何非设计规定的用途。例如，绝不要用锉刀或旋具来进行敲击，工具可能会断裂并造成人身伤害。

手动工具应保持清洁和良好的工作状况，脏污的工具显得不专业，而且很危险。布满润滑脂、机油的手动工具容易从手中滑脱，造成关节挫伤或手指折断；在将工具收拾起前应用抹布将其擦拭干净。

在使用前应检查所有的手动工具是否存在裂纹、碎片、毛刺、断齿或其他危险的情况，如果有工具存在问题，则应进行维修或更换。凿子和冲子应正确研磨，凿子的刃应该锋利而且是方正的；长时间使用后，凿子和冲子的头部会变成“蘑菇头”（变形或变大），这时如果再用，可能就会有金属片飞出伤人或者“蘑菇头”割到自己的手，应利用台式磨床消除“蘑菇头”，重新修整倒角；在进行研磨、打磨或处理溶剂时不要佩戴隐形眼镜。

扳手操作时动作是拉而不是推，否则的话，如果扳手从紧固件上意外滑脱，你的手就会被撞伤，如果不得不采用推的动作，应伸开五指，用手掌推动；不要把旋具、冲子或其他尖锐的手动工具放到口袋里，以免刺伤自己或损坏车辆。

绝不要同时打开多个工具柜抽屉。有些盛满工具的工具柜重量可达一吨，在工具柜倾翻时，可能会伤到人甚至致人死亡。在打开新抽屉前一定要关闭前一个抽屉。

将所有的零件和工具整齐地正确存放，保证其他工作人员不会被绊倒，这样做能够增加安全度并节省寻找零件或工具的时间；绝不能把车底躺板放到地板上，不用时应将其竖起，如果有人踩在车底躺板上，可能会摔倒并严重受伤。

二、动力工具和设备的安全

（1）使用电动工具和设备时，必须注意安全用电。应确保它们的电源线能正确接地，定期检查电线的绝缘层有无裂缝或导线裸露，及时更换有破损的导线。

（2）在使用动力工具前要安装好动力工具的护具，图 1-10 所示为电动角磨机的护具，它可以避免操作中角磨机的打磨砂轮伤手。在对工具进行维修和维护之前，先将工具的电源或空气软管断开。

图 1-10 角磨机的护具示意图

（3）使用动力工具和设备时不能超出其额定功率。如砂轮或其他转动工具的最大转数和气动工具的额定压力，否则就会损坏工具或设备，也容易造成人员伤害；当用工具进行金属表面或者其他表面打磨修整时，应注意调整好速度，并在转速平稳后才能进行工作，避免由于过热烧坏被加工表面，并软化工具的金属部分。

（4）在用动力工具对小零件进行打磨、钻孔时，一定要使用夹紧钳或台钳来固定小零件，不能仅用手拿零件，否则容易对手部造成伤害。

（5）在使用液压设备时，应缓慢施加压力，注意观察，确保安全。在进行车身的拉伸校正工作时，要站在拉伸链条的侧面，保持一定距离并戴上安全面罩，防止零件飞出造成伤害。

（6）焊接用的气瓶一定要固定牢靠，防止倾倒产生危险。使用完毕后应关闭气瓶顶部的总气阀，避免气体泄漏流失或爆炸。

三、车辆举升机的安全

在举升机提升汽车时，需要特别小心。要先确定装有排气催化转换器的车辆在举升机和排气系统部件之间应有足够的间隙，方可将车辆开上举升机。双柱型举升机上的边接器和举升机平板必须正确定位，以防止损坏汽车车身底部。如果连接器和举升机平板放置不正确，有可能损坏催化转换器、转向横拉杆、拉杆支架和减振器等部件。

使用举升机，必须遵守以下安全操作规程。

（1）切勿使举升机超载。制造厂的额定载荷标示在举升机的铭牌上。

（2）当指挥汽车进入举升机时，维修人员应当站在汽车的一边，不要让用户或旁观者操作举升机或在操作过程中处于举升机的作业区。

（3）汽车的定位和举升机的操作只能由受过专业训练和有授权的人员进行。

（4）要保持举升机作业区内没有障碍物、油脂、润滑油、废料垃圾和其他杂物。

（5）操纵控制装置在松开时关闭，不要将它们放在打开位置。

（6）在将汽车拖引到举升机上之前，定位好支架和杆臂以保证有足够的空间通过。不要碰撞或越过举升机杆臂、连接器或车桥支架，否则会损坏举升机或汽车。

（7）车辆的车门、发动机罩和后备箱的门在提升汽车之前应关闭好，切勿提升载有乘客的汽车。

（8）将举升机支架放在厂家建议的车辆举升点处。升起举升机至支撑接触到车辆，检查支撑，确保它们与车辆可靠接触，然后再将车辆升到工作高度。

（9）将汽车装上举升机时要小心，在没有提升到预期工作高度之前，按照说明书检查连接器或车桥支架是否安全地与汽车接触。记住，不稳固的承重很危险。

（10）在汽车提升到要求高度之后，一定要将装置降低到机械安全的位置。

（11）对于某些车辆，部件的拆卸（或组装）能引起严重的重心改变，造成举升不稳定，更要注意安全防护。

（12）在降下汽车之前，要检查清楚工具架、支柱等是否已从汽车下移开，依照说明书松开锁定装置。

（13）从举升机作业区移开汽车之前，定位好杆臂、连接器或车桥支架，保证汽车或举升机不受损坏。

（14）要每天检查举升机，如果工作不正常、已经损坏或者有零件损坏，不能继续使用，应当立即拆下进行维修。一台举升机如果发生下列情况，应密切注意。

① 提升时有跳动或振动。

② 提升后缓慢下降。

③ 不用时缓慢下降，使用时缓慢升起。

④ 下降非常缓慢。

⑤ 从排泄管中喷油。

⑥ 在密封管处有渗漏。

（15）维修时只能用原厂零部件进行处理。

四、移动式千斤顶的安全

移动式千斤顶有立式和卧式两种，是钣金维修人员在工作中经常使用的简易设备。

（1）将车辆停放在平坦坚硬的地面上，并置于驻车挡（自动变速器为P挡，手动变速器为N挡），然后拉紧紧急制动器并且用三角木块塞住车轮。

（2）把千斤顶的支架放置在车身维修手册推荐的汽车举升点位置。如果支座放置不正确，可能会使车底的部件凹陷或损坏，并可能导致车辆从千斤顶上翻落。

（3）顺时针转动千斤顶手柄关闭升起支架的液压阀，然后上下摇动手柄，缓慢升起车辆。注意不要将身体的任何部位置于车下，车上有人时不能顶起车辆。当车辆被千斤顶顶起时，不要起动发动机。

（4）车辆升起到足够高度后，将车辆落到支架上，利用支撑架支撑。注意此时不要摇晃车辆。在车底作业时，一定要用支架将车辆支撑住，而不能单靠液压千斤顶支撑。因为液压系统只能用来升起车辆，而不能用来支撑车辆。

（5）车辆维修好后，利用千斤顶把它放下来时，应逆时针慢慢转动手柄让车辆缓慢下降，防止车辆猛然降落，造成损伤。

模块总结

本模块主要讲述了汽车钣金维修车间的环境安全要求，汽车钣金维修人员保护人身安全的方法和汽车钣金工具与设备的使用安全要求，提醒维修人员在进行钣金作业时一定要注意安全，防患于未然。

思考与练习

一、选择题

1．焊接时应该带________手套。

A．塑料　　B．橡胶　　C．皮　　D．棉纱

2．吹气枪的工作压力应该保持________以下。

A．0.1MPa　　B．0.2MPa　　C．0.5MPa　　D．0.8MPa

3．使用台钻、卷扬机等设备工作时，严禁________操作。

A．带防护眼镜　　B．穿防护服　　C．戴安全帽　　D．戴手套

4．维修车间内压缩空气的压力一般为________MPa。

A．0.5～0.8　　B．0.8～1.0　　C．1.0～1.2　　D．1.2～1.5

5．泡沫灭火器的代号为________。

A．MF　　B．MY　　C．MT　　D．MP

6．我国规定安全电压的最高标准为________。

A．12V　　B．24V　　C．36V　　D．48V

二、填空题

1．呼吸器的种类有________、________、________和________等。

2．火灾因燃烧物的不同可分________、________、________和________等类型。

三、简答题

1．简述干粉灭火器的使用方法。

2．简述移动式千斤顶的使用注意事项。

模块二 2 汽车钣金修复的常用工具设备

知识目标

◎ 了解汽车钣金维修常用手动工具的作用及使用方法

◎ 了解汽车钣金维修常用动力工具的作用及使用方法

课题一 汽车钣金修复常用的手动工具

汽车钣金维修作业的手动工具包括扳手、旋具、钳子等通用工具，它们可用于拆卸零件、翼子板、车门和总成；还包括车身修复的专用工具，如钣金锤、垫铁、匙形铁、撬棍等。

基础知识

一、钣金锤

钣金锤是指在钣金维修中使用的各种规格和样式的手锤。这些手锤专门为金属成形作业而制成特殊的形状，使用在不同的场合效果会有所不同。

1．橡皮锤

图 2-1 所示为橡皮锤。它主要用于修整表面微小的凹陷，用橡皮锤轻轻地锤击不会损坏油漆的表面，也不会损坏表面的光泽。它经常与吸盘配合用于“塌陷型”的凹陷上，当用吸盘将凹陷拉上来时，用橡皮锤围绕着高点进行圆周轻打，当高点落下及低部位弹回到原来外形时会发生“劈拍”的声音。

2．铁锤

图 2-2 所示为铁锤。它是用于修整较厚的钣金件，使之大致回到原形，此类铁锤的手柄较短，适用于空间较为紧凑的地方。

3．球头锤

球头锤也叫圆头锤，如图 2-3 所示，它的质量为 290～450g，由一个圆形平面锤头和一个球形锤头组成。它用于校正弯曲的基础构件、修平部件和钣金件粗成形阶段。

图 2-1　橡皮锤

图 2-2　铁锤

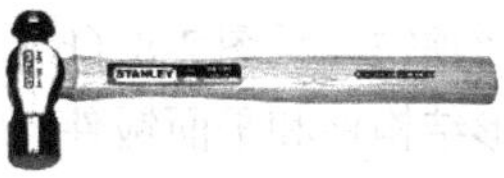

图 2-3　圆头锤

4．重头锤

重头锤也叫冲击锤，它一头为圆形，另一头为方形。这种锤顶面大，使得打击的力散布在较大的面积上，用于凹陷板面的初步校正，或内部板件和加强部位的加工，这种场合需要较大的力量而不要求光洁表面，如图 2-4 所示。

5．鹤嘴锤

鹤嘴锤属于精修锤，锤头一头为圆形平面，另一头为尖形，尖头即鹤嘴，有的鹤嘴较长，可伸到车身板后面，可用在如前挡泥板等这些操作不方便的部位。鹤嘴头用来消除车身的小凹痕，其平端头与顶铁配合可以去除微小的凸点和波纹，如图 2-5 所示。

图 2-4 重头锤

图 2-5 鹤嘴锤

提示

使用鹤嘴锤时要小心，假如用力过猛，尖顶端可能戳穿新型汽车上的钣金件。只能在修复小的凹陷处用鹤嘴锤，并且要控制力度。

6．精修锤

精修锤也叫轻头锤，它的形状与重头锤一样（见图 2-6），一般用来进行金属精加工，即用重头锤去除凹陷之后，用精修锤精修外形，如在车门处折边等。精修锤的锤面较冲击锤小，锤面隆起的锤头适用于修平表面微小高凸点和波纹的顶端；带有锯齿面或交错缝槽面的精修锤叫收缩锤，适用于收缩作业，以便修整被过度捶打而产生的延伸变形。

（a）双圆头锤　（b）小锤　（c）偏置冲击锤　（d）收缩锤

图 2-6 部分精修锤

二、顶铁

顶铁也称为垫铁或衬铁，由高强度钢制成，通常与钣金锤配合进行维修作业，如图 2-7 所示。

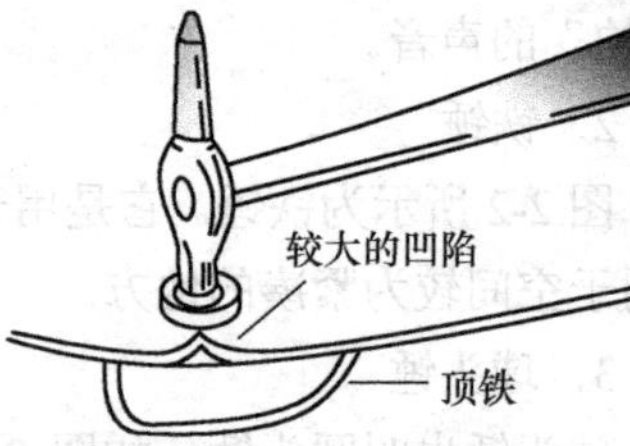

图 2-7 用锤和顶铁敲击凹陷

1．顶铁的种类

常用的顶铁有通用顶铁、足跟形顶铁、足尖形顶铁、楔形顶铁等。各种形状的顶铁适用于车身表面特定形状的凹陷或外形的修整。各种顶铁如图 2-8 所示。

通用顶铁也叫万能顶铁（见图 2-8（a）），可以用来粗加工挡泥板的拱起部分和车身相同形状的表面；校正挡泥板凸缘、装饰条和轮缘；修正焊接区。

足跟形顶铁（见图 2-8（b））用来在钣件上形成较大形状的凸起，校直高拱起或低拱起的金属板、长形结构件和平面钣件。

足尖形顶铁（见图 2-8（c））是一种组合平面顶铁，用来收缩车门板、挡泥板裙板、柱杆顶部和汽车各种盖板，也可以用来在挡泥板的底部形成卷边和凸缘。该顶铁的一个面非常平而另外一面微微拱起，特别适合于加工还没有精加工的金属钣件。

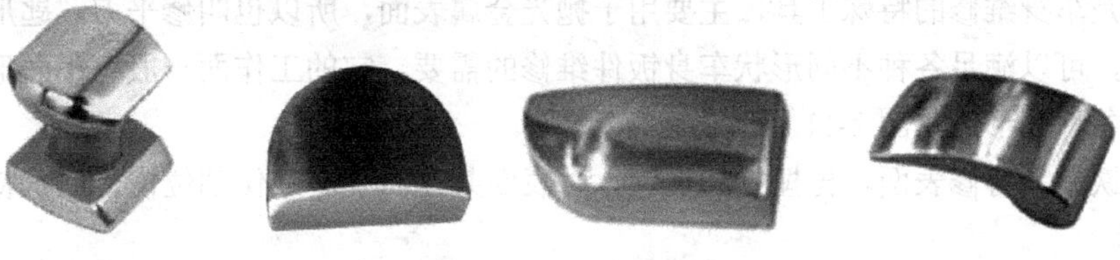

（a）通用顶铁　（b）足跟形顶铁　（c）足尖形顶铁　（d）楔形顶铁

图 2-8　各种顶铁

楔形顶铁也叫逗号顶铁（见图 2-8（d）），用来在柱杆顶部和宽的挡泥板凸缘上生成拱起，也可以用来加工与支架或其他车身内部构件形成一个封闭结构的钣件；还可以在柱杆顶部粗加工出一些小的凹痕，特别是在顶盖梁和横杆的后部，以及在车身其他地方生成皱折等。

2．正托和偏托

用顶铁法修整可分为正托和偏托两种方式。

偏托是指直接用顶铁抵住最大凹陷处，使用木锤或尼龙锤敲击凹陷周围产生的隆起变形，即“深入浅出”地敲平凹凸变形。用偏托修整平面，一般不会造成钣件伸展，因为顶铁击打的是板料正面的凹陷处，而锤子击打的则是板料正面的鼓凸部位，如图 2-9（a）所示。

当局部凹凸变形被修平至一定程度时，应改用正托进一步敲平。正托是指将顶铁直接顶在板料背面不平的位置上，同时用锤子在顶铁位置正面敲平。由于锤子的敲击作用会使顶铁发生轻度回弹，在锤子敲击的同时顶铁也将同时击打板料，所以顶铁垫靠得越紧，则展平的效果越好，如图 2-9（b）所示。

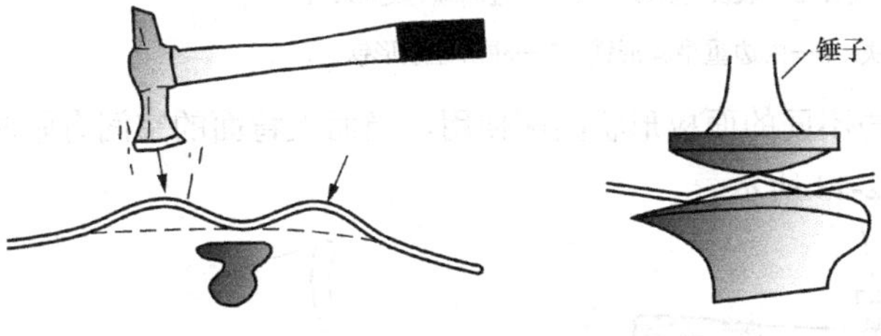

（a）偏托　（b）正托

图 2-9　顶铁法修整

顶铁法敲平的工序如图 2-10 所示，所用顶铁的端面形状与被修钣件形状必须吻合。

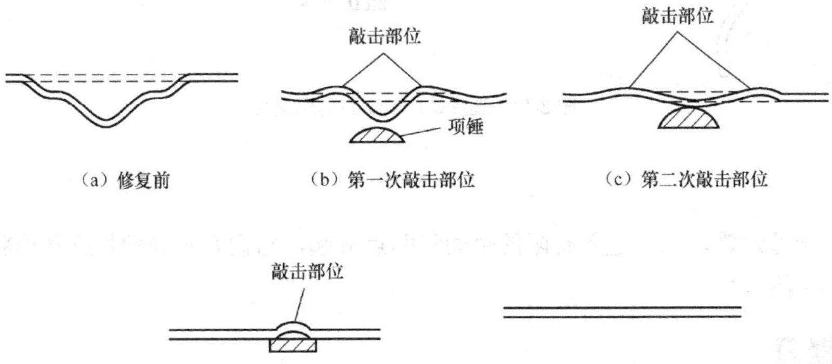

（a）修复前　（b）第一次敲击部位　（c）第二次敲击部位

（d）最后敲击部位　（e）修复后

图 2-10　顶铁法敲平的工序

三、匙形铁

匙形铁是车身维修的特殊工具，主要用于抛光金属表面，所以也叫修平刀。匙形铁有很多种形状和尺寸，可以满足各种不同形状车身钣件维修的需要，它的工作面一般有平面形、弧形和双钩形3种。各种匙形铁如图2-11所示。

将匙形铁贴紧待修表面，再捶打匙形铁，对表面某些微小、划伤部位恢复原状特别有效，如图2-12所示。

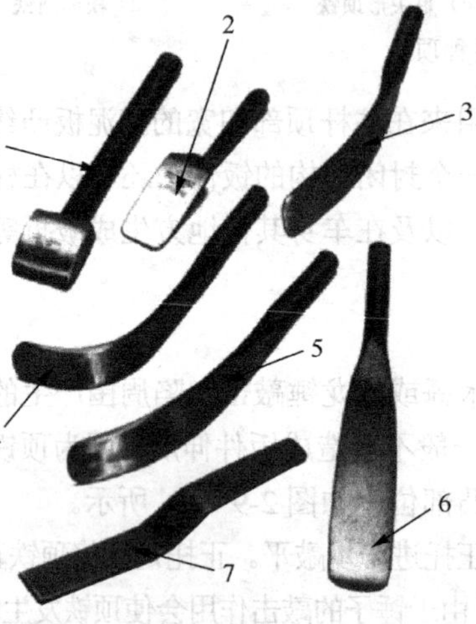

图2-11 各种匙形铁

1—匙形铁；2—轻击匙形铁；3—表面匙形铁；4—内边高隆起匙形铁；5—内边中度隆起匙形铁；6—内边重型匙形铁；7—冲击锉匙形铁

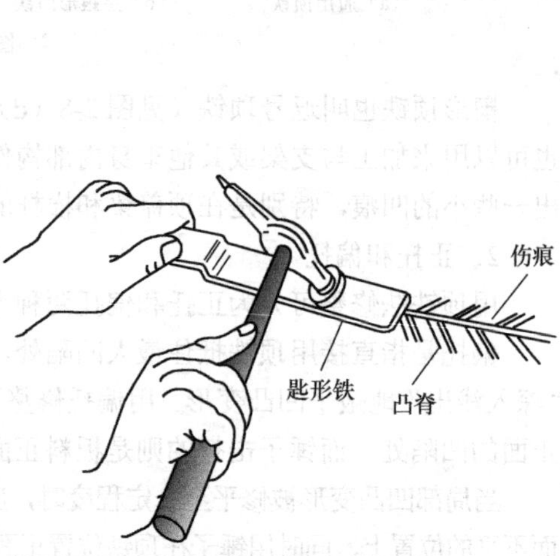

图2-12 匙形铁分散作用力

不同的匙形铁可与不同的面板形状匹配使用，当面板背面的空间有限时，匙形铁也可当作顶铁或撬棍使用，如图2-13所示。

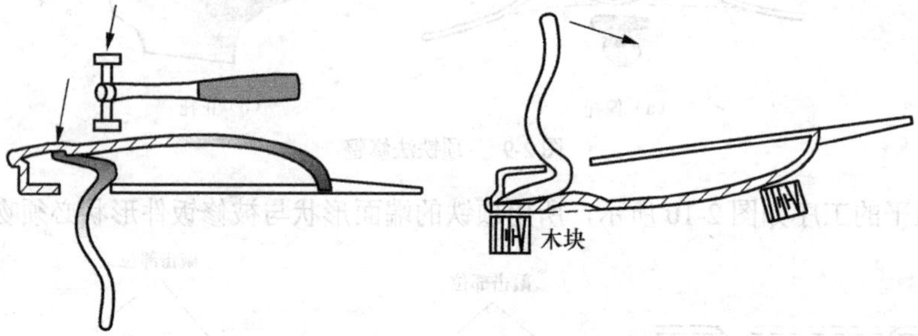

图2-13 匙形铁作顶铁和撬棍使用

四、撬棍

撬棍类似于匙形铁，用以进入有限的空间将凹点撬起，它们有不同的长度和形状。各种车身撬棍如图2-14所示。

五、车身锉刀

车身锉刀如图2-15所示，在金属精加工或最终维修时常用到车身锉刀。在变形钣件经过敲击或拉回等粗加工后，锉削可以显露出钣件上任何需要再加以处理的高点和凹点，也可以用在经精加工去除钣件面上所有的凸、凹点后，最后磨光滑金属板面。经锉刀加工后，再用打磨机打磨，就可以完成金属精加工的全部工作。

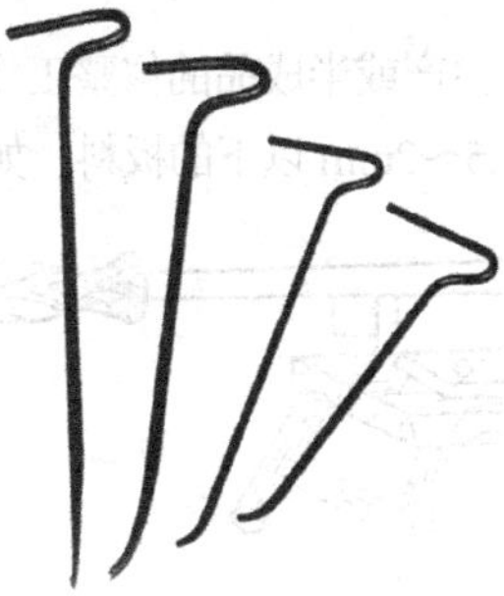

图 2-14　各种车身撬棍

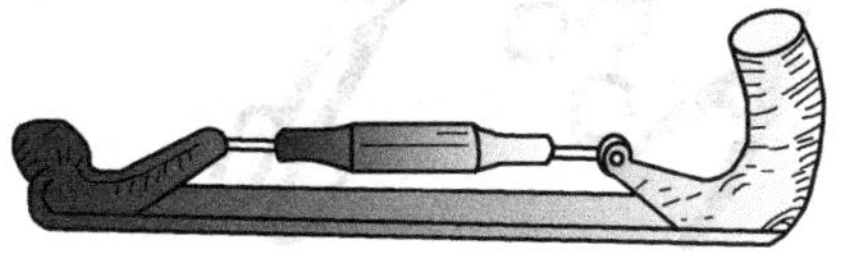

图 2-15　车身锉刀

六、冲头和錾子

冲头和錾子是钣金维修人员常备的工具，十分有用。冲头和錾子的种类如图 2-16 所示。

扁冲可以与锤子配合使用，在车身钣件和车架上重新成型凸缘、凸起、直线边缘、弯折等；扁冲也可用来校直角线，如图 2-17 所示。錾子用于某些手工切削操作，比如去铆钉头或分割金属板块。常见的錾子有平头冷錾（也叫扁錾）、狭錾、菱形錾和圆头錾。汽车钣金维修最常用的是扁冲和扁錾，二者样子和形状没有太大的区别，一般认为刃口锋利的为錾子，刃口钝的为扁冲，可以自己制作。

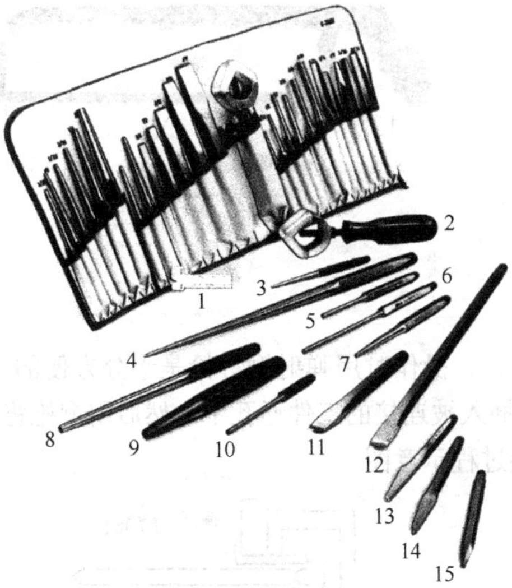

图 2-16　冲头和錾子的种类

1—錾规；2—冲头錾握持器；3—中心冲；4—长中心冲；5—销钉冲；6—长销钉冲；
7—铆钉冲；8—长锥冲；9—短锥冲；10—圆销钉冲；11—平錾；
12—长平錾；13—圆嘴角錾；14—角錾；15—金刚石头錾

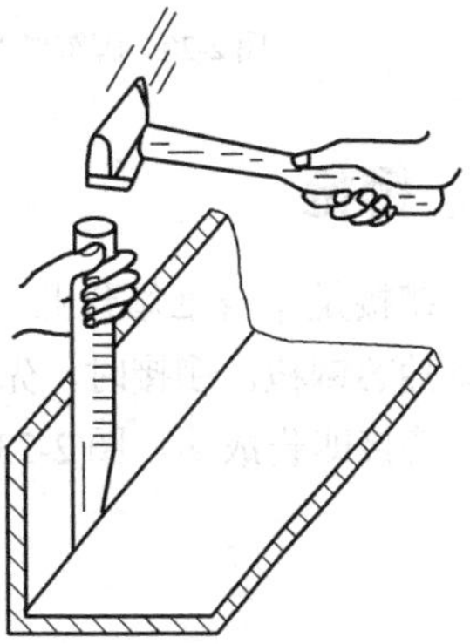

图 2-17　用扁冲校直角线

提示　应保持冲头或錾子的端部正确打磨。如果由于锤击力致使端部增大变粗，则应将其磨回原状。变大的端部可能会刮到手，并使金属屑飞溅到脸上。

七、金属切割工具

在汽车钣金维修中要用到各种各样的金属切割工具，如手动剪刀、脚踏剪板机、可调手工锯等。

1．手动剪刀

手动剪刀分为手剪刀和台式剪刀，一般用于某种条件下单件生产或半成品的修整工作。手剪刀（见图2-18）只能剪切0.8mm以下的金属板料。台式剪刀可以剪切1.5～2mm以下的板料，如图2-19所示。

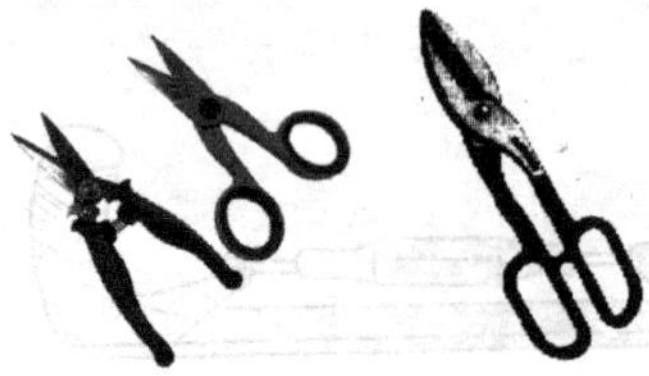

图2-18　手剪刀

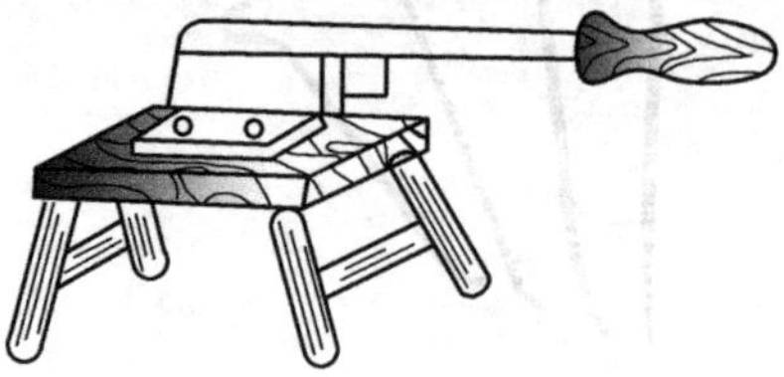

图2-19　台式剪刀

2．脚踏剪板机

在钣金维修中，脚踏剪板机是一个相当好的帮手，可以满足一般薄金属板料的剪切工作，如图2-20所示。

3．可调式手工锯

钣金件维修中常用的可调式手锯（见图2-21），其锯弓可分为两段，前段可在后段中伸出或缩入，可安装不同长度的锯条，通常为200mm、250mm和300mm 3种规格的锯条。

图2-20　脚踏剪板机

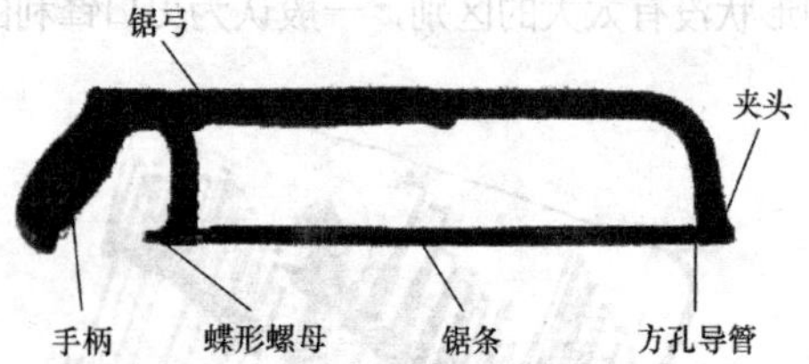

图2-21 可调式手锯

八、铆枪

铆接是车身维修作业不可缺少的工艺，操作时用弹射铆钉枪是十分方便的。图2-22所示为电动抽芯铆枪。铆接时，先将铆钉组件插入被连接的工件通孔中，然后用铆枪将外伸的铆钉杆拉断，铆接即告成功。图2-23所示为铆接过程示意图。

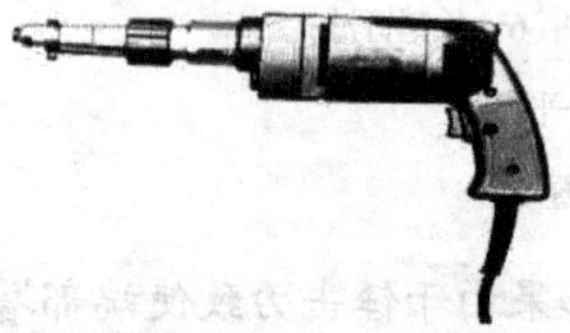

图2-22　电动抽芯铆枪

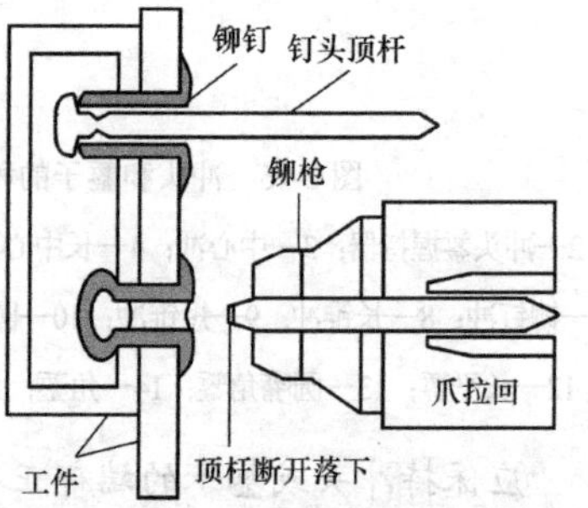

图2-23　铆接过程示意图

九、凹陷拉拔工具

1．凹陷拉拔器

凹陷拉拔器，通常带一个螺纹尖头和一个钩尖，一般情况下要求在皱褶处钻出或冲出一个或多个孔。拉拔时将螺纹尖头拧入所钻的孔，用滑锤轻轻敲打手柄，慢慢把凹陷拉平，如图 2-24 所示。

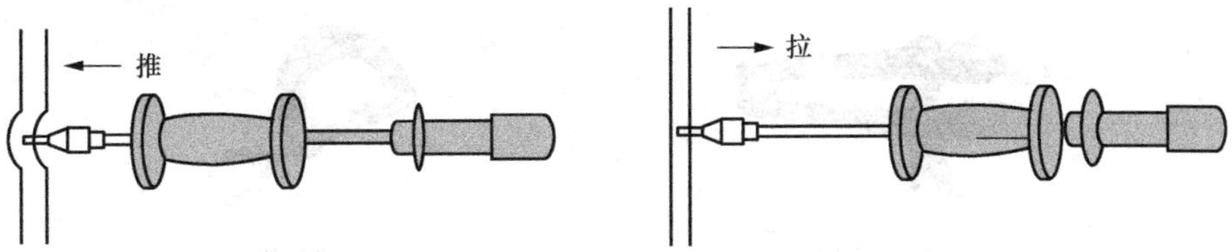

图 2-24　凹陷拉拔器的使用

2．拉拔杆

拉拔杆有一个弯曲的头，同凹陷拉拔器一样，把它插进钻出的孔里，用一根拉拔杆即可把较小的凹陷或皱褶拉平，而要拉平较大的凹陷，就要同时用 3 根或 4 根拉拔杆。拉拔杆可与钣金锤一起使用，同时敲击和拉拔使车身钣件恢复到原来的形状，而造成金属延展的危险较小，如图 2-25 所示。

3．真空吸盘

真空吸盘（见图 2-26）是一种简单工具，它可以迅速拉起较浅的凹坑，只要凹坑不是处在皱褶的钣金件上。作业时只需将吸盘附着在凹坑的中心并拉起，凹坑就可能恢复正常形状而不损伤油漆，也不需要再作表面整修，有时凹坑定位后还需要用锤子和顶铁来整平钣金件。

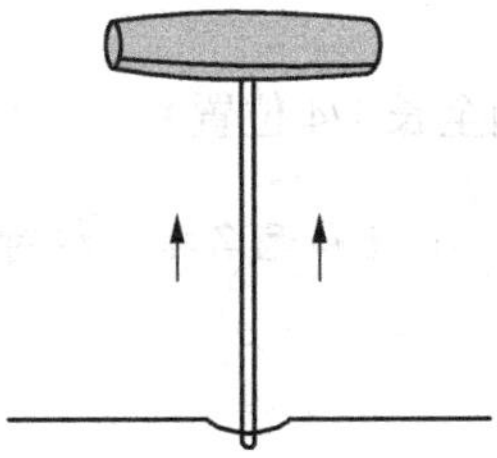

图 2-25　拉拔杆

图 2-26　真空吸盘

十、装饰件拆卸工具

为了保护汽车车身上的装饰件及其连接件，在拆卸时必须使用专用工具。尖叉形状的工具能撬起装潢小钉、弹簧、夹子和其他装饰件的连接件，如图 2-27 所示。

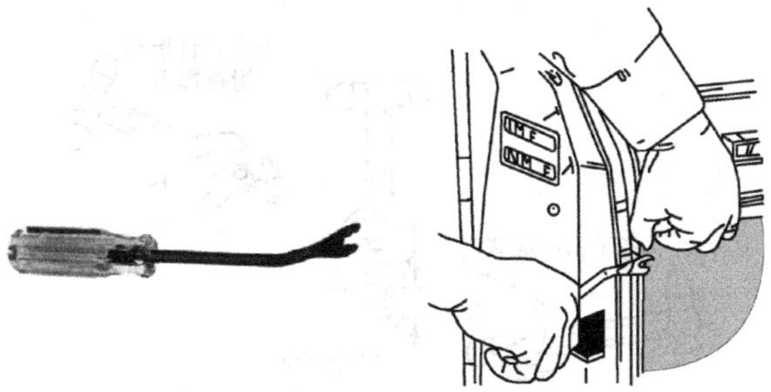

图 2-27　装饰件拆卸工具不损坏零件

十一、夹具

在钣金维修中对钣件折边、焊接等工作，需用到各种夹具，如手虎钳、C形夹具、大力钳等如图2-28所示。特别是大力钳，也叫虎钳扳手，可以非常迅速地夹持钣金件，其有许多种形式，可选择使用。

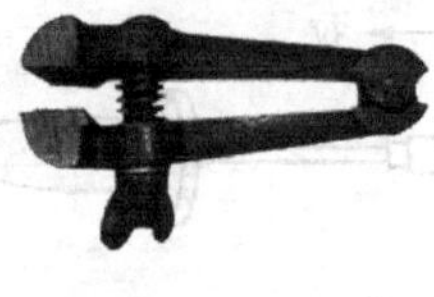

（a）手虎钳

（b）C形钳

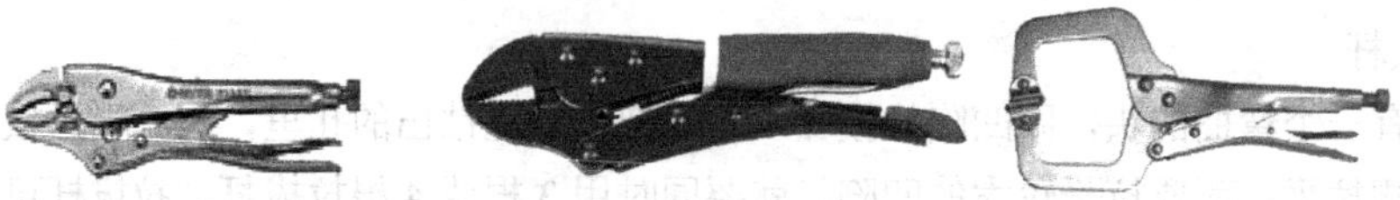

（c）各种大力钳

图2-28 各种夹具

课题实施

操作一 钣金锤的使用方法

钣金锤的正确使用方法如图2-29所示。

步骤1：用手轻松握住钣金锤手柄的端部（相当于手柄全长1/4位置）。

提示

握锤时锤柄下面的食指和中指应适当放松，小指和无名指应相对紧一些，使之形成一个比较灵活的转轴。

步骤2：捶击工件时，眼睛注视工件，找准捶击落点。

提示

锤击作业质量的关键在于落点的选择，一般应遵循“先大后小、先强后弱”的原则，从变形较大处顺序敲打，保证锤头以平面落在金属表面上。同时还要注意钣金件的结构强度，有序排列钣金锤的落点。

步骤3：用手腕摇动的方法轻轻敲击车身构件表面，并利用钣金锤敲击零件时产生的回弹力做圆周运动。

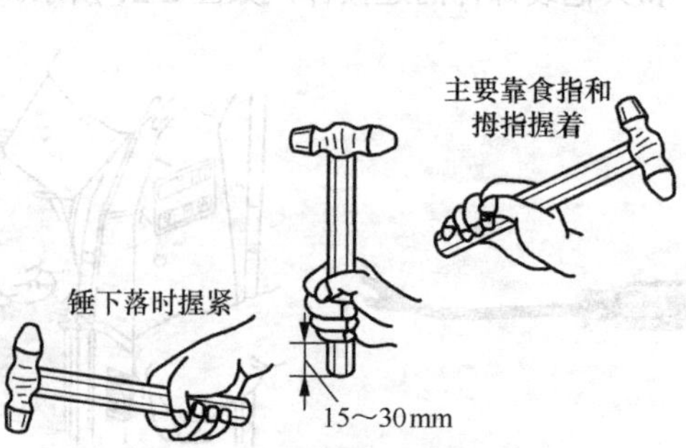

图2-29 钣金锤的使用方法

操作二　车身锉刀的使用方法

车身锉刀用于修整由于钣金锤、顶铁、匙形铁等钣金工具作业留下来的凹凸不平的痕迹。车身锉刀的使用方法如下。

步骤 1：当所锉部位比较平时，以 30° 角握锉刀直推，如图 2-30（a）所示；或直握锉刀偏 30° 角斜推，如图 2-30（b）所示。

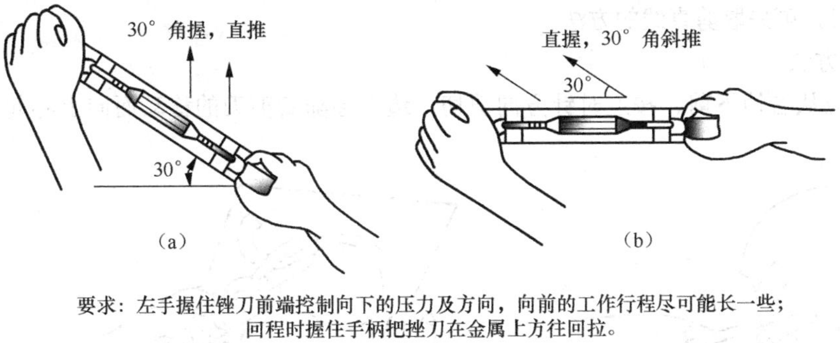

图 2-30　在较平钣金件的锉削方法

步骤 2：当锉凸起的表面时，沿曲率最小的弧面母线方向握住锉刀直推，如图 2-31（a）所示；或者以等于或小于 30° 角进行侧推，如图 2-31（b）所示。

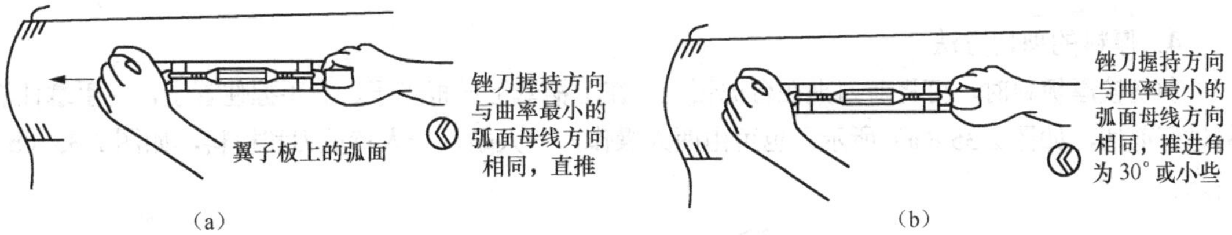

图 2-31　车身锉刀在凸起表面的锉削方法

操作三　手工剪切方法

手工剪切方法是钣金维修工作中常用的基本技能，下面介绍几种剪切方法。

1．直线的剪切方法

剪切短料直线时，被剪去的部分，一般都放在剪刀的右面，如图 2-32（a）所示。图 2-32（b）和图 2-32（c）所示分别为剪长料和剪切板料的情况。

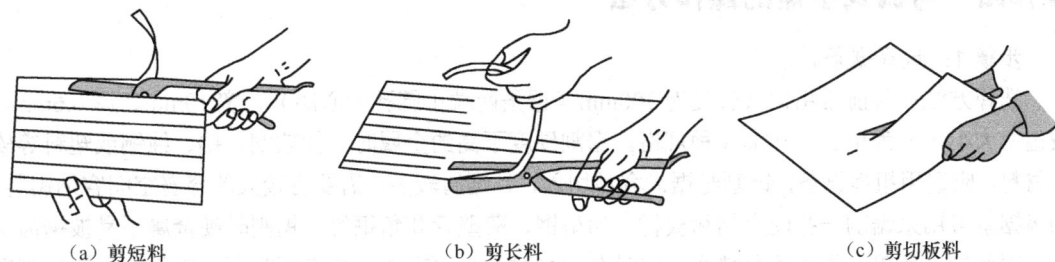

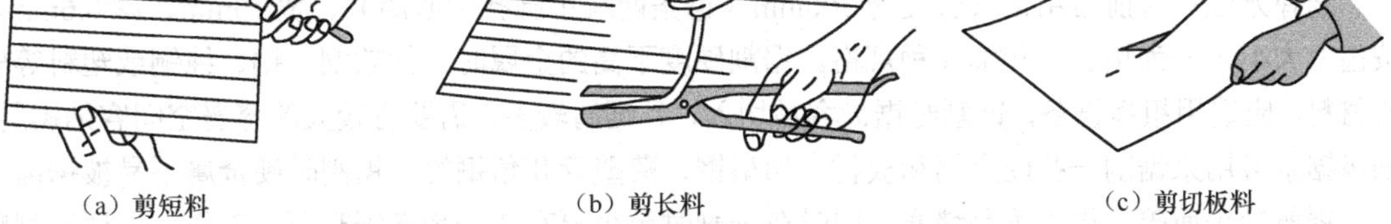

图 2-32　直线的剪切方法

提示

剪切时，左手拿板料，右手握住剪刀柄的末端，剪刀要张开大约 2/3 刀刃长，上下两刀片间不能有空隙，否则剪下的材料边上会有毛刺。剪切长或宽板材料的长直线时，必须将被剪去的部分放在左面，这样使被剪去的部分容易向上弯曲。

2．外圆的剪切方法

剪切外圆应从左边下剪，按顺时针方向剪切，边料会随着剪刀的移动而向上卷起，如图 2-33 所示。若边料较宽时，可采取剪直线的方法。

3．内圆的剪切方法

剪切内圆时，应从右边下剪，按逆时针方向剪切，边料会随着剪刀的移动而向上卷起，如图 2-34 所示。

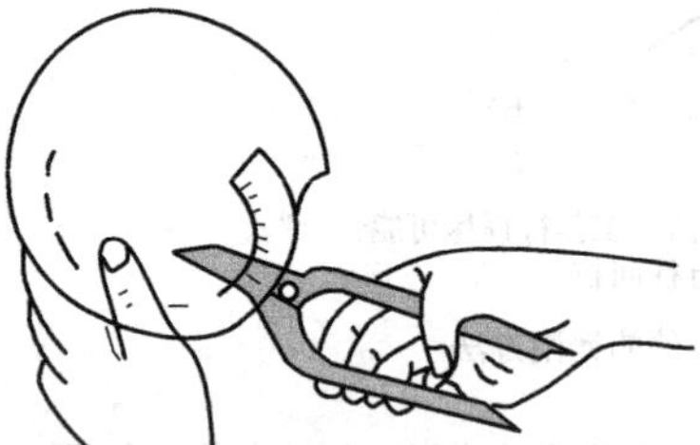

图 2-33　外圆的剪切方法

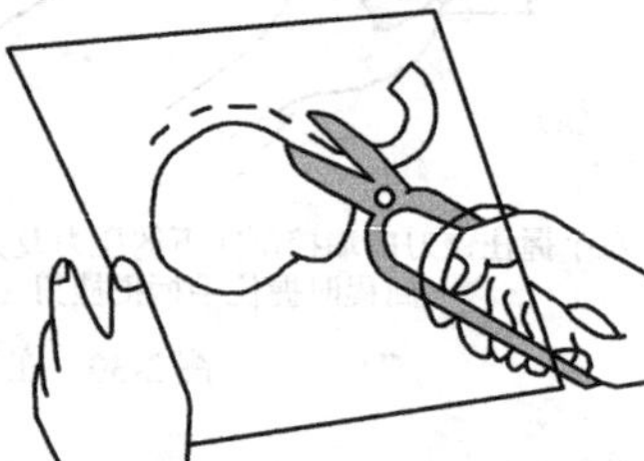

图 2-34　内圆的剪切方法

4．厚料的剪切方法

剪切较厚板料时，可将剪刀夹在台虎钳上，在上柄套上一根管子、右手握住管子，左手拿住板料进行剪切，如图 2-35（a）所示。也可由两人操作，一人敲，一人持剪刀和板料，如图 2-35（b）所示。

（a）在台虎钳上用剪刀剪切厚料

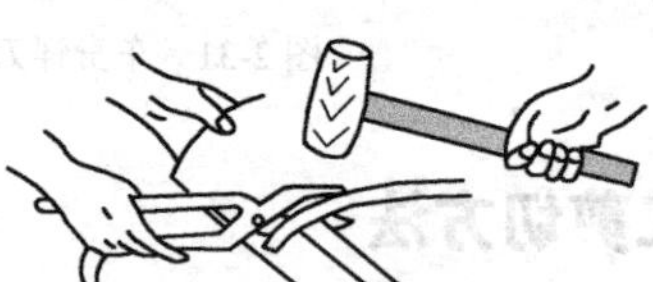

（b）用敲击法剪切厚料

图 2-35　厚料的剪切方法

操作四　可调式手锯的操作方法

步骤 1：选择锯条。

选择方法：目前常用锯条长度为 300mm（锯条两端小圆孔中心距）、宽 10mm、厚 0.6mm，按齿距大小可分为粗、中和细 3 种规格。锯割硬度不高的金属时，如软钢、铝、纯铜或塑料等软质材料，应选用粗齿锯条，锯割时锯齿容易切入，且锯屑较多，需要有较大的容屑空间容纳锯屑；细齿锯条可用来锯割一些硬金属和板材，如型钢、薄壁管和角钢等。锯割时硬金属不易被锯齿切入，锯屑量少而碎，锯齿不易堵塞，同时在锯割时至少要有 3 个齿在锯割面上工作，保证锯割顺利进行。

步骤 2：安装锯条。

安装方法：安装锯条时，锯齿向前，使手锯在向前推进时才起切割作用。锯条安装的松紧度应适中，保证锯条既有弹性又不至于扭曲。安装锯条时，先使锯条两端圆孔靠在销钉根部，再拧动蝶形螺母，使锯条自动靠正。

步骤 3：将工件夹持在台虎钳上，锯缝应靠近钳口处，以免切割时工件颤动。

步骤 4：右手紧握锯柄，左手握持前端弓架，手锯握持方式如图 2-36 所示。

步骤 5：起锯时，锯齿与工件表面约呈 15° 且锯齿面应保持在 3 个齿以上（见图 2-37）。

图 2-36　手锯握持方法

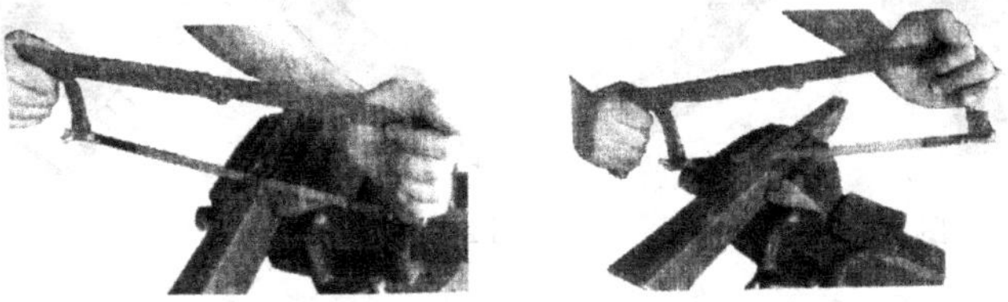

（a）在工件前起锯　　（b）在工件后起锯

图 2-37　起锯的方法

步骤 6：锯割时，右手推动手锯，左手向下略施压力，并扶正锯弓作往复运动；后拉时，左手使锯的前端微向上提，使锯条和工件倾斜成一定的角度，以减少锯齿的磨损。

步骤 7：锯割速度一般以每分钟往复 30 次左右为宜，但还应考虑工件的材料。对于较软金属宜稍快，而硬金属宜慢些。锯条在运动过程中应充分发挥其全长的作用，以提高锯割效率和锯条的使用寿命，一般推拉标准为锯条全长的 3/4。

课题二　汽车钣金修复常用的动力工具

动力工具是利用气压、油压或电能进行工作的，汽车钣金维修的动力工具包括气动工具和电动工具两类。

> **提示**
>
> 任何气动或电动工具都要求使用者佩戴安全防护眼镜或面罩。在危险的操作中，两样都要佩戴。也不能穿松垮的衣服，避免被绞到工具里。
>
> 如果使用不当，操作动力工具和设备会非常危险。必须按照该工具或设备用户手册中的指导进行操作。

基础知识

一、气动工具

气动工具是汽车维修行业中应用最为广泛的工具。

1．气动扳手

气动扳手（见图 2-38）包括一般气动扳手和气动棘轮扳手。气动棘轮扳手的特点是扳手向一个方向旋转，依靠棘爪作用，带动螺母旋转；反方向旋转时，棘爪空套不起作用，此时螺母不会旋转。只有调节正反方向杠杆才能改变螺母旋转方向。

2．气动旋具

气动旋具即气动螺丝刀（见图 2-39），可用于各种螺钉的旋紧。

3．气动钻

气动钻（见图 2-40）是用压缩空气作动力驱动气动电动机旋转达到钻孔的目的，气动钻包括专门用于钻除电阻点焊焊点的点焊去除钻。

图 2-38 气动扳手

图 2-39 气动螺丝刀

图 2-40 气动钻

4．气动打磨机

气动打磨机一般用于金属磨削和腻子层的打磨等工作。气动打磨机有盘式打磨机、轨道式精打磨机和砂带机，如图 2-41 所示。

（a）盘式打磨机　（b）轨道式打磨机　（c）砂带机

图 2-41 气动打磨机

提示　在使用气动打磨机时一定要佩戴防尘口罩。

5．气动锯和气动剪

气动锯和气动剪（分别见图 2-42 和图 2-43）两者都用于切割钣件。

6．气动砂轮

气动砂轮（见图 2-44）用于粗磨金属表面或者切割钣件，如图 2-44 所示。

图 2-42 气动锯

图 2-43 气动剪

图 2-44 气动砂轮

7．气动锉

气动锉（见图 2-45）用于精加工车身钣件切割后要对接的位置。

8．气动錾

气动錾（见图 2-46）也叫气动凿，用于分离、切割钣金件和其他工作。

9．气动打孔机

气动打孔机（见图 2-47）用于在车身钣金件更换时，在新钣件上打塞焊孔。

图 2-45 气动挫

图 2-46 气动錾

图 2-47 气动打孔机

二、电动工具

汽车钣金维修厂中最常用的电动工具有手电钻、角磨机和砂轮机。

1．手电钻

手电钻是以电为动力的手持式钻孔工具，如图 2-48 所示。使用手电钻时，应注意用电安全，同时在钻孔过程中，手电钻应持牢。

2．角磨机

角磨机，即砂轮机（见图 2-49），主要用来打磨不易在固定砂轮机上磨削的零件。如发动机罩、驾驶室、翼子板、车身蒙皮等经过焊修的焊缝，可用砂轮机磨削平整。常用的打磨盘还有钢丝轮，用于清理锈蚀、残漆、打毛刺等清洁作业；磨光轮用于磨光和抛光作业。

图 2-48 手电钻

图 2-49 砂轮机

3．砂轮机

砂轮机，指固定在工作位置上的电动打磨设备，砂轮轴两端可以安装不同的砂轮，用于打磨刀具、产品毛刺等作业，如图 2-49 所示。

课题实施

操作一 气动打磨机使用方法

气动打磨机的正确打磨方法如图 2-50 所示，应使砂轮片的 1/3 表面与被加工表面接触，其研磨效果最好。因为砂轮片与研磨面接触角度过大时，则砂轮片仅有小部分与金属板发生强力研削，将留下粗糙的加工面；当砂轮片与研磨面平行接触时，又会因研磨阻力大而造成动作不稳，将留下凹凸不平的加工面。

步骤 1：右手抓住打磨机前面把手，左手抓住后面把手，启动开关。

步骤 2：在金属表面开始打磨。

图 2-50　正确打磨方法

步骤 3：砂轮片经研磨作业而使其外侧磨料逐渐脱落，脱落后可采用适当方法去掉外侧磨损部分，减小砂轮片的尺寸后继续使用。此外，在研磨小的凹坑处或带孔部位时，可使砂轮片沿八角形轨迹运动。

操作二　手提砂轮机的使用方法

手提砂轮机便于打磨车身上有关部位，有气动和电动两种，在此练习气动手提砂轮机的使用方法。

步骤 1：使用手提气动砂轮机前，首先应检查砂轮片有无裂纹和破碎，护罩是否完好。

步骤 2：用压缩空气将连接气管内的脏物吹净，然后再把气管连接砂轮机。

步骤 3：右手抬住砂轮机的前部，左手抓住后部手柄。

步骤 4：磨削薄板制件时，砂轮应轻轻接触工件，不能用力过猛，并密切注意磨削部位，以防磨穿。

> 提示　磨削过程中，人不要站在出屑的方向，以防切屑飞出造成伤害。

步骤 5：操作结束后及时切断气源，轻拿轻放，妥善放置，清理好工作场地。

模块总结

本模块主要讲述了汽车钣金常用的手动工具和动力工具，让学生了解和掌握钣金维修工具的性能、用途以及操作技巧，以便顺利完成相应的钣金维修工作。

思考与练习

一、选择题

1. ________最适合敲齿轮或轴。

A．黄铜锤　　B．圆头锤　　C．塑料锤　　D．鹤嘴锤

2. ________常用于电气作业中。

A．可调钳　　B．尖嘴钳　　C．挡环钳子　　D．卡环钳

二、填空题

1. 汽车钣金维修厂中最常用的电动工具有________和________。

2. 錾子用于某些手工切削操作，比如去铆钉头或分割金属板块，常见的錾子有________，________，________和________。

三、简答题

1. 气动工具与电动工具各有什么优点？常用的气动工具有哪些？
2. 说明手提砂轮机的使用方法。
3. 说明钣金锤的使用方法。
4. 说明可调式手锯的操作方法。
5. 说明车身锉刀的使用方法。

模块三 3 汽车车身结构

随着新技术、新工艺、新材料的开发与研究，汽车车身正以安全、节油、舒适、耐用等技术为主导，以适应世界经济发展为潮流，以精致的艺术性获得美的感受而点缀着人们的生活环境。现代汽车车身的结构、材料等与以往的汽车车身有了很大的改变，了解汽车车身的这些特点，对汽车钣金维修是十分必要的。

知识目标

◎ 能正确叙述汽车车身的特征
◎ 能正确叙述轿车车身的主要特点
◎ 能够讲述整体式车身结构的特点

课题一 汽车车身结构的认知

基础知识

车身是汽车四大组成部分之一，按受力形式可分为非承载式车身、半承载式车身和承载式车身等三类。

一、非承载式车身

非承载式车身（见图 3-1）有刚性车架，又称底盘大梁架。在非承载式车身中，发动机、传动系统的部分零部件、车身等总成部件都是用悬架装置固定在车架上，车架通过前后悬架装置与车轮连接。车身的壳体是通过螺栓与橡胶垫或弹簧与车架连接。非承载式车身质量大，比较笨重，强度高，一般用在货车、客车和越野车上，也有部分高级轿车使用。

1．非承载式车身的主要优点

（1）安全性好。非承载式车身的车架是非常厚重的结构，可以抵挡很大的碰撞力。当汽车发生碰撞事故时，冲击能量的大部分由车架吸收，对车身主体能起到一定的保护作用。

（2）减振性能好。车身的壳体是通过螺栓、橡胶垫或弹簧与车架连接，可以较好地吸收来自各方面的冲击与振动。

（3）工艺简单。壳体与底盘可以分开制造、装配，然后再组装到一起，总装工艺因此而简化。

（4）易于改型。由于以车架为车身的基础，易于按使用要求对车身进行改装、改型和改造。

2．非承载式车身的主要缺点

（1）质量大。由于车身壳体不参与承载或很少承载，故要求车架应有足够的强度与刚度，从而导致整车质量增加。

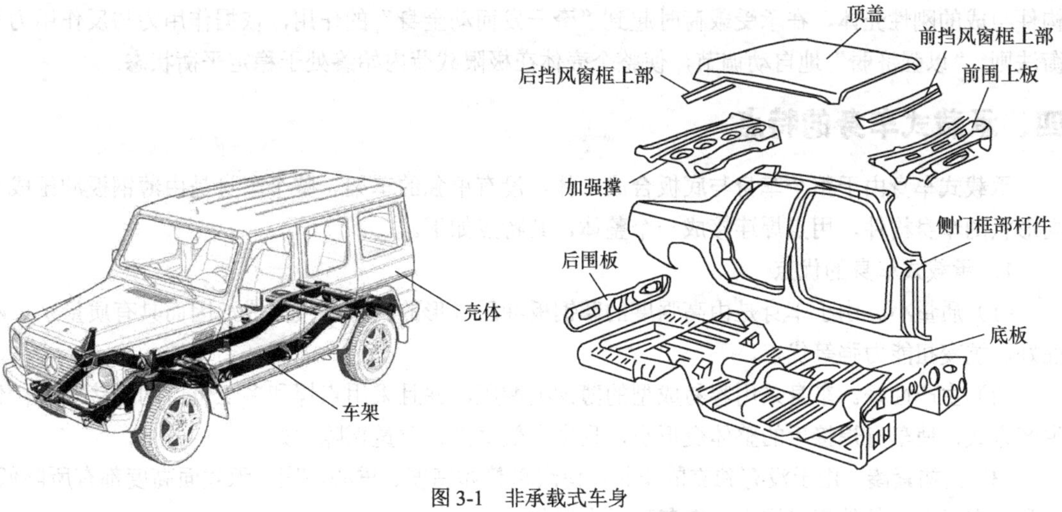

图 3-1　非承载式车身

（2）承载面高。由于车架介于车身主体与底盘之间，给降低整车高度带来一定困难。

（3）投入多。制造车架需要一定厚度的钢板，对冲压设备要求高而使投资增加，焊接、检验、质量保证等作业也随之复杂。

二、半承载式车身

半承载式车身与车架是用焊接、铆接或螺栓连接的，载荷由车架和壳体共同承受。车架以及悬臂梁的弯曲和扭转变形直接作用在车身壳体上，形成的剪切力主要由壳体上的蒙皮承担。这种结构车身是为了避免非承载式车身相对于车架产生位移时发出的噪声而设计的。由于重量大，现在很少采用。

三、承载式车身

承载式车身（见图 3-2）又称为整体式车身，它没有独立的车架，车身主体与类似于车架功能的车身底板，采用焊接等方式制成整体刚性框架。由于整体焊接和采用高强度钢材料，整个车身（底板、骨架、内外蒙皮、车顶等）均参与承载，使分散开来的承载力分别作用于各个车身结构件上，车身整体刚度和强度同样能够得到保证。

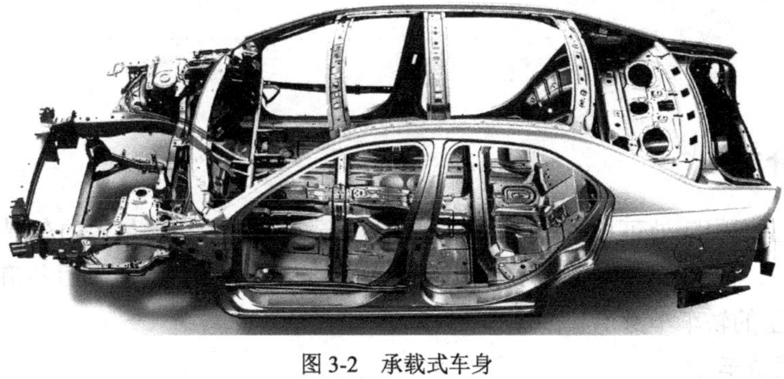

图 3-2　承载式车身

对于承载式车身，当车身整体或局部承受适度载荷时，壳体不易发生永久变形。因为这种由构件组成的刚性壳体，在承受载荷时起到“牵一发而动全身”的作用，依据作用力与反作用力平衡法则，“以强济弱”地自动调节，使整个壳体在极限载荷内始终处于稳定平衡状态。

四、承载式车身的特点

承载式车身由于整个车身与底板合成一体，没有单独的车架。整个车身是由薄钢板冲压成不同形状的车身构件，用点焊连接成一个整体，其特点如下。

1．承载式车身的优点

（1）质量小。由于车身是由高强度的薄钢板冲压成形的构件焊接而成，因而具有质量小、刚性好、抗变扭能力强等优点。

（2）生产性好。车身采用容易成型的薄钢板冲压，并且采用点焊和多工位自动焊接等现代化生产方式，使车身焊接后的整体变形小，且生产效率高、质量保障性好。

（3）结构紧凑。由于没有独立的车架，使汽车整体高度、重心高度、承载面高度都有所降低，可利用空间也有条件相应增大，汽车可以小型化。

（4）安全性好。由薄板冲压成形后焊接而成的车身，具有均匀承受载荷并加以扩散的功能，对冲击能量的吸收性好，有助于在碰撞时保护乘客，使汽车的安全保障性得到改善与提高。

（5）稳定性好。由于没有独立车架，车身紧挨地面，重心低，行驶稳定性较好。

2．承载式车身的缺点

底盘部件与车身结合部位在汽车运动载荷的冲击下，极易发生疲劳损伤；乘客室也更容易受到来自汽车底盘的振动与噪声的影响。为此，需要有针对性地采取一些减振、消噪等技术措施。另外，由事故所导致的整体变形较为复杂，并且会直接影响到汽车的行驶性能，钣金维修作业中复原参数时，须使用专门设备和特定的检查与测量手段。

想一想 做一做

1. 承载式车身有哪些优缺点？
2. 非承载式车身有哪些优缺点？
3. 通过书籍、网络等媒体进一步了解现代汽车车身的发展过程。
4. 观察生活中的各种车辆，看看它们车身结构分别属于哪种类型。

课题二 轿车车身结构的认知

基础知识

一、轿车的分类

轿车是现代生活中随处可见的车型，也是钣金工日常维修中接触最多的车型。从车门上看，轿车有2门、3门、4门和5门四种形式；从功能上看，有无后备箱的与有后备箱的、有敞篷式与非敞篷式等。典型的轿车车身形状如图3-3所示。

1．无后备箱轿车

典型无后备箱轿车车身外形如图3-3（a）、图3-3（b）所示。这种车一般有前座和后座，供4～

6人乘坐，其中图3-3（b）所示为4门轿车，目前在我国较为常见。

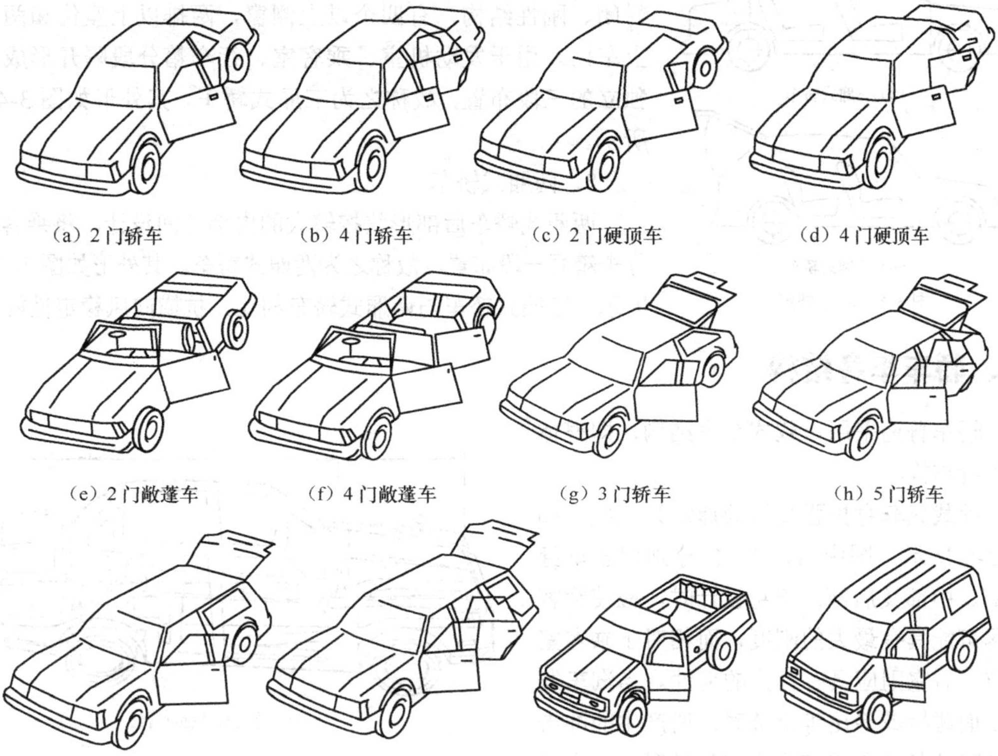

（a）2门轿车　（b）4门轿车　（c）2门硬顶车　（d）4门硬顶车

（e）2门敞蓬车　（f）4门敞蓬车　（g）3门轿车　（h）5门轿车

（i）2门旅行车　（j）4门旅行车　（k）2门卡车　（l）4门微型货车

图3-3　典型的轿车车身形状

2．硬顶无后备箱轿车

典型硬顶无后备箱轿车车身如图3-3（c）、图3-3（d）所示。这种车具有金属硬顶，通常没有门柱或仅有较短的B形支柱。

3．敞篷车

典型敞篷车车身外形如图3-3（e）、图3-3（f）所示。敞篷车都是没有门柱的。有的敞篷车还具有可升降的塑料顶篷和后车窗，以适应不同用户的需求。目前，我国已有少量的此类轿车。

4．有后备箱轿车

典型的有后备箱轿车车身外形如图3-3（g）、图3-3（h）所示。这种轿车的特征是它的尾部后备箱为客厢的延伸部分。此种汽车流行3门或5门形式。

5．旅行车

典型的旅行车车身形状如图3-3（i）、图3-3（j）所示。旅行车的顶部向后延伸至全车长，在车后部有一个内部宽敞的后备箱。

6．轻型多用途汽车

典型轻型多用途汽车车身形状如图3-3（k）、图3-3（l）所示。此外，微型厢式车也属于这种类型。

7．三厢式轿车

三厢式轿车是一种最为流行的有代表性的车型，车身为封闭、刚性结构，有四个以上侧窗，两排以上座位和两个以上车门。由于发动机室、乘客室、行李箱分段隔开形成相互独立的三段布置，故称之为三厢式轿车，其外形如图 3-4（a）所示。

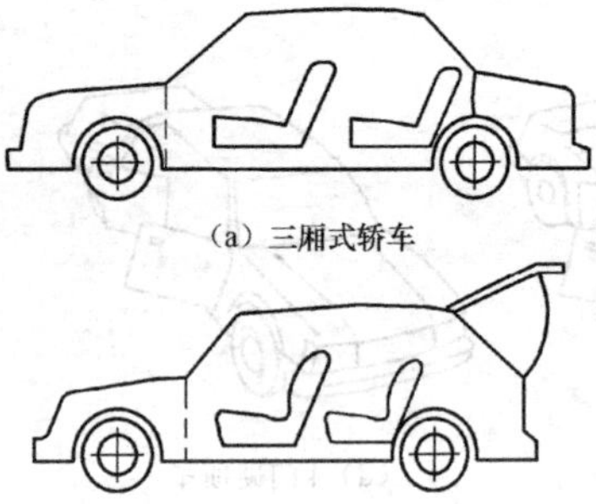

（a）三厢式轿车

（b）两厢式轿车

图 3-4 轿车外形

8．两厢式轿车

两厢式轿车后部形状按较大的内部空间设计，将乘客室与行李箱同一段布置，故称之为两厢式轿车。其外形如图 3-4（b）所示。三厢式轿车与两厢式轿车相比，抗横向风稳定性好。

二、轿车车身结构

轿车普遍采用承载式车身结构，即整体式车身结构。

承载式车身按强度等级通常为三段，如图 3-5 所示，图中 A、B、C 分别代表车身前部、中部及后部。车身设计时，应使乘客室尽可能具有最大的刚度，而相对于乘客室的前、后室则应具有较大的韧性。当汽车发生正面碰撞或追尾等事故时，所产生的冲击能量可以在 A 段或 C 段得以迅速吸收，来保证中部乘客室 B 段有足够的活动范围与安全空间。

这种在设计时有意预留在车身前、后的“薄弱环节”起着良好吸收冲击能量的作用，故在维修作业中应避免在 A、C 段擅自施行加固作业。

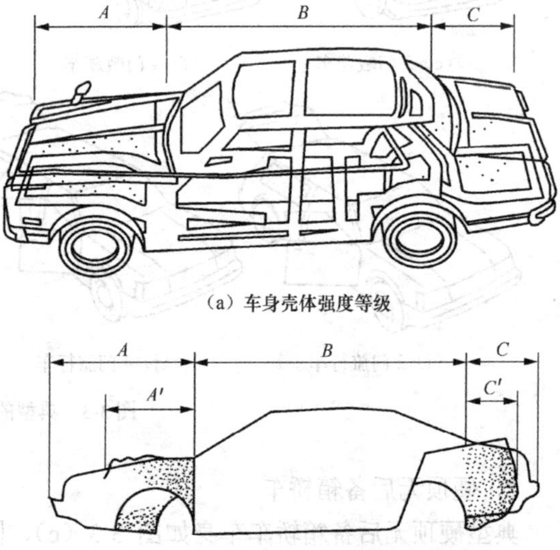

（a）车身壳体强度等级

（b）车身受冲击时的变形情况

图 3-5 承载式车身壳体刚度分级及受损变形情况

想一想 做一做

1．轿车车身由哪几部分组成？

2．到现场分别考察各种轿车，研究车身及附件的构造与名称，并清楚它们之间的装配关系。

课题三 整体式车身结构的认知

现在生产的小型、中型甚至有些大型的新型轿车，大部分都采用整体式车身结构。

一、整体式车身结构的基本组成

整体式车身结构的基本组成如图 3-6 所示。

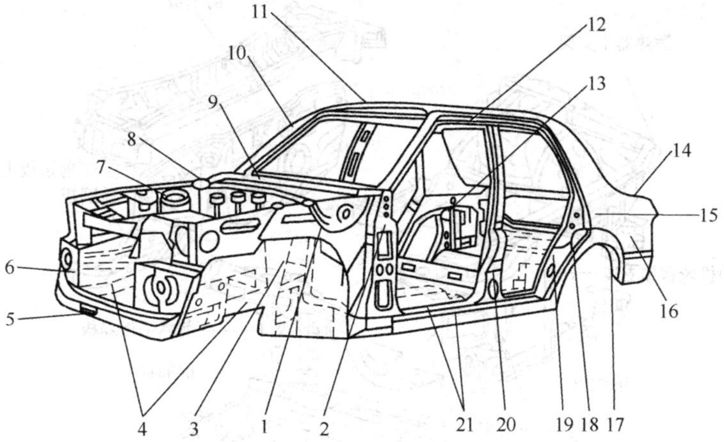

图 3-6 整体式车身结构的基本组成

1—挡泥板加强件；2—前车身铰柱；3—挡泥板；4—内外前梁；5—前横梁；6—散热器支架；7—支柱支撑
8—防火板；9—前围上盖板；10—A 支柱；11—顶盖梁；12—顶盖侧横梁；13—保险杠支撑
14—行李箱盖；15—折线；16—左后翼子板；17—车轮罩；18—止动销
19—C 支柱；20—B 支柱；21—门槛板

二、整体式车身的类型

现在的整体式车身结构有 3 种基本类型，即前置发动机后轮驱动（简称前置后驱，可用 FR 表示）、前置发动机前轮驱动（简称前置前驱，可用 FF 表示）和中置发动机后轮驱动（简称中置后驱，可用 MR 表示）。

1．前置发动机后轮驱动（FR）的车身

前置后驱（FR）车身的汽车发动机、传动装置、前悬架和操纵系统装在前车身，差速器和后悬架装在后车身，如图 3-7 所示。中车身的地板上焊接有纵梁和横梁，有很高的强度和刚性，可以保证汽车运行的需要。

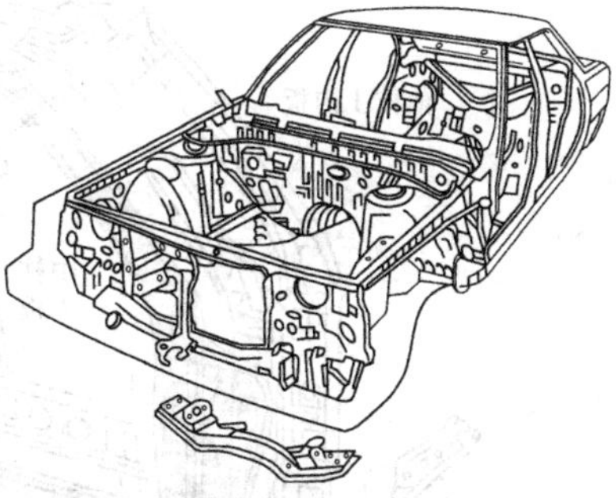

图 3-7 前置后驱车身结构

（1）前置后驱（FR）车身的特点如下。

① 发动机、传动装置和差速器均匀分布在前、后轮之间，减轻了操纵系统的操纵力。

② 发动机纵向放置在前车身的副车架或支撑横梁上。

③ 发动机可单独地拆卸或安装，便于车身维修操作。

④ 传动轴安装在地板下的通道内，减少了乘客室的内部空间。

⑤ 由于发动机传动系及后轮由前到后布置，因而汽车的振动和噪声源也分布到车身的前面和后面。

（2）前置后驱的前车身结构。前置后驱的前车身由前横梁、前悬架横梁、散热器支架、前挡泥板、前围板、前围上盖板、前纵梁等构成（见图 3-8）；车身外覆盖件，如发动机罩、前翼子板、前裙板等是用螺栓、螺母和铰链固定，其他的部件都焊接在一起，以减轻车身质量，增加车身强度。

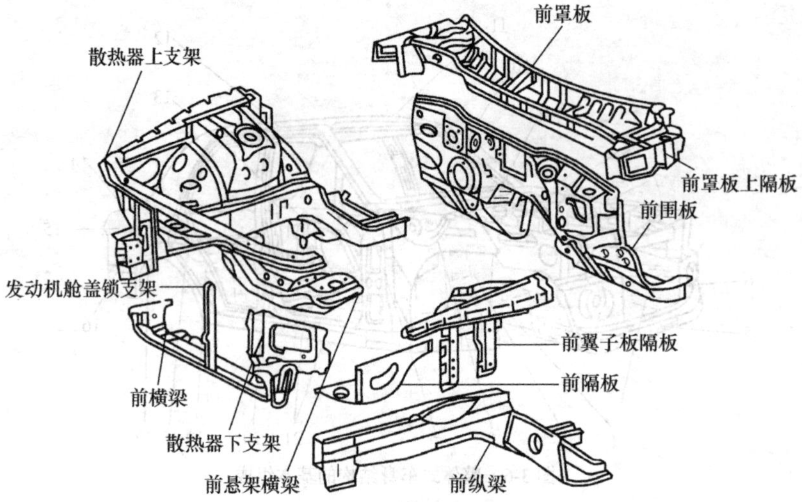

图 3-8 前置后驱的前车身构件

由于发动机、悬架和转向装置都安装在前挡泥板和前车身的前纵梁上，且前车身的强度和精度影响前轮的定位和传到乘坐室的振动与噪声，因此要求前车身制造精确并具有极高的强度。

（3）前置后驱的侧面车身结构。前置后驱的侧面车身构件如图 3-9 所示，前柱、中柱、车门槛板、车顶纵梁等部位都采用三层板设计，同时应用了大量的高强度钢，防止来自前方、后方和侧面的碰撞引起中部车身变形。

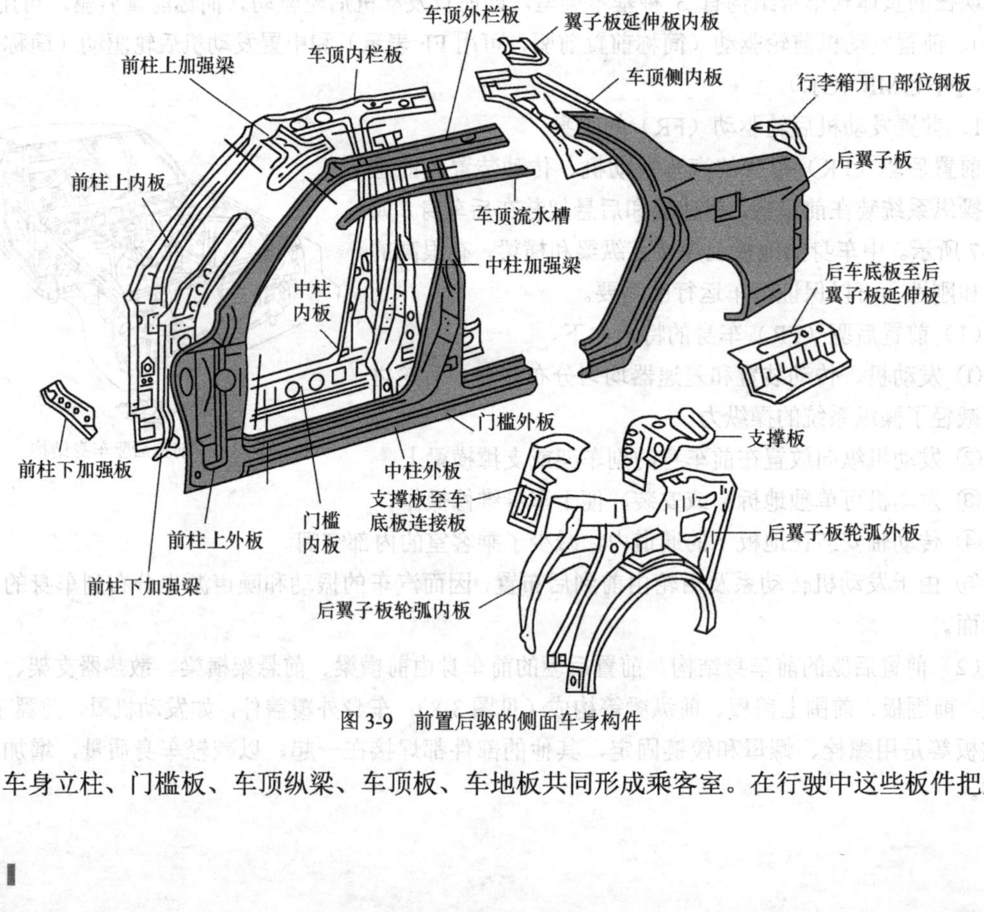

图 3-9 前置后驱的侧面车身构件

车身立柱、门槛板、车顶纵梁、车顶板、车地板共同形成乘客室。在行驶中这些板件把从车底部传来的载荷传递到汽车的上部部件，并阻止车身向左、右侧弯曲。车身立柱也作为门的支架，在汽车翻倒时能保持乘客室的完整性。

（4）前置后驱的底部车身结构。底部车身主要由前后纵梁、地板纵梁、地板及横梁构成（见图 3-10）。

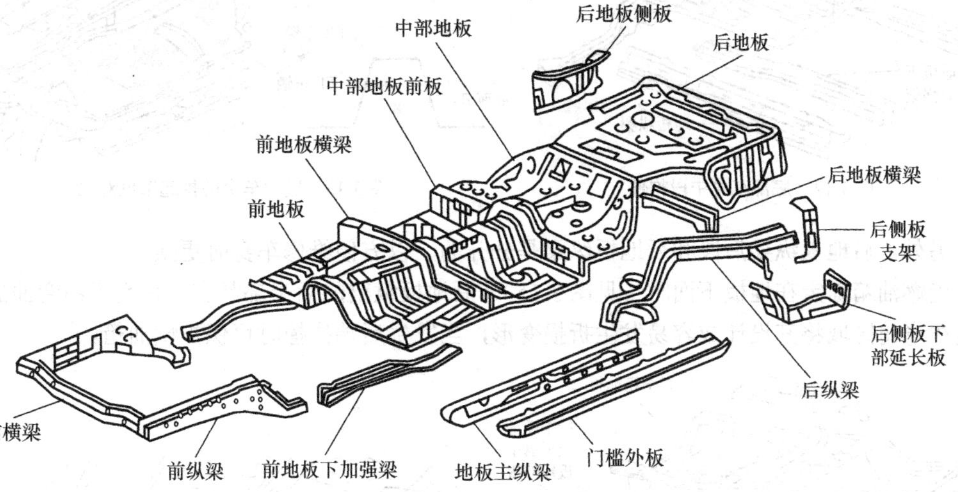

图 3-10　前置后驱的底部车身构件

① 底部车身前段结构。底部车身前段由前纵梁、前横梁构成。由于要安装发动机、悬架等部件，并影响前车轮的定位，这些构件都用高强度钢制成箱形截面。

前纵梁均为上弯式，在板件上都有加工的预应力区，在碰撞时这些构件将会弯曲并吸收冲击能量，在正面碰撞时可以有效地保护乘坐室。前置后驱底部车身不同的前段结构如图 3-11 所示。

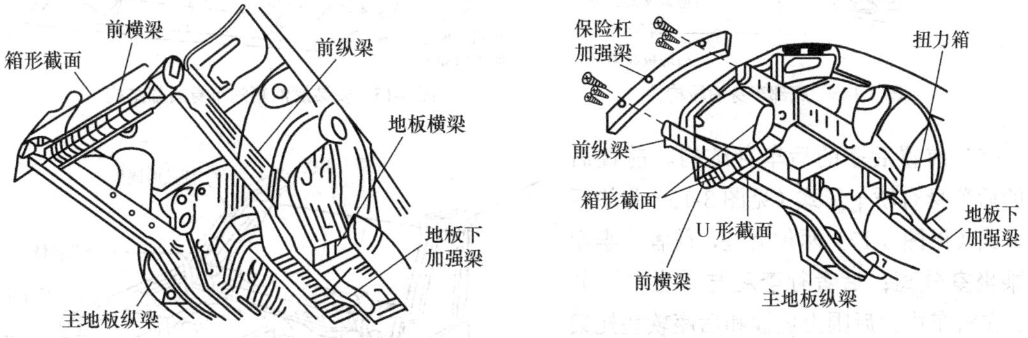

图 3-11　前置后驱底部车身不同的前段结构

② 底部车身中段结构。底部车身中段主要由地板、地板横梁和地板纵梁等构成（见图 3-12）。前置后驱（FR）车身因为变速器纵向放置，并且有传动轴传递动力至后方，所以需要有较大的车底拱起空间。因此，只能提供较小的腿部活动空间（见图 3-13）。

前置后驱车身一般适用于大中型具有较大车身的轿车上。

③ 底部车身后段结构。底部车身后段主要由后地板纵梁、后地板横梁、后地板及行李箱地板等构成（见图 3-14）。后地板纵梁从后排座下边延伸到接近后桥，并上弯延伸到后桥。此弯曲结构像前纵梁一样，可以吸收后端碰撞时的能量。

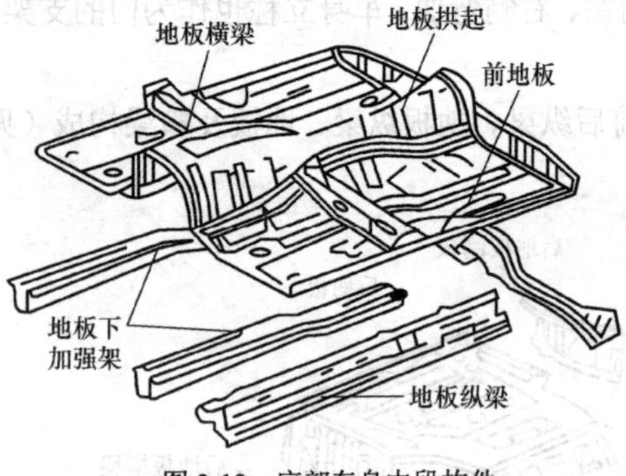

图 3-12 底部车身中段构件

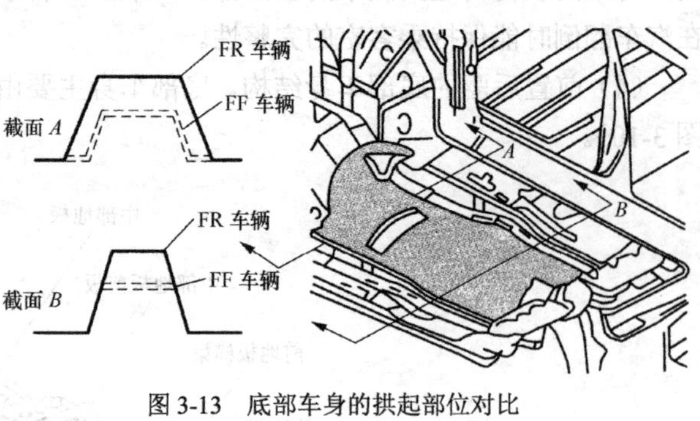

图 3-13 底部车身的拱起部位对比

另外，后地板纵梁后段和后地板纵梁是分开的，以方便维修车身时更换。

当燃油箱固定在地板下面时（见图 3-15），后地板纵梁的后半部具有强韧而不易弯曲的特性，不过在弯角区域将其设计成容易发生折损变形，当发生后端碰撞时可保护燃油箱。

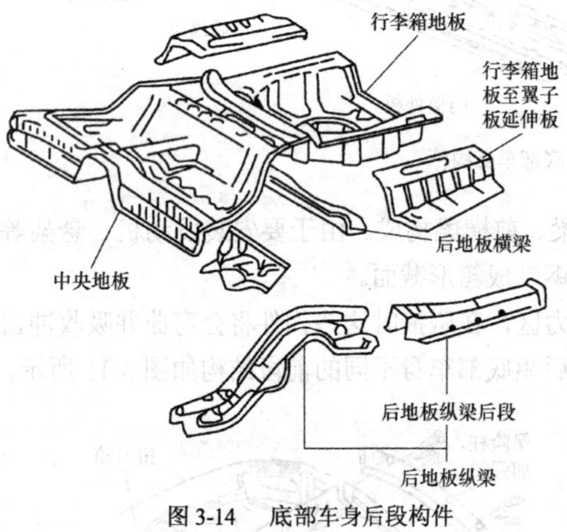

图 3-14 底部车身后段构件

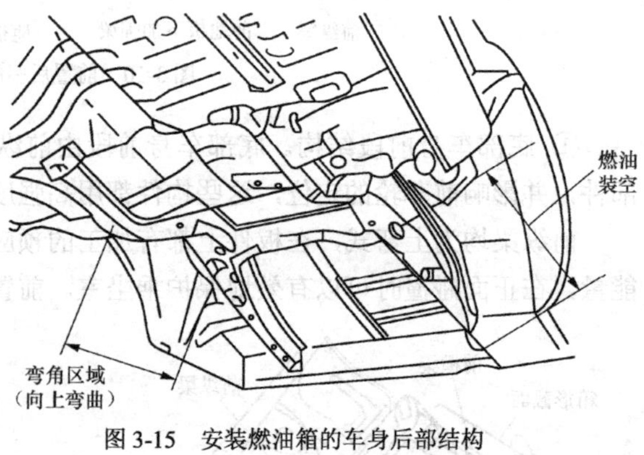

图 3-15 安装燃油箱的车身后部结构

（5）前置后驱的后车身结构。前置后驱的后车身有轿车形式（见图 3-16）和旅行车形式（见图 3-17）两种类型，前者行李箱和乘坐室分离；后者行李箱与乘坐室不分开。在轿车中，后围上盖板和后座软垫托架连接在后侧板和后地板上，围板可防止车身扭曲。

旅行车由于没有单独的后车身，采用加大顶盖内侧板及后窗下部框架，将顶盖内侧板延伸至后侧板等措施来加强车身的刚度。

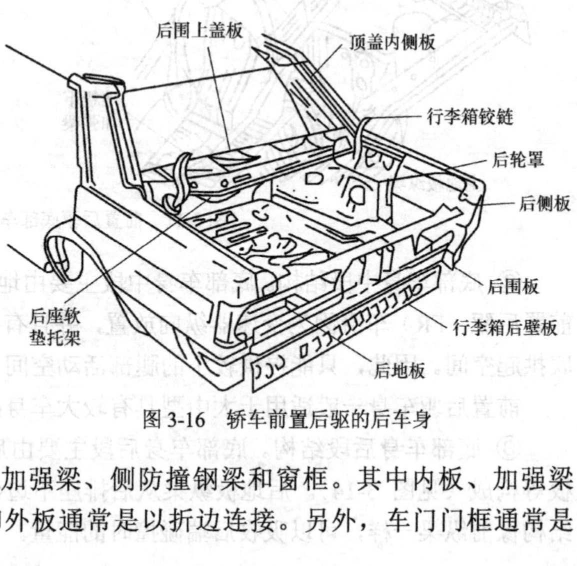

图 3-16 轿车前置后驱的后车身

（6）车门结构。车门包括外板、内板、加强梁、侧防撞钢梁和窗框。其中内板、加强梁和侧防撞钢梁以点焊结合在一起，而内板和外板通常是以折边连接。另外，车门门框通常是由点焊和铜焊结合而成，车门的形式大致分为窗框车门、冲压成形车门和无窗框车门 3 种（见图 3-18）。

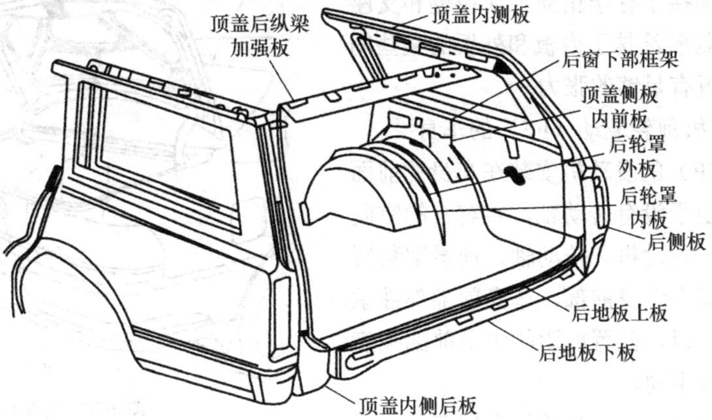

图 3-17　旅行车后车身

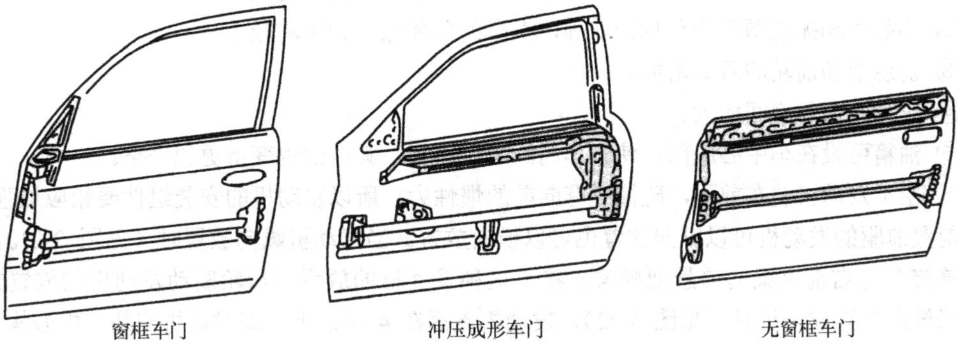

图 3-18　不同类型的车门

（7）发动机罩结构。发动机罩包括外板、内板和加强梁（见图 3-19）。内板和外板的四周以折边连接取代焊接。为了确保发动机罩铰链和发动机罩锁支架的刚性和强度，将加强梁点焊于内板上，将密封胶涂抹于内板和外板的某些间隙中，以确保外板有足够的张力。

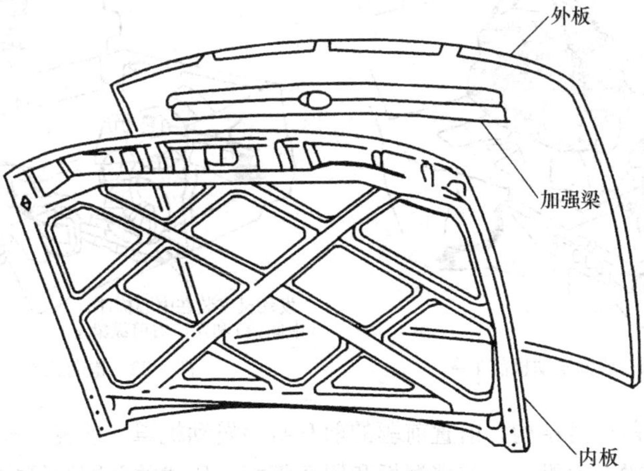

图 3-19　发动机罩的结构

（8）行李箱盖结构。行李箱盖的构造类似于发动机罩，包括外板、内板和加强梁（见图 3-20）。内板和外板的四周采用折边连接方式，而加强梁和支座是由点焊焊接于行李箱盖上（铰链和支座区域除外），将密封胶涂抹于内板和外板的某些间隙中，以确保外板有足够的张力。

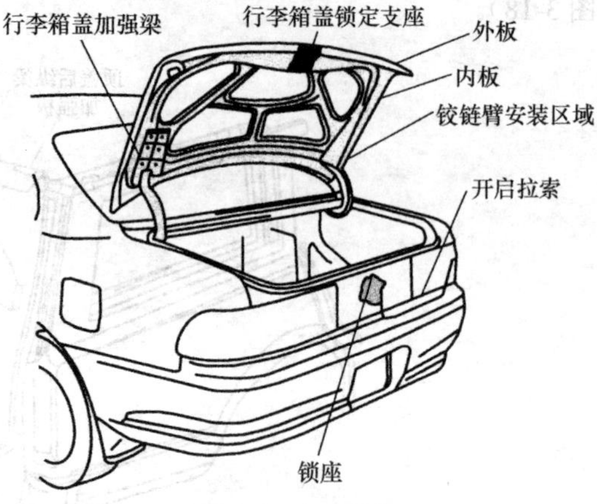

图 3-20　行李箱盖

2．前置发动机前轮驱动（FF）的车身

前置前驱（FF）的发动机安装在车身的前面并由前轮驱动。由于没有传动轴，乘客室的空间可以加大。同时，发动机、传动轴、前悬架装置和操纵装置都设置在车身前部，车身前部部件承受载荷比较大。所以，前置前驱的车身前部强度与前置后驱有很大不同。

（1）前置前驱（FF）车身的特点如下。

① 变速器和差速器结合成一体，没有传动轴，车身质量显著减小。

② 因噪声和振动源多在车身的前部，汽车的总体噪声和振动减小。

③ 前悬架和前轮的载荷增加。

④ 车身的内部空间增大。

⑤ 油箱可设在车中心底部，使行李箱的面积增大，其内部也变得更加平整。

⑥ 由于发动机装在前面，碰撞时有向前的惯性力，所以发动机的安装组件要相应加强。

前置前驱的发动机可以纵向放置也可以横向放置。当发动机纵向放置时（见图 3-21），发动机由连接左、右前纵梁的前悬架横梁支撑。这种发动机的放置与后轮驱动发动机的放置方式相同。当横向放置发动机时（见图 3-22），发动机支撑在 4 个点上，即发动机安装在中心构件（或称为中间梁）和左、右前纵梁上。

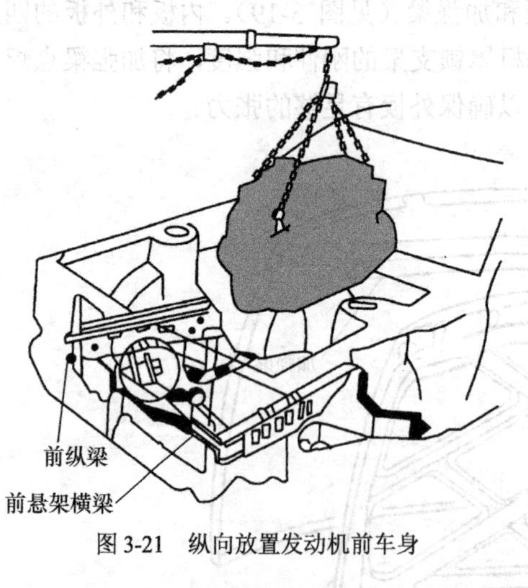

图 3-21　纵向放置发动机前车身

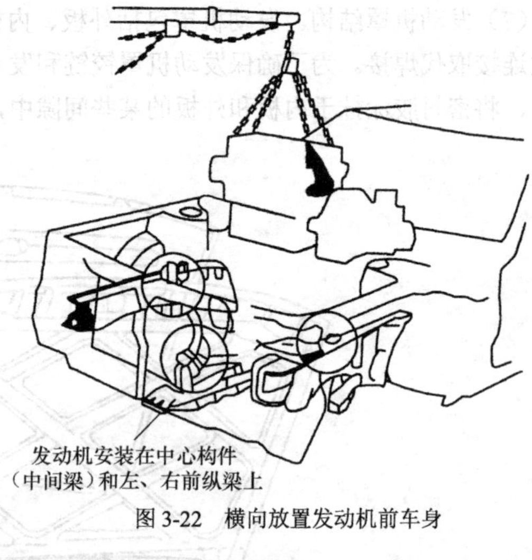

图 3-22　横向放置发动机前车身

（2）前置前驱的前车身结构。前置前驱的前车身由发动机罩、前翼子板、散热器上下支架、散热器侧支架、前横梁、前纵梁、前挡泥板和用薄钢板冲压成的前围板等构成。前置前驱和前置后驱车身的前悬架几乎是相同的，它们都采用滑柱式独立前悬架。前车身的精度对前轮定位有直接影响，在完成前车身维修以后，一定要检查前轮的定位。

图 3-23 所示为前置前驱纵向放置发动机的前车身。为了增加前挡泥板的强度和刚度，将前挡泥板与盖板、前纵梁焊接在一起。前置前驱纵向放置发动机（包括 4WD，四轮驱动）的前车身与后轮驱动的前车身几乎相同，但其前纵梁比前置后驱车身相应构件的强度要大。

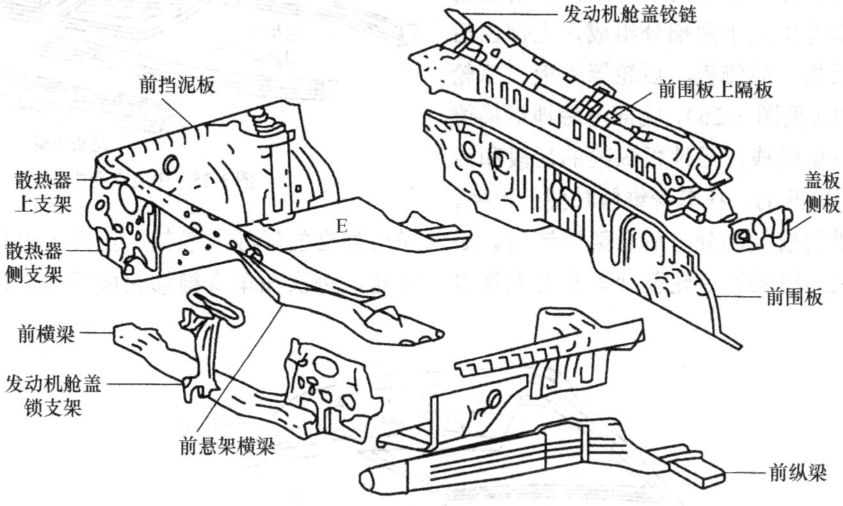

图 3-23　前置前驱纵向放置发动机的前车身构件

图 3-24 所示为前置前驱横向放置发动机的前车身，其前车身的下围板和前纵梁与后轮驱动车身或发动机纵向放置的前轮驱动车身完全不同。

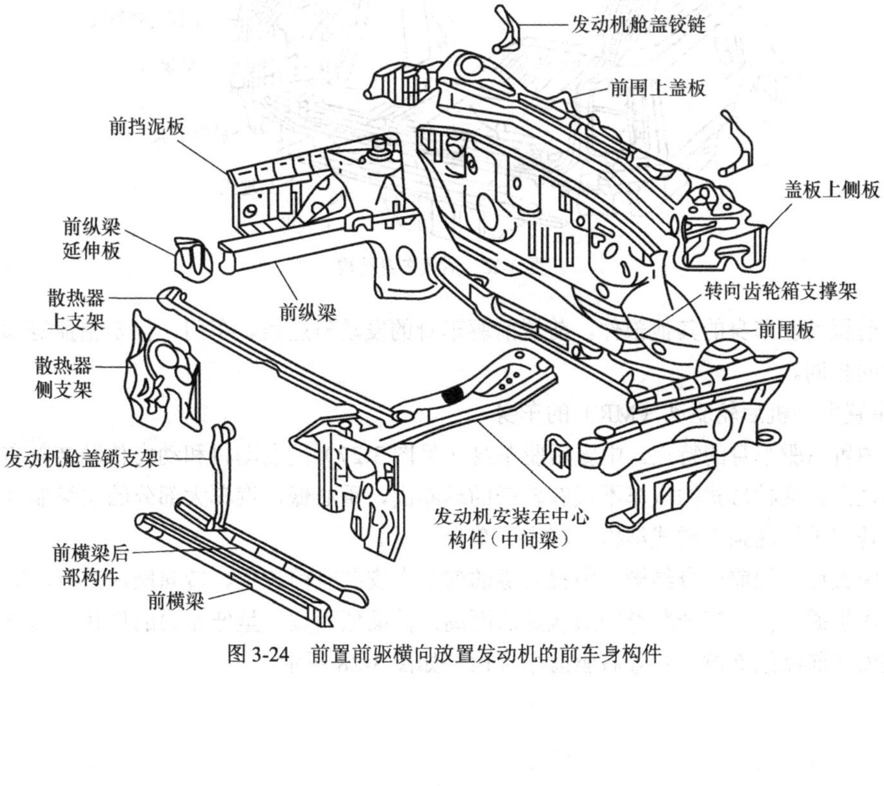

图 3-24　前置前驱横向放置发动机的前车身构件

（3）前置前驱的中段车身结构。前置前驱和前置后驱车身的中段车身是基本相同的，它们都由地板、地板纵梁、地板下加强梁、地板横梁组成（见图 3-25）。地板纵梁用高强度钢板制成，位于乘客室两侧下端，又称为车门槛板内板。

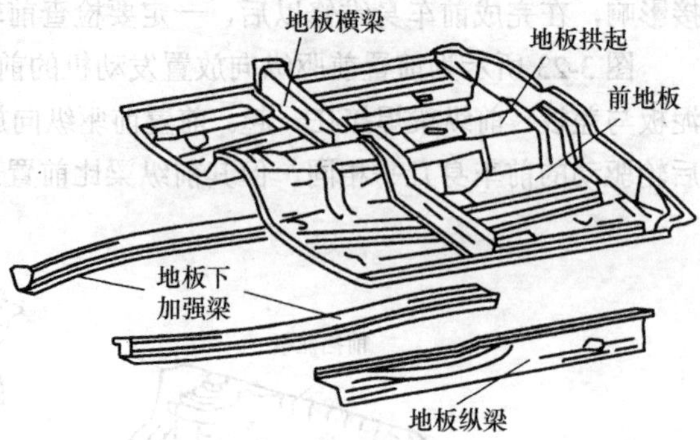

图 3-25 中段车身构件

（4）前置前驱的后段车身结构。前置前驱的后段车身由上下两部分组成，上部由后门板、下后板、后侧板、后轮罩外板、后轮罩内板组成（见图 3-26），底部由后地板横梁和后地板纵梁组成，后地板纵梁的后段和后地板纵梁是分开的，在车身维修时便于更换。后地板纵梁的较低部分与后悬架臂连接。后轮采用独立的滑柱式悬架，当发生追尾碰撞时，对后轮定位的影响比后轮驱动车身要大得多。因此，每次在车身维修完成后都需检查后轮的定位。

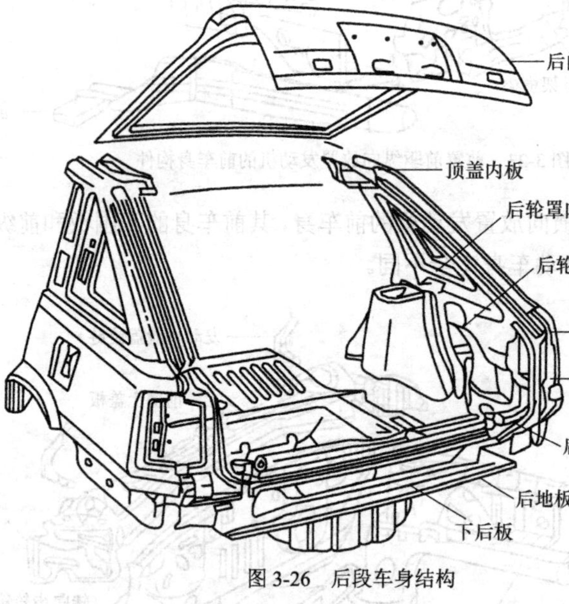

图 3-26 后段车身结构

（5）前置前驱车身的其他部件。前置前驱车身的发动机舱盖、车门、行李箱盖等部件与前置后驱车身的相同。

3．中置发动机后轮驱动（MR）的车身

（1）中置后驱车身的特点。中置后驱车身（见图 3-27）的发动机和动力传动装置布置在乘客室和后桥之间。这种形式的汽车不仅有较低的纵断面，重心低，汽车大部分的质量靠近汽车的中心，车身普遍采用高强度厢式结构，减少了车身质量。

（2）中置后驱的前车身结构。中置后驱的前车身安装有前悬架、转向操纵系统、散热器和空调冷凝器等机械部件。整个车身的形状是后面高，前面低而扁，呈低而尖的形状。独立的前悬架由前挡泥板和前纵梁支撑。中置后驱前车身构件如图 3-28 所示。

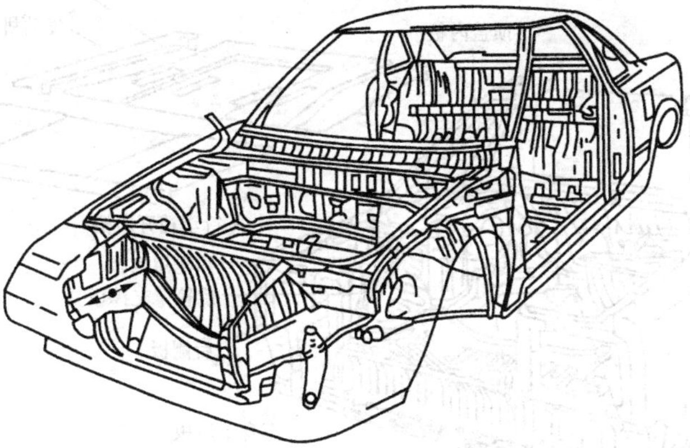

图 3-27　中置后驱的车身

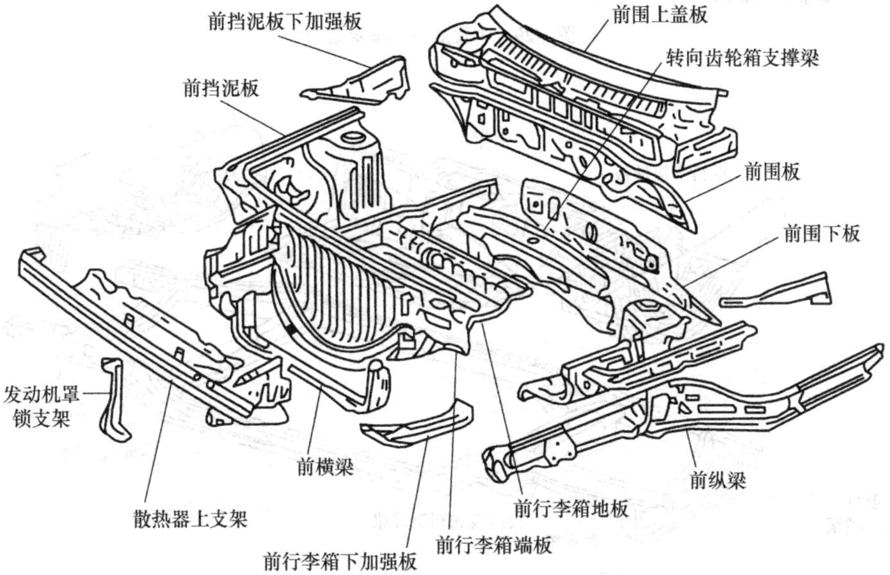

图 3-28　中置后驱的前车身构件

前挡泥板、发动机罩和发动机仓前罩板用螺栓固定。散热器框架、前横梁和前侧支架用点焊焊接在前纵梁上。前行李箱端板和地板的上部以点焊固定到前纵梁上，和以点焊固定在转向齿轮箱支承梁的前行李箱地板一起形成前行李箱。转向操纵系穿过前纵梁上的环形孔。前、后纵梁点焊成一体，下操纵臂和门槛板也连接在纵梁上，有效提高了车身强度。

（3）中置后驱的后车身结构。中置后驱的后车身由后侧板、后行李箱盖、发动机舱盖、车身下后板、乘客室分隔板、乘客室分隔横梁、后地板分隔板和后地板纵梁组成，如图 3-29 所示。发动机和后行李箱盖之间用后地板隔板分开。后地板、乘客室分隔板和后地板分隔板以深波纹结构强化，并和后纵梁焊接形成一个高强度的整体。

（4）中置后驱的底部车身结构。底部车身承受路面载荷，并将它传递到车身侧板、车身立柱和车顶板。底部车身的部件由高强度钢制造。此外，将前地板的结构通道提高，使车身底部的强度增强。图 3-30 所示为中置后驱底部车身构件。

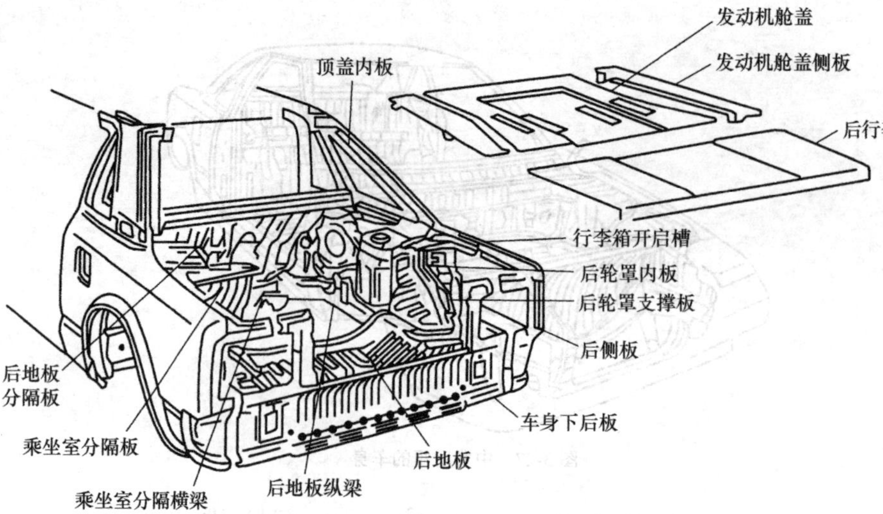

图 3-29　中置后驱后车身结构

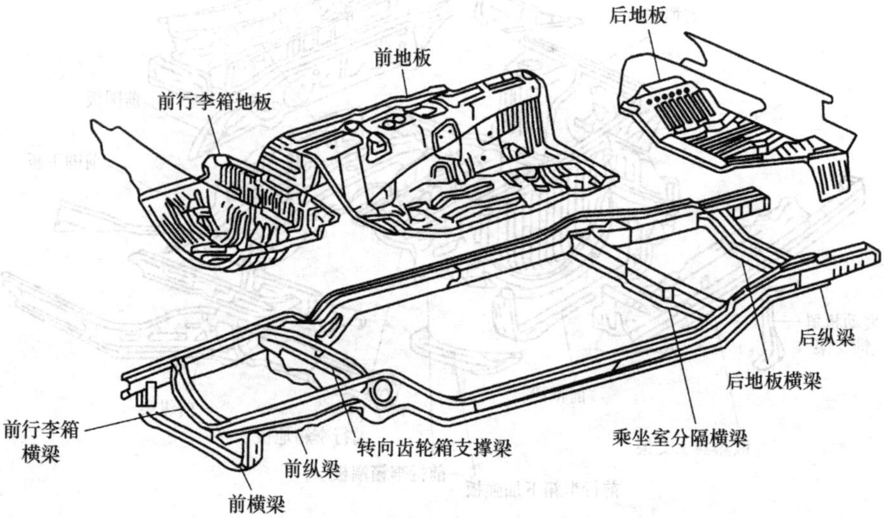

图 3-30　中置后驱底部车身构件

课题实施

操作一　前保险杠的更换

汽车保险杠作为最容易受损的车身主要附件之一，在汽车换件维修中更换的频率很高，因此掌握保险杠的更换方法与步骤十分必要。其拆装过程如下。

步骤 1：拆卸前保险杠左右侧与翼子板的固定螺栓，如图 3-31 所示。

步骤 2：拆下前格栅与钢支架固定螺栓，如图 3-32 所示。

步骤 3：拆下保险杠底部连接螺栓，如图 3-33 所示。

步骤 4：用一字螺丝刀轻轻地撬下保险杠左侧与翼子板的卡扣，注意不要弄断卡扣，如图 3-34 所示。

步骤 5：两人配合取下保险杠，把它放在安全地方，如图 3-35 所示。

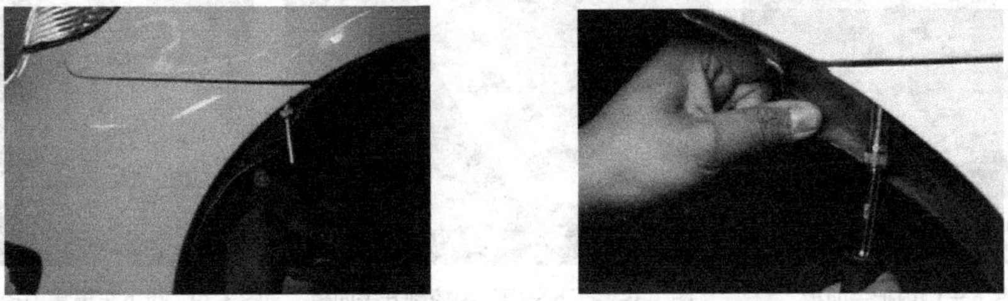

图 3-31　拆下保险杆左、右两侧与翼子板的固定螺栓

图 3-32　拆下前格栅两侧与钢支架固定螺栓

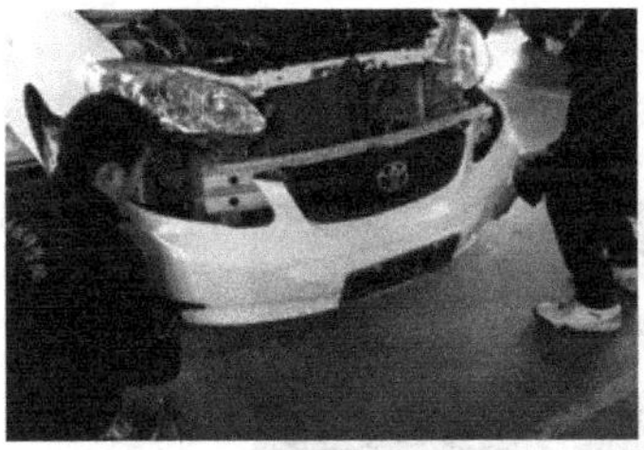

图 3-33　拆下保险杠底部连接螺栓

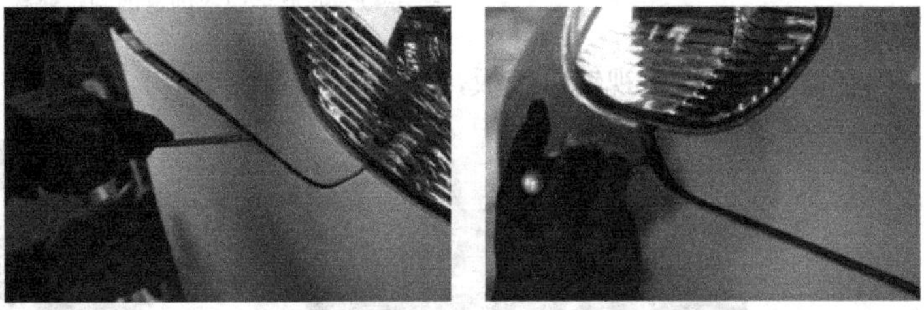

图 3-34　用一字螺丝刀撬下保险杠左、右两侧与翼子板的卡扣

步骤 6：安装前保险杠。

安装顺序与拆卸过程相反。注意在安装过程中要调整好保险杠与之相关钣件或附件之间的配合间隙，如图 3-36 所示。

图 3-35　两人配合取下保险杠

图 3-36　前保险杠安装完毕

操作二　玻璃升降器的更换

在车身修理工作中，车门玻璃升降器也常常需要拆卸下来更换或者修理，其拆装过程如下。

步骤 1：拆下车门内把手面板，如图 3-37 所示。

步骤 2：拆下车门集中控制开关面板，如图 3-38 所示。

步骤 3：拔下车窗集中控制开关线束插头，如图 3-39 所示。

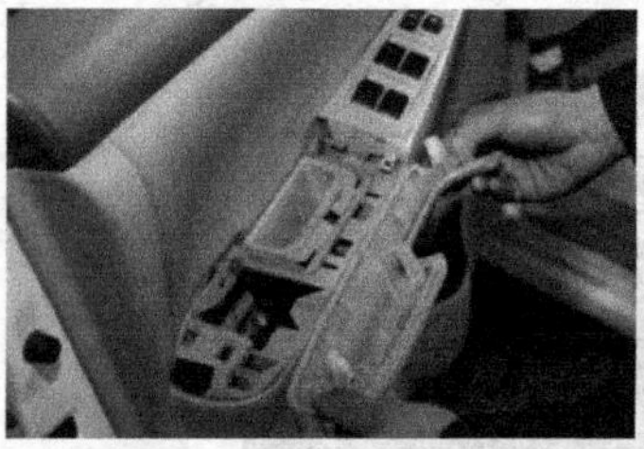

图 3-37 拆下车门内把手面板

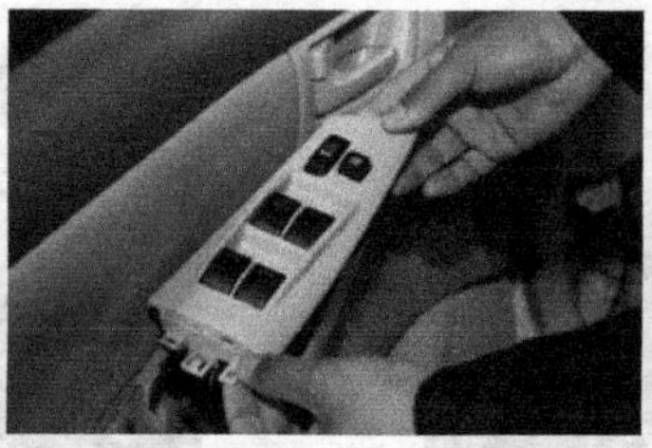

图 3-38 拆下车门集中控制开关面板

图 3-39 拔下车窗集中控制开关线束插头

步骤 4：拆下车门内饰板的固定螺栓，如图 3-40 所示。

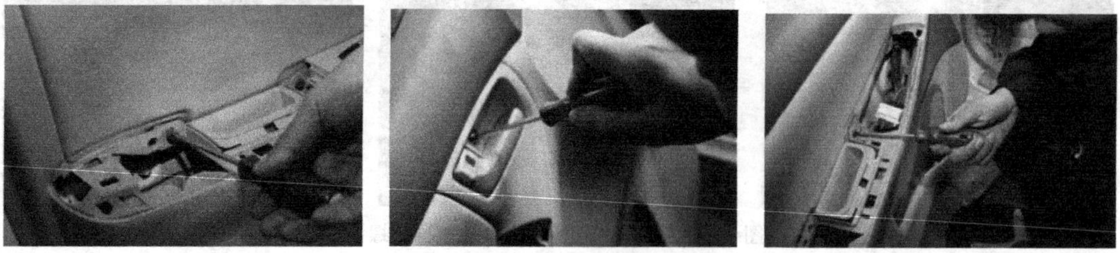

图 3-40 拆下车门内饰板的固定螺栓

步骤 5：拆下后视镜内盖板，如图 3-41 所示。

图 3-41 拆下后视镜内盖板

步骤 6：拆下内饰板与车门的卡扣，取下车门内饰板，如图 3-42 所示。

步骤 7：接电，调整升降器的位置便于拆卸，如图 3-43 所示。

图 3-42 取下车门内饰板

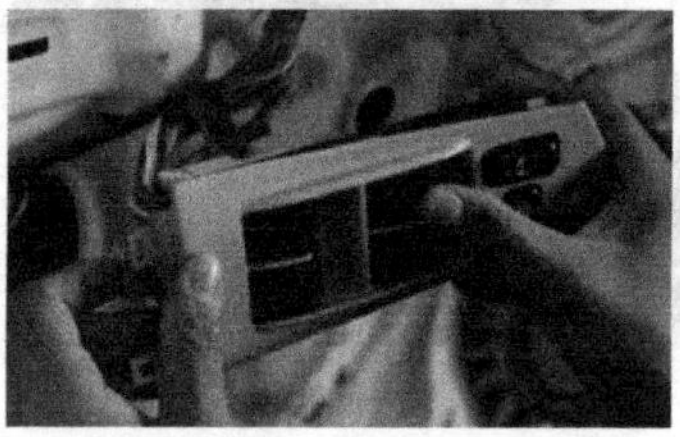

图 3-43 接电，调整升降器的位置

步骤 8：取下车窗玻璃密封条，如图 3-44 所示。

步骤 9：拆下升降器支架固定螺栓，如图 3-45 所示。

步骤 10：取下车窗玻璃，如图 3-46 所示。

步骤 11：拆下升降器支架与车门板固定螺栓，注意要把所有的固定螺栓拧出，然后确认全部螺栓已拧出，如图 3-47 所示。

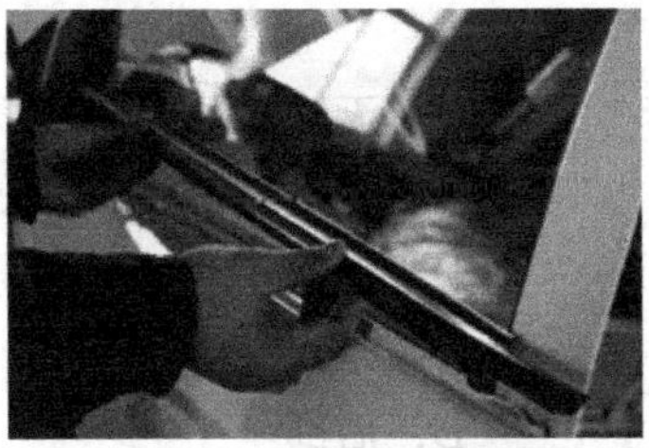

图 3-44　取下车窗玻璃密封条

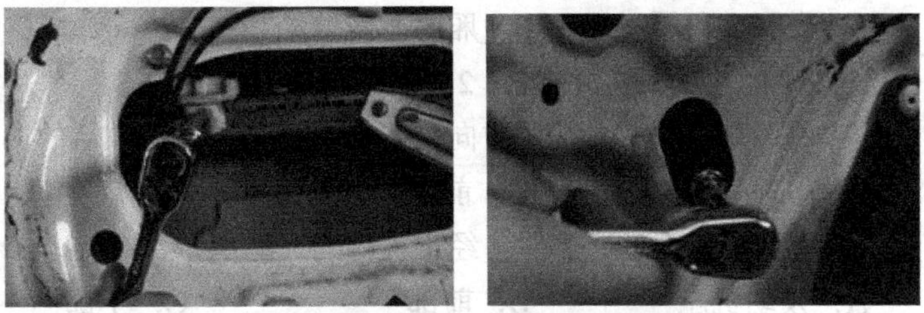

图 3-45　拆下升降器支架固定螺栓

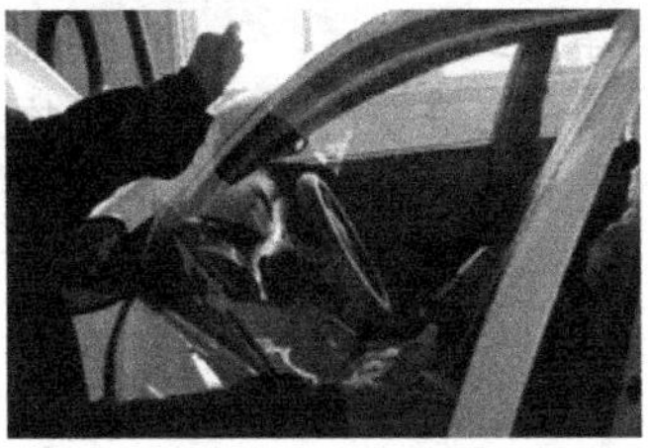

图 3-46　取下车窗玻璃

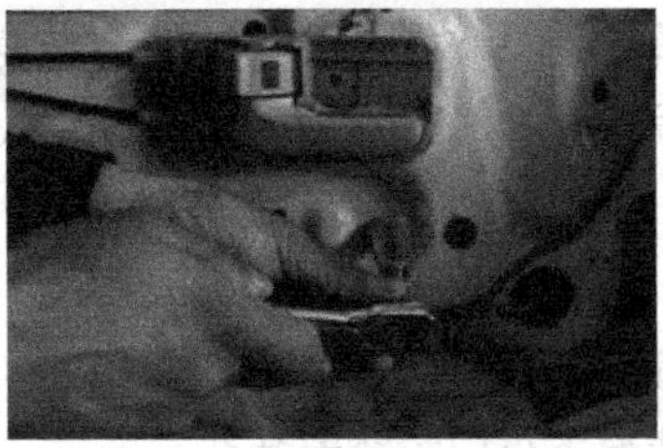

图 3-47　拆下升降器支架与车门板固定螺栓

步骤 12：拔下升降器电机上的线束插头，如图 3-48 所示。

步骤 13：取出升降器支架，如图 3-49 所示。

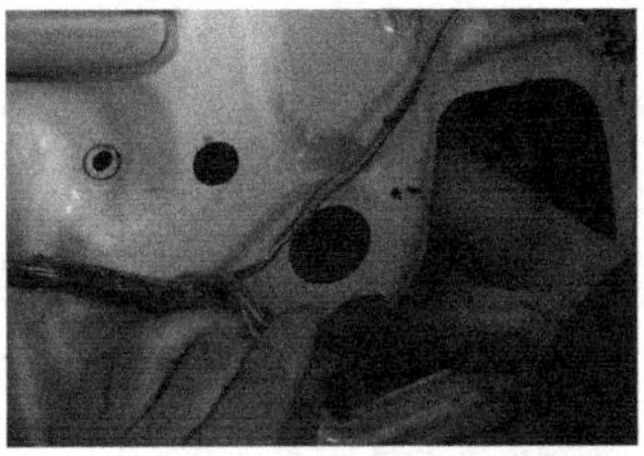

图 3-48　拔下升降器电机上的线束插头

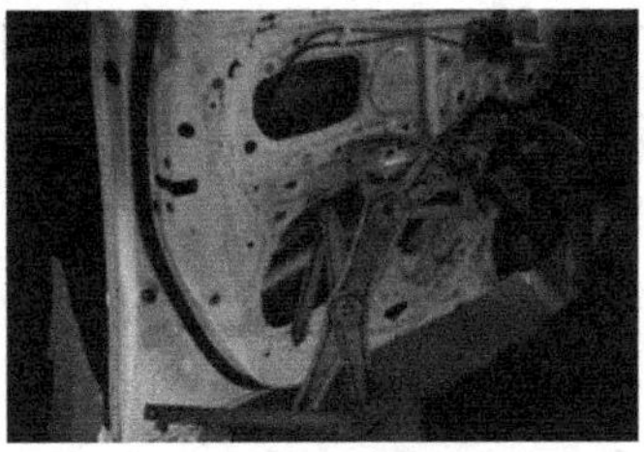

图 3-49　取出升降器支架

步骤 14：安装玻璃升降器，玻璃升降器安装过程与拆卸过程相反。

模块总结

本模块主要介绍了汽车车身的结构、轿车车身结构以及整体式车身结构、前保险杠的拆装、玻璃升降器的拆装方法，主要让学生了解汽车车身的结构组成及特点，加强动手能力的训练，为钣金维修奠定良好的理论和实践基础。

思考与练习

一、选择题

1．下面哪种车身结构不是按车身的受力情况分类的________。

A．承载式车身　　B．轿车车身　　C．非承载式车身　　D．半承载式车身

2．微型客车属于________厢的车身结构。

A．1　　B．2　　C．3　　D．无

3．汽车是以________的方向来定义车身的左右和前后的。

A．长度　　B．前进　　C．宽度　　D．道路

4．整体式车身的________经常被称为“绿房子”。

A．发动机舱　　B．前部　　C．中部　　D．后部

5．前部发生碰撞时，后部也会受到冲击变形的车身结构是________。

A．货车车身　　B．非承载式车身　　C．承载式车身　　D．半承载式车身

6．车身发生碰撞时，碰撞力能够被有效的分解、提高车身安全性的车身结构是________。

A．车架式车身　　B．货车车身　　C．摩托车车身　　D．整体式车身

7．汽车车门包括外板、内板、加强梁、________和门框等。

A．倒视镜　　B．侧防撞钢梁　　C．密封条　　D．装饰条

8．一般情况下车门铰链安装在________。

A．A 柱或 C 柱上　　B．B 柱或 C 柱上　　C．A 柱或 B 柱上　　D．全都安在 B 柱上

二、简答题

1．车身有哪 3 种结构形式？它们各有什么特点？

2．简述承载式车身的特点有那些？

模块四 4 汽车车身常用材料

汽车车身常用材料有金属材料和非金属材料两种，并以薄板或型材为主。金属板材是基本的车身材料，非金属材料如塑料、橡胶、玻璃等也是汽车车身不可缺少的用料。了解材料的性能、规格及适用条件，对于有效地从事车身修理是十分必要的。下面分别介绍有关金属材料、非金属材料的性能及其在汽车车身上的应用。

知识目标

◎ 能简单叙述汽车钣金对金属材料的要求
◎ 能正确叙述金属材料的基本性能
◎ 能正确描述钢及其热处理的方法
◎ 能正确说出常用有色金属的种类
◎ 能正确说出常用非金属的种类

能力目标

◎ 能够识别各种金属
◎ 能够识别各种非金属

课题一 金属材料的基本性能

基础知识

金属几千年来被广泛地应用于生产与生活，是基于它所具有的各种优良性能。金属材料的性能主要指材料的使用性能和工艺性能。使用性能是金属在使用时表现出的性能，主要包括力学性能、物理性能和化学性能。工艺性能是指金属材料在各种冷、热加工中所表现出的性能。

一、汽车钣金对金属材料的要求

汽车往往在极其恶劣的环境中进行工作，而且经常经受日晒风吹雨淋，工作温度非常悬殊，因而对汽车的各种钣件提出了较为严格的要求。

1．良好的机械性能

由于汽车在工作中经常处于高速、重载、频繁的振动状态。所以对于汽车钣金件，必须具有足够的强度、适宜的硬度、良好的韧性以及良好的抗疲劳性能，以保证汽车在正常运行中不变形、不损坏，以满足运输的需要。

2．良好的工艺性能

在汽车制造与修理中，许多钣金结构件的形状是非常复杂的，要求钣金材料必须有良好的工艺性能，包括以下几项。

（1）钣金材料必须有很好的压力加工性能。保证钣金工件的顺利成形，即有很好的塑性，在外力作用下产生永久变形而不被破坏的能力。对于冷作零件来讲，要有良好的冷塑性，如汽车车身冲压件；对于热作零件来讲，要有良好的热塑性，如热锻件弹簧钢板、热铆铆钉等。

（2）良好的可焊性。许多汽车钣件是通过点焊、弧焊或气体保护焊等方式熔焊在一起的，所以要求钣件必须有良好的焊接性能。这一点在汽车维修中尤其重要，可焊性好的材料焊接强度高、开裂倾向小，在维修中能保证原来的强度要求。

（3）良好的化学稳定性。汽车覆盖件大都是在露天环境中工作的，经常与水及蒸气接触，如排气消声器就经常在较高温度和腐蚀气体下工作。这就要求钣件必须有良好的化学稳定性，既要求在常温下耐腐蚀，防锈能力强，又要求在高温或太阳暴晒下不被腐蚀、不变性。

（4）良好的板材尺寸精度和内在质量。板材的尺寸精度和内在质量对钣金加工影响极大，特别是对模压件影响更大。具体要求如下。

① 板材尺寸精度高、厚度均匀、无变形。

② 表面平整、光洁度高、无气泡、无缩孔、无划痕、无裂纹等缺陷。

③ 无严重锈蚀及氧化皮等附着物。

④ 组织均匀，晶体组织及硬度无明显差异。

（5）价格低廉，经济实用。对汽车的任何构件，在满足工作条件的情况下，都应考虑到经济性。能用黑色金属的，不用有色金属；能用一般金属的，不用贵重金属。汽车钣金件的寿命，应该与汽车其他构件的寿命相适应。

二、金属材料的基本性能

机械制造的主要材料，包括金属材料、非金属材料和复合材料。金属材料由于具有制造机械零件所需要的物理、化学性能和良好的力学性能、工艺性能，因而在机械制造工业中得到广泛应用。金属材料分为黑色金属材料和有色金属材料两大类，以铁和铁基合金所构成的材料称为黑色金属材料，铁和铁基以外的金属材料及其合金都属于有色金属材料。

在机械制造中很少使用纯金属，而是以合金为主。因为合金通常比纯金属具有更好的力学性能和工艺性能，而且成本较低，其中钢铁材料因其资源丰富、冶炼容易、加工方便、成本低廉，成为应用最广泛的金属材料。钢铁材料是以铁为基础的铁碳合金，如碳素钢、合金钢、灰口铸铁等。此外，青铜、黄铜等以铜为基础的铜合金及以铝为基础的各种铝合金等应用也很广泛。

1．金属材料的物理性能

金属材料的物理性能主要有密度、熔点、热膨胀性、导热性、磁性和耐磨性。由于机器零件的用途不同，对其物理性能要求也不同。同时，材料的一些物理性能对热加工工艺也有一定的影响。例如，飞机零件要选用密度小的铝合金来制造，而机器的机身就要选用铸铁来制造，电器零件则首先考虑金属的导电性等。

（1）密度。金属材料单位体积的质量称为该金属材料的密度，密度的单位为 g/cm^3 或 kg/m^3，不同的金属具有不同的密度。

（2）熔点。金属由固态熔化成液态时的熔化温度称为金属材料的熔点。熔点低的金属或合金可用来制造焊丝或熔丝，而熔点高的金属或合金可用以制造耐热零件。

（3）热膨胀性。它是指固态金属热胀冷缩的性能，工程上常用线膨胀系数来表示。如柴油机的活塞在气缸内既要自由往复运动，又需要保证良好的气密性，因此，活塞和气缸套材料的热膨胀性要相接近。

（4）导热性。它是指金属材料传递热量的能力，常用热导率表示。由于不同的金属材料导热性能不同，因此，制造零件时要考虑到导热性能。例如，散热器、活塞等需选用导热性好的材料制造；又如高速钢导热性差，在锻造中加热速度应慢些，否则将产生裂纹。

（5）导电性。它是指金属传导电流的能力，常用电阻率来表示。所有金属都能导电，但导电的能力有大有小。金属中导电性最好的是银，其次为铜和铝。工业上常用它们制造电器产品，如电线、电缆、电器元件等。

（6）磁性。金属能导磁的性能称磁性，其特征是能被磁铁所吸引，常用的磁性金属有铁、镍、钴等。

（7）耐磨性。它是指金属材料在工作过程中承受磨损的耐久程度。耐磨性直接影响零件的性能和使用寿命。材料的耐磨性与其硬度、表面粗糙度、摩擦系数、运动速度等有关。

2．金属材料的力学性能

金属材料的力学性能也称机械性能，是指受外力作用时所反映出来的承载性能。在机械工程中，它是衡量金属材料性能最重要的指标。力学性能包括强度、硬度、弹性、塑性、冲击韧性和疲劳强度等。

（1）强度。强度是指金属材料在静载荷作用下抵抗变形和破坏的能力，通常用应力来表示。

根据载荷作用的不同方式，强度分为抗拉强度、抗压强度、抗弯强度、抗剪强度和抗扭强度等五种。一般以抗拉强度为主要指标。

① 抗拉强度。金属的抗拉强度是指通过拉伸试验测定的，利用一定的静拉力对标准试样进行轴向拉伸，通过对静拉力和试样相应伸长直至断裂的连续测量所测得的数据，求出的相关力学性能。

抗拉强度是指材料在拉断前所能承受的最大应力，用符号 σ_b 表示。如图 4-1 所示拉伸曲线上的 b 点，其计算公式如下：

$$\sigma_b = P_b / S_O$$

式中：P_b——试样被拉断前的最大载荷，N；

S_O——试样原始横截面积，mm^2。

如果金属材料所受外力超过 P_b 就会断裂。因此，在钣金构件加工成形过程中，为了不使工件产生裂纹而损坏，所加外力使材料产生的应力应小于 σ_b。

② 屈服点。金属在外力作用下达到屈服极限时，即使外力不再增加，而材料的变形仍在继续增加，这种现象叫“屈服”。开始发生屈服现象的应力点称为屈服点，用符号 σ_s 表示，如图 4-1

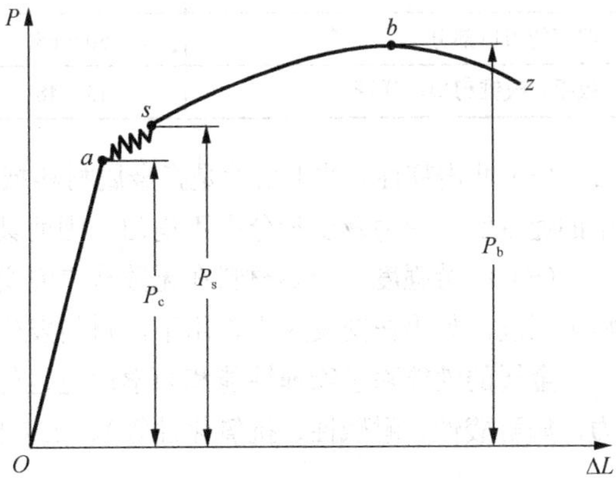

图 4-1　低碳钢的拉伸曲线

中 s 点。

屈服点是金属材料将要发生显著塑性变形的标志。材料的屈服点越高，则产生的塑性变形所需的外载荷越大。在钣金加工成形过程中，要使板料改变成一定形状，所加外力必须能使板料产生的应力大于 σ_s。

（2）塑性。塑性是指金属材料在外力作用下产生永久变形而不发生破坏的能力。金属材料的塑性也是通过拉伸试验来测定的。塑性一般用伸长率 δ 和断面收缩率 ψ 来衡量。

① 伸长率。伸长率是指试样被拉断后标距伸长与原始标距的百分比，用符号 δ 表示。若试样长短不同，尽管材料相同，其测得的伸长率也不相同。

② 断面收缩率。断面收缩率是指试样拉断后，缩颈处横截面积的最大缩减量与原始横截面积的百分比，用符号 ψ 表示。

塑性是钣金成形的重要指标之一。金属塑性越好，越有利于压力加工，否则，压力加工不易成形。

（3）弹性。弹性是指金属材料受外力作用时发生一定变形，当外力消除后，能完全恢复原来形状的性能。若允许的变形量越大，说明材料的弹性越好。如图 4-1 所示，拉伸曲线上 oe 是一直线段，弹性金属承受外力的最大限度，叫弹性极限，用符号 σ_e 表示。

（4）硬度。指金属材料抵抗硬物压入其表面的能力。它是金属材料性能的一个综合物理量，表明金属材料在一个小的体积范围内抵抗变形或破坏的能力。常用的金属硬度测试方法有布氏硬度法和洛氏硬度法。

布氏硬度用符号 HB 表示。当用淬火钢球为压头时，写成 HBS，适用于测量布氏硬度值在 450 以下的金属材料；当用硬质合金为压头时，写成 HBW，适用于测量布氏硬度值为 450～650 的金属材料。硬度数值标写在布氏硬度符号之前，例如，230HBS、500HBW 等。

洛氏硬度根据压头和压力不同，分别用 HRA、HRB、HRC 表示，其中 HRC 最为常用。硬度数值标写在洛氏硬度符号之后。

布氏硬度值和洛氏硬度值之间没有理论上的换算关系，在生产实践中，一般认为布氏硬度值在（HB200～600）范围时，1HRC≈1/10HBS（W）。表 4-1 所示为部分钢件的硬度值。

表 4-1　部分钢件的硬度值

钢 件 名 称	HRC	钢 件 名 称	HRC
锉刀、锯条、钻头、高速钢车刀	60～65	机床齿轮、主轴的耐磨部分	45～58
剪刀的刃口部分	50～65	冷冲模	58～64
扳手、改锥刃口、弹簧	43～48		

（5）冲击韧性。冲击韧性是指金属材料抵抗冲击载荷的能力（也称为冲击韧度）。冲击载荷作用的速度快，应力及变形分布不均匀，因而其对材料的破坏作用远大于静载荷。

（6）疲劳强度。金属材料在无数次重复交变载荷作用下而不至于引起断裂的最大应力，称为疲劳强度。如果在交变应力作用下，材料发生了断裂，这种现象称为疲劳破坏。

金属的性能除了物理性能和力学性能之外，还有化学性能（金属材料抵抗各种化学作用的能力，如耐酸性、耐碱性、抗氧化性等）、工艺性能（即铸造性、可焊性、切削加工性等）。

课题二 常见的金属材料介绍

基础知识

一、钢及其热处理

1．钢

含碳量为0.0218%～2.11%的铁碳合金叫碳素钢，简称碳钢。含碳量大于2.11%的铁碳合金称为铸铁，含碳量低于0.0218%的铁碳合金称为工业纯铁。

碳是决定钢性能最主要的元素，钢中的杂质对钢性能也有一定的影响。在含碳量小于0.8%的碳钢中，随着含碳量的增加，钢的强度、硬度不断提高，塑性、韧性不断降低。含碳量大于0.8%的碳钢，随着含碳量的增加，钢的强度不再增加，但硬度还有提高，塑性、韧性继续降低。

为了改善钢的性能，在碳钢的基础上，有目的地加入某些合金元素而炼成的钢称为合金钢。碳钢经过添加合金元素和热处理后，不仅可以显著提高其综合力学性能，还能满足某些特殊性能的要求，如可获得较高的硬度、淬透性、耐腐蚀性、红硬性（高温下保持高硬度和高耐磨性）等。

（1）钢的分类。钢可按化学成分、质量、用途等来分类，如表4-2所示。

表4-2 钢的分类

分类方法	名称		说明
按化学成分分类	碳素钢	低碳钢（含碳量低于0.25%）	碳素钢的成分中除铁外，还含有碳和一定数量的硅、锰、硫、磷等元素。碳素钢按其含碳量多少可分为低、中、高碳钢三种
		中碳钢（含碳量为0.25%～0.6%）	
		高碳钢（含碳量高于0.6%）	
	合金钢	低合金钢（合金元素总含量低于5%）	在碳素钢中加入一定数量的合金元素称为合金钢。加入合金元素的目的在于改善钢的力学性能、工艺性能、物理性能和化学性能。加入的合金元素有铬（Cr）、镍（Ni）、硅（Si）、锰（Mn）、硼（B）、铌（Nb）等
		中合金钢（合金元素总含量为5%～10%）	
		高合金钢（合金元素总含量高于10%）	
按质量分类	普通钢 钢中含硫量不超过0.050%，含磷量不超过0.045%		这种分类法是根据钢中含硫、磷等有害杂质的多少而区分的
	优质钢 钢中含硫量不超过0.030%，含磷量不超过0.035%，含铜量不超过0.030%		
	高级优质钢 钢中含硫量不超过0.030%，含磷量不超过0.035%，含铜量不超过0.025%		

续表

分类方法	名称		说明
按用途分类	结构钢（含碳量小于 0.7%）	碳素结构钢	用于工程结构，制造机械零件
		合金结构钢	
		滚动轴承钢	
		弹簧钢	
	工具钢（含碳量为 0.7%～1.4%）	碳素工具钢	用于制造各种工具，又可细分为量具钢、刃具钢、模具钢等
		合金工具钢	
		高速工具钢	
	特殊用途钢	不锈耐酸钢	用于特殊用途，具有特殊的物理、化学性能
		耐热不起皮钢	
		磁性材料和电热合金	
其他分类	按炼钢方法分	平炉钢	
		转炉钢	
		电炉钢	
	按浇铸前脱氧程度分	镇静钢	
		沸腾钢	
		半镇静钢	
	按金相组织不同分	奥氏体钢	
		马氏体钢	
		铁素体钢	

（2）钢的牌号。我国钢材的牌号是采用化学元素符号和汉语拼音字母并用的原则来表示的。钢号中的化学元素采用国际化学符号来表示，如 Fe、Si、Mn、Cr、W 等，而产品名称、用途、冶炼和浇注方法等则采用汉语拼音的缩写字母来表示。

① 碳素结构钢的牌号。

（a）普通碳素结构钢。其牌号依次以钢的屈服点“屈”字汉语拼音首位字母 Q，屈服点数值（MPa）、质量等级（A、B、C、D 依次提高）、脱氧方法（F 为沸腾钢，B 为半镇静钢，Z 为镇静钢，TZ 为特殊镇静钢，其中 Z 和 TZ 代号可省略）组成。如 Q235-AF 即表示屈服点数值为 235MPa 的 A 级沸腾钢。

（b）优质碳素结构钢。其牌号用两位数字表示，有 05、08、10、15、20、25、30、35、40、45、50、55、60、65、70、75、80、85。这两位数字表示平均含碳量为万分之几。例如，08F 表示含碳量为 0.08%左右的优质碳素结构沸腾钢；20B 表示含碳量为 0.20%左右的优质碳素结构半镇静钢；20g 表示含碳量为 0.20%左右的优质碳素结构锅炉钢等。此外，含锰量较高的钢应在数字后面把锰元素标出，例如，50Mn 表示含碳量为 0.50%左右、含锰量为 0.70%～1.00%的优质碳素结构钢。高级优质碳素结构钢在牌号后面加一个字母“A”。例如，45 表示含碳量为 0.45%左右的优质碳素结构钢，45A 表示含碳量为 45%左右的高级优质碳素结构钢。

（c）碳素工具钢。碳素工具钢的牌号有 T7、T8、T9、T10、T11、T12、T13，字母 T 表示碳素工具钢，数字表示平均含碳量为千分之几。高级优质碳素工具钢在牌号后面加字母“A”。例如，

T8 表示含碳量为 0.8%左右的碳素工具钢；T10A 表示含碳量在 1.0%左右的高级优质碳素工具钢。

② 合金钢的牌号。

（a）合金结构钢。合金结构钢通常都是优质钢，其牌号由三部分组成，即数字＋元素＋数字。前面的数字表示平均含碳量为万分之几，合金元素以化学元素符号表示，后面的数字表示合金元素的含量，一般以百分之几表示。当合金元素含量＜1.5%时，钢号中一般只标出元素而不标明含量。当合金元素含量≥1.5%、≥2.5%、≥3.5%……时，则在元素符号后面相应标出 2、3、4……，高级优质合金结构钢在牌号后面加字母“A”。例如，40Cr 表示含碳量为 0.4%左右、含铬量为 1%左右的合金结构钢；12Cr2Ni4A 表示含碳量为 0.12%左右、含铬量为 2%左右、含镍量为 4%左右的高级优质合金结构钢。含有合金元素的弹簧钢如 60SiMn、50SiMn、60Si2Mn 等，其表示方法同前述。

（b）合金工具钢。合金工具钢牌号的表示方法原则上和合金结构钢大致相同，所不同的仅是含碳量的表示方法。如平均含碳量＞1.0%，则不标出含碳量；平均含碳量<1.0%，则在牌号前以千分之几表示。例如，3Cr2W8 表示含碳量为 0.3%左右、含铬量为 2%左右、含钨量为 8%左右的合金工具钢；Crl2MoV 表示含碳量为 1.45%～1.70%、含铬量为 12%左右，并含有钼和钒的合金工具钢。

（c）高速工具钢。高速工具钢的牌号有 W9Cr4V、W18Cr4V、W12Cr4V4Mo、W6Mo5CrV2 等。在高速工具钢的牌号中一般不标出碳含量，并把钨元素放在前面。合金元素平均含量的表示方法和合金结构钢相同。例如，W18Cr4V 表示含碳量为 0.70%～0.80%、含钨量为 18%左右、含铬量为 4%左右、含钒量为 1%左右的高速工具钢。

（d）滚动轴承钢。滚动轴承钢的牌号有 GCr6、GCr9、GCr15、GCrl5SiMn、GSiMnMoV 等。字母 G 表示滚动轴承钢，Cr 后的数字表示平均含铬量为千分之几，含碳量不标出，一般在 1%左右。例如，GCr15 表示含铬量为 1.5%左右的滚动轴承钢；GSiMnMoV 表示含硅量为 0.55%左右、含锰量为 1%左右，并含有钼和钒的滚动轴承钢。

（e）不锈耐酸钢、耐热钢和电热合金。这几种钢牌号表示方法和合金工具钢相同，但含碳量一般不标出，在钢号有重复或含碳量较高时，才在牌号中标出平均含碳量（为千分之几）。如果含 C≤0.03%或≤0.08%，则牌号前应冠以“00”或“0”。不锈耐酸钢的牌号如 1Crl3、2Crl3、4Cr13、9Crl8、0Cr18Ni9、1Cr18Ni9、1Crl8Ni9Ti 等；耐热钢如 4Cr9Si2、Cr3Si、Cr5Mo、4Crl0Si2Mo 等；电热合金如 C8Al5、Crl3Al4、1Crl7Al5 等。

（3）钢的用途。

① 碳素结构钢。碳素结构钢的含碳量一般小于 0.7%，可分为普通碳素结构钢和优质碳素结构钢，它要求有较高的强度、塑性和韧性。常用于制造工程结构件（如建筑的层架、桥梁、车辆等）以及机械零件（如螺钉、螺母、冲压零件、齿轮、轴、连杆等）。普通碳素结构钢的应用如表 4-3 所示，优质碳素结构钢的应用如表 4-4 所示。

表 4-3 普通碳素结构钢的应用

牌　　号	应 用 举 例
Q195，Q215-A，Q215-B	薄板、焊接钢管、铁丝、铁钉、屋面板、烟囱等
Q235-A，Q235-B， Q235-C，Q235-D	薄板、中板、钢筋、条钢、钢管、焊接件、铆钉、小轴、螺栓、连杆、外壳等
Q255-A，Q255-B，Q275	拉杆、连杆、键、轴、销钉，要求刚度较高的某些零件

表 4-4　　优质碳素结构钢的应用

牌　号	性　能	应用举例
08，08F，10，10F	属低碳钢，具有高的塑性和韧性，优良的冷冲压性能及焊接性能	制造仪表外壳，汽车上的冷冲压件、车身、驾驶室等
15，20，25	属低碳钢，硬度、强度不高，塑性、韧性高；渗碳淬火后表面硬而耐磨，但心部保持高韧性	制造受力不大、韧性要求较高的零件，如螺钉、螺母、法兰盘、拉杆；也可制造凸轮、摩擦片、样板等
30，35，40，45	属中碳钢，经调质处理后具有良好的综合机械性能	制造汽车曲轴、连杆，机床主轴、齿轮及受力不大的轴类零件
55，60，65	属高碳钢，经淬火后具有高强度和良好弹性	制造钢丝绳、弹簧及其他弹性零件等

在优质碳素结构钢中，45 钢因其调质（淬火后高温回火）后有良好的综合力学性能（有较高强度，硬度、塑性、韧性均适中），在机械制造业中用量较大。

② 碳素工具钢。碳素工具钢的含碳量为 0.7%～1.4%。由于含碳量高，故硬度偏高，但红硬性差。主要用于制造各种手工具，一般都需经热处理后使用。碳素工具钢的应用如表 4-5 所示。

表 4-5　　碳素工具钢的应用

牌　号	应用举例
T7,T7A,T8,T8A,T8Mn,T8MnA	用于制造韧性要求较高、承受冲击载荷作用的工具，如小型冲头、凿子、锤子、木工工具等
T9,T9A,T10,T10A,T11,T11A	用于制造要求中等韧性的工具，如钻头、丝锥、车刀、冲模、拉丝模、锯条及量规、塞规、样板等量具
T12,T12A,T13,T13A	具有高硬度、高耐磨性，但韧性低，用于制造不受冲击的工具，如量规、塞规、样板等量具及锉刀、刮刀、精车刀等刀具

③ 合金结构钢与合金工具钢。合金结构钢和合金工具钢的用途与碳素结构钢和碳素工具钢相仿，但其性能优于碳素钢。如 40 钢经调质后其抗拉强度 σ_b <750MPa，而 40Cr 钢经调质后其强度 σ_b >1000MPa；调质后，在硬度相同的情况下，40Cr 钢的塑性和韧性均优于 40 钢。部分合金结构钢的用途如表 4-6 所示。合金工具钢的用途如表 4-7 所示。

表 4-6　　部分合金结构钢的用途

牌　号	应用举例	牌　号	应用举例
09MnNb	桥梁、车辆	16MnRe	桥梁、起重机械
12Mn	船舶、低压锅炉、容器、油罐	10MnPNbRe	港口工程结构、大桥、船舶、车辆
16Mn	船舶、桥梁、车辆、大型容器、大型钢结构、起重机械	14MnVTiRe	桥梁、高压容器、电站设备、大型船舶
15MnVNb	大型焊接结构、大桥、船舶、车辆		

表 4-7　　合金工具钢的用途

牌号	应用举例	牌号	应用举例	牌号	应用举例
9MnV2	小冲模、冷压模、落料模，各种变形小的量规、样板、丝锥、板牙、铰刀等	CrWMn	板牙、拉刀、长丝锥、长铰刀、量规、形状复杂的高精度冲模	5CrNiMo	大型锻模等
9CrSi	板牙、丝锥、钻头、铰刀、冷冲模	Cr12	冷冲模冲头、冷切剪刀、钻套、量规、螺纹滚模、木工切削工具等	5CrMnMo	中型锻模等
Cr2	车刀、铣刀、插刀、铰刀和样板、凸轮销、偏心轮	Cr12MoV	冷切剪刀、圆锯、切边模、滚边模、标准工具与量规、拉丝模等	3Cr2W8V	高应力冲压模、热剪切刀、压铸模等

2．钢的热处理

金属材料经过不同的热处理可以获得不同的力学性能。如 T8 钢制造的刀具，不经热处理其硬度较低，不能用于切削金属，但经淬火热处理后，硬度得到很大提高，可以用来切削较硬的金属材料。钢的热处理就是将钢在固态下加热到一定温度，进行必要的保温，然后以不同的速度冷却下来，从而改变钢的内部组织，获得所需要性能的一种工艺方法。

热处理可作出如下分类，如图 4-2 所示。

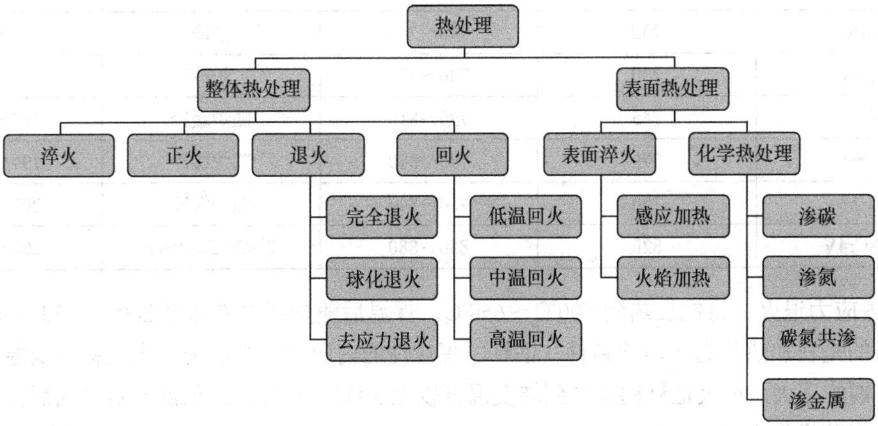

图 4-2　钢的热处理分类

（1）钢的退火。退火是将钢件加热到一定温度后保温一定时间，随之缓慢冷却下来的一种工艺操作方法。退火的目的在于降低钢的硬度，提高塑性，改善加工性能，细化晶粒，改善组织，消除内应力，为以后的热处理作准备。

退火方法有完全退火、球化退火和去应力退火等。

① 完全退火。将钢加热到转变温度以上 30℃～50℃，保温一定时间，然后随炉缓慢冷却到 500℃以下出炉，再放于空气中冷却。完全退火的目的是细化晶粒、消除热加工造成的内应力、降低硬度。它主要用于钢的型材、锻件、铸件和焊接结构件上。常用结构钢的完全退火工艺规范如表 4-8 所示。

表 4-8　　常用结构钢的完全退火工艺规范

钢　号	临界温度/℃	加热温度/℃	冷却方式	布氏硬度（HBS）
20	855	860～900	炉冷	≤156
35	802	850～880	炉冷	≤187
45	780	800～840	炉冷	≤197
20Cr	838	860～890	炉冷	≤179
20CrMnMo	830	850～870	炉冷	≤217
35CrMo	800	830～850	炉冷	≤229
40Cr	782	830～850	炉冷	≤207
40CrNi	769	820～850	炉冷	≤250
35SiMn	-	850～870	炉冷	≤229
65Mn	765	780～840	炉冷	≤229

② 球化退火。将钢加热到转变温度以上 20℃～30℃，保温一定时间后随炉缓慢冷却到 600℃，再出炉空冷。球化退火可降低钢材硬度，提高塑性，改善切削性能，并为淬火作好准备。球化退火主要用于工具钢工件，如刀具、模具、量具等。常用工具钢的球化退火工艺规范如表 4-9 所示。

表 4-9　　常用工具钢的球化退火工艺规范

钢　号	临界温度/℃	加热温度/℃	冷却方式	布氏硬度（HBS）
T8A	730	740～760	炉冷	≤187
T12A	730	740～770	炉冷	≤197
GCr15	745	790～810	随炉缓冷	207～229
9CrSi	770	790～810	随炉缓冷	197～241
CrWMo	750	780～840	随炉缓冷	207～225
W18Cr4V	820	850～880	以<20℃/h 缓冷	207～225

③ 去应力退火。将钢加热到 500℃～650℃，保温后随炉缓慢冷却至 200℃～300℃时出炉空冷。其目的是在加热状态下消除铸件、锻件、焊接件的内应力。去应力退火也称为低温退火。

（2）钢的正火。正火是将钢加热到转变温度以上 30℃～50℃，经保温一定时间后在空气中冷却的一种工艺操作方法。

低碳钢经过正火处理后，可细化晶粒，均匀组织，改善切削加工性能。正火的工艺过程简单经济，生产效率高。因此，低碳钢常常采用正火代替退火处理。

中碳钢经过正火处理后，可以提高强度和硬度。对一些力学性能要求不高的零件，正火常常是最后的热处理工序。

高碳钢常用正火为球化退火作准备。

（3）钢的淬火。钢的淬火是将钢加热到临界温度以上 30℃～50℃后，经过保温一定时间后在水（或盐水）中或油中快速冷却，以获得高硬度组织的一种热处理工艺。

淬火是工厂中应用广泛的热处理方法，例如，各种刃具、量具、模具和工具以及各种要求具有高硬度和高耐磨性的零件，都需要采用淬火方法进行热处理。又如受冲击载荷作用的轴、齿轮等，为使其获得强度、硬度和塑性、韧性良好配合的综合力学性能，也需要首先进行淬火。

淬火是热处理工艺过程中最重要、最不易掌握的一种方法，也是决定零件和工具最终性能和质量的关键。淬火的首要工序是加热，不同成分的钢，应选择不同的加热温度。常用碳钢及部分合金钢的淬火加热温度如表 4-10 所示。

表 4-10　常用碳钢及部分合金钢的淬火加热温度

钢　号	淬火温度/℃	钢　号	淬火温度/℃
30	870～890	40Cr	830～860
35	850～890	40CrNi	810～840
45	820～860	60Si2Mn	840～870
50	810～850	50CrV	820～860
65	800～840	GCr15	820～860
70	780～830	CrWMn	820～850
T8	770～820	Cr12	860～880
T10	770～820	5CrMnMo	820～850
T12	770～810	2Cr2W8V	10501～100
T13	770～810	W18Cr4V	1260～1290
65Mn	840～880	3Cr13	1000～1050

淬火加热后需保温，目的是为了热透工件，使组织转变一致，化学成分均匀。

淬火加热温度要合理控制，过低则淬火钢件硬度不足；过高会产生过热或过烧，使淬火后钢性变脆而产生废品。

淬火冷却是淬火的关键，冷却效果直接决定了钢淬火后的组织和性能。用水作冷却介质适用于碳素结构钢（单液淬火）、低合金工具钢和碳素工具钢（双液淬火，即水淬油冷）。盐水和碱水（食盐和碱的水溶液）的冷却能力比水强，适用于低碳钢和中碳钢的淬火。而油则属于冷却能力较弱的淬火介质，适用于合金钢以及小截面或形状复杂的碳钢工件的淬火。

选择不同的冷却方法，目的在于获得马氏体和减少内应力，常用的方法如下。

① 单液淬火，即在一种介质内冷却。

② 双液淬火，即在两种介质内冷却，如先在水中冷却，冷却一定温度后，将工件转入油中冷却，称为水淬油冷。

③ 等温淬火，将淬火工件放入具有一定温度的溶液中，保持一定时间，等工件内部组织全部转变后，再取出冷却到室温。经过淬火后的钢件必须进行回火。

（4）钢的回火。钢的回火是把淬火后的钢重新加热到某一温度，保温一段时间后置于空气或水中冷却的热处理工艺。其目的在于降低淬火钢的脆性，消除或减少内应力，提高综合力学性能，稳定工件尺寸。对某些合金钢来讲，经过回火后可使钢中碳化物适当聚集，降低硬度以利于切削加工。

① 低温回火。在 150℃～250℃温度范围内进行的回火。主要用于要求硬度为 HRC55～62 的各类高碳工具钢，淬火后低温回火可保持淬火零件具有较高的硬度值和耐磨性，适用于各种刃具、量具、模具、工具等。

② 中温回火。中温回火温度范围为 350℃～500℃。能使钢具有较高的强度、弹性，并有一定的韧性。中温回火的目的是为了适当降低淬火钢的硬度，提高强度尤其是弹性极限，恢复一定程度的韧性和塑性，消除内应力。中温回火适用于各种弹簧、弹性零件和部分工具的回火。

③ 高温回火。高温回火温度范围为 500℃～650℃。淬火后高温回火能获得强度、硬度、塑性、韧性良好配合的综合力学性能以及较好的切削加工性能。淬火后进行高温回火又称调质，是许多机械零件常用的热处理方法，如在交变载荷下工作的连杆、螺栓、齿轮及轴类零件等。调质处理还可作为某些精密零件（如丝杠、量具等）的预备热处理，使之获得均匀细小的索氏体组织，以减少最终热处理的变形量，为获得较好的最终性能作组织准备。

（5）钢的表面热处理。钢的表面热处理包括表面淬火、渗碳等。表面热处理使零件表面有高硬度而心部仍保持足够的塑性和韧性。适用于在动力载荷及摩擦条件下工作的零件，如汽车的齿轮、曲轴等。

钢的表面淬火是利用快速加热使钢表面很快在达到淬火温度后，不等热量传至心部便迅速冷却，可使钢件表面层被淬硬，而心部仍是未淬火组织的一种局部热处理方法。

表面淬火的目的是在提高工件表面硬度的同时，保持工件心部原有的良好塑性和韧性的退火、正火或调质状态的组织。

表面淬火的方法主要有感应加热表面淬火、火焰加热表面淬火、电接触加热表面淬火及电解液加热表面淬火等。

渗碳一般是向低碳钢（如 20 钢）表面层渗入碳原子，使工件表层的含碳量达到 0.7%～1.05%。渗碳层的深度一般在 0.5～2.5mm 范围内。零件渗碳后，为了达到表面高硬度和耐磨目的，必须进行热处理。通常零件在渗碳后，经淬火和低温回火，表面硬度可达 HRC58～64，心部强度及韧性均好，抗疲劳强度较高。

表面热处理还有渗氮、渗金属等方法。

3．型钢

常用型钢有等边角钢、槽钢和工字钢三种，每一种型钢又有多种规格。现将三种型钢标记的识别介绍如下。

（1）热轧等边角钢。热轧等边角钢俗称角铁，它的断面是等边直角形。按照国家标准规定，标记：热轧等边角钢$\dfrac{100\times100\times16-\text{GB9787}-88}{\text{Q235}-\text{A}-\text{GB700}-88}$，表示材料为碳素钢 Q235-A，其边宽 × 边宽 × 边厚度为 100mm × 100mm × 16mm 的热轧等边角钢。其他规格的角钢可查阅有关技术手册。

（2）热轧槽钢。热轧槽钢规格标准为国家标准 GB 707—88。标记：热轧槽钢$\dfrac{180\times70\times9-\text{GB707}-88}{\text{Q235}-\text{A}-\text{GB700}-88}$表示材料为碳素钢 Q235-A，尺寸为高 × 腿宽 × 腰厚=180mm × 70mm × 9mm 的热轧槽钢。

（3）热轧工字钢。热轧工字钢的规格标准 GB 706—88。标记：热轧工字钢$\dfrac{400\times144\times12.5-\text{GB707}-88}{\text{Q235}-\text{A}-\text{GB700}-88}$，表示材料为碳素钢 Q235-A，尺寸为高 × 腿宽 × 腰厚=400mm × 144mm × 12.5mm 的热轧工字钢。

4．薄钢

根据厚度不同，钢板分为薄板、中板和厚板三种。一般来说，厚度为 0.6～3.2mm 的称为薄板。汽车钣金件使用的都为薄钢板。薄钢板的种类也很多，如镀锌板、黑铁皮、屋顶钢板、热轧钢板等。汽车钣金件常用的薄钢板如下。

（1）酸洗薄钢板。这种薄板具有良好的加工性，强度较高，价格便宜，多用于制造车身、箱体等。因其表面呈黑色，一般又称为黑铁皮。这种钢板的缺点是容易生锈。汽车钣金修理中，选用酸洗薄钢板时要求表面平坦光滑，不得有毛刺、气泡、裂纹、斑疤、氧化皮、锈痕、擦伤、麻孔、压伤等现象，板材正面允许有长度不超过 15mm 的擦伤，深度不超过钢板厚度公差一半的压伤和小麻孔。

（2）镀锌薄钢板。镀锌薄钢板指外表作了包锌膜的低碳钢板，一种是把钢板浸入浓酸，清洗后随即浸入熔融的锌槽中进行包膜；另一种是利用电镀法将锌镀在钢板表面上。镀锌钢板表面灿烂耀目，其抗蚀寿命取决于锌膜质量。优质的镀锌板经常与水接触，可用 5～10 年，但一经焊接、磨光或其他工艺处理，使锌料脱落，便可锈穿。

（3）不锈钢板。不锈钢是高级合金钢，钢中含有锰、硅、铬、镍和铝等元素，其中以铬和镍含量最多。特殊的不锈钢板含有 10%～20%的铬和 10%～25%的镍。不锈钢板主要作车身装饰件用。

5．钢的预处理

在汽车钣金维修中，有些金属材料根据使用的情况需进行预处理，其目的是清除材料表面的锈痕、油污、氧化皮等。有些材料还需进行消除应力、校平、校直等工作，以便使钣金作业能够顺利进行。金属材料在钣金加工前进行的所有准备工作，统称钢的预处理。预处理的质量，直接影响钣金构件的成形、尺寸及表面质量，还直接影响钣金加工过程中的工艺性能。

较重要的、精度要求高的一些构件，在钣金加工前一定要进行所用材料的预处理。根据经验，金属材料的预处理一般包括表面处理、软化处理、整形处理、预加工四个方面。

（1）金属材料的表面处理。金属材料的表面处理是借助于清洗设备或工具，将清洗介质作用于钣金材料表面，清除材料表面的油污、锈蚀、氧化皮等，使之达到一定光洁度，能够适合钣金加工的需要，但并不致影响设备模具寿命的加工方法。

钣金件与毛坯材料常用的清理方法有浸渍擦刷、喷淋洗涤、机械清理、混合清洗等多种，它们的功能用途如表 4-11 所示。

表 4-11　钣金材料与金属毛坯常用的清理方法

清洗方法	浸渍清理	喷淋洗涤	机械清理	气相清理	电解清理	超声清理	混合清洗
配用清洗液或介质	有机溶剂、水基清洗液、碱液、酸液	有机溶剂、各种清洗液、清水	磨具、磨料、抛光膏、砂布、清水	氮化烃类蒸气	酸碱液、水基液等	各种相应清洗液	各种清洗液
设备工具	清洗槽擦刷工具	喷淋设备喷洗装置	砂轮、砂带、喷丸、滚磨刷光机等	气相清洗设备	电解设备	超声波清洗设备	多步清洗设备
作用	除油、除锈	除油、除锈	除锈除各种毛刺	除油	除油、除锈、除小毛刺	除油、除锈、除粘附物	除油、除锈、除小毛刺

① 利用溶解、皂化、乳化作用将金属表面上的油污去掉。常用的除油清洗液有有机溶剂除油清洗液、碱液除油清洗液、乳化除油清洗液等。清洗液对钣金油污有湿润、溶解、吸附、卷离、

乳化、分散及化学腐蚀等多种作用，每种清洗液都有各自的适用范围，起一种或几种作用，在使用中应根据情况灵活掌握使用，在一般情况下，清除油污的效果取决于污物的性质、油污的数量、工件表面的质量以及清洗方法和清洗液浓度都直接影响清洗速度和清洗效果；同等条件下，加热可促进清洗过程，机械力、液力或电解作用则会增强清洗效果。

金属清除油污的溶剂要求其具有溶解力强、不易着火、毒性小、挥发缓慢、不易引起空气中的水分冷凝于钢材表面的诸多特性，并且还要尽量考虑溶剂的经济性，价格要低廉。在实际工作中，完全满足这些条件很难，但必须根据实际情况灵活掌握。

② 清除铁锈。锈是金属表面的腐蚀物。在不同的储运、保管、加工环境条件下，材料由于存放时间太长或保管不善，各种金属都会生成不同的腐蚀物，氧化生锈。从外观上看，轻度腐蚀的金属表面一般都是失去原有光泽而变暗；腐蚀程度加重时，钢铁表面呈褐色、棕色，甚至出现麻点和疤痕；铜及铜合金表面则出现黑色或绿色堆集物；铝合金、镁合金会出现白色粉末甚至锈坑；镀锌板表面也会出现白色粉状末；热轧钢材表面本身就带有一层轧后留下的氧化皮。这些腐蚀物对板材成形质量影响极大，同时也会加剧模具的磨损。因此，在钣金加工前，一般都要将这些有害物质清除掉。

清除这些有害物质常用机械方法和化学方法。

（a）机械除锈法。机械除锈法是利用机械设备工具或手工工具清除锈蚀的方法。

常用的除锈机械工具包括：风动刷，利用压缩空气带动钢刷除轻锈；电动刷，利用电机带动钢刷除轻锈；电动砂轮，利用电动砂轮机清除重锈。还有除锈枪、针束除锈器等。

喷砂除锈广泛地应用于钢板、钢管、型钢及各种钢制构件。它既能清除工作表面的锈蚀及氧化皮和各种污物，又能使之产生一层均匀的粗糙表面，清除微小毛刺。喷砂法质量好、效率高，但污染大，须在密封的容器内进行。喷砂除锈分干喷砂除锈和液体喷砂除锈两种方法。干喷砂除锈是利用压缩空气的压力，将砂粒以很高的速度喷射到钢材表面上，将氧化皮、铁锈以及油垢漆膜等杂物去掉；液体喷沙除锈又称水力喷砂除锈，原理与干喷砂除锈相似，利用磨液泵和压缩空气，把磨料喷射到钢材表面，达到除锈和除油污的目的。这种方法效率高，消耗磨料少，而且对环境污染程度也有很大改善。

抛丸除锈利用高速旋转的抛丸器叶轮将磨料投向材料表面，依靠高速弹丸（弹丸直径 0.6～0.9mm）的冲击以及与材料表面的摩擦来达到除锈除油的目的。

手工除锈法是利用手工工具除锈，常用的有铲刀铲锈、刮刀刮锈、砂布擦锈、钢丝刷刷锈等方式。它只适于小范围的除锈和难以用机械加工的方法除锈的部位，虽机动，但效率低。

（b）化学除锈法。化学除锈俗称酸洗。一般是用酸碱溶液按一定配比装入槽内，将工件放入浸泡一定时间，待锈痕清除干净，必要时再用碱液进行中和处理，以防止余酸的腐蚀。常用的化学除锈侵蚀液如表 4-12 所示。

表 4-12 常用化学除锈侵蚀液

序号	槽 液	配比/（g·L^{-1}）	温度/℃	时间/min	适 用 说 明
1	盐酸 若丁	200～350 0.5～1	室温	—	钢铁
2	硝酸 若丁	700～1000 0.5～1	室温	—	钢铁、磁性氧化皮

续表

序号	槽　液	配比/（g·L^{-1}）	温度/℃	时间/min	适用说明
3	硫酸 硫酸高铁	100 100	40～50	至净	薄壁铜材
4	硫酸（d=1.84） 水	5%～10% 余量	室温	1～5	紫铜
5	硝酸 重铬酸钾 水	5% 1% 余量	10～35	5～10	铝及其合金
6	苛性钠	40～60	45～60	2	铝及其合金

（2）金属材料的软化处理。钣金工作使用的一些钢材和型材，由于在轧制过程中，加热温度比较高，材料组织粗大，成分不均匀；轧制的钢材还有方向性，纵向和横向承载能力大不相同；塑性指标也不同，有的材料由于轧制时的冷却条件差异也会产生硬度不均匀的现象，使塑性变差，脆性增大；再者一些冷作加工，不能一次成形，如在钣金作业中，由于第一次加工过程中产生应力增加的现象。所有这些都不利于钣金工艺加工，如不妥善处理，就会造成成形不易甚至开裂，造成钣金加工的废品，使钣金工作不能进行。这就需要在钣金加工前对于两次以上才能成形的构件，在每次加工后都应进行一次软化处理。

钣金材料常用的软化处理办法主要有退火处理、消除应力处理和正火处理。

① 钢的退火处理。对于钣金用钢材来讲，因为常用板材一般均为含碳量在 0.2%以下的低碳钢，那么完全退火也主要是指低碳钢的完全退火，它的退火温度一般控制在 860℃～880℃。完全退火后的钢材，硬度大大降低，塑性和韧性有了很大提高，改善了内部组织结构，消除了内应力，这就为钣金工艺加工创造了良好的条件。

② 钢的正火处理。对于低碳钢来说，正火处理也可较好满足钣金加工的需要。正火后的钢，消除了内应力，虽硬度比退火后较高，但正火工艺简单、经济、效率高，所以应用很广泛。

③ 消除应力处理（低温退火）。对于两次以上的拉伸构件来讲，消除每次拉伸后产生的应力是很重要的。采用退火、正火处理易产生较厚的氧化皮，直接影响下一轮加工，而消除应力处理的加热温度仅为 500℃～650℃，钢的金相组织不会发生变化，也不会明显产生氧化皮，对消除冷塑性变形加工中产生的内应力作用很大，可为下一步的钣金加工创造较好条件。

总之，通过钣金材料的软化处理，可达到细化组织、均匀成分、降低硬度、提高塑性的目的，使钣金材料在各个方面上的力学性能相同，增强了工艺性，为钣金作业创造更为有利的条件。

（3）整形处理和预加工。整形处理是指有些钣金材料在加工运输过程中，往往有各种各样瑕疵，如轧制时产生的不规则边、裁板时产生刺以及凹坑变形等，直接影响放样及钣金工作的正常进行，需要对所存瑕疵进行去除。一般来讲，不规则毛边需机器或手工切除，毛刺需锉、刮修光；凹坑、弯曲需进行整形、校正；而焊割时产生的熔瘤则需用砂轮磨平或錾削切除。影响钣金作业的各种瑕疵都需采取妥当措施，予以修整。各种修整方法如表 4-13 所示。

表 4-13 修整方法

序 号	瑕 疵	修 理 方 法	工 具
1	焊瘤	錾削、砂轮磨削	电动或风动砂轮机、錾子
2	不规则毛边	剪切、錾削	剪板机、手剪、錾子
3	边缘毛刺	锉削、手工打磨、刮削	锉刀、油石、砂布、刮刀
4	凹坑及弯曲	手工整形	手锤、木锤、垫板
5	局部锈蚀及氧化皮	打磨、刷除	砂布、砂轮、钢丝刷
6	孔边毛刺	划孔、倒角	钻床、钻头、刮刀

钣金材料的预加工是在钣金构件中（如车身覆盖件上），有许多成形后不易加工的孔、凹沟槽（或在许多拉伸件中的预制孔）等，均需在钣金作业前预先加工出来。

二、有色金属及其合金

1．常用有色金属

（1）黄铜。黄铜是以锌作为主要合金元素的铜合金。黄铜的塑性较高，又分为普通黄铜和特殊黄铜。普通黄铜就是铜锌合金，用汉语拼音字母“H”加铜的百分含量表示，常用的牌号有 H65、H68、H80、H90、H95 等。

特殊黄铜是在黄铜中加入锡（Sn）、铅（Pb）、铝（Al）、锰（Mn）、铁（Fe）、硅（Si）等不同的化学元素后制成的。特殊黄铜牌号用“H”，加第二个主添加元素符号，及除锌以外的元素含量数字组表示。常用的牌号有 HSn62-1、HMn58-2、HPb59-1 等。

（2）白铜。白铜是含有镍（Ni）、钴（Co）的铜合金。白铜的牌号以汉语拼音字母“B”表示，后面的数字表示镍和钴的含量，其余是铜的含量，但不标出来。如果还有其他元素时，元素符号紧接 B 后写出，其含量在镍钴含量后写出。如 BZn15-20 表示含镍和钴 15%左右，含锌 20%左右。

（3）青铜。青铜分锡青铜和无锡青铜两类。铜与锡（Sn）的合金称为锡青铜或普通青铜；铜与铝（Al）、硅（Si）、铅（Pb）、锰（Mn）、铍（Be）等元素组成的不含锡的青铜，称为无锡青铜。青铜的牌号以字母“Q”表示；后面的元素符号和数字，表明是加入何种元素，及加入该元素的百分含量。铸造青铜在 Q 前加“Z”。如 QSnl0 表示含锡 10%的锡青铜。又如 ZQSn6-6-3，左面第一个数字为锡含量，第二个数字为锌含量，第三个数字为铅含量。ZQSn6-6-3 表示含锡量 6%、含锌量 6%、含铅量 3%左右的铸造青铜。

（4）铝合金。在铝中加入铜（Cu）、镁（Mg）、锰（Mn）、锌（Zn）、硅（Si）等元素，可制成强度高、抗蚀性强、加工性能好的铝合金。

2．有色金属应用

（1）铜合金的用途。常用加工黄铜的用途如表 4-14 所示。

（2）铝合金的用途。常用形变铝合金的用途如表 4-15 所示。

（3）铝合金板。铝合金板是汽车钣金不可缺少的材料，为了达到汽车轻量化的目的，铝合金在汽车上的应用越来越广泛。

表 4-14　　常用加工黄铜的用途

牌号		用途	牌号		用途
普通黄铜	H96	冷凝管、散热器管、导电零件	特殊黄铜	HPb63-3	钟表、汽车上的零件及一般机械零件
	H90	奖章、双金属片、供水和排水管		HPb59-1	热冲压及切削加工零件，如销、螺钉、垫圈等
	H70	弹壳、造纸用管、机械和电器用零件		HAl60-1	齿轮、蜗轮、衬套、轴及其他耐腐蚀零件
	H68	复杂的冷冲件、深冲件、散热器外壳、导管		HFe59-1	在摩擦及海水腐蚀下工作的零件，如垫圈、衬套等
	H62	销钉、铆钉、螺母、垫圈、导管、散热器		HSi80-3	耐磨锡青铜的代用品

表 4-15　　常用形变铝合金的用途

类别	代号	用途	类别	代号	用途
防锈铝	LF5	焊接油箱、油管、焊条、铆钉及中等载荷零件和制品	硬铝	LY1	工作温度小于 100℃的结构、中等强度铆钉
	LF11	焊接油箱、油管、焊条、铆钉及中等载荷零件和制品		LY11	中等强度结构零件，如骨架、支架、螺旋桨叶片、螺栓、铆钉
	LF21	焊接油箱、油管、铆钉及轻载荷零件和制品		LY12	高强度零件，如骨架、蒙皮、隔框、肋、梁、铆钉等在 150℃以下工作的零件
超硬铝	LC4	结构中主要受力件，如飞机大梁、珩架、加强框、蒙皮接头及起落架	锻铝	LD7	内燃机活塞和在高温下工作的复杂锻件，可在高温下工作的板材结构件
	LC9				
	LC5	形状复杂、中等强度的锻件及模锻件		LD10	承受重载荷的锻件及模锻件

注：形变铝合金是通过熔炼浇注成锭，再经热态或冷态压力加工而制成的板材、带材、管材、棒材、线材等半成品，它有较高的塑性

课题三　常见的非金属材料介绍

基础知识

采用非金属材料制造一些钣金件是近年来汽车材料的发展趋势。汽车上使用的非金属材料主要有橡胶、塑料、无机非金属材料和复合材料。

一、橡胶

橡胶是一种有机高分子弹性化合物，具有良好的柔顺性、复原性和弹性。橡胶具有不透水性、不透气性和绝缘性，但抗拉强度不高，抗磨能力较差，主要用于制造垫圈，缓冲、防尘以及密封件等。

二、玻璃

1．玻璃钢

制造全塑车身最有代表性的材料是环氧树脂玻璃钢和聚酯树脂玻璃钢。聚合作用的结果可使树脂转变成为固态。如果在聚合过程中与起增强作用的多层玻璃布结合，便获得了很好的适合于制造车身壳体的聚酯树脂材料。用于制作玻璃布的玻璃纤维丝的直径为0.025mm，并均匀分布于不同方向，这可以确保聚酯树脂产品具有均匀的强度和良好的机械性能。一般抗拉强度在246MPa（$25kgf/mm^2$）以上，抗弯强度在392MPa（$40kgf/mm^2$）以上。这种聚酯分层塑料就是人们常说的玻璃钢，简称GRP（Glass Reinforced Plastics）。

用玻璃钢制作的轿车车身壳体，有时只分为上下两个部分。对尺寸较大的车身壳体，也要按车顶、车身侧体和后壁等分成六大板块。

玻璃钢车身的基本制作工艺如下。

当模型准备好以后，用刷子或喷枪在它的上面涂布一层液态聚酯树脂和硬化剂，然后敷以玻璃纤维或玻璃布，利用相应设备对玻璃纤维或玻璃布加压。

这种程序需重复若干次，直到用这种方法制取的聚酯树脂（玻璃钢）达到所需的厚度为止。玻璃钢自行固化后，再从模型上取下进行边角修整，这相当于金属车身壳体的一整套部件或焊接组合构件。

2．汽车玻璃

汽车专用玻璃根据用途和加工工艺，主要分为以下几种类型。

（1）钢化玻璃。通过淬火（钢化处理）可以使普通硅酸盐玻璃变得质地非常坚固。这种钢化玻璃是通过加热（一般为 600℃左右）使之达到软化程度时，然后向玻璃两面急速吹送冷风，通过急冷进行所谓“风淬”处理而得到的。玻璃表面冷硬后形成的压应力，是使强度得到提高的原因。钢化玻璃的强度和耐冲击能力要比普通玻璃高3～5倍。

钢化玻璃一旦受到碰撞损伤，就会瞬时变成带钝边的小碎块，不会给人员造成更大伤害。然而，这个特点也有不好的一面，即重度撞击使玻璃微粒的平衡一旦被破坏，就立即成为碎末状态。所以，这种全钢化玻璃不适合镶装在前风窗上。

将玻璃部分淬火形成的半（局部）钢化玻璃，是在驾驶员的主视线范围内不作淬火处理，其余部分则与全钢化玻璃相同，钢化与非钢化部分有逐渐的过渡。

（2）夹层玻璃。夹层玻璃是用两块或三块薄玻璃板，中间夹入聚丙烯酸甲酯或聚乙酸酯透明薄膜，使两层或三层玻璃粘接成为一体，形成夹层式的玻璃。夹层玻璃中间的透明胶层能与玻璃取得一样的曲率，透明度并不受夹胶层的影响，最适合于用作前风窗的安全玻璃。

夹层玻璃的抗弯强度虽不及钢化玻璃那样高，但也并非硬度不足。因为安全玻璃的弹性也是重要的评价指标之一，而夹层玻璃的弹性恰恰比钢化玻璃优越得多。而且还具备了钢化玻璃所没有的其他特性，即当汽车发生冲撞时的抗冲击能力和较强的抵抗变形能力，当玻璃受到重创破损时，粘接起来的玻璃也不会像钢化玻璃那样顷刻变成碎片。许多试验和实践都证明，夹层玻璃可以有效减轻撞击事故发生时玻璃碎片对人员的伤害。

（3）特种用途玻璃。特种用途窗玻璃一般是在钢化玻璃基础上，通过专门的工艺加工出来的具有特殊功能的汽车玻璃。

为了使车窗玻璃具有遮挡阳光照射的功能，在硅酸盐玻璃中加入微量的Go（钴使玻璃变成蓝色）、Fe（铁使玻璃变成红褐色）或其他金属元素，便成了能够抵抗紫外线照射的着色玻璃。有些着色玻璃还能随阳光的强弱自动变化色度，以减少乘客眼睛的疲劳程度，增加了乘坐的舒适性。着色玻璃的颜色是逐渐过渡的，前风窗的上部也适于着色，以遮挡阳光对驾驶员的照射。

还有，将能够接收无线电信号的天线夹在玻璃内或印刷于玻璃表面，就使风窗玻璃有了接收无线电信号的功能；将电热金属粉按一定的宽度与间隔，在生产过程中与玻璃烧结在一起，通电后就有了除霜的功效。这些都是近年来汽车玻璃家族中涌现的有特殊功能的新产品。

三、塑料

塑料以质量轻、坚固和易着色等特点，在汽车材料中应用范围逐渐扩大，除了采用塑料钣金件外，大约每辆汽车还有几百个塑料零件。采用了塑料钣金件后，汽车的质量可以减少40%左右，大大降低了汽车质量和生产成本。

1．塑料的组成及特性

塑料是以天然树脂或人造树脂为基体，加入填充剂、增塑剂、润滑剂和着色剂等而制成的高分子有机物。有些塑料本身不需加入任何添加剂，如有机玻璃。

2．塑料的主要特性

（1）密度小，吸水率低。塑料的密度为0.9～2.3g/cm^3，只有钢的1/8～1/4。

（2）化学稳定性好。塑料对酸、碱、盐和有机溶剂有良好的抗腐蚀作用。

（3）比强度（强度与密度的比值）高。尽管塑料的强度低于金属，但由于其密度小，比强度相当高。

（4）良好的绝缘性。所有塑料都有良好的绝缘及耐电弧特性，绝缘性与陶瓷、橡胶及其他绝缘材料不相上下，在汽车电器设备上塑料被广泛应用。

（5）良好的耐磨、减磨和自润滑性能。多数塑料摩擦系数小，耐磨性能好，可作为减磨材料制造各种自润滑轴承、密封圈以及齿轮等。

（6）良好的吸振性能。

四、复合材料

两种或两种以上不同化学性能或不同组织结构的材料以一定的形式组合成的材料，称为复合材料。它的优点是克服了单一材料的某些弱点，充分发挥材料的综合性能。

复合材料在汽车上应用广泛，如以石棉和酚醛等树脂制成的高摩擦系数的材料用于制作汽车的制动片；玻璃钢用于制作保险杠、挡泥板和车身壳体等。复合材料在汽车上的应用将越来越广泛。

五、密封剂

汽车车身焊修组装后，会留下各种缝隙（如车顶排水槽、地板接缝、车门钣金折边、门和窗玻璃与框架以及门把手孔口等）。密封剂的作用就在于将缝隙密封住，防止雨水、尘土侵入车身构件内和车室内。这种方法与橡胶条密封相比，具有工艺简便、接合牢固和玻璃不易错动等优点。

目前，常用的密封剂有PVC塑胶、合成橡胶和树脂（如环氧树脂、聚氨酯树脂等）。

模块总结

本模块主要介绍了金属材料的基本性能、金属材料和非金属材料的常见种类及使用特点，要求学生掌握金属材料的基本性能，了解各种金属材料和非金属材料组成、特性和用途等。

思考与练习

一、填空题

1．汽车车身常用材料有________和________两种，并以________或________为主。

2．金属钣材是基本的________，________，如________、________、________等也是汽车车身不可缺少的用料。

3．汽车钣金对金属材料的要求________________________，________________________。

4．常用有色金属有________、________、________、________。

二、简答题

1．按质量等级划分钢材可分为哪几类？

2．金属材料的分类有哪些？

3．钢材常见热处理方法有哪些？

4．薄钢的种类有哪些？

5．常见的软化处理方法有哪些？

6．汽车车身的各种结构对材料的性能有什么要求？

三、实践题

到工厂的热处理车间或学校的热加工实习车间里，实地考察各种热处理方法，看它们在生产中都用于何种零件。

模块五 5 汽车车身焊接工艺

汽车上零部件连接在一起的方法有三大类，即机械连接、焊接和粘接。在汽车车身修理作业中，焊接占的比重最大，这是因为组成承载式车身的各个钣件就是通过焊接连接起来的，在维修时也只有把切割的钣件使用焊接连接，才能保证连接位置的强度和车身的强度达到原来的状态。

焊接有电阻点焊、手工电弧焊、CO_2 气体保护焊、气焊、钎焊、摩擦焊、电子束焊、激光焊等多种焊接方法。由于电阻点焊、CO_2 气体保护焊具有高速、低耗、变形小、易操作等特点，对焊接汽车车身薄板零件和中厚板车桥、车架、车厢等部件特别适合，在车身维修中应用更广。

焊接有下列几项特性。

（1）焊接的外形不受限制，并且具有强韧和稳固的结合能力。

（2）减轻重量。

（3）气密性和水密性良好。

（4）改善工作效率。

（5）焊接点的强度大小和操作者的技术水平高低有关。

（6）如果焊接的温度太高，周围的钢板会变形。

车身的塑料钣件也可以通过焊接方法修复，但焊接设备和工艺与钢板焊接不一样。

知识目标

- ◎ 能正确描述乙炔焊工艺
- ◎ 能正确描述气体保护焊工艺
- ◎ 能正确描述电阻点焊工艺
- ◎ 能正确描述钎焊工艺
- ◎ 能正确描述车身塑料件的焊接工艺

能力目标

- ◎ 会使用乙炔焊焊接
- ◎ 会使用气体保护焊焊接
- ◎ 会进行电阻点焊的质量检查
- ◎ 会进行钎焊焊接
- ◎ 会进行车身塑料件的焊接

课题一 氧乙炔焊工艺

氧乙炔焊属于熔焊的一种，是利用可燃气体（乙炔气体）和助燃气体（氧气），在焊炬的混合室内混合、喷出并点燃后，通过发生剧烈的氧化燃烧（可达 3 000℃左右）来熔化焊件金属和焊丝，并使之熔合的一种焊接方法，因此也称之为气焊。

由于气焊的氧乙炔火焰的热量不易集中，并且焊接过程加热面积较大以及金属热传导的作用，不仅会使构件发生较大的变形，而且还会改变原有金属材料的性质，影响焊接件的寿命，因此汽车制造厂都不提倡使用氧乙炔焊来修理损坏的汽车。氧乙炔火焰在车身修理厂主要用来进行热收缩、硬钎焊、软钎焊、表面清洁和切割非结构性的零部件。除非特别小心，在车身维修中氧乙炔焰不能用来切割任何类型车身上的结构性零部件。

基础知识

一、氧乙炔焊构造及原理

氧乙炔焊接和切割设备（见图 5-1）通常由下列几部分组成。

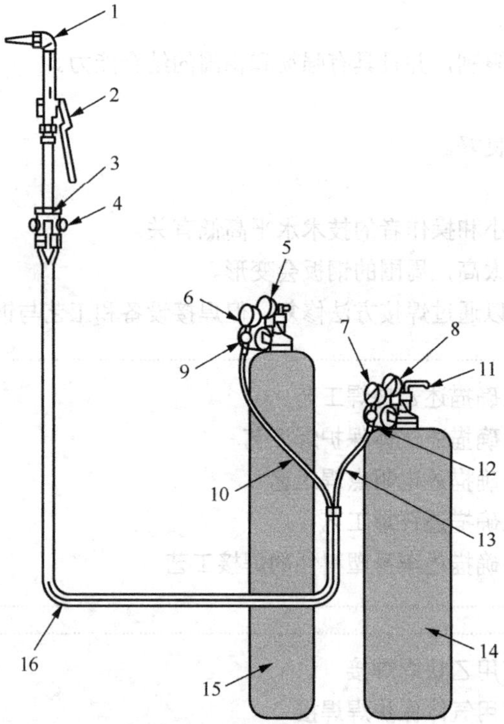

图 5-1 氧乙炔焊接和切割设备

1—喷嘴；2—割炬；3—乙炔软管接头；4—氧气软管接头；5—气瓶压力表；6—工作压力表；7—工作压力表；8—气瓶压力表；9—氧气调压器；10—氧气软管；11—乙炔阀门扳手；12—乙炔调节器；13—乙炔软管；14—乙炔气瓶；15—氧气瓶；16 双软管

（1）钢制气瓶，内部分别装有氧气、乙炔。

（2）各种调压器，将来自气瓶的压力降低到一定的值，并保持稳定的流速。

（3）从各调节器、气瓶处将氧气和乙炔输送到焊枪处的软管。

（4）焊炬，也叫焊枪；在切割时使用割炬，也叫割枪。

从气瓶内流出的氧气和乙炔在焊炬体内以适当的比例混合，在焊炬出口处点燃后产生加热火焰，这种火焰能够使钢熔化。

焊炬可在极低的乙炔压力下使用，它有一个喷嘴，从位于中心的喷嘴中释放出的氧气使两种气体混合在一起。割炬上带有一个氧气管和阀，用来输送氧气到喷嘴中心处的氧气孔，产生高压氧气流；氧气孔周围是一圈小孔，用来产生预热火焰。

二、氧乙炔焊工艺参数的选择、调整

1．火焰的类型与调整

乙炔和氧气混合后在空气中燃烧，其火焰的状态由氧气和乙炔的体积来决定，有三种形式的火焰。

（1）中性焰。标准的火焰称为中性焰，乙炔和氧气的体积混合比为 1:1 时，如图 5-2（a）所示，这种火焰有非常明亮的白色焰心，焰心被明亮的外层蓝色火焰包围。

（2）碳化焰。碳化焰又可称作剩余焰或收缩焰，混合气体中乙炔量略多于氧气量，如图 5-2（b）所示。碳化焰和中性焰的不同之处在于它由三部分组成，它的焰心和外层火焰都与中性焰相同，但在这两层火焰之间，有一层淡色的乙炔焰心包围在透明焰心的外面，乙炔焰心的长度随着气体混合物中剩余乙炔量的多少而变化。碳化焰主要用于焊接铝、镍和其他合金。

（3）氧化焰。混合气体中氧气略多于乙炔时，燃烧生成的火焰就是氧化焰，如图 5-2（c）所示。氧化焰与中性焰相似，但它的乙炔焰心较短，而且其颜色比中性焰稍紫一点；外层火焰较短，而且边缘模糊。氧化焰通常会使熔化的金属氧化，所以不能用它焊接低碳钢，但可以用它焊接黄铜和青铜。

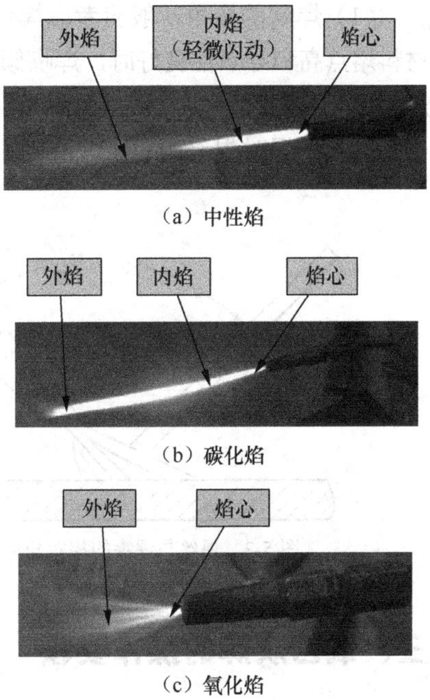

（a）中性焰 （b）碳化焰 （c）氧化焰

图 5-2 切割的火焰类型

> 提示　乙炔的管道压力绝不能超过 103kPa。当乙炔处于 103kPa 以上的压力时会发生离解，造成爆炸。

> 提示　切割过程结束以后，应迅速关闭用于切割的高压氧气，并将割炬从母材上移开。这样做可以防止火花进入喷嘴，点燃割炬手柄内的氧乙炔混合气体（在极端情况下，这种火焰会熔化割炬手柄）。

2．焊嘴的选择

焊嘴的大小与火焰的能率有关。单位时间内火焰所提供的热能大小代表火焰的能率。大号的焊嘴，火焰能率高，适于厚板的焊接。表 5-1 给出了焊嘴与焊件厚度的关系。

表 5-1 焊嘴与焊件厚度的关系

焊件厚度/mm	0.5～1.5	1.5～2.5	2～3	3～5	5～7
焊炬型号	HO1-6				
焊嘴号码	1～2	2	2～3	3～4	5

汽车钣金件金属板厚多在1.5mm左右，因此，2号焊嘴使用最多。

3．焊丝的选择

（1）焊丝材料应选用与焊件相同的材料，汽车钣金件多为低碳钢板，选用一般铁丝即可。

（2）焊丝直径与焊件厚度、坡口形式和操作方式有关。焊丝过细，焊接时焊件尚未熔化而焊丝已熔化下滴，焊接不良；焊丝过粗，则焊件熔化而焊丝尚未熔化，势必增加焊件接头区的加热时间，使金属组织改变，降低了焊接质量。同样条件下，采用左焊法和右焊法，焊丝直径也不相同。

4．焊嘴与焊丝的倾角选择

（1）焊嘴的倾角一般应考虑焊件的厚度、施焊位置和焊件材料的热物理性等因素。厚度大、材料熔点高和导热性良好时，焊嘴倾角可取大一些，反之，倾角应减小。低碳钢水平位置焊接时，焊嘴倾角与焊件厚度关系，如图5-3所示。

（2）气焊时焊丝相对于焊嘴的角度一般为90°～100°（见图5-4）。

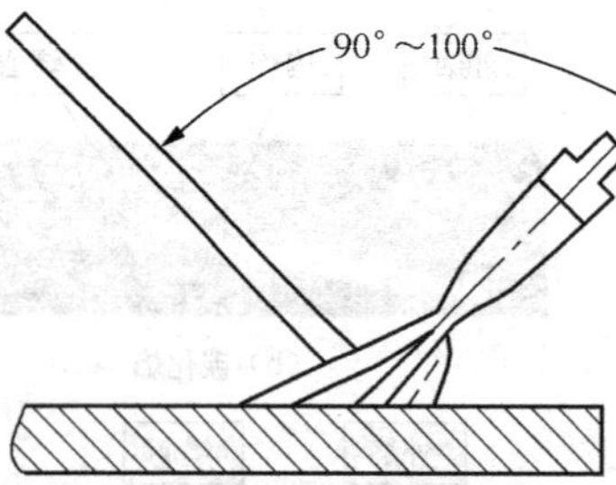

图5-3 焊丝与焊嘴的相对角度

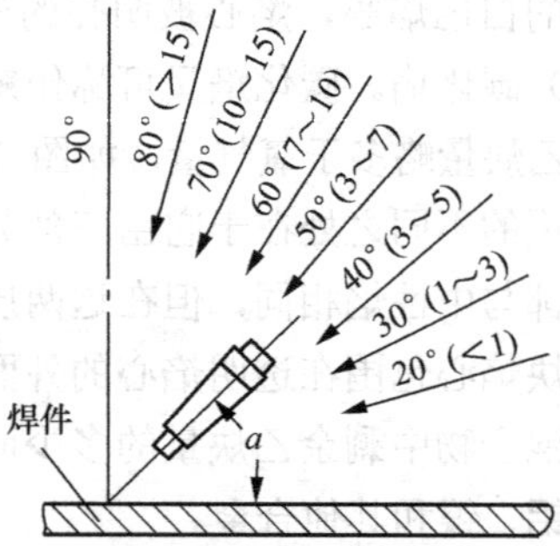

图5-4 焊嘴倾角与焊件厚度的关系

三、氧乙炔焊的操作要领

气焊的操作方法有左焊法和右焊法两种。焊炬从右往左移动的焊接方法称为左焊法；焊炬从左往右移动焊接方法称为右焊法，如图5-5所示。

左焊法操作简单，适于薄板及低熔点材料的焊接。右焊法火焰指向焊缝，熔池保护效果好，不易生产气孔、夹渣，热量利用效率高，焊缝冷却较慢，适用于焊接较厚的或高熔点材料。

对于较长的焊缝，应事先间隔焊上若干点，以保证整个焊接位置相对固定，然后采取分段或逆向焊接完成整个焊缝的焊接，图5-6所示为分段焊和逆向焊示意图。

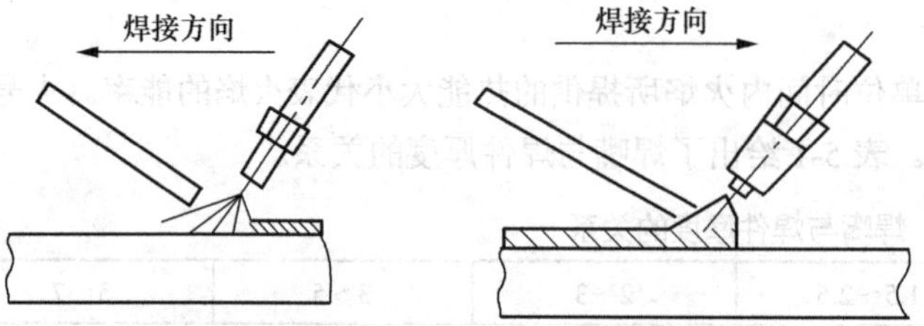

图5-5 左焊法与右焊法

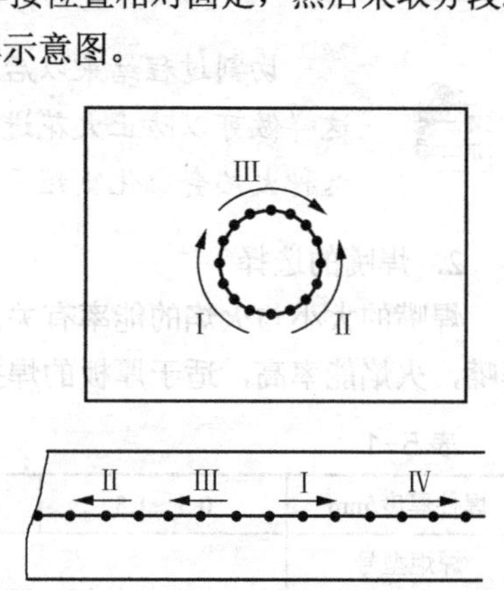

图5-6 分段焊和逆向焊示意图

焊接中途停顿后，应将原熔池和附近焊缝重新熔化后才能继续焊接，重叠部分不应小于6mm。

开始起焊时，由于焊件温度较低，可加大焊嘴与焊件的倾角，加快预热速度；当起焊处形成白亮的熔池时，再减小倾角进入正常焊接；焊接收尾时，焊件温度较高，应减小倾角，加快送焊丝速度和焊接速度，直到熔池填满，火焰再慢慢离开。

四、焊接位置

1．平焊

平焊是指工件与工作台或车间地面平行。平焊一般较容易，能够得到最好的焊接熔深，对从汽车上拆下的零部件进行焊接时，可尽量将它放在能够进行平焊的位置。

2．横焊

横焊是指将工件垂直放置，焊缝呈横向或稍稍倾斜于地面，焊接时焊枪横向移动，重力会将熔池拉向底部。在进行横焊时，应使焊枪向上倾斜，以抵消重力对熔池的影响。

3．立焊

立焊是将工件垂直放置，焊缝垂直或稍稍倾斜于地面，焊接时焊枪作向上或下移动，重力趋于将熔池拉向连接点的下方。

4．仰焊

仰焊，是将工件安装到操作者头部上方进行焊接的一种方法。仰焊最难进行，在这个位置，一些熔融金属很容易落入喷嘴而引起故障，飞溅的金属或火花也容易对人造成伤害。

五、氧乙炔焊注意事项

为了获得良好的焊接质量，用气焊焊接时一定要做到焊丝和焊缝两边的金属材料同时熔化，及时移动焊炬并填充焊丝。由于汽车钣金覆盖件的厚度较小，都在1mm左右，焊接时焊炬移动过快，过早填充焊丝会造成焊件熔化不良，焊接不牢固；焊炬移动过慢，焊丝填充稍迟，焊件容易被烧穿。为避免出现这些不良结果，钣金气焊应注意如下事项。

（1）考虑到汽车钣金件的特性，气焊时应选用小号焊矩（如H01-6）、3号以下的焊嘴，焊丝直径为2mm左右的焊丝，采用中性火焰。

（2）焊缝一次完成，焊接速度要快，绝不可反复烧焊。

（3）焊炬的移动要平稳，焊丝则以涂抹的动作熔于焊池之中。

（4）部件边缘裂缝的焊接应从裂缝尾部（裂缝止端）开始起焊，焊嘴应指向焊件外面，减少部件受热，防止前焊后裂。

（5）长焊缝的焊接，事先应将连接处修整对齐，并按要求间隔点焊后再行焊接，一般应从中间向两端依次交替焊接而成。

（6）挖补焊接，事先应将补丁板料在平台上普遍捶击一遍，可以减少焊接变形。

课题实施

操作一　焊枪火焰的调整

氧乙炔焊不能用来焊接现代汽车的车身，但可用来对非结构性板件上在原厂钎焊过的焊缝进行焊接，可按下列步骤使用焊炬。

步骤 1：使用钣金件适用的标准喷嘴安装到焊炬的端部。

步骤 2：分别将氧气和乙炔调节器调节到适当的压力值，氧气为 0.2～0.3MPa、乙炔为 0.02～0.03MPa。

步骤 3：将乙炔阀旋开约半圈并点燃气体，然后继续旋开压力阀，直到黑烟消失并出现红黄色火焰；慢慢地旋开氧气阀，直到出现带有淡黄色透明焰心的蓝色火焰，进一步旋开氧气阀，直到中间的焰心变尖并轮廓分明，这类火焰称为中性焰，可用它焊接低碳钢（汽车车身除外）。如果向火焰中增加乙炔或从火焰中减少氧气，便形成碳化焰；如果向火焰中增加氧气或从火焰中减少乙炔，便形成氧化焰。

操作二　割炬火焰的调整

车身修理厂有时用割炬来粗割损坏的金属板，割炬火焰的调整和切割过程如下。

步骤 1：点燃火焰。

按照焊炬方法点燃火焰。

步骤 2：调整火焰。

先将氧气和乙炔的数值调整为预热中性焰，再缓慢地打开预热氧气阀，直到出现氧化焰。具体操作时，还要根据切割材料厚度调整火焰能率，即“火力”的大小。

步骤 3：切割。

（1）切割厚金属板。对母材的某一部分加热，直至达到赤热状态，在金属开始熔化前，打开高压氧气阀切割金属板。在确信金属板已被割开后，向前移动割炬。这种方法被广泛运用在几层金属板重叠在一起的情况或用来切割纵梁。

（2）切割薄金属板。在母材上很小的范围内加热，直到该处达到赤热状态，在该处熔化以前，打开高压氧气阀并倾斜割炬来进行切割，尽量快速切割使切割口变得整齐，也可防止母材弯曲。

课题二　CO_2气体保护焊工艺

现在国内多数汽车修理厂采用的是 CO_2 半自动弧焊机，焊机的焊丝送给和 CO_2 气体的输送都是自动进行的，而沿焊缝的施焊则是手工操作的。

基础知识

一、CO_2 气体保护焊的原理

二氧化碳气体保护焊（简称 CO_2 焊），采用 CO_2 气体作为保护介质，在焊接时 CO_2 气体通过焊枪的喷嘴，沿焊丝周围喷射出来，在电弧周围形成气体保护层，将焊接电弧及熔池与空气隔离开来，从而避免了有害气体的侵入，保证焊接过程的稳定，以获得优质的焊缝。其工作原理如图 5-7 所示。

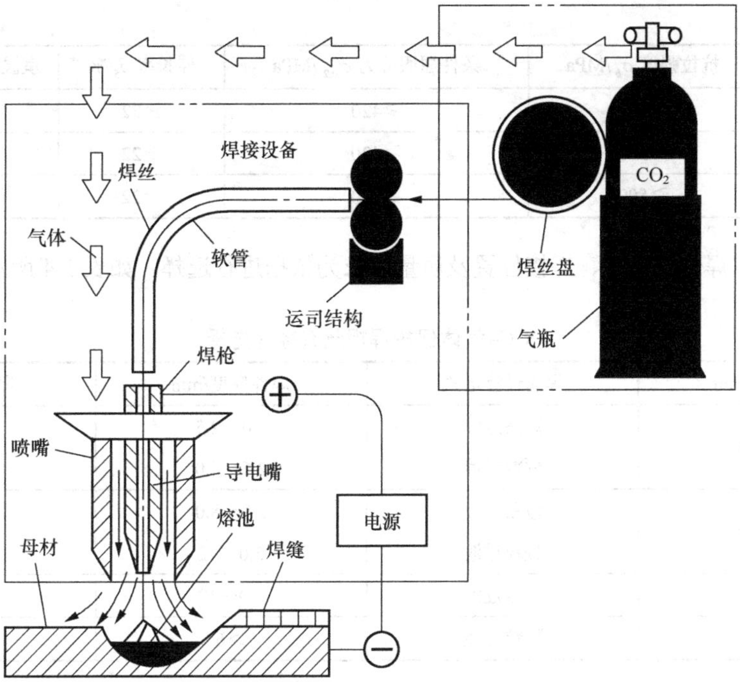

图 5-7 CO_2 气体保护焊的原理

二、CO_2气体保护焊焊接工艺参数

1．焊丝直径

CO_2 气体保护焊选择焊丝的基本原则是保证焊缝金属与母材具有同等水平的性能。一般在焊接低碳钢和低合金高强度钢时，根据母材的抗拉强度选择相同强度等级的焊丝；焊接不锈钢时，选择相同化学成分的焊丝。CO_2 气体保护焊所用焊丝的化学成分及焊缝力学性能如表 5-2 和表 5-3 所示。

表 5-2　　焊丝的牌号和化学成分要求

焊丝牌号	化学成分（质量分数）/%									
	C	Mn	Si	P	S	Cr	Ni	Cu	Mo	V
H08MnSi	≤0.11	1.20～1.50	0.40～0.70	≤0.035	≤0.035	≤0.20	≤0.30	≤0.20	-	-
H08Mn2Si	≤0.11	1.70～2.10	0.65～0.95	≤0.035	≤0.035	≤0.20	≤0.30	≤0.20	-	-
H08Mn2SiA	≤0.11	1.80～2.10	0.65～0.95	≤0.030	≤0.030	≤0.20	≤0.30	≤0.20	-	-
H11MnSi	0.07～0.15	1.00～1.50	0.65～0.95	≤0.025	≤0.035	-	≤0.15	-	≤0.15	≤0.05
H11Mn2SiA	0.07～0.15	1.40～1.85	0.85～1.15	≤0.025	≤0.025	-	≤0.15	-	≤0.15	≤0.05

表 5-3　　焊缝力学性能要求

焊 丝 牌 号	抗拉强度 σ_b /MPa	条件屈服应力 $\sigma_{0.2}$ /MPa	伸长率 δ_5 /%	室温冲击吸收功 A_{KV} /J
H08MnSi	420～520	≥320	≥22	≥27
H08Mn2Si	≥500	≥420	≥22	≥27

续表

焊丝牌号	抗拉强度 σ_b/MPa	条件屈服应力 $\sigma_{0.2}$/MPa	伸长率 δ_5/%	室温冲击吸收功 A_{KV}/J
H08Mn2SiA	≥500	≥420	≥22	≥47
H11MnSi	≥500	≥420	≥22	-
H11Mn2SiA	≥500	≥420	≥22	≥27

焊丝直径以焊件的厚度、焊接位置及质量要求为依据进行选择，如表 5-4 所示。

表 5-4　CO_2气体保护焊焊丝直径的选择

焊丝直径/mm	焊滴过渡形式	焊件厚度/mm	焊接位置
0.5～0.8	短路过渡	1.0～2.5	全位置
	颗粒过渡	2.5～4.0	水平位置
1.0～1.4	短路过渡	2.0～8.0	全位置
	颗粒过渡	2.0～12	水平位置
1.6	短路过渡	3.0～12	水平、立、横、仰
>1.6	颗粒过渡	>6	水平位置

2．焊接电流

焊接电流根据焊件的厚度、坡口形状、焊丝直径及所需的熔滴过渡形式来选择。当焊接电流增加时，熔深相应增加，熔宽略有增加，能够加快焊丝的熔化速度，提高生产率，但焊接电流太大时，会使飞溅增加，并且容易造成烧穿及气孔等缺陷。反之，若焊接电流太小，电弧不稳定，容易产生未焊透现象，且焊缝成形差。

3．电弧电压

电弧电压是影响熔滴过渡、飞溅大小、短路频率和焊缝成型的重要因素。在一般情况下，当电弧电压增加时，焊缝宽度相应增加，而焊缝的余高和熔深则减少。在焊接电流较小时，电弧电压过高，则飞溅增加；电弧电压太低，则焊丝容易伸入熔池，使电弧不稳。在焊接电流较大时，电弧电压过高，则飞溅增加，容易产生气孔；电弧电压太低，则焊缝成型不良。要获得稳定的焊接过程和良好的焊缝成型，要求电弧电压与焊接电流有良好的配合。通常进行细丝焊接时电弧电压为 16～24V，进行粗丝焊接时电弧电压为 25～36V。

4．焊接速度

焊接速度对焊缝成形有一定影响。焊接速度太快时，会使气体保护作用受到破坏，同时使焊缝冷却速度过快，降低了焊接接头的力学性能，并使焊缝成形变差；焊接速度太慢时，容易造成烧穿或焊缝金属的金相组织粗大等缺陷。因此，焊接速度应根据焊件材料的性质、厚度和冷却条件等来选择。一般焊接速度在 0.25～0.65m/min 范围内。

5．气体流量

CO_2气体流量主要影响对熔池的保护效果。在一般情况下，细丝焊接时为 6～15L/min，粗丝焊接时为 20～30L/min；气体流量过大和气体流量太小，都会降低气体对熔池的保护作用，产生气孔等缺陷。

表 5-5 所示为常用CO_2气体保护焊的焊接参数。

表 5-5　　CO_2气体保护焊工艺参数

材料厚度/mm	坡 口 形 式	装配间隙 b/mm	焊丝直径/mm	焊接电流/A	电弧电压/V	气体流量 /L·min^{-1}
≤1.2	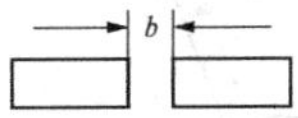	≤0.5	0.6	30～50	18～19	6～7
1.5			0.7	60～80	19～20	
2.0		≤0.5	0.8	80～100	20～21	7～8
2.5						
3.0	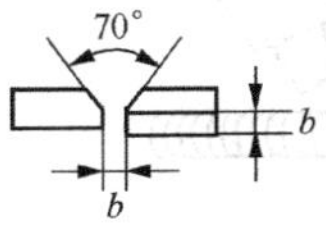	≤0.5	0.8～1.0	90～115	21～23	8～10
4.0						
≤1.2	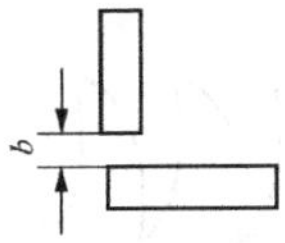	≤0.3	0.6	35～55	19～20	6～7
1.5		≤0.3	0.7	65～85	20～21	8～10
2.0		≤0.5	0.7～0.8	80～100	21～22	10～11
2.5		≤0.5	0.8	90～110	22～23	10～11
3.0		≤0.5	0.8～10	95～115	21～23	11～13
4.0		≤0.5	0.8～1.0	100～120	21～23	13～15

除以上一些主要参数外，焊丝伸出长度、电源极性、回路电感值、焊枪倾角、焊缝坡口和焊接位置等因素对焊接过程都有影响，所以在应用中应根据具体情况来选择。

三、CO_2气体保护焊的操作要领

1．基本操作技术

（1）引弧。二氧化碳气体保护焊一般采用直接短路接触法引弧。引弧前应调节好焊丝的伸出长度，使焊丝端头与焊件保持 2～3mm 的距离，选好适当的位置；起弧后要灵活掌握焊接速度，以避免焊缝起弧处出现未焊透、气孔等缺陷。

（2）熄弧。在焊接结束时，不要突然断电，应在弧坑处稍做停留，然后慢慢地抬起焊枪，这样可使弧坑填满，并使熔池金属在未凝固前仍受到良好的保护。

（3）左焊法和右焊法。CO_2 气体保护焊按焊枪的移动方向分为左焊法和右焊法，如图 5-8 所示。

采用右焊法时，熔池能得到良好的保护，可以得到外形比较饱满的焊缝。但是焊接时不便观察，不易准确把握焊接方向，容易焊偏，尤其焊接对接接头时更为明显。

采用左焊法时，电弧对焊件有预热作用，能得到较大的熔深，焊缝成型得到改善。虽然左焊法观察熔池有些困难，但能清楚地看到待焊位置，易把握焊接方向，不会焊偏，所以 CO_2 气体保护焊一般都采用左焊法。

（4）运丝方式。运丝方式有直线移动法和横向摆动法。直线移动法即焊丝只作直线运动不作摆动，焊出的焊道稍窄。横向摆动运丝是在焊接过程中，以焊缝中心线为基准做两侧的横向摆动，常用的方式有锯齿形、月牙形、正三角形、斜圆圈形等，如图 5-9 所示。

横向摆动运丝方式在操作时应注意以下事项。

运丝时以手腕为辅，以手臂为主；左右摆动的幅度要一样，摆动幅度不能太大；做锯齿形和

月牙形摆动时，摆到中心时速度应稍快，而在两侧时应稍作停顿；有时为了降低熔池温度，避免液态金属流淌，焊丝可作小幅度的前后摆动，摆动须均匀。

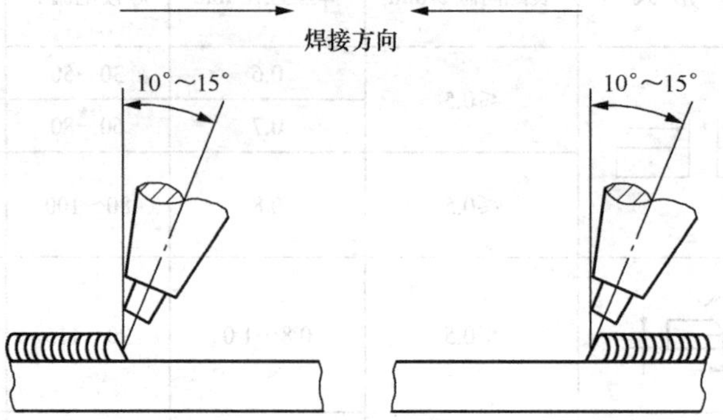

（a）右焊法　（b）左焊法

图 5-8　CO_2气体保护焊操作

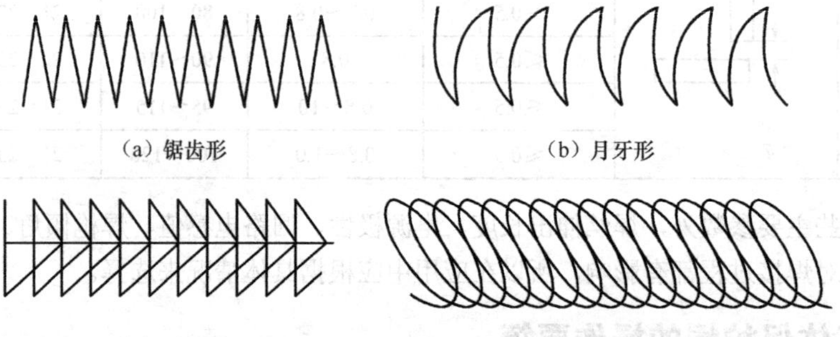

（a）锯齿形　（b）月牙形

（c）三角形　（d）斜圆圈形

图 5-9　CO_2气体保护焊时焊枪的横向摆动方式

直线移动方式主要应用于薄板和打底层；锯齿形摆动方式常应用于根部间隙较小的场合；月牙形摆动方式常应用于填充层以及厚板的焊接；正三角形和斜圆圈形摆动方式常应用于角接头和多层焊。

2．焊接位置

与氧乙炔焊相同，CO_2气体保护焊焊接位置也有平焊、横焊、立焊和仰焊四种。

四、CO_2气体保护焊焊接形式

CO_2气体保护焊焊接形式有 6 种（见图 5-10）。

1．定位焊

这种方法实际是一种相对较小型的临时点焊，在进行永久性焊接的过程中，用来取代夹紧装置或钣金螺钉，是一种临时性定位的措施。定位焊各焊点间的距离大小与板件的厚度有关，一般来说，其距离为板件厚度的 15～30 倍。定位焊对板件的正确定位十分关键，因此必须要精确操作。

2．连续焊

连续焊指在缓慢、稳定的向前移动中形成连续的焊缝。操作时应控制好焊枪，以免产生晃动。建议采用正向焊法，在连续地匀速移动焊枪时，可经常观察焊缝，注意焊枪应倾斜 10°～15°，以便获得最佳形状的焊缝、焊接线和气体保护效果，焊枪嘴到母材之间应保持适当的距离和正确的角度；如果不能正常进行焊接或者焊接熔深减小，问题有可能是焊丝太长，为了得到适当的焊接熔深，以提高焊接质量，应使焊枪靠近母材。

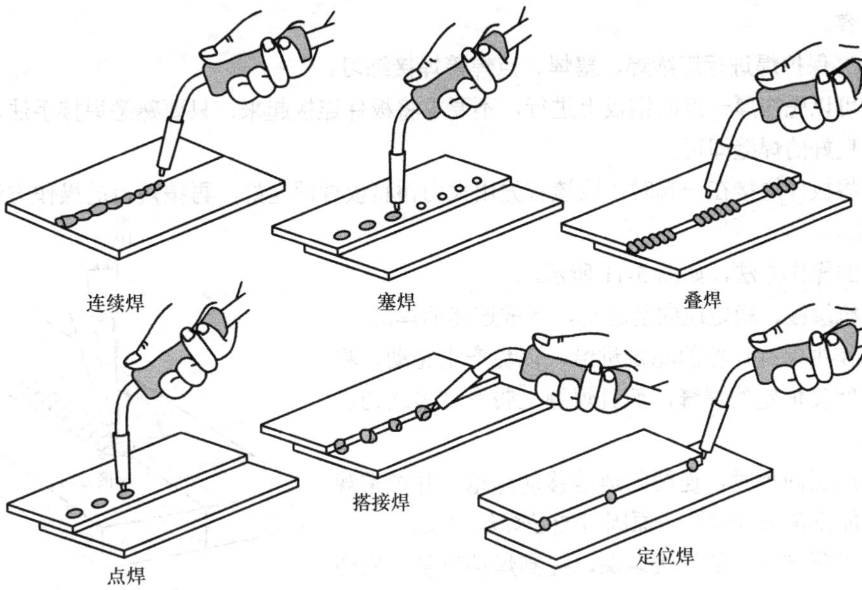

图 5-10 基本焊接方法

3．塞焊

塞焊是在外侧工件上被钻或冲的孔中进行，电弧穿过此孔，熔透里面的工件，这个孔被融化的金属填满。

4．点焊

点焊法是当送丝定时脉冲被触发时，将电弧引入被焊的两块金属板。

5．搭接焊

搭接点焊法是将电弧引入下层的金属板，同时熔融金属流入上层金属板的边缘。

6．叠焊

叠焊就是一系列相连的或重叠的点焊，形成连续的焊缝。

五、CO_2气体保护焊焊接注意事项

（1）施焊前清理焊件表面和焊丝表面的油污和锈迹，以防焊接时产生气孔。

（2）瓶装液态 CO_2 灌气后应将钢瓶倒置 1～2h，每隔 30min 打开瓶口气阀放水 2～3 次，才能保证输出 CO_2 气体的纯度；使用前，打开瓶口气阀 2～3s，排出瓶顶部低纯度的 CO_2 气体，然后接入焊枪使用；在焊接过程中，瓶内气压低于 0.900MPa 时，应停止使用，更换新气源。

（3）引弧之前，调好焊丝伸出的长度，一般应等于焊丝直径的 10 倍。焊丝头部的粗大球形头应当剪去。

课题实施

操作一　使用 CO_2 气体保护焊焊接练习

一、几种常用的焊接方式

实习材料：两块 1mm 厚、10cm × 5cm 大小的钢板。

操作内容。

使用 CO_2 保护焊进行连续焊、塞焊、点焊等焊接练习。

练习时可以先在厚一点的钢板上进行，不要求将板件连接起来，只要熟悉焊接手法，能在板件表面焊出良好的焊缝即可。

当练习将板件焊接在一起时，应该首先用大力钳将板件固定好，再按规范的操作方法焊接。

1．连续焊

连续焊的操作方法，如图 5-11 所示。

（1）焊枪缓慢、稳定地向前移动，形成连续的焊缝。

（2）操作中保持焊枪的稳定进给，以免产生晃动，将得到高度和宽度恒定的焊缝，而且焊缝上带有许多均匀、细密的焊波。

（3）采用正向焊时，连续匀速地移动焊枪，并经常观察焊缝，不能正常进行焊接的原因可能是焊丝太长。

（4）为了得到适当的焊接熔深，提高焊接质量，应使焊枪靠近钣件。

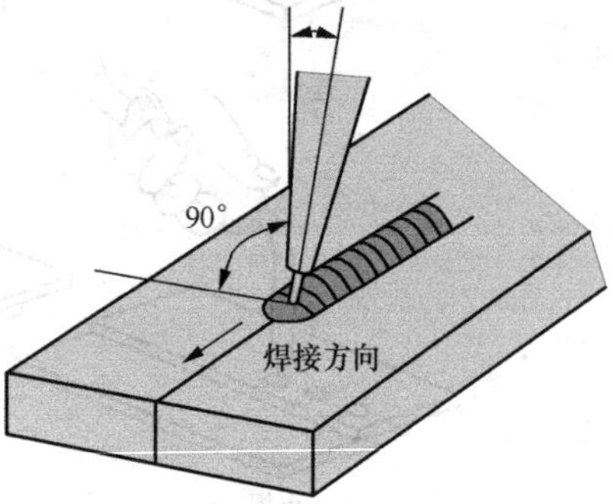

图 5-11　连续焊

2．塞焊

塞焊的操作方法如下。

（1）进行塞焊前，应先在上面的板件上打孔。一般来说 1mm 厚的钢板上钻 5～9mm 直径的孔即可，如图 5-12 所示。

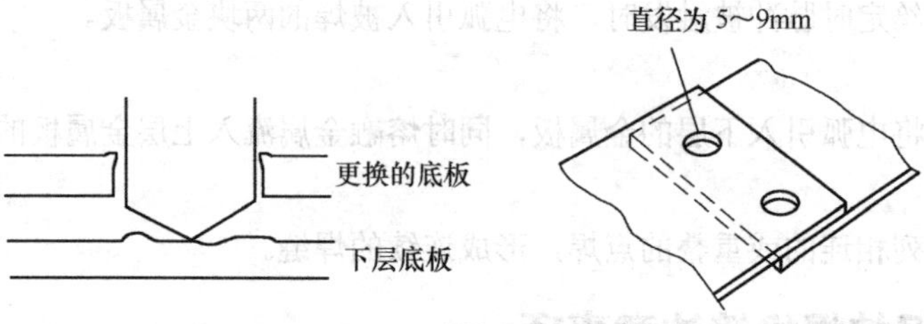

图 5-12　在上层金属板上钻孔

提示　焊接不同厚度的金属板时，应将较薄的金属板放在上面。

（2）当需要将两层以上的金属板焊接在一起时，应在最下层的金属板上的每一层金属板上钻一个孔，并且要求每一层金属板的塞焊孔直径小于其上层金属板塞焊孔的直径。

（3）夹紧装置必须位于焊接位置的附近，保证板件非常牢固地固定在一起，还要求板件间不要有太明显的缝隙。

（4）焊接时，焊枪和被焊接的表面保持一定的角度，将焊丝放入孔内。短暂地触发电弧，然后断开触发器，反复多次，直到熔融金属填满该孔并凝固为止，所有板件将被焊接在一起，但在进行一个孔的塞焊时要求一次完成，避免两次焊接，如图 5-13 所示。

（5）一定要让焊接深入到下面的金属板，在金属板下面有半球形隆起表明有适当的焊接熔深，如图 5-14 所示。

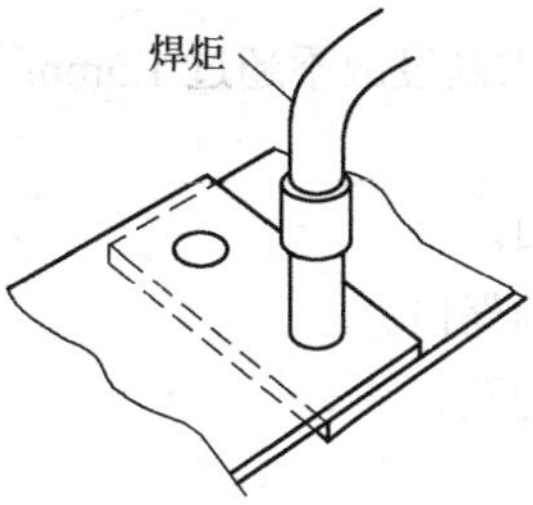

图 5-13　塞焊

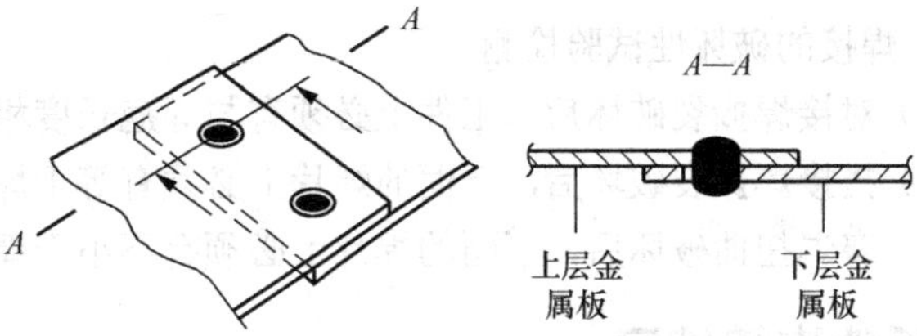

图 5-14　要焊透底层金属

（6）进行多点塞焊时，焊接过的部位自然冷却后，才可以焊接相邻部位。

提示　不能用水或压缩空气对焊点周围进行强制冷却。

（7）间断的塞焊会在金属表面上产生一层氧化物薄膜，而形成气泡。如果发生这种情况，可用钢丝刷来清除氧化物薄膜。

3．点焊

点焊的操作方法，如图 5-15 所示。

（1）当对厚度不同的金属进行点焊时，应将较薄的金属焊接到较厚的金属上。

（2）对点焊工艺参数进行调整时，最好借助于金属样品。

（3）当送丝定时脉冲被触发时，电弧引入被焊的两块金属板，将两层金属板熔化熔合焊接在一起。

（4）每完成一次点焊，都应断开触发器，然后再将触发器合上，以便进行下一次点焊。

图 5-15　点焊

（5）为了检验点焊的质量，可将焊接在一起的两个样品拉开，高质量的焊接接头会在底层的试样上裂开一个小孔，如果焊接接头很容易被拉开，则应延长焊接时间或提高焊接温度。

二、检查焊接质量

下面是车身修理中常用的搭接焊、对接焊和塞焊焊接质量的检验标准，试验板件的厚度均为 1mm。

1．搭焊和对接焊焊疤的外观检测

（1）工件正面。焊疤长度应为 25～38mm，宽度应为 5～10mm。

（2）工件背面。焊疤宽度为 0～5mm。

（3）对接焊工件之间的间隙宽度是工件厚度的 2～3 倍。

2．塞焊焊疤的外观检测

（1）工件正面。焊疤的直径应为 10～13mm。

（2）工件背面。焊疤的直径应为 0～10mm。

（3）焊疤不允许有孔洞或焊渣等缺陷。

3．焊件焊疤高度的检测标准

焊接正面焊疤的最大高度应不超过 3mm，焊件背面焊疤的最大高度应不超过 1.5mm。

4．焊接的破坏性试验检测

（1）对接焊撕裂破坏后，工件上必须有与焊疤长度相等的豁口。

（2）搭接焊撕裂破坏后，上面的焊片上必须有等于焊疤长度的豁口。

（3）塞焊扭曲破坏后，下面的焊片上必须有不小于焊疤直径的孔。

三、板件连接练习

1．板件固定

（1）将需要焊接的两块板件的接缝处处理平整，处理掉油污、铁锈等杂质。

（2）调整两个对接板件的间隙为板件厚度的 2～3 倍，并用大力钳固定好。同时要保证板件与焊接平台连接牢固，防止在焊接过程中移动。

2．板件对接

（1）如果焊缝较长，最好在金属板的若干处先进行定位焊，以防止金属板变形。定位时，两个定位焊点之间的距离不超过 20mm。

提示 各焊点间的距离大小与板件的厚度有关，一般为板件厚度的 15～30 倍。根据实际操作经验，1mm 厚钢板的定位焊点距离不能超过 20mm。

（2）焊接时要采用分段焊接，让某一段区域的对接焊自然冷却后，然后再进行下一区域的焊接，如图 5-16 所示。

（3）从工件的中心处开始焊接，并经常改变焊接的位置，以便将热量均匀地扩散到板件金属中去，如图 5-16（a）所示。

如果从金属的边缘处或靠近边缘的地方开始焊接，即使采用分段焊，金属板仍会产生弯曲变形，如图 5-16（b）所示。

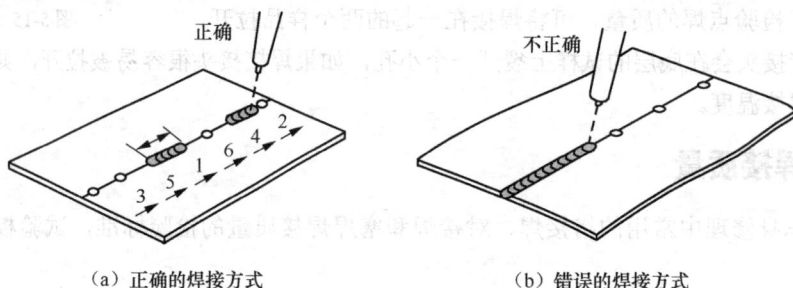

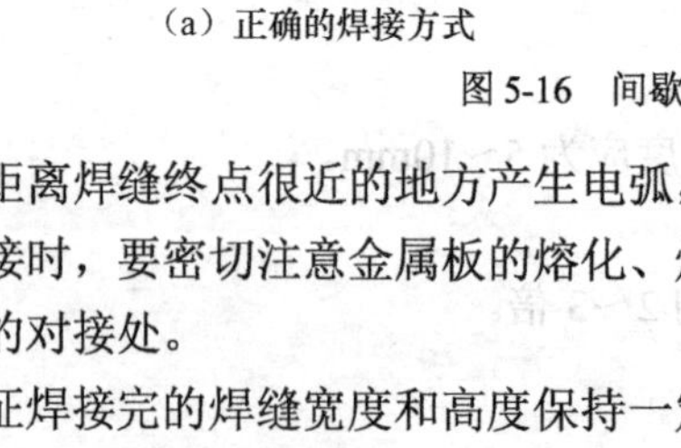

（a）正确的焊接方式

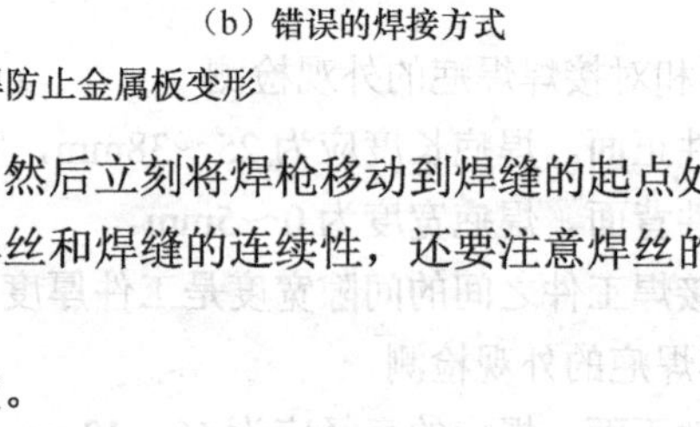

（b）错误的焊接方式

图 5-16 间歇焊防止金属板变形

（4）在距离焊缝终点很近的地方产生电弧，然后立刻将焊枪移动到焊缝的起点处。

（5）焊接时，要密切注意金属板的熔化、焊丝和焊缝的连续性，还要注意焊丝的端部不可偏离金属板间的对接处。

（6）保证焊接完的焊缝宽度和高度保持一定。

操作二 车身板件的焊接

步骤 1：用大力钳将需要焊接的板件固定在一起，在无法夹紧的地方，用锤子或金属螺钉将两块金属板固定，如图 5-17 所示。

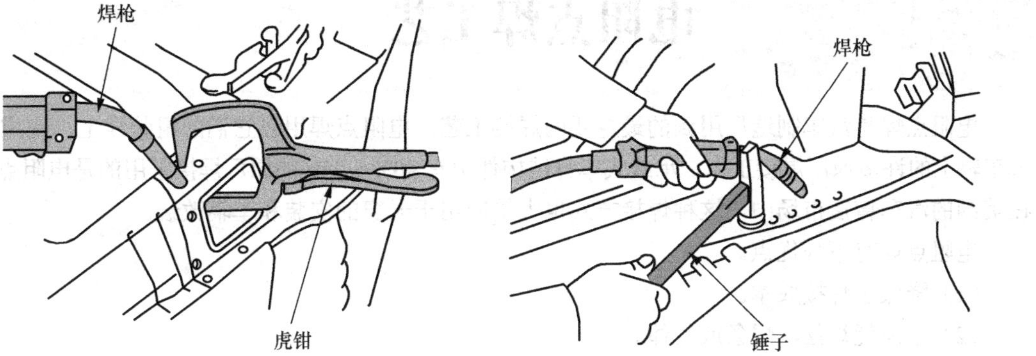

图 5-17　焊接前用大力钳定位

提示　焊接完成后，要将螺钉孔焊满。

步骤 2：在进行永久性焊接前，用很小的临时点焊来对需要焊接的工件进行初步固定，如图 5-18 所示。

步骤 3：用一字螺丝刀调整板件表面的高度差，在适当的位置继续进行定位焊，如图 5-19 所示。

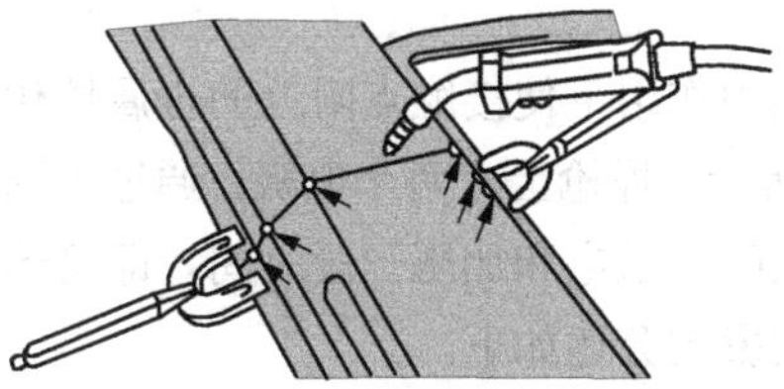

图 5-18　定位焊

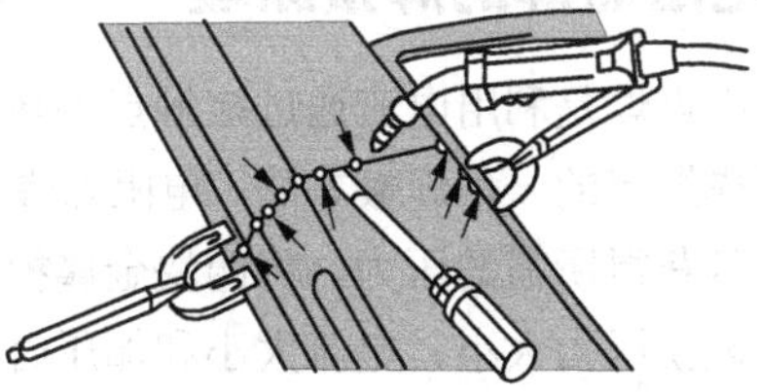

图 5-19　调整高度差

步骤 4：用螺丝刀撬动，调整位置，准备进行分段连续焊接，如图 5-20 所示。

步骤 5：按照定位焊点的间距，分段地间歇地将板件焊接在一起，如图 5-21 所示。

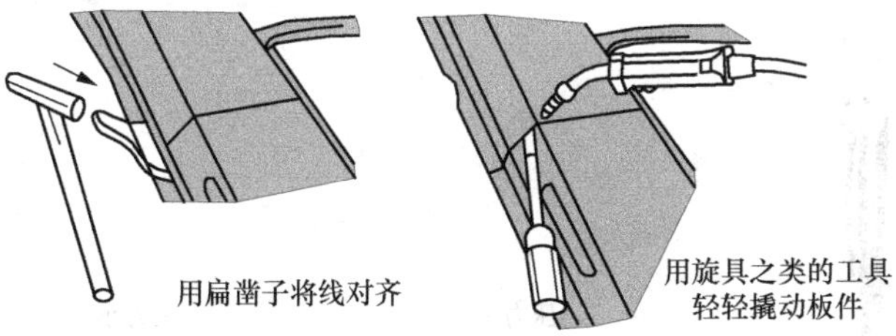

图 5-20　调整位置

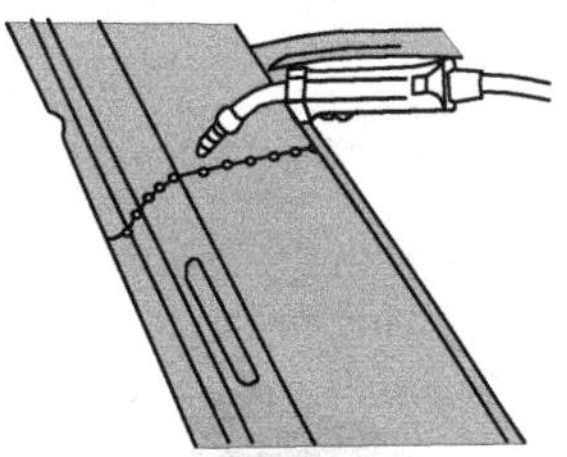

图 5-21　分段、间歇焊接

提示　如果采用二氧化碳气体保护焊没有得到预期的效果，其原因可能是导电嘴和金属板件之间的距离过大。焊接熔深随着导电嘴和金属板件之间距离的增大而减小。操作时，试将导电嘴和金属板件之间的距离保持几个不同的值，直至获得理想的焊点，这时的距离即为最佳值。

课题三 电阻点焊工艺

电阻点焊是汽车制造厂用到的最重要的焊接工艺，电阻点焊用在它们的组装线上，完成承载式车辆上的许多原厂焊接工作。承载式车身结构件中有90%～95%的原厂焊接采用的是电阻点焊。在美国的汽车售后市场中，这种焊接方式也大量应用于天窗的安装和车辆改装。

电阻点焊有下列优点。

（1）降低了焊接成本。

（2）不消耗焊丝、焊条或气体。

（3）不产生烟或烟雾。

（4）可透过导电的锌底层恢复修理部位。

（5）外观质量与制造厂的原厂焊接完全相同。

（6）不需要对焊缝进行研磨。

（7）速度快，只需1s或更短的时间便可焊接高强度钢、高强度低合金钢或低碳钢，而且焊接强度高、受热范围小、金属不易变形。

基础知识

一、电阻点焊的焊接原理

电阻点焊是利用电流通过接触点加热，并在外加压力作用下使接触点附近的金属熔化，经冷凝后形成焊点的一种焊接方法。电阻点焊机如图5-22所示，焊枪上有两个电极，通过上面的加压手柄即可获得所需的压力。将两块金属板夹持在电极之间，通电和加压一段时间，即可形成电阻焊点。现就压力大小、电流大小和加压时间三个要素的影响分述如下。

1．压力

电阻焊点的焊接强度与电极施加在金属件上的压力有直接的关系。压力太小，会产生焊接溅出物；压力太大，会使焊点过小，降低了焊接强度（见图5-23）。具体操作时应遵守设备使用规程规定的压力范围。

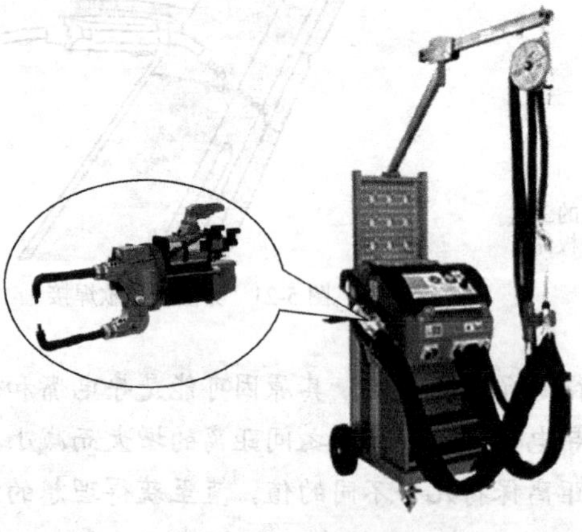

图5-22 电阻点焊机

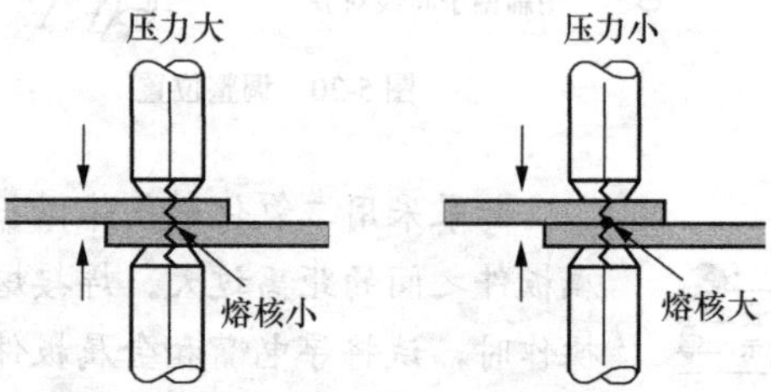

图5-23 电极头的压力

2．电流强度

给金属件加压后通电，一股很强的电流流经两金属板接触区，产生很大的热量，温度急剧上升，使金属熔化并且熔合在一起（见图 5-24）。如果电流强度太大或压力太小，将会产生内部溅出物；减小电流强度或增加压力，可以使焊接溅出物降低到最小程度，形成良好的焊点。电阻点焊时电流与压力之间是相互关联的，必须注意同时调节，焊接质量才能得以保证。

3．加压时间

加压时间是电阻点焊极为重要的因素。在加压时间内，金属通过电流，熔化和熔合在一起；加压完毕，电流停止，熔化部位开始冷却凝固成圆且平的焊点（见图 5-25）。加压时间不可少于用户使用说明书的规定值。

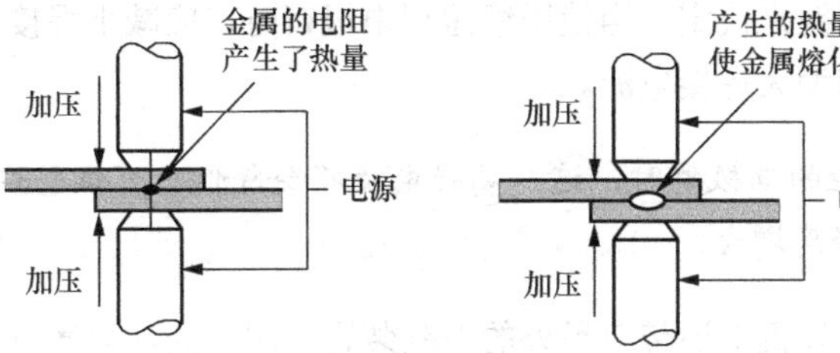

图 5-24　电流强度

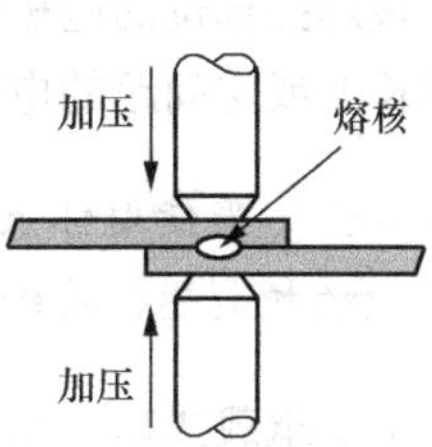

图 5-25　加压时间

二、电阻点焊机的构成与调整

1．电阻点焊机的构成

电阻点焊机主要由变压器、控制器和电极三部分构成，如图 5-26 所示。

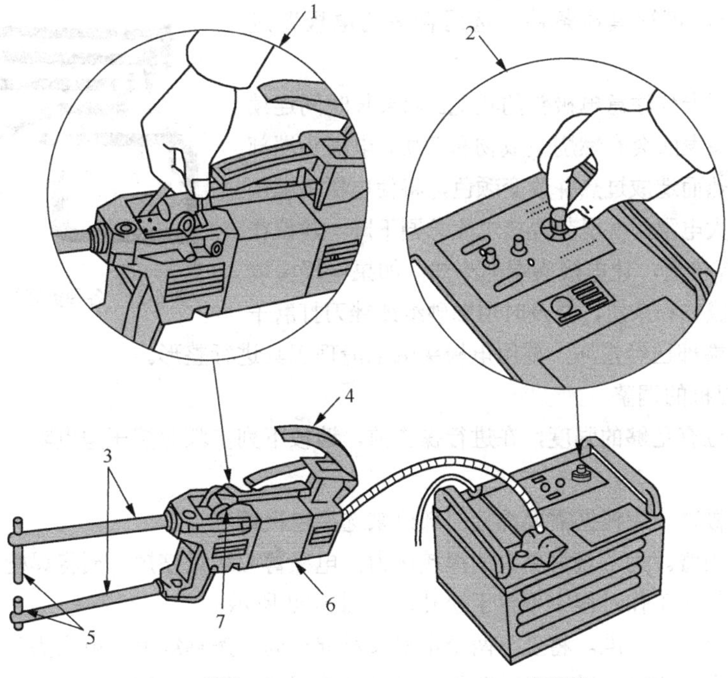

图 5-26　电阻点焊系统的部件构成

1—压力调整；2—电流时间调整；3—电极臂；4—加压手柄；5—焊接端头；6—变压器；7—加压调整控制器

（1）变压器。变压器将低电流强度的 240V 或 380V 车间线路电流转变成高电流强度、低电压（2～5V）的焊接电流，避免了电击的危险。焊接机变压器既可安装在焊枪上，也可安装在远处并通过电缆和焊枪连接。

安装在焊枪上的变压器的电效率更高，这是因为在这种情况下，变压器和焊枪之间焊接电流损失很小，或没有损失。安装在远处的变压器必须较大，而且要使用较大的车间线路电流，以弥补连接变压器和焊枪的长电缆所造成的电力损失。

（2）控制器。焊接机控制器可调节变压器输出的焊接电流，并可以调节出精确的焊接时间。在焊接时间内，焊接电流被接通并流过被焊接的金属，然后电流被切断。

焊接机控制器应能够进行全范围的焊接电流调整。焊接电流的大小由需要焊接金属的厚度和需要达到被焊接部位的电极臂长度及间距来决定。当使用缩短型电极臂时，应减小焊接电流。而当使用伸长型或宽间距的电极臂时，应增大焊接电流。

提示

当使用伸长型或宽间距的电极臂时，这一高强电流将会降低，可调整焊接机上的控制器，将输出的电流强度增大。

某些用于承载式车身修理的电阻点焊机上还带有另外的控制装置，用于处理金属表面上产生的轻微锈蚀，这种装置可供修理者在焊接环境恶劣时选用。

（3）电极。电极包括电极臂和电极头。电极工作时，利用电极臂向被焊金属施加挤压力，并通过焊接电流。大多数电阻点焊机带有一个增力机构，可以产生很大的电极压力来稳定焊接质量。

用于整体式车身修理的电阻点焊机，带有一套可更换的电极臂装置（见图 5-27）。对于较难焊接的部位，可视具体条件，选用合适的电极臂进行焊接。

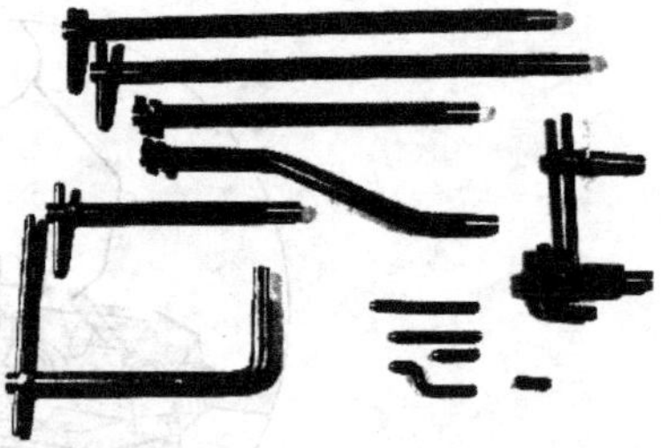

图 5-27　各种类型的电极臂及电极头

在操作中，要十分注意电极头的状况。如果长时间连续使用焊机，电极头表面会有燃烧生成物和杂质，电极头端部将不能正常地散热而造成过热并改变颜色，将使电极头端部过早地损坏而增大电阻，并引起焊接电流急剧下降。建议在每进行 5～6 次焊接后，让电极头端部冷却；如果电极头端部表面有燃烧生成物和杂质，要及时用细砂纸或锉刀打磨干净；如果电极头端部已经损坏，要用电极头端部清理工具进行整形。

2．电阻点焊机的调整

为使点焊部位有足够的强度，在进行操作前，请按下列步骤对挤压型电阻点焊枪进行检查和调整。

（1）选择电极臂。应根据需要焊接的部位来选择电极臂。

（2）调整电极臂。为了获得更大的焊接压力，电极臂应尽量缩短。要将焊枪电极臂和电极头完全上紧，使它们在工作过程中不致于松开，如图 5-28 所示。

（3）将两个电极头对准。将上下两个电极头对准在同一条轴线上，电极头对不正将引起加压不充分，而这又会造成电流过小，并降低焊接部位的强度，如图 5-29 所示。

（4）电极头的直径。在开始操作前，必须先选择适当直径的电极头，以便获得理想的焊接强度。电极头直径增加，点焊的直径将减小；但如果电极头直径太小，点焊的直径将不再增大。

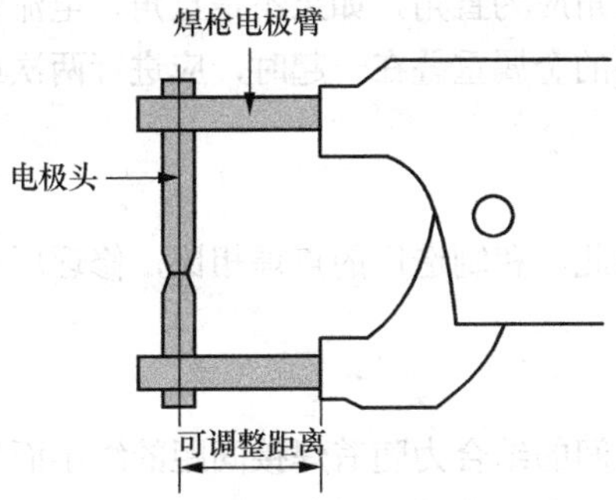

图 5-28 调整电极臂至正确位置

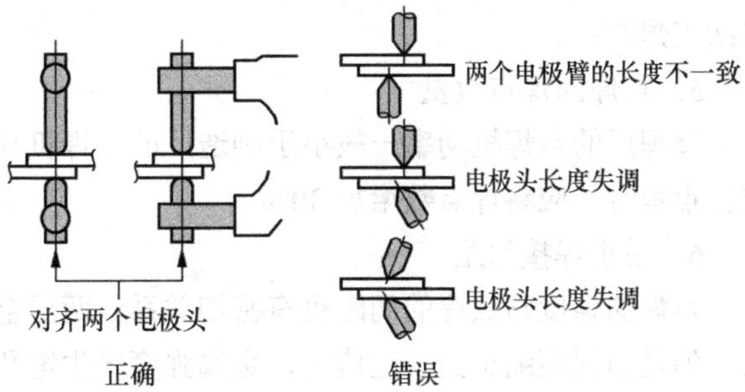

图 5-29 电极头正确与错误的定位

（5）电流流过的时间。一般情况，焊接部位散发出的热量随着通电时间的延长而增加，点焊直径和焊接熔深也随之增大。但经过一定的时间后，焊接温度将不能再增加，点焊直径也不会再增大，而可能产生电极端部的压痕和热变形。

对于无法调整施加压力和焊接电流的点焊机，其电流强度降低时，可通过延长通电时间来保证焊接的强度。

提示

若车身钢板进行了电镀或镀锌处理，在点焊时，焊接电流应当比普通钢板的焊接电流高 10%～20%，以弥补电流强度的损失。一般用于车身修理的点焊机都无法调节电流强度，可将通电时间稍作延长。

三、挤压式电阻点焊机的操作要领

开始焊接时，操作人员拿起焊枪并使电极头与车身上需要焊接的部位相接触，然后操纵挤压机构，将焊接压力施加到需要焊接的金属的两边，在保持压力的同时施力机构便向焊机控制器发送一个电信号，使焊接电流瞬间被接通，产生巨大的电阻热熔化焊接处的金属，不用 1s 时间就能完成好一个焊点。

使用挤压式电阻点焊机时，还有下列问题需要考虑。

1．两个焊接表面的间隙

两个焊接表面之间的任何间隙都会影响电流的通过，虽然不消除这些间隙也可进行焊接，但流经焊接部位的电流将会变小而降低焊接的强度。因此，焊接前要将两个金属表面整平，以消除间隙，还要用一个夹紧装置将两者夹紧。

2．需要焊接的金属表面

需要焊接的金属表面上的油漆层、锈斑、灰尘或其他任何污染物都会减小电流强度而使焊接质量降低，必须将这些外来物质从需要焊接的表面上清除掉。镀锌层必须保留。

3．防锈处理

为了使钣件得到充分的防腐，对于没有镀锌层保护的钢板，电阻点焊前要在焊接的金属表面上均匀地涂上一层导电系数较高的防锈剂。

4．点焊操作的注意事项

在进行点焊操作时，一定要做到：第一，采用直接焊接的方法，对于无法进行直接焊接的部位，可采用焊接中的塞焊法；第二，电极和金属板之间的夹角应为直角，如果不是直角，电流强度便会减小，因而降低焊接的强度；第三，当三层或更多层的金属重叠在一起时，应进行两次或多次点焊。

5．点焊的焊点数量

修理厂的点焊机功率一般小于制造厂的点焊机功率。因此，和制造厂的点焊相比，修理厂在进行点焊时，应将焊点数增加30%。

6．最小焊接间距

点焊的强度与点焊的间距也有密切关系。两层金属板之间的结合力随着焊接间距的缩小而增大，但是当间距缩小到一定值时，金属强度产生饱和，如果再进一步缩小间距，结合力将不再增大。这是因为电流将要流向已被焊接过的焊点，随着焊点数量的增加，这种往复的换向电流也增加，但是换向电流并不使焊接处的温度升高。焊接间距必须大于往复的换向电流作用的范围，一般可按表5-6来选取这一数值。

表5-6　　焊点距离的选择　　（mm）

板　厚	焊点间距 s	边缘距离 p	
0.4	≥11.0	≥5.0	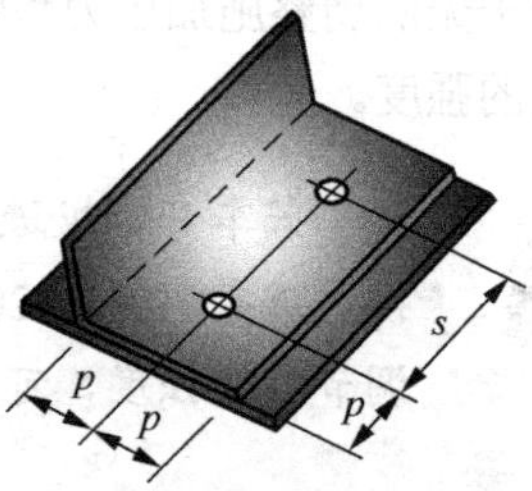
0.8	≥14.0	≥5.0	
<1.2	≥18.0	≥6.5	
1.2	≥22.0	≥7.0	
1.6	≥29.0	≥8.0	

7．焊点到金属板的边缘和端部的距离

焊点到金属板的边缘和端部的距离也影响着电阻点焊焊点的强度。即使点焊的效果正常，但如果到边缘的距离不够大，当然也会降低焊接点的强度。

8．点焊的顺序

不要只沿着一个方向连续进行点焊，这种方法会使电流产生分流而降低焊接质量，也会使金属材料受到热的影响；应间隔、分段、交叉进行焊接。

9．对边角处的焊接

不要对边角的圆弧部位进行焊接。对这个部位进行焊接将产生应力集中而导致开裂，例如，焊接前立柱和中立柱的上角、后侧围板的前上部分和前后车窗的角部，需要特别注意。

四、点焊质量的检验

点焊质量可采用外观检查（目测）或破坏性试验来检验。

1．外观检验

通过眼看手摸来检验焊接的完成情况，需要检验的项目如下。

（1）焊点位置。焊点的位置应在凸缘的中心，不可超过边缘。维修时点焊不能在车身钣件原来的焊点位置进行。

（2）焊点数量。焊点的数量应大于或等于汽车制造厂焊点数量的1.3倍。

（3）间距。修理时的焊接间距应略小于汽车制造厂的焊接间距，焊点应均匀分布。当间距值最小时，以不产生往复换向电流为原则。

（4）压痕。压痕即电极头压痕，焊接表面的压痕深度不得超过金属板厚度的一半。

（5）气孔。不得有肉眼可以看见的气孔。

（6）溅出物。用手套在焊接表面擦过时，不应被绊住。

2．破坏性试验

大多数破坏性试验都需要使用许多复杂的设备，而大多数车身修理厂都不可能有这些设备。因此，这里介绍两种已在车身修理厂得到广泛应用的比较简单的方法。

（1）破坏性试验（利用试件）（见图 5-30）。

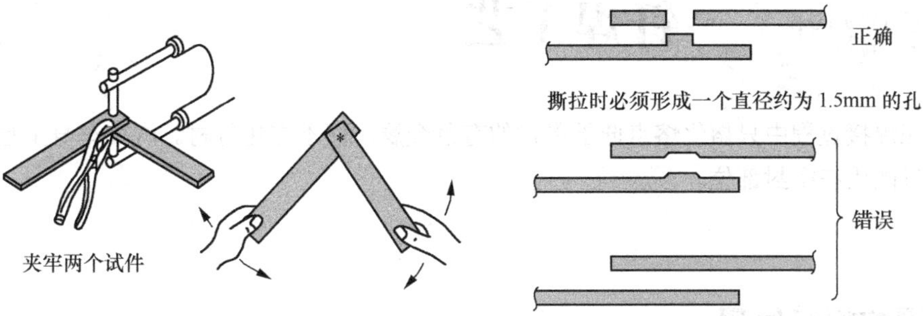

图 5-30　焊接部位检验

① 采用与工件相同的材料和厚度的试件，并将其焊接在一起。

② 沿箭头方向施力，以断开点焊处，检查断裂件的状态。

如果板件上出现尺寸符合规格的通孔，则该焊接应被判为正确；否则强度不足，需要调整参数继续试焊。

（2）无损检验（在车身钣件修复位置进行）。

① 焊接后，按图 5-31 所示将检验楔子插入固体小块（焊接部位）的旁边。

② 如果固体小块的直径大于 3mm，则焊接应被判定为正确。

③ 检验完成后，应修复因检验楔子引起的变形。

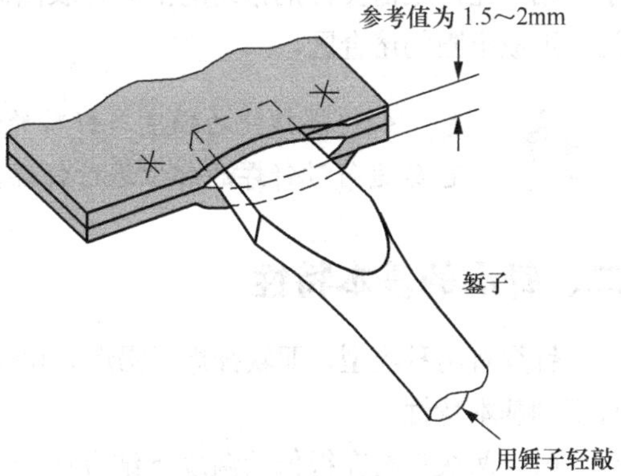

图 5-31　焊接部位无损检验

课题实施

操作一　使用点焊焊接前车身悬架支承结构板件

步骤 1：用钻削或磨削的方法将焊点清除。

步骤 2：用气动锯和撬棍等工具使焊件剥离，并将残留部分从车身上拆下。

步骤 3：整理车身上的接口部分。用手提砂轮机磨去原来的焊痕，用锤子和顶铁将端口变形校正，位置有误差时，还应进行校正。

步骤 4：将焊接板件焊接位置两边的油漆除净并涂敷导电防锈剂。

步骤 5：将新板件牢牢地夹紧在指定位置上后，用测量设备进行检测，保证位置准确。

步骤 6：保证两片（或两片以上）嵌板或凸缘之间的接合面紧密相连。

步骤 7：以厚度较薄的嵌板或凸缘作为决定电流大小的主要因素。

步骤 8：调整电极夹臂接触压力。

步骤 9：调整焊接电流的大小。

步骤 10：选择点焊顺序。

步骤 11：开始焊接。

课题四 钎焊工艺

钎焊在焊接过程中只熔化熔点低于母材的有色金属，而不熔化母材。汽车车身上也经常使用钎焊，但只能用在密封部位。

基础知识

一、钎焊的焊接原理

钎焊类似于用“粘结剂”将两个物体“粘”在一起。这种“粘结剂”叫钎料，为了使钎料易于“粘”住，还需要钎剂帮助清洁焊件表面。在钎焊过程中，熔化的钎料充分扩散到两层母材之间，形成牢固的熔合区。

提示

钎焊焊接处的强度与钎料的强度相等，小于板件的强度。因此，只能对制造厂已经进行过钎焊的部位进行钎焊，其他地方不可使用钎焊焊接。

二、钎焊的基本特性

钎焊有两种类型，即软钎焊（锡焊）和硬钎焊（用黄铜或镍），车身上的钎焊指硬钎焊，钎焊有下列基本特性。

（1）两块母材在很低的温度下结合在一起，产生变形和应力的风险较小。

（2）由于母材不熔化，所以可将不相容的两种金属结合在一起。

（3）钎料黄铜有优异的流动性，它能够顺利地进入狭窄的间隙中，所以很容易填满车上各焊缝的间隙。

（4）由于母材没有被焊透，而只是钎料在金属的表面相结合，所以焊接处能承受反复作用的载荷较小，碰撞时强度很低。

（5）钎焊技术很容易掌握。

在车身修理厂，钎焊设备通常与氧乙炔焊的设备相同，需要氧乙炔焊炬、钎焊条、焊接护目镜、手套和焊枪点燃器等。氧乙炔焊炬也可用来进行软钎焊，但最好还是用专门的设备进行软钎焊。

为了保证钎料的质量，如流动性、熔化温度、与母材的相容性和强度等，钎料都是两种或两种以上金属的合金。汽车车身所用的钎焊条的主要成分为铜和锌。

三、钎焊的操作要领

1．清洁母材表面

如果母材的表面上粘有氧化物、油、油漆或灰尘，就应在钎焊前清洁表面。如果让这些污染物留在金属表面上，将最终导致钎焊的失败。尽管已使用钎剂来清除氧化层和大部分污染物，但还不足以清除掉所有的污染物。所以，要用钢丝刷对表面进行机械清洁。

2．施加钎剂

母材被彻底清洁以后，在焊接表面均匀地加上钎剂。如果使用的是带钎剂的钎焊条，就不需要进行该项操作。

3．加热母材（见图 5-32）

调节焊炬气体的火焰，使它稍微呈现出碳化焰的状态。将母材的接合处均匀地加热到能够接受钎料的温度，根据钎料熔化的状态，推断出钎料的适当温度。

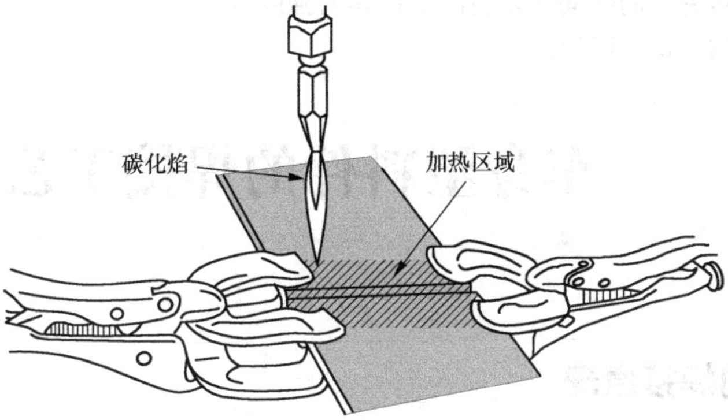

图 5-32　用碳化焰加热母材

4．对母材进行钎焊（见图 5-33）

当母材达到适当的温度时，将钎料熔化到母材上，并让其自然流动。当钎料流入母材的所有缝隙时，停止对母材接合处的加热。

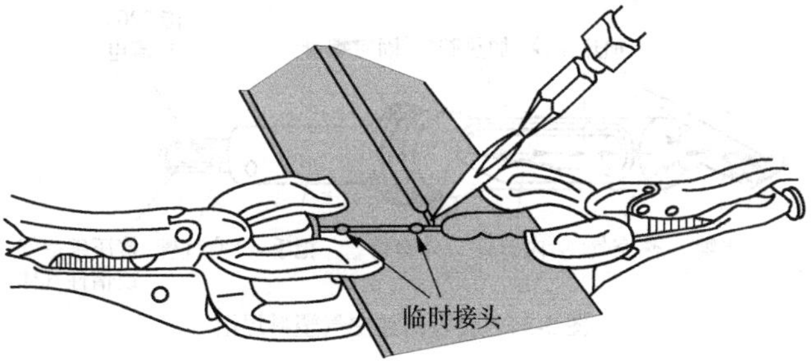

图 5-33　一旦母材加热后，钎焊料就可以涂敷在表面上

5．钎焊后的处理

钎焊部位充分冷却以后，用水冲洗掉剩余的钎剂残渣，并用硬的钢丝刷刷净金属表面。烧干且发黑的钎剂可用砂轮或尖锐的工具清除。如果没有完全清除掉剩余的钎剂残渣，油漆就不能很好地粘附，而且接头处还可能产生腐蚀和裂纹。

四、钎焊注意事项

（1）由于钎料容易流过被加热的表面，必须将整个接合区加热到同样的温度。

（2）不能让钎料在母材加热前熔化，否则钎料不和母材相粘结。

（3）如果母材的表面温度太高，钎剂将不能够清洁母材，这将使钎焊的粘接力减小、接合强度降低。

（4）钎焊的温度必须比黄铜的熔点高出 50℉～190℉（10℃～89℃）。

（5）焊枪喷嘴的尺寸应略大于金属板的厚度。

（6）预热金属板，这样才能更有效地熔敷钎料。

（7）固定金属板，预防母材的移动和钎焊部位的开裂。

（8）均匀地加热焊接部位，不可使母材熔化。

（9）需要调整热量时，可使焊枪和金属表面平行或移开火焰，使钎焊部位短暂地冷却。

（10）应尽量缩短钎焊的时间（以免降低钎焊的强度）。

（11）避免同一部位再次钎焊。

课题五 车身塑料件的焊接工艺

基础知识

一、塑料板件的焊接原理

塑料钣件焊接采用热空气焊炬（见图 5-34）。热空气焊炬是采用陶瓷或不锈钢电热元件来产生热风，热风的温度为 230℃～340℃。热风通过焊嘴吹到焊件及焊条上，使其软化，将加热后熔化的塑料焊条压入接缝即可。在焊接过程中，塑料的焊接收缩量较金属大，所以在焊接下料时应多留焊接余量。

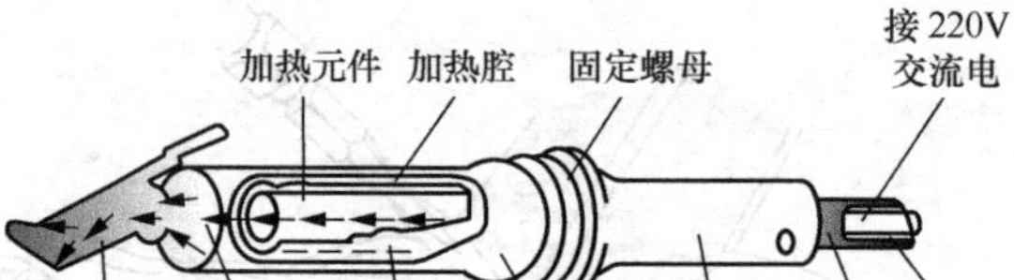

图 5-34 典型的热空气塑料焊炬

二、热空气塑料焊炬的焊嘴

热空气塑料焊炬的焊嘴有不同种类，其应用范围各不相同。

1．定位焊焊嘴

用于断裂钣件的定位焊。这种焊接在必要时可以较容易地拉开，以便重新定位。

2．圆形焊焊嘴

用于充填小的孔眼或形成短焊缝，也可用于难以靠近部位的焊接和尖角部位的焊接。

3．快速焊焊嘴

用于直而长的接缝焊接。这种焊嘴可以夹持焊条，对焊条预热，并将焊条输送到焊道处，因而可进行快速焊接。

三、使用热空气塑料焊炬的基本步骤

（1）逆时针方向拧松控制手柄，使调压阀关闭，以免因压力突然增高而损坏压力表。

（2）将调压阀接到压缩空气或惰性气体的供气路上。使用压缩空气时，应把调压阀调到管线的标准压力 1.4MPa 左右，如果用的是惰性气体，则需要使用减压阀，注意使用的安全性。

（3）接通气源，其初始压力取决于加热元件的功率。

（4）将焊机接到指定的交流电源上，注意打铁线是否连接可靠。

（5）在指定的工作气压下预热焊炬。必须保持从预热升温到冷却降温整个过程中焊炬都有气流通过，以免加热零件烧坏或使焊炬受损。

（6）选用适当的焊嘴，并用钳子把它插接到焊炬上。

（7）焊嘴装好后，因背压的作用而使温度稍有升高，经过 2～3min，焊嘴即可达到所需的工作温度。

（8）用温度计检测距焊嘴热风出口 6mm 处的温度。对于热塑性塑料，该处温度应为 230℃～340℃。焊接说明书中一般都配有焊接温度选择图表。

（9）如果上述部位温度对于焊接材料而言太高，则可把压缩空气的压力稍稍调高，直到温度下降；如果温度对于焊接材料而言太低，则可稍稍降低压缩空气的压力，直到温度升高；在调整压缩空气的压力时，应保持 1～3min，使温度在新的设定条件下达到稳定状态。

（10）压缩空气的压力过大不会损坏焊炬及其加热元件，但压力过低则加热元件会过热，因此，在调低压缩空气压力时，不要调低到把手处的套筒固定螺母烫手的程度。固定螺母烫手，则说明出现了过热。

（11）气路内滤网堵塞或电压不稳定也能引起过冷或过热，应加以注意。

（12）如果套筒端部的螺纹太紧，应当用优质、耐高温的油脂清理，以免螺纹卡死。

（13）焊完后，应先切断电源，几分钟之后或套筒冷却到可以触摸之后再切断气源。

四、塑料焊接的基本方法

（1）将焊接温度调到适当值。

（2）用肥皂水清洗焊口，晾干后用塑料清洗剂清洗，但不要用一般的溶剂来清洗。

（3）在损坏部位做出 V 形坡口，坡口宽度为 6mm。

（4）用定位焊或铝质车身胶带将断口黏结固定。

（5）选取最适用于塑料类型及损坏情况的焊条及焊嘴。

（6）焊接后冷却固化 30min 左右。

（7）打磨修整焊缝，达到适当的形状。

课题实施

操作　定位焊接技术

步骤 1：用夹钳或铝质车身胶带对焊口进行定位固定。

> 提示：高速塑料焊炬的握持方法与匕首握法相似，软管在手腕的外侧。焊接开始时，焊炬焊嘴应在起点上方距焊件 80mm 远处，以免热风影响焊件（见图 5-35）。

步骤 2：将焊条切成 60°角的偏口后插进焊炬的焊条预热管内，然后将加压掌压到焊件上的起焊部位，并使焊炬与焊件表面垂直，再将焊条插到底，使之在焊缝起点顶住母材。必要时，可将焊炬略微抬起而使焊条压到加压掌下。用左手轻压焊条，加压掌处的压力只能是焊炬本身的重力，不再施加压力。慢慢移动焊炬，开始焊接（见图 5-36）。

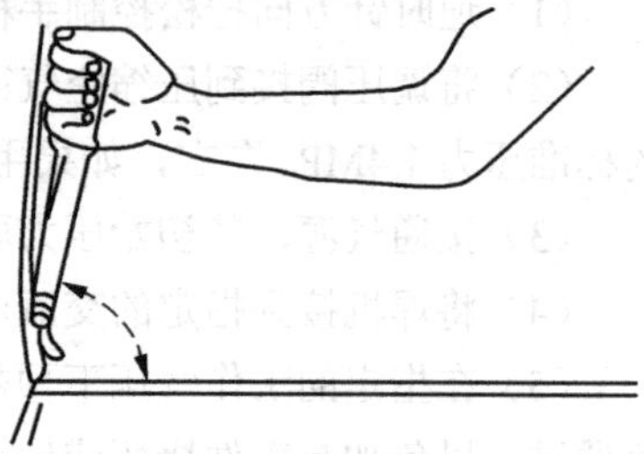

图 5-35　高速塑料焊炬的握持方法

步骤 3：在焊接初始的 30～50mm 处，需轻轻向下推压焊条进入预热管。焊接正确开始之后，则应将焊炬倾角调至 45°，这时焊条就能自动滑入而无需推压。移动焊炬时应随时注意观察焊缝的质量（见图 5-37）。

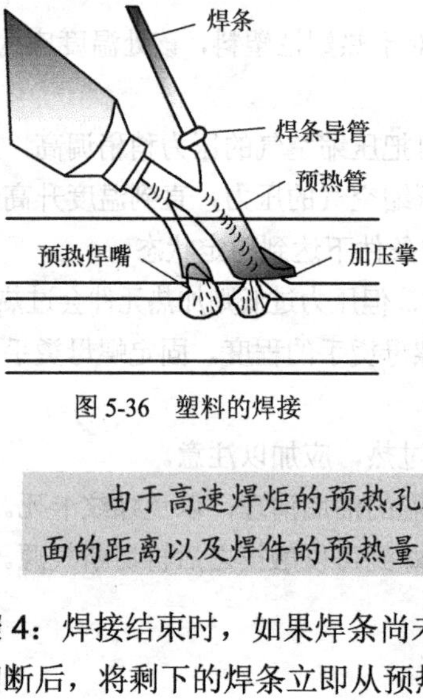

图 5-36　塑料的焊接

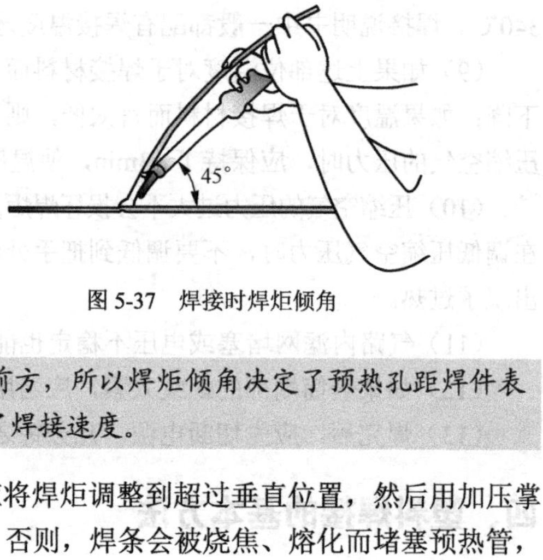

图 5-37　焊接时焊炬倾角

> 提示：由于高速焊炬的预热孔在加压掌的前方，所以焊炬倾角决定了预热孔距焊件表面的距离以及焊件的预热量，从而决定了焊接速度。

步骤 4：焊接结束时，如果焊条尚未用完，则应将焊炬调整到超过垂直位置，然后用加压掌将焊条切断后，将剩下的焊条立即从预热管内取出。否则，焊条会被烧焦、熔化而堵塞预热管，出现这种情况时必须插入新焊条来清理预热管。

模块总结

本模块主要讲解了氧乙炔焊工艺、气体保护焊工艺、电阻点焊工艺、钎焊工艺以及车身塑料件的焊接等 5 种常见的焊接方法，主要阐明了几种焊接的原理、基本特性、焊接操作要领及注意事项；让学生能够通过讲解掌握常用的几种焊接方法。

思考与练习

一、选择题

1．技师甲说焊枪喷嘴的主要功能是提供气体保护，技师乙说如果焊枪喷嘴区域的绝缘层被短路，则电流会点燃惰性保护气体。谁说的对？

A．技师甲　　B．技师乙

C．技师甲和技师乙都对　　D．技师甲和技师乙都不对

2．焊接电流会影响哪一项？

A．母材熔深　　B．电弧稳定性　　C．焊接溅出物现象　　D．上述所有

3．乙炔以稍大的比例与氧气混合会产生以下哪种火焰？

A．中性焰　　B．标准焰　　C．碳化焰　　D．氧化焰

4．以下哪一项不是钎焊的特性？

A．相对高的强度　　B．可以连接不同厚度的零件

C．母材变形的风险较高　　D．可以连接不相容的金属

5．定位焊的长度由什么决定？

A．操作者的偏好　　B．板件厚度　　C．母材类型　　D．保护气体类型

6．下列哪种焊接被车身修理厂用来替代原厂的电阻点焊？

A．点焊　　B．塞焊　　C．叠焊　　D．上述所有

二、简答题

1．简述乙炔焊焊接的注意事项。

2．简述使用气体保护焊焊接的注意事项。

3．简述进行电阻点焊质量检查的方法。

4．简述塑料件定位焊接的方法。

三、操作题

用气体保护焊焊接工件。

四、实践题

练习焊接的破坏性试验。在废料上进行点焊和钎焊，用锤子和錾子将其分离，目测检查焊接质量并写出报告。

模块六 放样与下料工艺

在实际的钣金操作中，有时对于车身的损伤部位需要进行切割更换，这就需要操作人员掌握基本的划线和裁切工艺。如果没有成形的零件更换，就需要利用钢板进行手工加工，这时就要用到下料工艺。

知识目标

◎ 了解汽车钣金件展开图的画法

◎ 掌握钣金基本线型的画法和合理的配裁工艺

◎ 掌握钣金件的下料方法

能力目标

◎ 会用平行线法作斜口直立圆柱面的展开图

◎ 会划斜截圆锥锥面的展开图

◎ 会划方形锥面管的展开图

◎ 会进行钣金件的下料

课题一 汽车钣金件展开图的画法

基础知识

汽车钣金构件制造时，首先要将构件的立体表面按实际形状和尺寸依次展开在一个平面上；将立体所有表面的实际形状和大小依次展开画在一个平面上所得到的图形，称为立体的表面展开图，简称展开图。其实际工作过程俗称“放样”。

图 6-1（a）所示为圆柱面的主、俯视图，图 6-1（b）所示为该圆柱面的展开图。

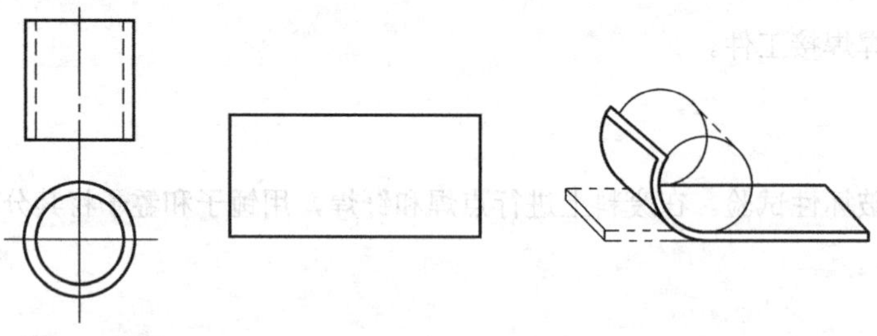

（a）主、俯视图　　（b）展开图　　（c）展开过程

图 6-1　展开图的概念

在汽车制造及修理工作中，为了制造薄板构件，必须先根据设计图样作出展开图，在板料上

放样，进行切割下料，再经过弯曲或冲压成形，最后进行组装（咬合、焊接、铆接、胶接等）完成制作。

常用的展开作图法有平行线法、放射线法和三角形法等。使用哪种方法做展开图恰当，应视构件表面形状而定。

一、平行线法展开

1．平行线法展开的基本原理

平行线法展开的原理是将零件的表面看作由无数条相互平行的素线组成，取两相邻素线及其两端线所围成的微小面积作为平面，只要将每一小平面的真实大小，依次地画在平面上，就得到了零件表面的展开图。所以，只要零件表面的素线或棱线互相平行，如各种棱柱体、圆柱体、圆柱曲面等都可以用平行线法展开。按这一原理绘制展开图的方法称为平行线法。

2．平行线法展开的特征

只有当柱状形体的所有彼此平行的素线都平行于某个投影面时，平行线法展开才可应用。

3．平行线法展开的作图步骤

（1）任意等分断面图（或任意分割断面图），由分点向对应视图引投影线（即素线投影线），在该视图上得一系列交点，也就是由断面图上的分点确定形体上有关相应的素线位置和素线长度。

（2）在与该视图素线垂直的方向上截取一线段，使其长度等于正断面周长，且在此线段上照录断面图上各分点，再过各照录点引垂直线，与由该视图中在第一步时所得交点而引素线的一组平行的垂直线同名各点对应相交。

（3）将交点依次连接，完成展开图。

在平行线展开图中所说的断面图是正断面图，也就是和彼此素线都垂直的断面图。在展开图中，断面图伸直后所在的线段，称为展开图的长度，展开图上的曲线，称展开曲线。与展开长度垂直的直线和展开曲线必有交点，此交点到展开长度所在线段的距离叫展开图的高度。

二、放射线展开法

放射线展开法适用于零件表面的素线相交于一点的形体，如圆锥、椭圆锥、棱锥等表面的展开。放射线法的展开原理是将零件表面由锥顶起作出一系列放射线，将锥面分成一系列小三角形，每一小三角形作为一个平面，将各三角形依次展开画在平面上，就得出所求的展开图。所以这种展开方法称放射线展开法。所有锥体锥台的锥面展开都可以应用放射线展开法。

1．放射线展开法的原理

放射线展开法的原理是可以把锥体表面上任意相邻的两条素线（或棱线）及其所夹的底边线，看成是一个近似的平面三角形。当各小三角形的底边也足够短的时候，则小三角形面积的和就等于原来形体的表面积。若把所有的小三角形一次铺开成一平面，原来的形体表面也就被展开了。作展开图的关键是确定这些素线（或棱线）的长度和相邻素线（或棱线）间的夹角，或者利用两条素线（或棱线）所夹的底边线实长来确定，通过三角形底边线两点间距离间接达到确定其夹角的目的。

2．放射线展开法的作法

放射线展开法是很重要的一种展开方法。它运用于所有锥体及锥截管件或构件的侧面展开，尽管锥体表面各种各样，但展开方法却大同小异，作法可归纳如下。

（1）在二视图中或只在某一视图中通过延长投影边等手段完成整个锥体的放样图。

（2）通过等分断面周长（或任意分割断面全长）的方法，作出各分点所对应的断面素线（包括棱锥侧棱以及侧面上过锥顶点的直线），将锥面分割成若干小三角形。

（3）应用求实长的方法（常用旋转法、直角三角形法），把所有不反映实长的素线，与作展开图有关的直线的实长一个不漏地求出来。

（4）以实长为准，利用交轨法（正锥体可用扇形法）作出整个锥体侧面的展开图，同时作出全部放射线。

（5）在整个锥体侧面展开图的基础上，以放射线为骨架，以有关实长为准，再画出锥体被截切部分所在曲线的展开曲线，完成全部展开图。

三、三角形展开法

1. 三角形展开法的基本原理

三角形法展开是将零件的表面分成一组或很多组三角形，然后求出各组三角形每边的实长，并把它的实形依次画在平面上，得到展开图。必须指出，用放射线作展开图时，也是将锥体表面分成若干三角形，但这些三角形均围绕锥顶。用三角形法展开时，三角形的划分是根据零件的形状特征进行的。用三角形法展开时，必须求出各素线的实长，这是准确地作好展开图的关键。

2. 三角形展开构件表面的三个步骤

（1）在基本视图中将形体表面正确分割成若干小三角形。

（2）求所有小三角形各边的实长。

（3）以基本视图中各小三角形的相邻位置为依据，用已知的或求出的实长为半径。通过交轨法，依次展开所有小三角形，最后将所得的交点视构件具体情况用曲线或折线连接起来，由此得到所需构件的展开图。

课题实施

操作一　用平行线法作斜口直立圆柱面的展开图

图 6-2 所示为用平行线法作斜口直立圆柱面的展开图，圆柱面的轴线垂直于水平面，已知直径 D，高度 H，截面倾角 β。图 6-2（a）所示为立体图。

展开图作图步骤如下。

步骤 1：在水平投影上将下底圆周 12 等分，得 12 点，并分别过等分点作主视图底圆垂线交斜口于 1′、2′、3′、4′、5′、6′、7′，如图 6-2（b）所示。

步骤 2：作下底边的延长线，并在延长线上截取线段 12 段，使每段均等于水平投影的已等分弧长，得 12 个交点。

步骤 3：分别过 12 个点作底边延长线的垂线。

步骤 4：过 1′、2′、3′、4′、5′、6′、7′ 分别作底边的平行线与 12 个点的垂线相交于 12 个点。

步骤 5：用曲线板把 12 个交点光滑地连接起来即得到斜口直立圆柱面的展开图，如图 6-2（c）所示。

需要说明的是这种近似展开法，其断面图等分点越多展开越精确。

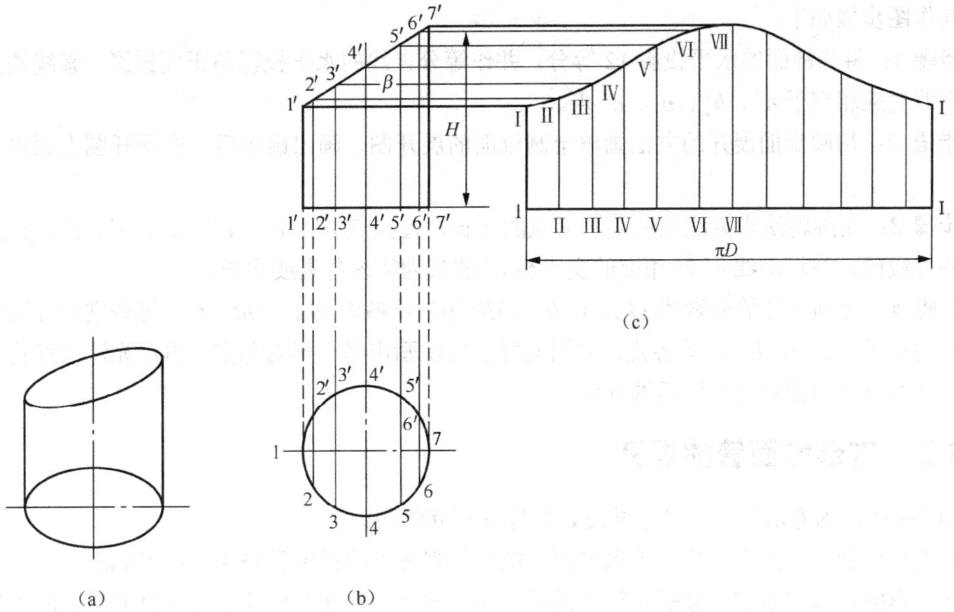

图 6-2 斜口直立圆柱平行线法展开

操作二 斜截圆锥锥面的展开图

图 6-3 所示为斜截圆锥锥面的立体图、放射图及其展开图。由图可知，此构件由圆锥面斜截去顶部，斜截面为椭圆，作展开图时应求出锥顶至斜截面素线的长度。

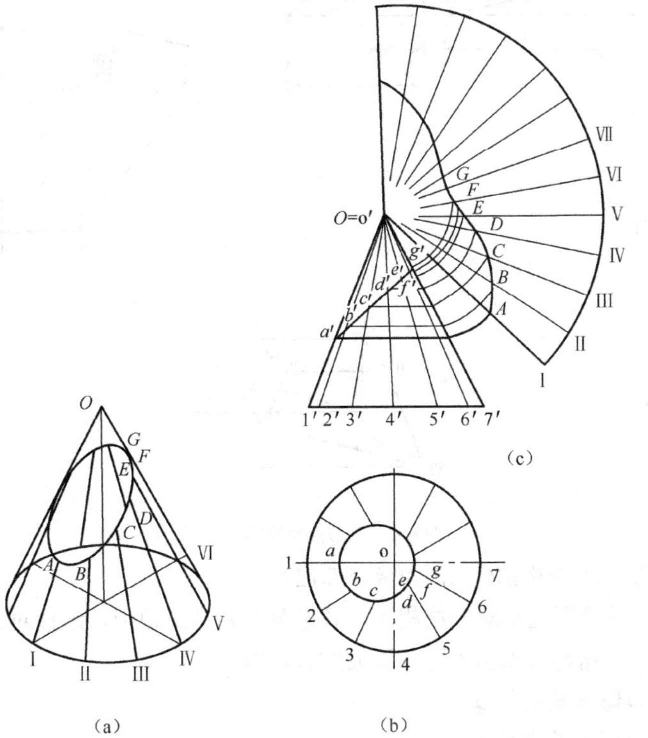

图 6-3 斜截圆锥锥面的展开图

其作图步骤如下。

步骤 1：将圆锥面的水平投影 12 等分，并作等分素线的水平投影与正面投影，素线的正投影与截平面对应相交于 a'、b'、c'、d' 点。

步骤 2：用圆锥面展开的方法画出全圆锥面的展开图，画出扇形后，在展开图上画出各等分素线。

步骤 3：用旋转法求素线至截平面交点的实长，过交点 a'、b'、c'、d'、e'、f'、g' 点作轴线的垂直线段，与轮廓线 $o'7'$ 相交的交点至 o' 的长为所求各素线实长。

步骤 4：分别在各等分素线 *O Ⅰ*、O *Ⅱ*，*OⅢ* 等依次截取 *OA*、*OB*、*OC* 等令它们分别等于相应素线的实长，得 *A*、*B*、*C* 等各点，并用同样的方法画出另一半对称点，再用光滑曲线将这些点连接，即得到上口倾斜的圆锥面展开图。

操作三　方形锥面管的展开

图 6-4 所示为方形锥面管的平面图、放样图和立体图。

其上小底面为正方形，平行于水平面，故在俯视图上的投影反映实形；下底面和左右侧面垂直于正投影面，故左右侧面分别是等腰梯形；用三角形展开法求展开图只需将前后面的不规则四边形划分为两个三角形，将斜边实长求出即可。

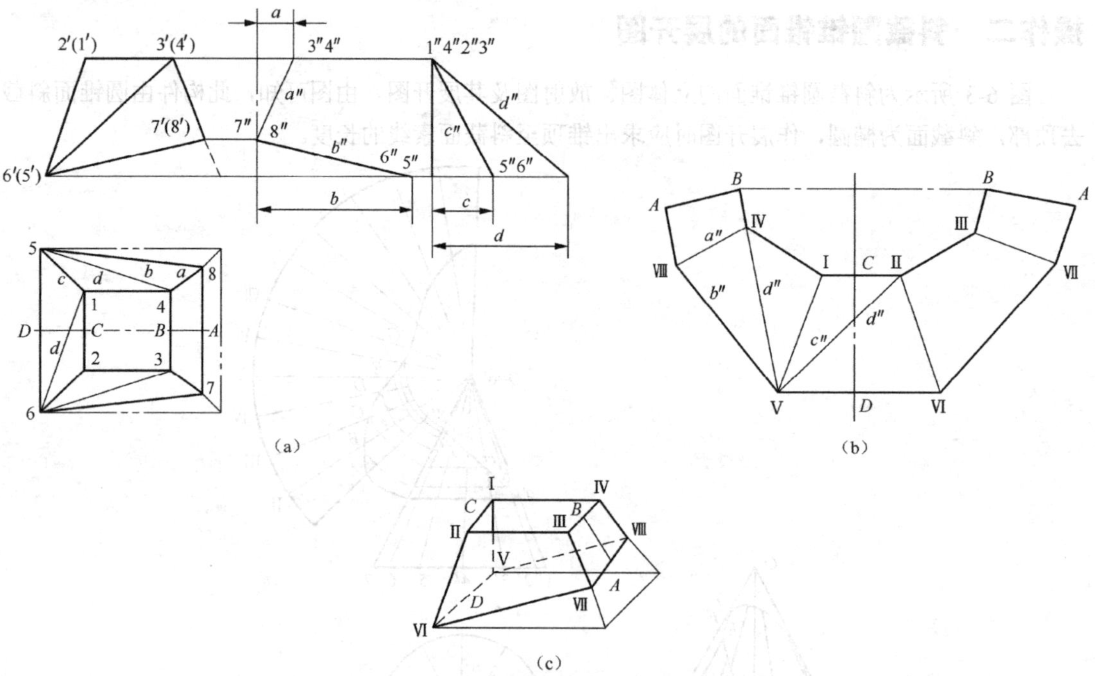

图 6-4　方形锥面管的展开图

其作图步骤如下（取对称部位 *AB* 为接口部位）。

步骤 1：将前、后面四边形对角线相连，各划分为两个三角形，连接对角点可得。

步骤 2：用直角三角形法求出平面各边的实长，即：

$3''7''=4''8''=$ 投影 a 的实长 a''

$6''7''=5''8''=$ 投影 b 的实长 b''

2″6″= 1″5″= 投影 *c* 的实长 *c*″

3″6″= 4″5″= 投影 *d* 的实长 *d*″

步骤 3：用求出的棱线实长、对角线实长及上下口的实长依次相连地画出各个平面图形。

① 根据实长 *12*、*56*、*2″6″*、*3″6″*（或 *4″5″*）作出等腰梯形 *I II VI V*。

② 利用 *I V*，通过 *I IV*（等于 14）、4″5″、作出三角形 *I IV V*。

③ 利用 *IV V*、通过 *4″8″*、*5″8″* 作出三角形 *IV V VIII*，至此完成了 *1584* 梯形面的展开图 *I V VIII IV*。

④ 再根据梯形 *I II VI V* 的作法作出等腰梯形 *III IV VIII VII* 的一半，即 *AB IV VIII*。注意利用 *a* 和 *c* 实长关系截取第 *VIII* 点位置得到 *IV VIII* 和 *BA* 的长度。

步骤 4：用 1584 梯形面的展开图 *I V VIII IV* 作出相应对称梯形平面 *2673* 的展开图 *II VI VII III*，再作出半个梯形平面 *AB37* 的展开图 *AB III VII*，即得到方形锥面构件的全部展开图。因构件取 *AB* 接口，故等腰梯形分为两个相同直角梯形 *AB III VII* 和 *AB IV VIII* 两端展开。

课题二 划线工艺

基础知识

一、划线

划线是指根据图样或实物的尺寸，准确地在工件表面上划出加工界线的操作。划线可以分为平面划线和立体划线。只需在一个平面上划线就能明确表示出工件的加工界线，称为平面划线；要同时在工件上几个不同方向的表面上划线，才能明确表示出工件的加工界线，称为立体划线。划线起到的作用基本可以归结为以下几点。

（1）确定工件上各加工面的加工位置和加工余量。

（2）可全面检查毛坯的形状和尺寸是否符合图样，能否满足加工要求。

（3）当在坯料上出现某些缺陷的情况下，往往可通过划线时所谓的借料方法来补救。

（4）在板料上按划线下料，可做到正确排料，合理使用材料。

二、划针、钢板尺和直角尺的使用

1．划针的使用

划针用来在工件上划线条，用弹簧钢丝或高速钢制成，直径一般为 3～5mm，尖端磨成 15°～20° 的尖角，并经淬火使之硬化或在尖端焊上硬质合金，如图 6-5 所示。使用划针时，应使针尖与直尺或样板底边接触并向外倾斜 15°～20°，向划线方向倾斜 30°～60°，如图 6-6 所示。用均匀的压力使针尖沿直尺或样板移动划线，划线粗细不得超过 0.5mm。

针尖要保持尖锐，划线时要尽量做到一次完成，使划出的线条既清晰又准确。划线时若针尖没有紧靠直尺或样板的底边，容易造成划线误差。

2．钢板尺的使用

钢板尺主要用来量取尺寸和测量工件，也可作为划直线时的导向工具，如图 6-7 所示。量取尺寸读数时应使视线垂直于测量处，否则会产生读数误差。

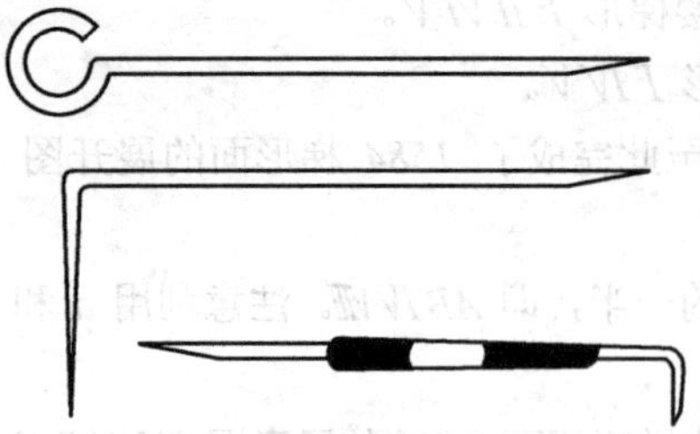

图 6-5 划针

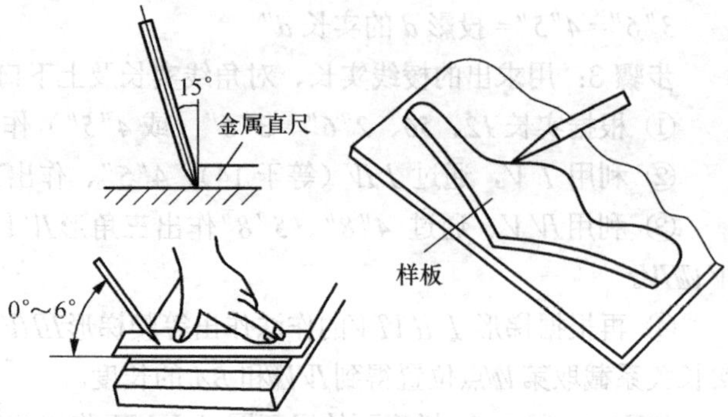

图 6-6 划针的使用方法

3．直角尺的使用

直角尺常用做划平行线或垂直线的导向工具，也可用来找出工件平面在划线平台上的垂直位置，如图 6-8 所示。

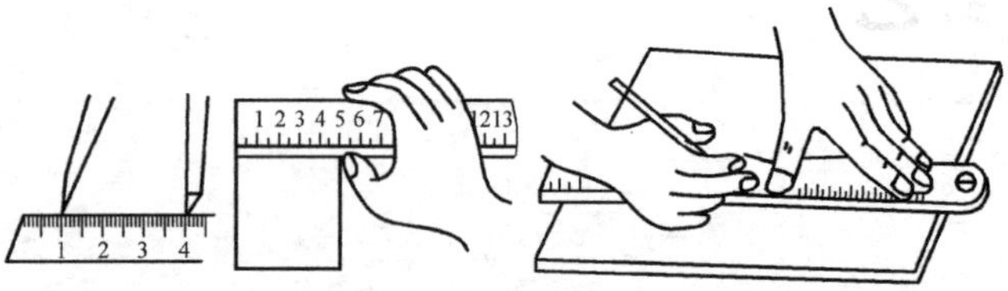

图 6-7 钢板尺的使用方法

图 6-8 直角尺的使用方法

三、划线平板、划线盘、高度尺的使用

1．划线平板的使用

划线平板又称划线平台，如图 6-9 所示，用作划线时的基准面。常将 V 形块或方箱放在划线平板上，再将工件靠在 V 形块或方箱上，然后用划线盘或高度尺对工件进行划线。

划线平板工作表面应保持清洁；工件和工具在划线平板上要轻拿轻放，不可损伤其工作面；用后擦拭干净，并涂上机油防锈。

2．划线盘的使用

划线盘用来在划线平板上对工件进行划线或找正工件在平板上的正确安放位置。划针的直头端用来划线，弯头端用于对工件安放位置的找正，如图 6-10 所示。

图 6-9 划线平板、方箱和 V 形块

1—方箱；2—V 形块；3—划线平板

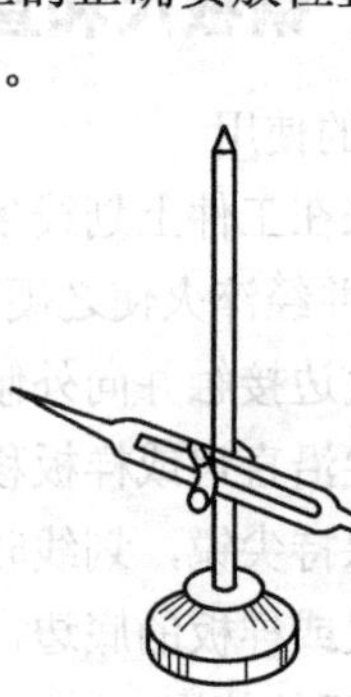

图 6-10 划线盘

划线时注意事项有以下几点。

① 用划线盘进行划线时，划针应尽量处于水平位置，不要倾斜太大，划针伸出部分应尽量短些，并要牢固夹紧以免划线时产生振动和尺寸变动。

② 划线盘在划线移动时，底座底面始终要与划线平板平面贴紧，无摇晃或跳动。

③ 划针与工件划线表面之间保持 40°～60°角度（沿划线方向），以减小划线阻力和防止划针扎入工件表面。

④ 用划线盘划较长的直线时，应采用分段连接划法，以减小划线误差。

⑤ 划线盘用完后应使划针处于直立状态，保证安全和节省空间。

3．高度尺的使用

常用的高度尺有两种，如图 6-11（a）所示的普通高度尺和图 6-11（b）所示的高度游标尺。普通高度尺由钢板尺和底座组成，用来给划线盘量取高度尺寸。高度游标尺附有划针脚，用于精密划线，并能直接表示出高度尺寸。

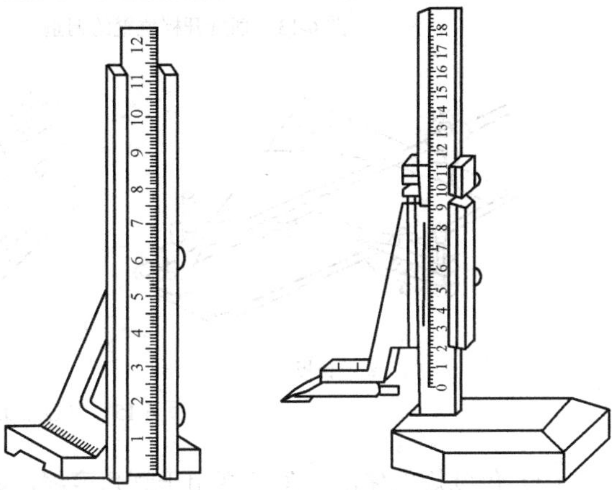

（a）普通高度尺　　（b）高度游标尺

图 6-11　高度尺

4．划规、角度规、样冲、粉线的使用

（1）划规的使用。划规用来划圆或圆弧、等分线段、等分角度或量取尺寸等。图 6-12（a）所示为圆划规，图 6-12（b）所示为滑杆式划规。滑杆式划规用于划大圆弧。

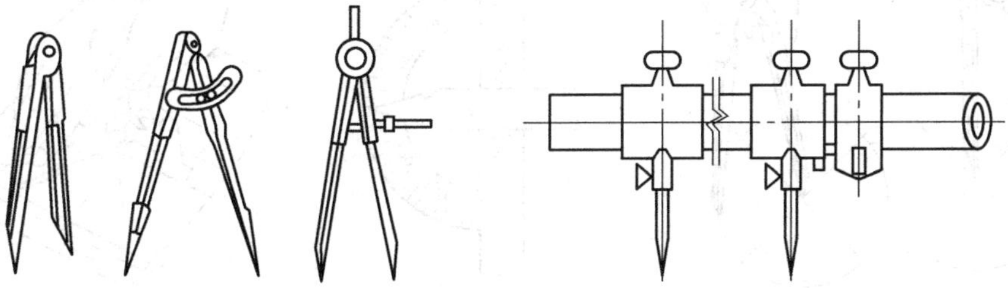

（a）圆划规　　（b）滑杆式划规

图 6-12　划规

① 圆弧线的划法。为了使划规尖脚移取的尺寸准确，应在钢板尺上重复移取几次，这样可以看出误差的大小。如测量 10mm，一次差 0.1mm，往往不容易看出来，若测量 5 次后相差 0.5mm 就能明显地看出来了，如图 6-13 所示。

② 中心点在工件边缘的划法。如图 6-14 所示，如果圆弧的中心点在工件的边缘上，可借助辅助支座进行。

③ 中心点在工件之外的划法。如图 6-15 所示，如果圆弧中心点在工件之外，可将一块打样冲孔的延长板夹在工件上。如果中心点圆弧线不在同一个平面上，可先使可调尖脚划规两个尖脚一样长且平行来量取尺寸，然后把一只尖脚伸长（或缩短）来抵消高度差，再去划弧线。否则，划出的弧度会过大。

④ 使用圆规划圆的方法。如图 6-16 所示，用圆规划圆时，掌心压住圆规顶端，使圆规尖扎入金属表面或样冲孔中。划圆周线时，常常正反各划半个圆周线而成一个整圆。

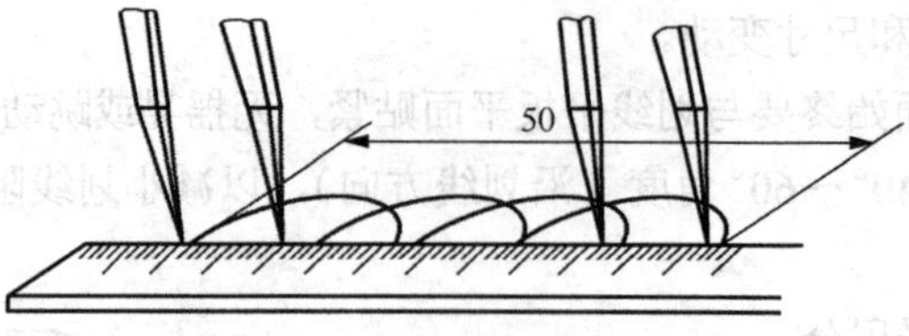

图 6-13 划规开档位置的调整

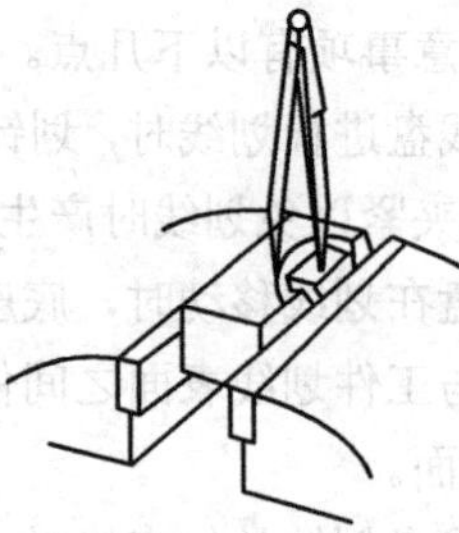

图 6-14 中心点在工件边缘的划法

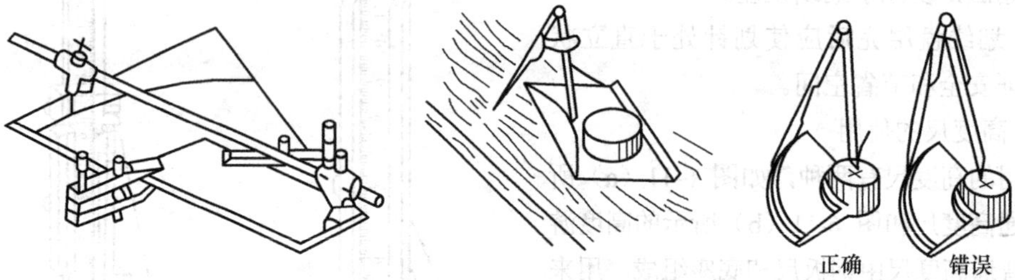

（a）夹延长板　（b）抵消高度差　（c）

图 6-15 中心点在工件之外的划法

（2）角度规的使用。角度规用于划角度线，如图 6-17 所示。

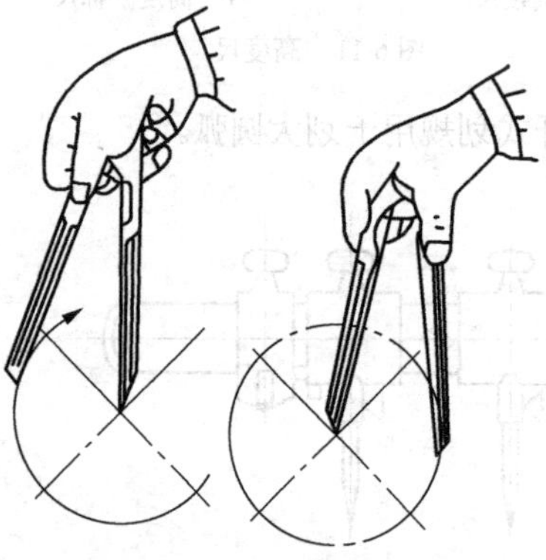

图 6-16 圆规划圆

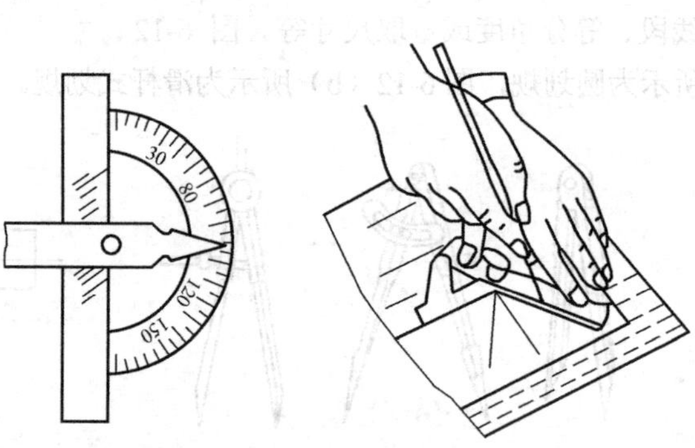

图 6-17 角度规划角度线

（3）样冲的使用。样冲（见图 6-18）用于在工件所划加工线条上冲点，作为加强界线的标记（称为检验样冲点）和作为划圆弧或钻孔所定的中心（称为中心样冲点）。其顶尖角度用于加强界线标记时大约为 40°，用于钻孔定中心时约取 60°。

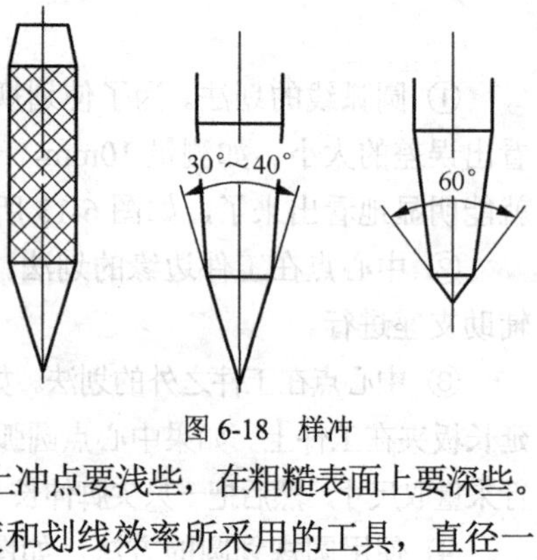

图 6-18 样冲

剪切下料前，对钻孔标记线应用样冲打上中心孔，打样冲孔时，要把冲尖对准中心点，斜着放上去；在锤打时，要把样冲竖直，握牢样冲，用锤轻轻敲击。如图 6-19 所示。位置要准确，中点不可偏离线条；在曲线上冲点距离要小些，在直线上冲点距离可大些。在线条的交叉转折处必须冲点；在薄壁上或光滑表面上冲点要浅些，在粗糙表面上要深些。

（4）粉线的使用。粉线是用于划长直线时，确保划线精度和划线效率所采用的工具，直径一般不允许超过 1mm，如图 6-20 所示。

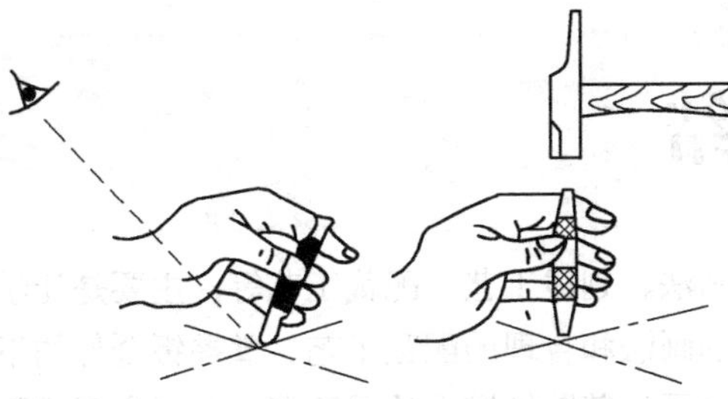
图 6-19 冲点方法

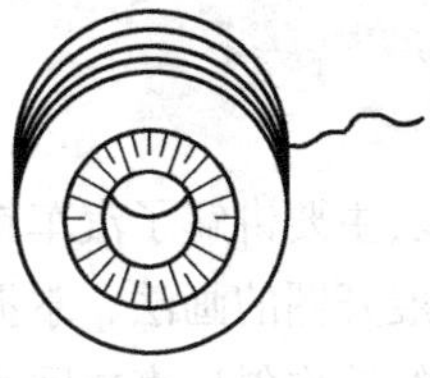
图 6-20 粉线

课题三 配裁工艺

基础知识

（1）集中下料法如图 6-21 所示，由于工件的形状大小不一，为了合理使用材料，将使用同样牌号、同样厚度的工件集中一次划线下料。这样可以统筹安排，大小搭配。

（2）长短搭配法适用于条形板料的下料。下料时先将较长的料排出来，然后根据长度再排短料，这样长短搭配，使余料最小。

（3）零料拼整法如图 6-22 所示，在钣金作业中，有时按整个工件下料，则挖去的材料较多，浪费较大，常常故意将该工件裁成几部分，然后再拼起来使用，可以节省用料。

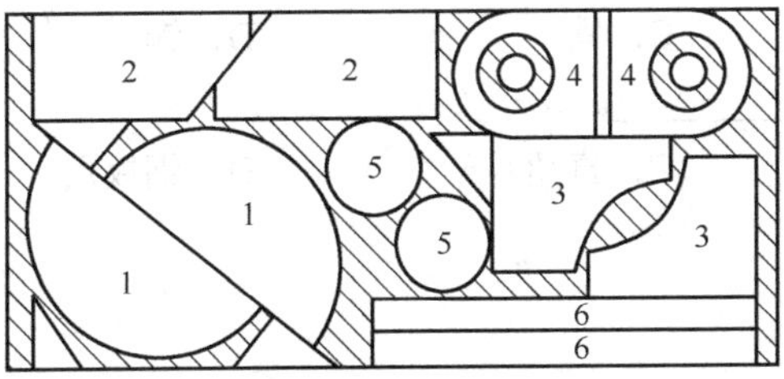

图 6-21 集中下料法

图 6-22 零料拼整法

（4）排板套裁法如图 6-23 所示，当工件下料的数量较多时，为使板料得到充分利用，必须对同一形状的工件或各种不同形状的工件进行排样套裁。排样的方式通常有直排、斜排、单行排列、多行排列、对头直排、对头斜排等。

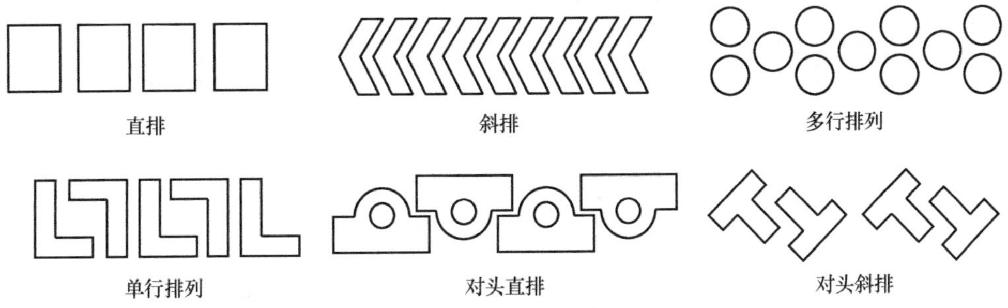

图 6-23 排板套裁法

裁剪工艺在模块二课题一操作三中已有讲述，在此将不再赘述。

模块总结

本模块主要讲解了汽车钣金件展开图的画法、划线工艺、配裁工艺等，主要是让学生了解汽车钣金件展开图的画法、掌握钣金基本线型的画法和合理的配裁工艺、掌握钣金件的下料方法；会用平行线法作斜口直立圆柱面的展开图、会画斜截圆锥锥面的展开图、会画方形锥面管的展开图、会进行钣金件的下料等。

思考与练习

一、选择题

① 划线是指根据________或实物的尺寸，准确地在工件表面上划出加工界线的操作。

A．图样　　B．比例　　C．图纸　　D．手感

② 当在坯料上出现某些缺陷的情况下，往往可通过划线时的所谓“________”方法来补救。

A．去缺陷　　B．少划线　　C．借料　　D．多划线

③ 下列哪些材质适合做划针的头部________。

A．铝　　B．硬质合金　　C．铁　　D．铜

④ 下面哪种工具适合于精密划线时使用________。

A．高度游标尺　　B．划线盘　　C．直角　　D．钢板尺

二、简答题

1．简述平行线法展开的步骤。

2．样冲的使用要点有那些？

三、操作题

画出天圆地方构件的展开图。

模块七 7 手工制作工艺

金属钣件的手工制作工艺是车身修复中经常用到的基本操作技能，汽车钣金工必须掌握一些常用的手工制作工艺。车身钣件的各种损坏都需要维修人员将其形状恢复，并且表面的平整度要达到要求。由于现代车身钣件采用的大部分都是特殊钢材，表面还经过镀层处理，维修人员在进行整形操作时要使用合适的工艺，尽量避免对板材内部结构造成伤害。

手工制作零部件的质量高低，主要取决于操作工艺是否合理，所选用的工、夹、胎具是否合适，但最重要的是取决于操作者技能的高低和实践经验的多少。手工制作工艺主要包括弯曲、收边、放边、拔缘、卷边、拱曲、咬缝、制筋等。

知识目标

◎ 了解金属钣件的加工特性

◎ 掌握钣件的手工校正方法

◎ 掌握钣件的手工制作方法及特点

能力目标

掌握钣件的手工制作工艺流程

了解收边、放边、卷边、拱曲的操作方法并能实际操作

掌握手工弯曲的操作方法并能实际操作

掌握拔缘的操作方法并能实际操作

课题一 弯曲

基础知识

手工弯曲是借助于工夹具和垫块，通过手工操作弯曲板料，使其弯曲成型。板料弯曲是钣金成型基本操作工艺，一般有两种形式，即角形弯曲和弧形弯曲。弯曲在汽车维修中占有较大的比重，如发动机盖、翼子板、汽车保险杠等零部件的制作过程中都有弯曲工艺。

一、弯曲变形的特点

板料弯曲时，变形的区域在零件的圆角部分，平直区域基本不变形。变形区域的内层受压缩短，外层材料受拉伸长，中性层在材料厚度正中，其长度不变。图 7-1 所示为板料弯曲时的变形。

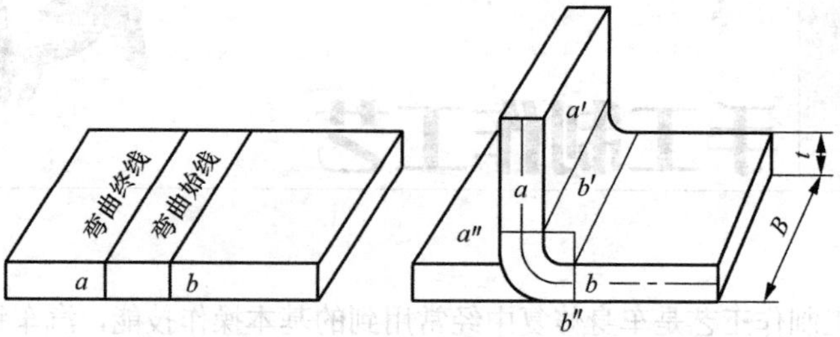

图 7-1 板料弯曲时的变形

1．最小弯曲半径

最小弯曲半径是指弯曲零部件的内弯曲半径所允许的最小值，用 R_{min} 表示。部分材料的最小弯曲半径数值如表 7-1 所示。

表 7-1 部分材料的最小弯曲半径 单位：mm

材料	退火状态		冷作硬化状态	
	弯曲线的位置			
	垂直纤维	平行纤维	垂直纤维	平行纤维
铝	0.1t	0.35t	0.5t	1.0t
紫铜	0.1t	0.35t	1.0t	2.0t
软黄铜	0.1t	0.35t	0.35t	0.8t
半硬黄铜	0.1t	0.35t	0.5t	1.2t
磷铜			1.0t	3.0t
08、10、Q195A、Q125A	0.1t	0.4t	0.4t	0.8t
15、20、Q235A	0.1t	0.5t	0.5t	1.0t
25、30、Q255A	0.2t	0.6t	0.6t	1.2t
35、40、Q275A	0.3t	0.8t	0.8t	1.5t
45、50	0.5t	1.0t	1.0t	1.7t
55、60	0.7t	1.3t	1.3t	2.0t

注：① 当弯曲线与纤维方向成一定角度时，可取垂直和平行纤维方向两者的中间值。

② 当冲裁或剪切后没有退火的弯曲时，应作为硬化的金属选用。

③ 表中 t 为板料厚度。

2．弯曲件的回弹

板料在塑性弯曲中有弹性变形，当弯曲零部件从模具中被取出后由于弹性变形恢复，使工件产生角度和弯曲半径的变化，这种现象叫做回弹，如图 7-2 所示。

影响回弹的因素如下。

（1）材料力学性能的影响。材料的弹性极限 δ 越高，回弹越大。

（2）弯曲程度的影响。变形程度用材料的相对弯曲半径 R/t 表示，相对弯曲半径 R/t 值越大，零件变形程度小，回弹越大；反之，R/t 值越小，回弹越小。

（3）弯曲角度的影响。弯曲角度大，即变形区大，累积回弹大。

（4）弯曲方式的影响。手工弯曲比模具弯曲回弹大，冷弯曲时弯曲件的回弹比热弯曲时的回弹大。

（5）模具构造的影响。V 形件凹模槽口的厚度和上模工作面的宽度都对回弹有影响，U 形件模具间的间隙越小，回弹越小。

（6）弯曲形状的影响。V 形件一般比 U 形件回弹大。

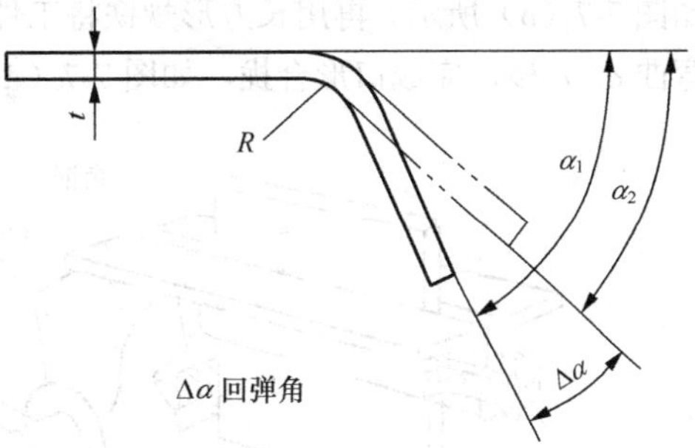

图 7-2　弯曲件的回弹

二、角形弯曲

角形弯曲是指将金属材料按设定的角度进行平面的折弯。

首先按展开图下料，画出弯曲线，然后将其放在规铁上，并压上压铁，要注意板料的弯曲线与规铁、压铁的棱边重合，并用相应的装置夹紧，如可在台钳上用两根角钢将板料夹住或用弓形夹和两根方钢夹紧板料。

板料弯曲时先用手锤或木锤将板料的两端少许弯成一定的角度，以便定住板料，再一点接一点地从一端向另一端移动敲击，锤击时用力应轻且均匀，零部件的弯曲角度应分多次锤击而成。

如果零件尺寸不大，折弯工作可在台虎钳上进行。将板料夹持在台虎钳上，使折弯线恰好与钳口衬铁对齐，夹持力度合适。当弯折工件在钳口以上较长或板料较薄时，应用左手压住工件上部，用木锤在靠近弯曲部位轻轻敲打，如果敲打板料上方，易使板料翘曲变形；若板料在钳口以上部分较短，可用硬木垫在弯角处，再用力敲打硬木，如图 7-3 所示。

提示　钳口上段工件较短时不应用铁锤直接敲打，因为直接敲打会造成零件表面的不平整。

如果钳口宽度较零件宽度小，可借助夹持工具完成，如图 7-4 所示。

工件的边缘需要弯折时，可以直接利用平台的直角边缘作基准，用木锤敲击板料伸出平台棱边部分进行弯折，如图 7-5 所示。弯制各种形状工件时，可用木垫或金属垫作辅助工具。

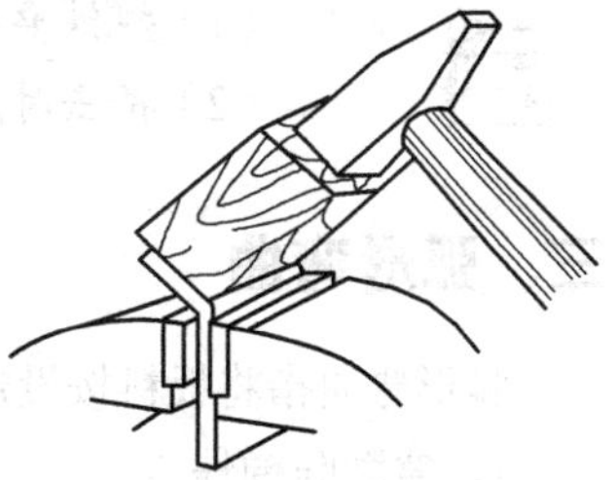
图 7-3　用硬木做垫

1．U 形件的弯曲程序

U 形工件的弯曲首先按图 7-6（a）展开下料，并在板料上划好弯曲线。然后用两块平整的规铁夹在台虎钳上，规铁上边棱对准第一条弯曲线，用拍板（或锤子）轻敲，弯曲成直角，如图 7-6（b）所示。最后用角钢和长方形规铁棱对准第二条弯曲线将工件夹紧在虎钳上，弯曲第二个直角，如图 7-6（c）所示。

2．口形件的弯曲程序

口形工件的弯曲，首先按图 7-7（a）展开下料，并在板料上划好弯曲线。然后用两块平整的规铁夹在台虎钳上，规铁上边棱对准 *a*（或 *b*）棱弯曲线，用拍板（或锤子）轻敲，弯曲成直角，如图 7-7（b）所示。再用长方形规铁将工件弯曲成 U 形，如图 7-7（c）所示。最后，用方形规铁弯曲 *c*、*d* 棱，完成口形合拢，如图 7-7（d）所示。

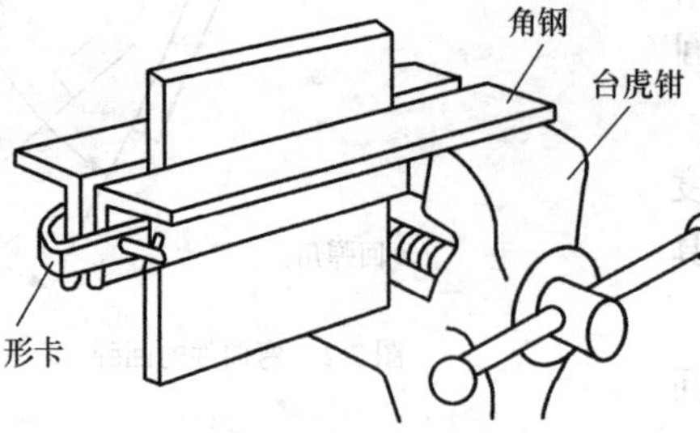

图 7-4 借助角钢或简易夹具加工

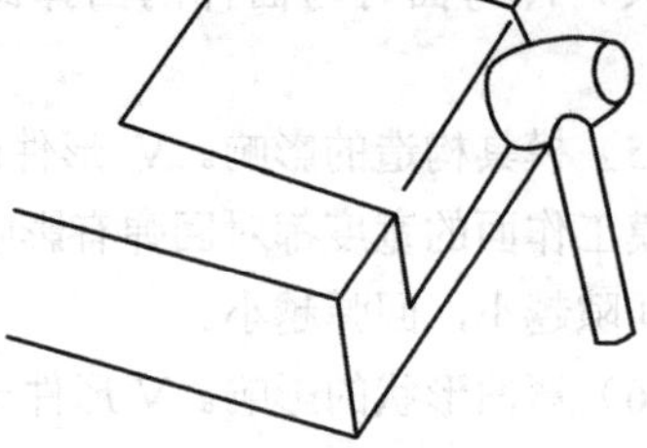
图 7-5 工件边缘的弯曲

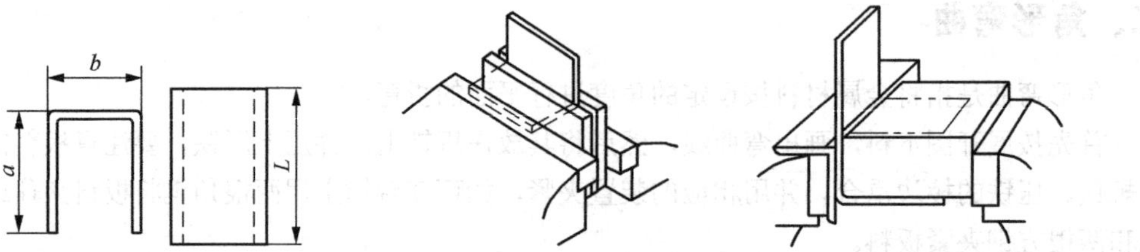

（a）工件零件图 （b）用两块平整的规铁夹紧在虎钳上 （c）用长方形规铁夹紧在虎钳上

图 7-6 U 形工件的弯曲

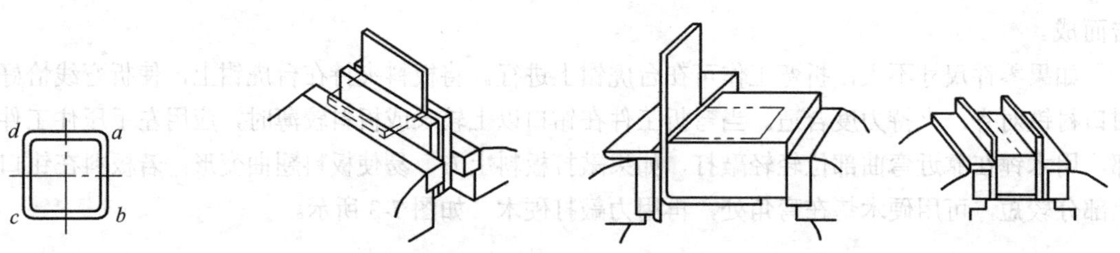

（a）口形工件 （b）用两块平整的规铁夹紧在虎钳上 （c）U 形弯曲 （d）封口

图 7-7 口形工件的弯曲

提示

（1）规铁要高出垫板 2～3mm。

（2）捶击时用力要均匀，并有向下压的分力，以免把工件拉出而跑线。

三、弧形弯曲

弧形弯曲指将板料按设定的要求弯曲成圆弧或圆桶形状。

1．弯制圆桶件

首先在毛料上画出与弯曲轴线平行的等分线，作为弯曲时的基准线，然后准备一段合适的槽钢（或钢轨）作为胎具。弯曲时，先将毛料的两端预弯，然后在槽钢或钢轨上边逐步转动，边沿划好的等分线敲击毛料，使板料逐渐弯曲，如图 7-8（a）所示；再在铁砧上进行合拢，如图 7-8（b）所示，当钢板边缘接触时，进行施焊；再在槽钢或钢轨上敲打成圆；最后在圆钢上整圆，如图 7-8（c）所示。

小型圆桶件也可以在虎钳上进行弯曲。先将虎钳口张开到适当的开度，把板料置于钳口上，用手锤顺着钳口轻轻敲击。敲击完一行后应移动板料，再敲击下一行，使板料逐渐形成圆桶，如图 7-9 所示。

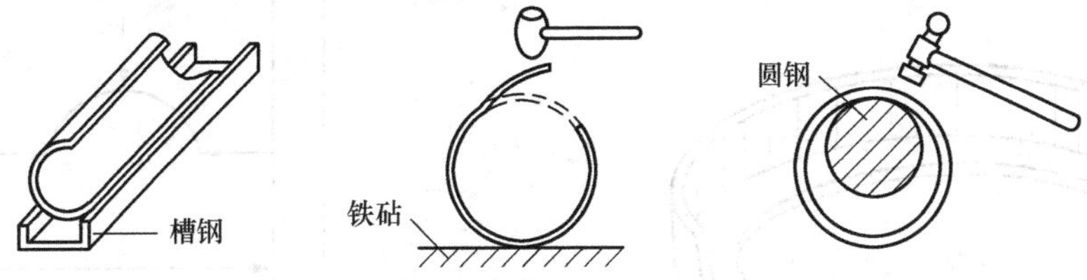

（a）在槽钢上初弯　（b）在铁砧上合拢　（c）在圆钢上校圆

图 7-8　圆桶件的弯曲

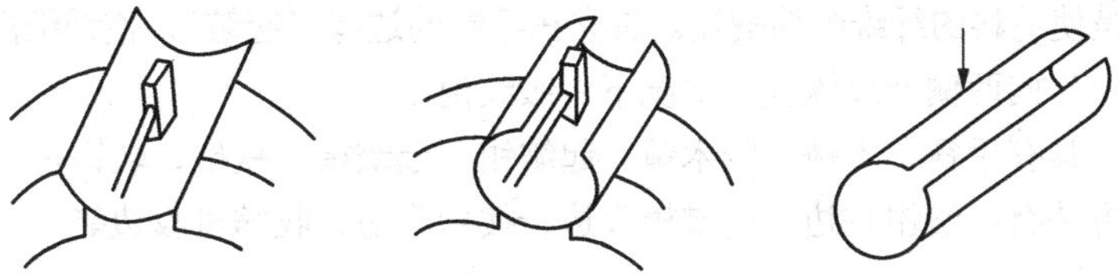
初步弯曲　初步合拢　合拢

图 7-9　在虎钳上弯曲圆柱面

2．弯曲圆锥件

首先在毛料上画出弯曲素线，做好弯曲样板。弯曲时按素线方向进行锤击，先弯两头，后弯中间。由于锥形件的大小口弯曲半径不等，因此锤击时的力量应有轻有重，并不断用样板来检查。待接口重合后（如接口歪扭，应用工具校正），施焊、校正成型，如图 7-10 所示。

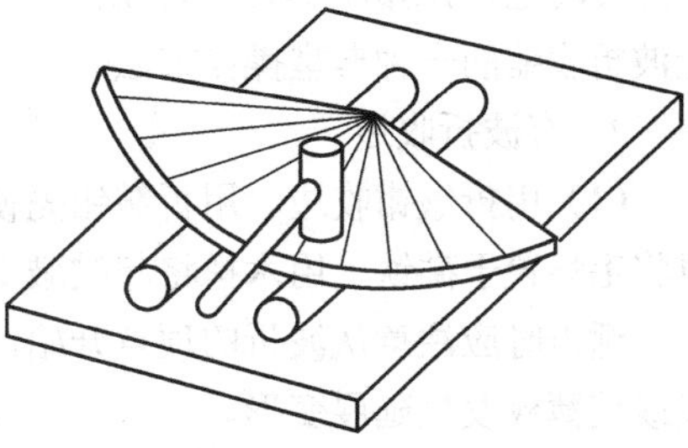
图 7-10　圆锥面的弯曲

想一想　常见的弯曲有哪几类？各有什么特点？

课题二　收边与放边

车身钣金维修作业中经常会遇到收边与放边的操作。其中收边可分为无波折收边和有波折收边以及收缩机收边三种方法，放边则分为打薄、拉薄和型胎三种方法。

基础知识

一、收边

收边是利用角形材料某一边的收缩，长度减小、厚度增大来制造凸曲线弯边零件的方法，如图 7-11 所示。

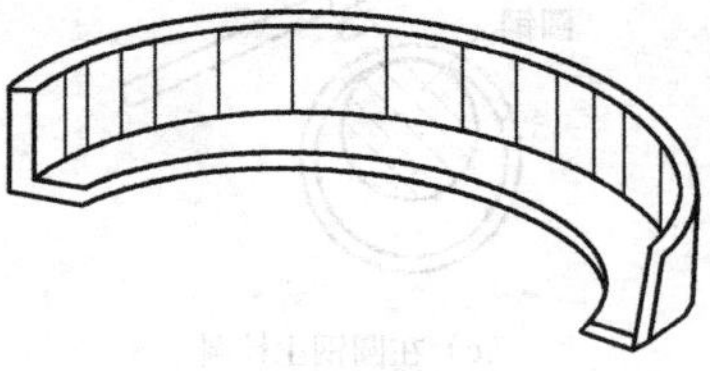

图 7-11 收边零件

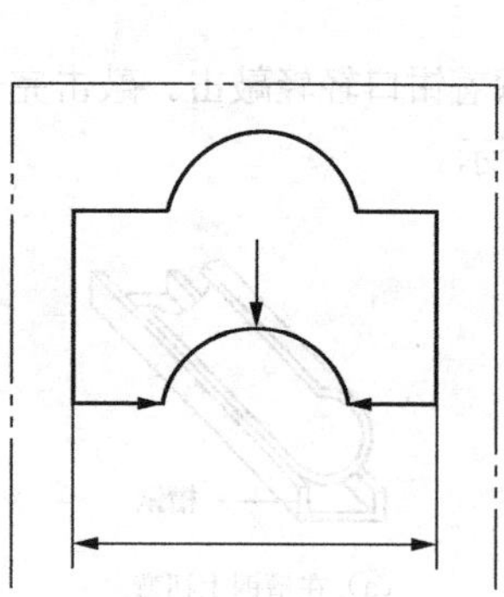

图 7-12 收边原理

收边的原理是使毛料的纤维收缩变短。首先在毛料的边缘“起皱”，使纤维沿纵向长度变短，然后在防止“皱纹”向两侧伸展恢复的情况下将皱纹消平。

常用的收边工具有手锤、木锤、胶木锤、起皱钳、起皱模、铁砧、轨铁等。

常用的收边方法有起皱钳收边、起皱模收边、搂弯收边、收缩机收边等。

1．无波折收边

先在薄板上画出落料剪切线和收边轮廓线，落料后将薄板放在钢衬上沿收边轮廓线向内边锤击并旋转毛坯，如图 7-13（a）所示，循序渐进直至完成桶盖边缘的收缩（见图 7-13（b））。这是无波折收缩的一种典型操作方法。

2．有波折收边

（1）用折皱钳收边。用折皱钳先使收缩边起皱，也可用钣金锤打薄沿收边轮廓线折出折线，再将毛坯置于砧铁上用木捶将起皱敲平，如图 7-14 所示。

锤击时应注意从波折的顶点开始，并保证锤击力度轻而均匀。要注意避免因用力过大造成锤痕或使薄板发生延展变形。

折皱钳可以用钢筋自制，但表面要光滑无毛刺，以免在起皱时损伤薄板。

（2）起皱模收边。对于毛料较厚的零件，可采用起皱模起皱。起皱模用硬木制成，起皱时，将零件置于起皱模上，用錾口锤起皱，锤击波纹，然后在规铁或铁砧上敲平。敲平的方法与起皱钳收边敲平的方法相同，如图 7-14 所示。

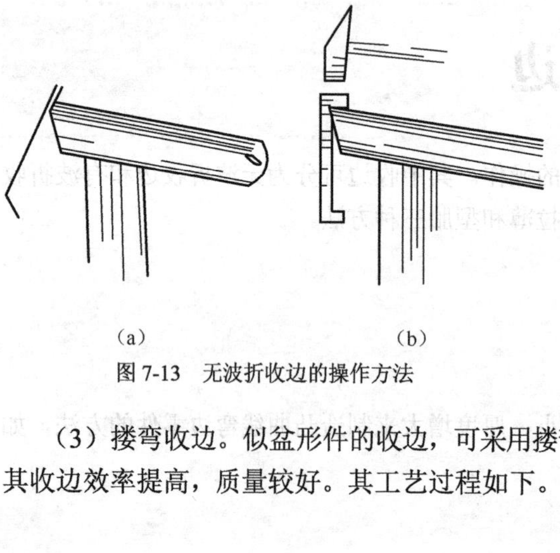

（a） （b）

图 7-13 无波折收边的操作方法

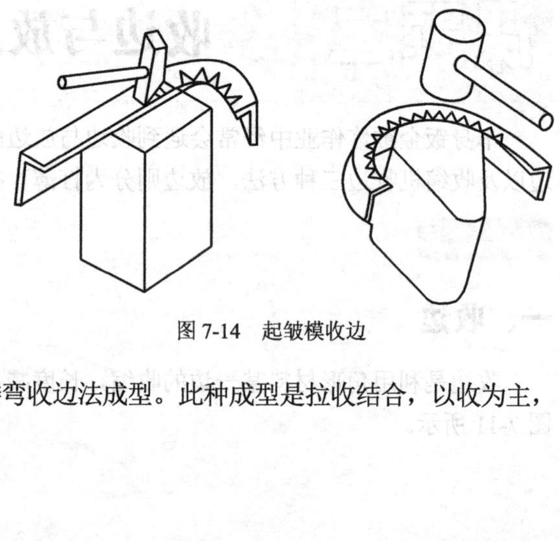

图 7-14 起皱模收边

（3）搂弯收边。似盆形件的收边，可采用搂弯收边法成型。此种成型是拉收结合，以收为主，其收边效率提高，质量较好。其工艺过程如下。

① 将毛料在型胎上定位，并用夹具卡紧，如图 7-15 所示。

② 用顶棒或砧铁顶住毛料，用木锤敲打顶棒顶住的部分，将毛料从根部击弯，并应使其弯边的根部先贴模。应注意木锤和顶棒在搂边过程中要配合协调，逐渐沿圆周方向移动，使毛料在同一圆周上均匀地弯曲，如图 7-16 所示。在搂边过程中，应使每一圈的材料贴模后再进行下一圈的收缩，并把多余的材料赶向边缘。

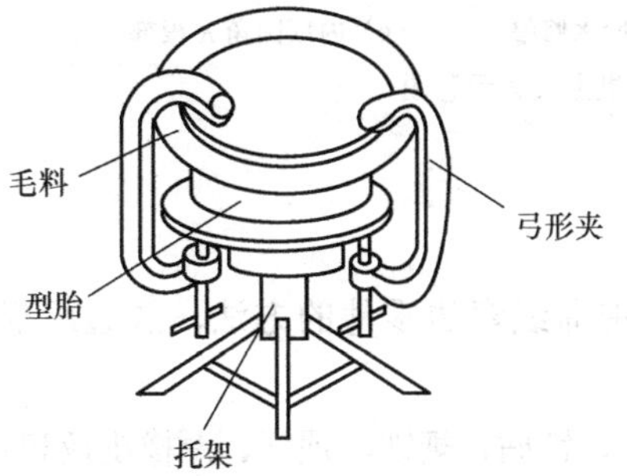

图 7-15　毛料在型胎上固定

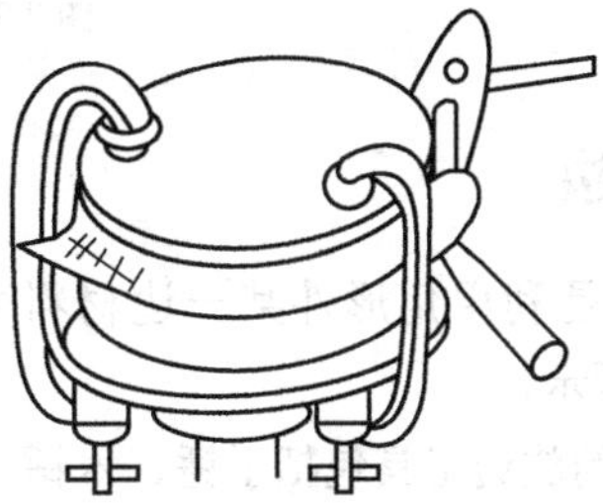
图 7-16　搂收

③继续搂边，直到贴模材料的高度符合零件的尺寸要求，如图 7-17 所示。

④将零件从胎膜上取下，剪除多余的材料，并在规铁上整形、平皱。图 7-18 所示的就是在规铁上校正。

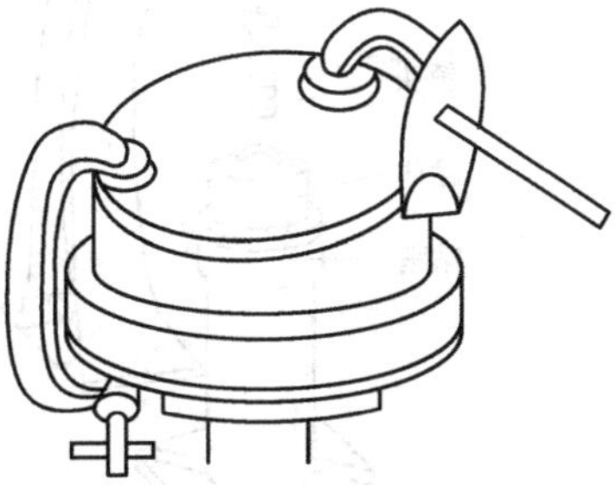
图 7-17　继续搂边

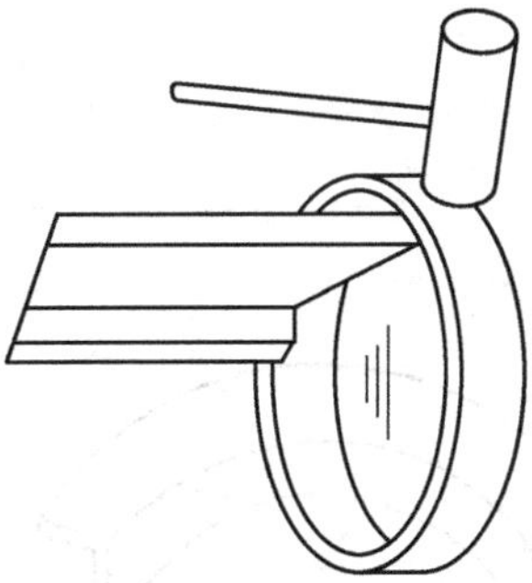
图 7-18　在规铁上校正

3．收缩机收边

当材料较厚时，可采用收缩机收边，收缩机的工作原理如图 7-19 所示。当上下模相碰后，楔形斜块紧压材料向内运动，使材料纤维受压缩力的作用而变短，达到收边的目的。收缩机的收缩次数为 140～150 次/分，效率较高。缺点是容易损伤零件表面，最好是在边缘预留加工余量，收边后再剪去。图 7-20 所示为盆形件在收缩机上收边示意图。

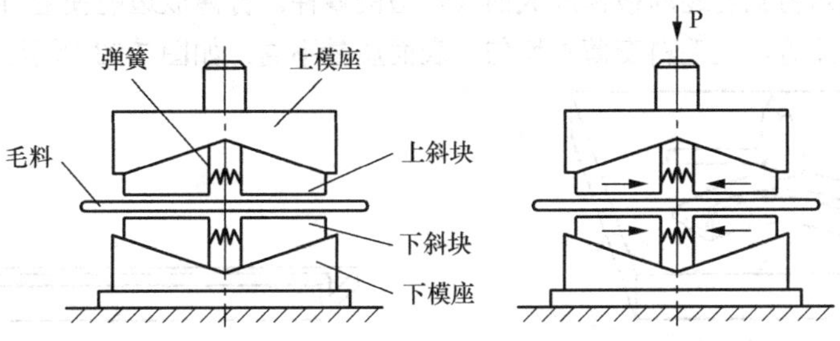

图 7-19　收缩机收边工作原理

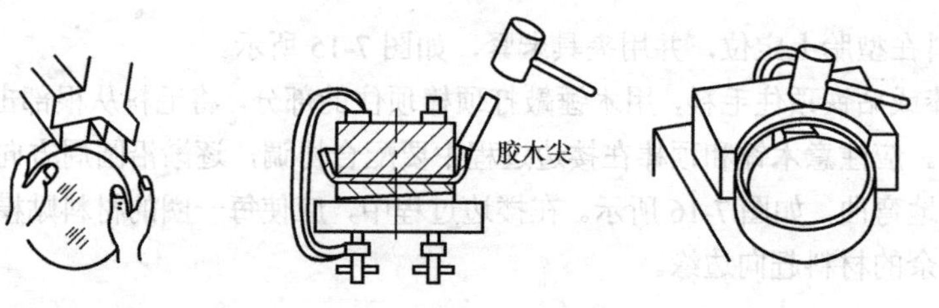

（a）在收缩机上收边（b）顶靠弯边垫胶木修整（c）内顶圆角 R 根部

图 7-20 盆形件在收缩机上收边示意图

二、放边

放边是利用角形件某一边材料变薄伸长来制造曲线弯边零件的方法，放边成形的工件如图 7-21 所示。

常用的放边工具包括手锤、木锤、胶木锤、平台、铁砧、规铁、顶杆、厚橡皮板和软木墩等。

常用的放边设备是空气式点击锤，如图 7-22 所示，适用于 2mm 以下的软钢板、铜板、铝板锤击展放。工作时，锤头的轴线要与砧座轴线重合。

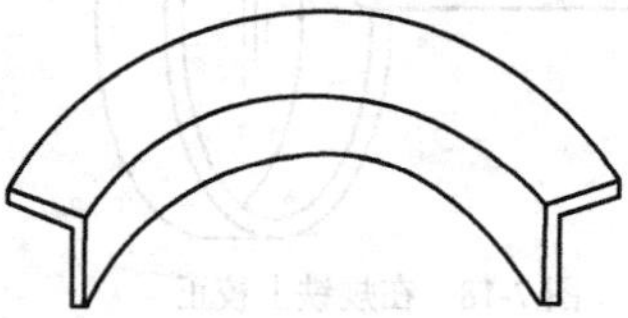

图 7-21 放边工作

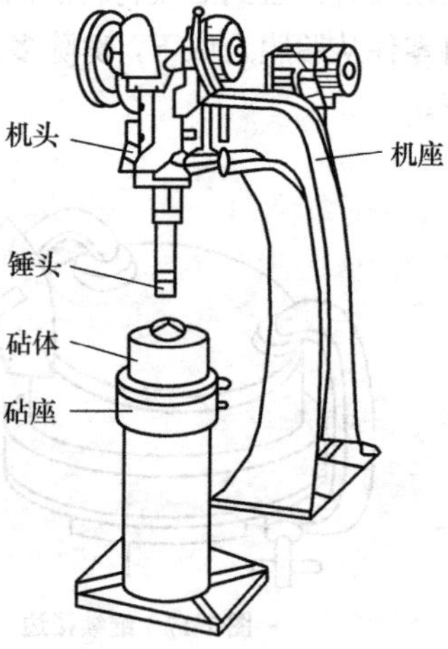

图 7-22 空气式点击锤

常用的放边方法有 3 种，即打薄放边、拉薄放边和型胎放边。

1．打薄放边

制造凹曲线弯边的零件，可用直角型材或直角形毛坯放在平台、铁砧或规铁上锤放边缘，使边缘的厚度变薄，面积增大，弯边伸长，越靠近角材外边缘，锤击伸长越大，越靠近内边缘，伸长越小，这样直线角材就能逐渐被锤放成曲线弯边的零件。打薄放边能使毛料得到较大的延伸变形，放边效果较为显著，但毛料变薄不均匀，表面质量不高，如图 7-23 所示。

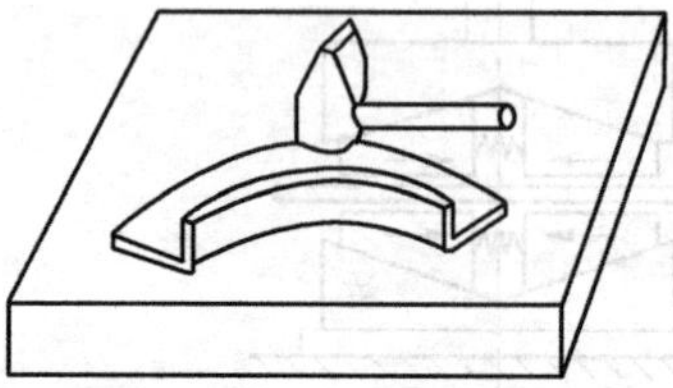

图 7-23 打薄放边

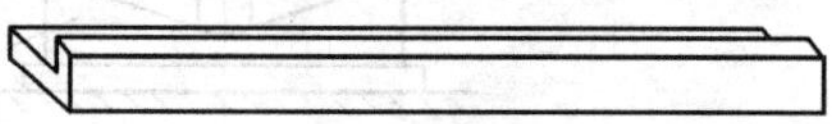

图 7-24 去除边缘毛刺

打薄放边工艺及操作要点如下。

（1）先计算出零件的展开尺寸，然后划线并剪切出展开板料。

（2）在板料上划出弯曲线，按线将其弯成角形件，并将边缘毛刺去除，如图 7-24 所示。

（3）在平台、铁砧或规铁上锤放弯曲平面的外缘。锤放时，所用锤头端面应光滑，以防止击出坑痕；锤击点要外密内疏，锤痕要成放射状，锤放边应与铁砧表面平行并贴紧。锤放方法如图 7-25 所示。

（4）锤放范围应在锤放面宽度靠外边缘 3/4 的范围内，弯边根部圆角 *R* 处严禁锤击，否则会使工件产生扭曲变形，如图 7-26 所示。

图 7-25　锤放方法

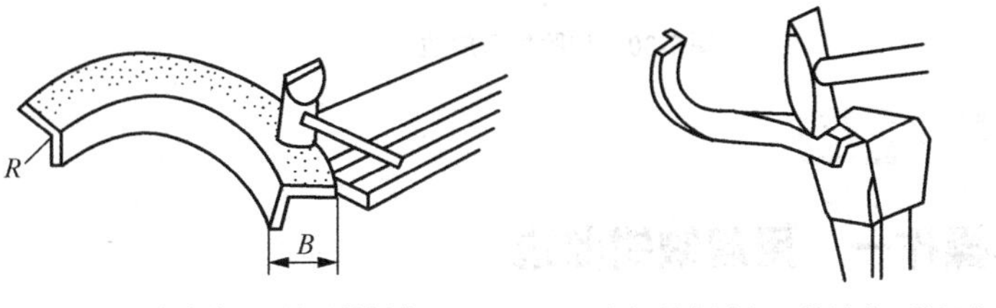

（a）在边缘 3/4 处开始锤击　（b）锤击圆角 R 处导致工件扭曲
图 7-26　锤放部位

（5）有直线段的角材工件在直线段内不能敲打。

（6）锤放中如发现加工硬化现象，应及时进行退火处理，以防止工件出现裂纹。

（7）在放边过程中，应随时用样板检查工件外形，应尽量避免放边过量，否则不易修正，待工件达到要求后进行校正和修整，如图 7-27 所示。

如放边工件的放边宽度较宽、放边量较大时，可采用放边质量好、效率高的空气式点击锤放边，如图 7-28 所示。

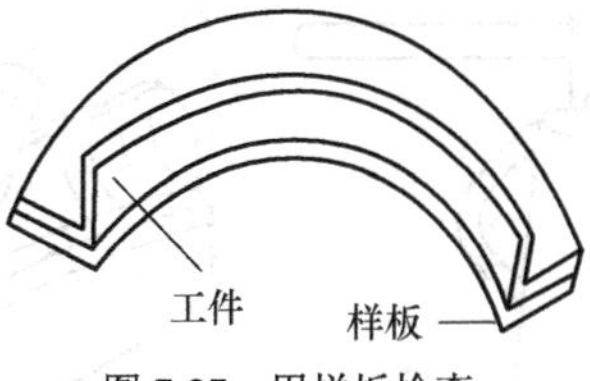

图 7-27　用样板检查

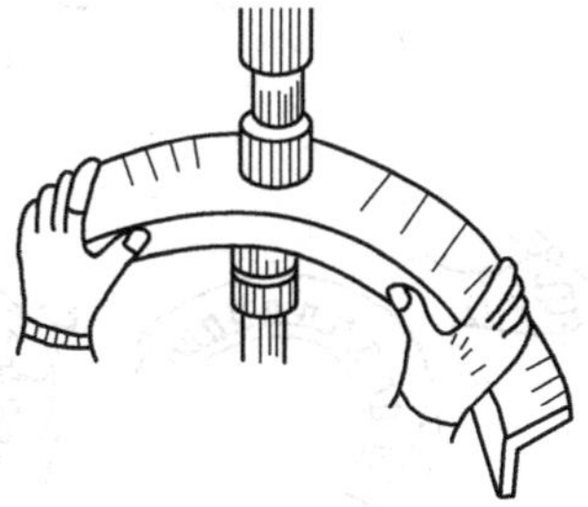
图 7-28　空气锤放边

2．拉薄放边

拉薄放边就是将毛料置于厚橡皮或软木墩上锤打放边部位，如图 7-29 所示。因为橡胶和软木墩比较软且有弹性，所以在锤放时材料被伸展拉长。用拉薄放边的方法获得的工件厚薄均匀、表面质量较高，但锤放效果较差，在变形过程中易产生拉裂，故适用于毛料较薄的零件。

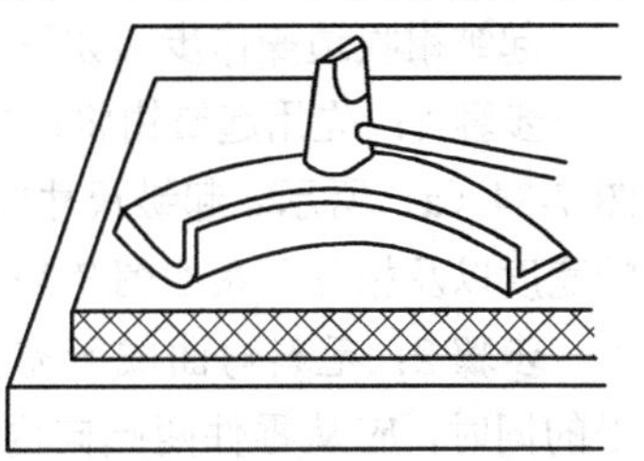
图 7-29　拉薄放边

3．型胎放边

对弯边较高、展放量大的凹曲线弯边零件，可采用型胎放边法拉放。将板材夹在型胎上，用木锤敲击顶木，顶木冲击板材使其伸展。型胎拉薄放边如图 7-30 所示。

型胎放边应从型胎的两边开始，逐渐向中间靠拢，外缘不动，从弯边根部开始顶放，如图 7-31 所示，使平面上的材料展放成垂弯边，最后将弯边敲至贴模。

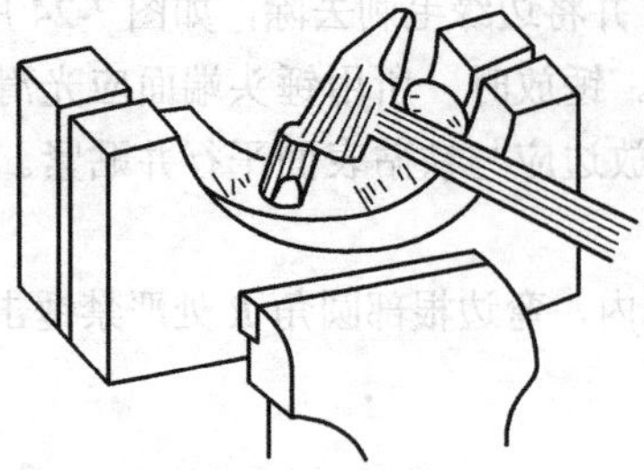

图 7-30 型胎拉薄放边

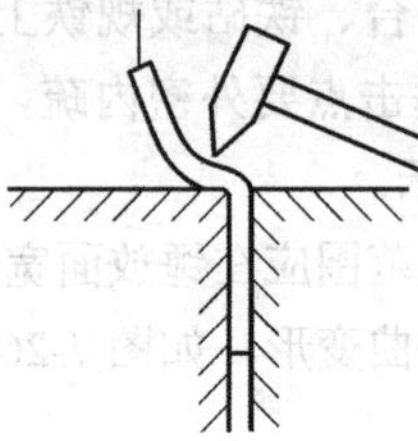

图 7-31 从弯边根部顶放

课题实施

操作一 用起皱钳收边

根据零件弯曲程度的大小，用起皱钳（见图 7-32）在收边部位折起若干个皱褶，然后在铁砧或规铁上逐个收平皱边，如图 7-33 所示。

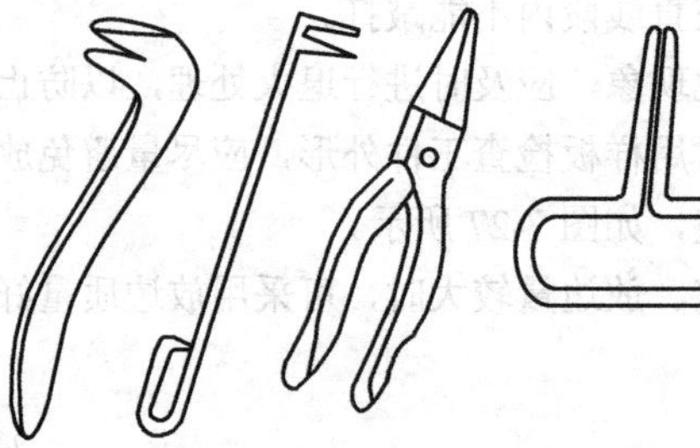

图 7-32 起皱钳的样式

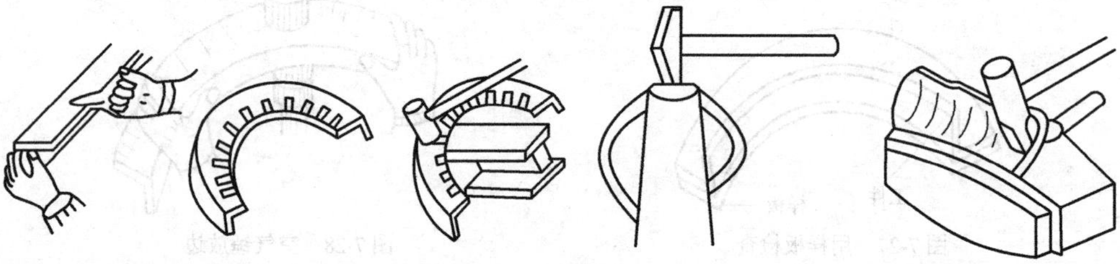

（a）起皱钳收边 （b）起皱模收边 （c）搂弯收边

图 7-33 收平皱边

起皱钳收边操作步骤如下。

步骤 1：先用起皱钳将待弯毛料内侧边缘起皱，使毛料内侧边缘缩短而使毛料弯曲变形，如图 7-34（a）所示。起皱尺寸要适当，皱褶的宽度 a、长度 L、隆起高度 H、皱褶间距 c、内边缘的宽度以及相互关系如图 7-34（b）所示。

步骤 2：毛料弯曲成所需形状后，再在规铁或铁砧上用木锤锤击、敲平，使皱褶消除。敲平的同时，应从零件两端向内加力，提高收边效率，收边后在平台上校正收边平面，如图 7-35 所示。

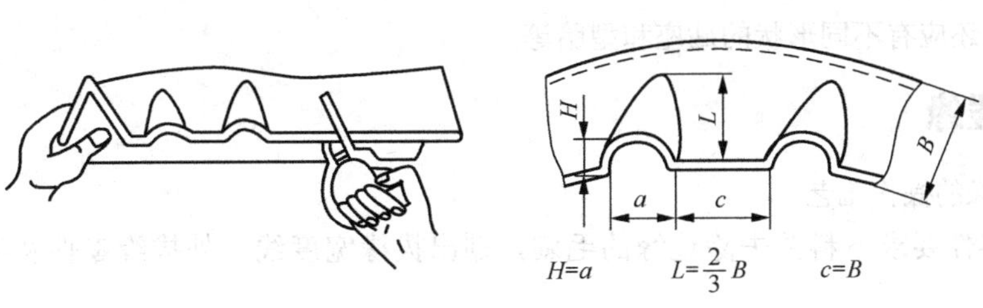

（a）

图 7-34 起皱

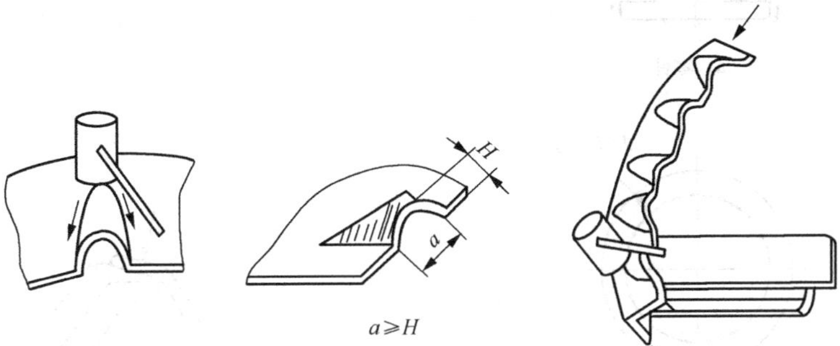

（a）消除皱褶的顺序 （b）在顶铁上收边

图 7-35 消除皱褶收边

步骤 3：在收边过程中，如因变形程度较大而使加工硬化现象严重时，应及时退火处理，防止零件出现裂纹。

课题三 拔缘

基础知识

拔缘就是利用收边和放边的方法，使板料的边缘弯曲成弯边，分为外拔缘和内拔缘。外拔缘就是将工件各边缘弯曲，操作时圆环部分要沿中间圆的圆周径向改变位置而成为弯边，采用收边的方法克服三角形多余金属的阻碍，使其外拔缘弯边增厚，如图 7-36（a）所示。内拔缘就是将工件的内孔边缘弯曲，操作时内环部分要沿外环的圆周径向改变位置而成为弯边，采用放边的方法克服内孔圆周边缘的拉伸牵制，使内拔缘弯边变薄，如图 7-36（b）所示。拔缘可以增加零件的刚度，而且可作为一种表面的装饰。

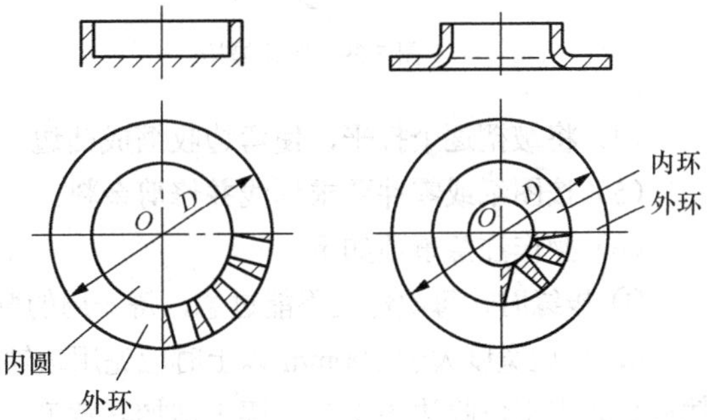

（a）外拔缘折角弯边 （b）内拔缘圆角弯边

图 7-36 拔缘的种类和形式

拔缘按操作方法还可分为自由拔缘和型胎拔缘。自由拔缘一般用于塑性好的薄板料在常温状态下的弯边零件；型胎拔缘多用于厚板料、孔拔缘进行弯边的零件。拔缘的工具除放边、收边所用的工具外，还应有不同形状的砧座和型胎等。

一、自由拔缘

1．外拔缘的操作工艺

（1）按零件要求下料并去除边缘的毛刺，划出拔缘宽度线。外拔缘零件及毛料如图 7-37 所示。

（2）按照零件拔缘宽度线，用木锤在铁砧上敲击根部轮廓线，如图 7-38 所示。

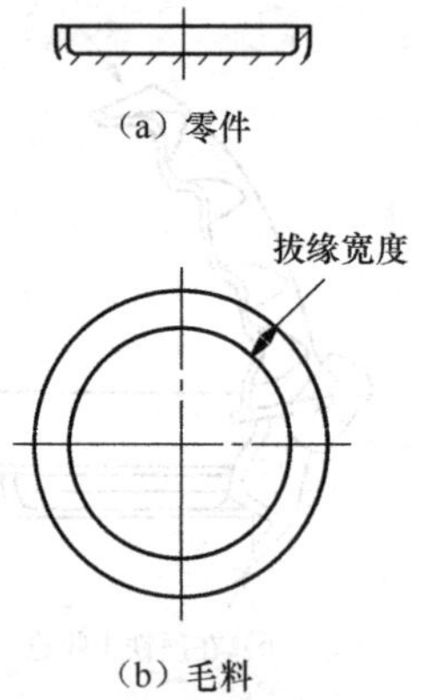

图 7-37　外拔缘零件

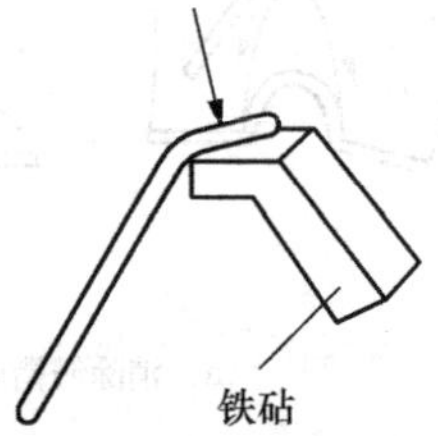

图 7-38　敲击轮廓线

（3）在弯边上用起皱钳或起皱模制出皱褶，如图 7-39 所示。

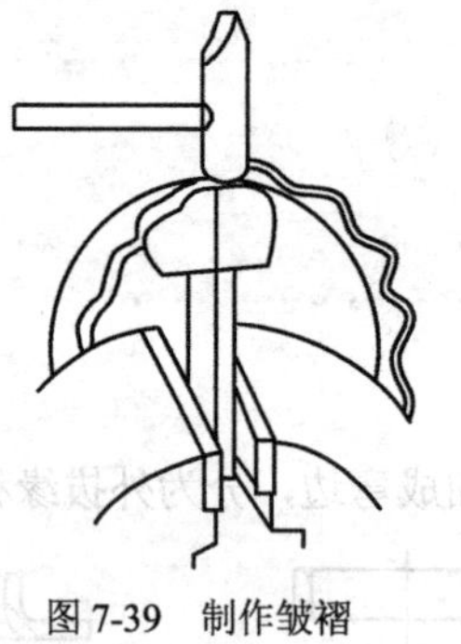
图 7-39　制作皱褶

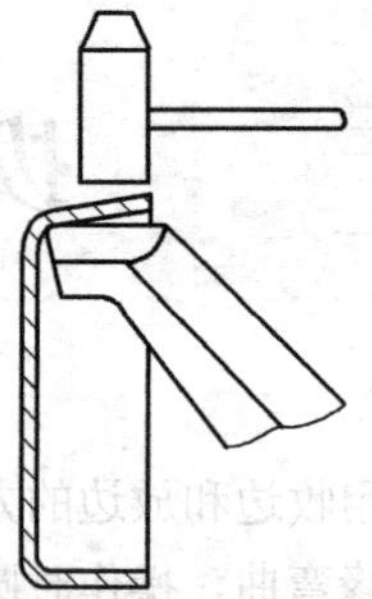
图 7-40　打平皱褶

（4）将皱褶逐个打平，使弯边收缩成凸边，如图 7-40 所示。

（5）按图纸或零件要求划线并修剪余料。

（6）操作注意事项如下。

① 拔缘时，每次弯边不能过急，每一周的弯角一般不应超过 30°，图 7-41 所示为弯边角度。

② 弯边宽度大于 100mm 以上时应先用顶铁按弯曲线敲出根部轮廓线，如图 7-42（a）所示；然后再采用搂弯收边的工艺，逐步增加其宽度，直至成型，如图 7-42（b）所示。

③ 在拔缘过程中，锤击的力度与锤击点的分布要均匀，以防止裂纹的产生。

2．内拔缘的操作工艺

（1）按零件要求计算展开尺寸并下料，去除毛料边缘毛刺并磨光，然后划出拔缘宽度线。

（2）先在有合适圆角的顶铁上用木锤制出根部，如图 7-43 所示。

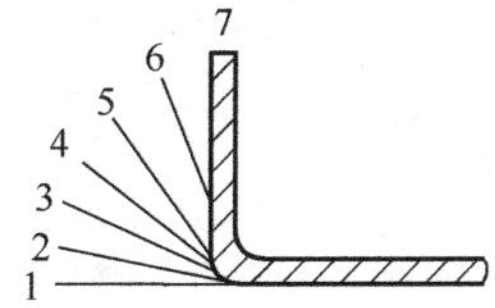

图 7-41　弯边角度

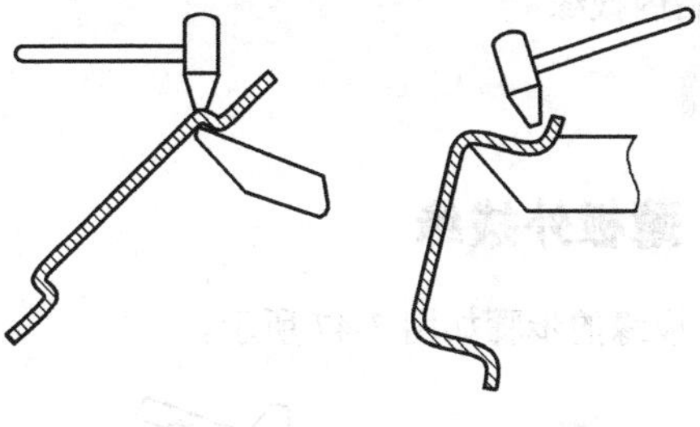
（a）敲出根部轮廓　（b）继续搂边

图 7-42　弯边宽度较大的零件

（3）调整毛料与顶铁的角度，用铝锤或胶木锤排开毛料边缘直到拔缘宽度。图 7-44 所示为打薄拔缘。

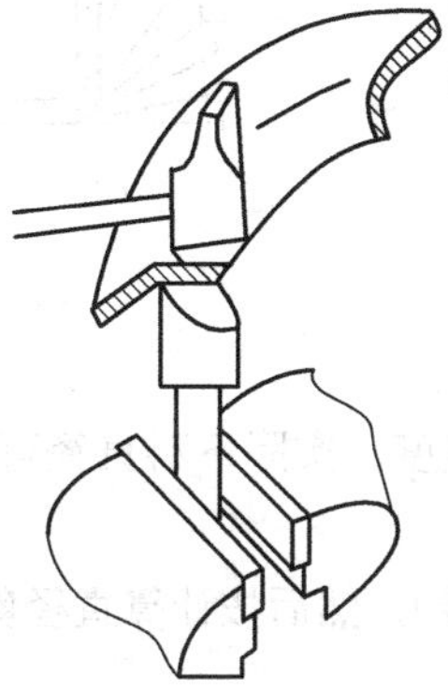
图 7-43　制出根部

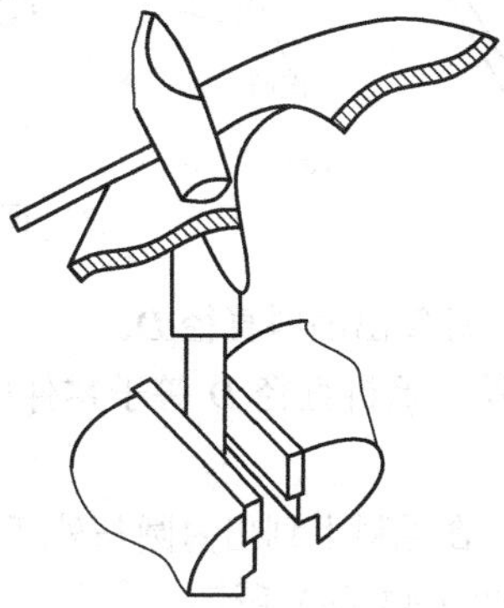
图 7-44　打薄拔缘

（4）在厚胶皮上将弯边拉薄到拔缘零件的尺寸符合要求。

（5）在顶铁上修整圆角及弯边并去除多余的材料。

二、型胎拔缘

1. 型胎外拔缘

拔缘前，先在毛料的中心焊装一定位钢套，将毛料在型胎上定位，如图 7-45 所示。拔缘时，常采用将毛料加热的方法，加热温度至 750℃～780℃，然后按自由拔缘的操作过程一次弯边成型。

在材料塑性变形的极限范围内可用木锤或凸模一次冲击成型，如图 7-46 所示为型胎内拔缘。

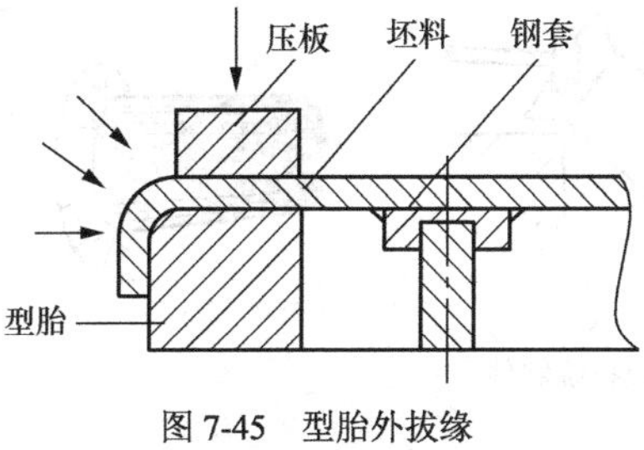

图 7-45　型胎外拔缘

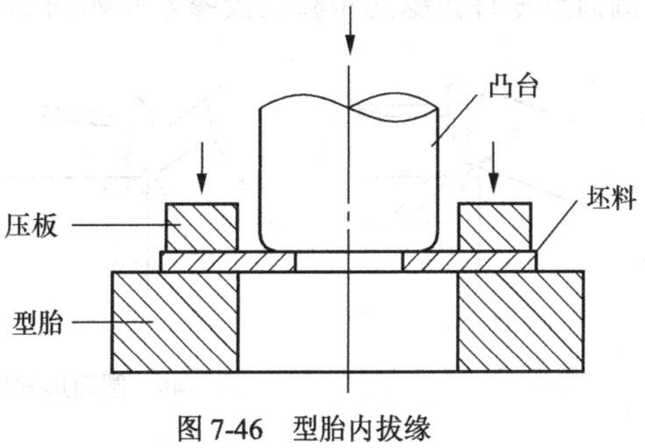

图 7-46　型胎内拔缘

2．型胎内拔缘

课题实施

操作一　薄板外拔缘

薄板外拔缘的步骤如图 7-47 所示。

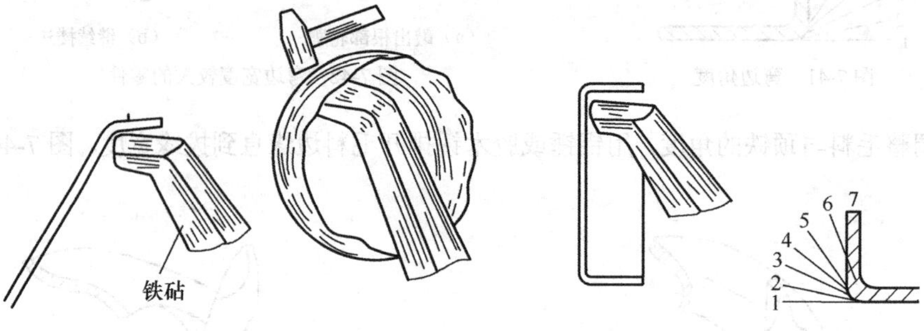

图 7-47　薄板外拔缘的步骤

步骤 1：计算出毛料直径 D。

计算方法：毛料直径 D 等于零件内腔直径加上两倍拔缘宽度。实际下料直径可略小于计算直径。

步骤 2：在毛料上划出内圆与外环的分界线（即外缘宽度线），然后按计算直径剪切圆毛料，去毛刺，如图 7-47（a）所示。

步骤 3：在铁砧上，按照零件外缘宽度线，用木锤敲击进行拔缘，如图 7-47（b）所示。

步骤 4：首先将毛料周边弯曲，在弯边上制出皱褶，再打平皱褶，使弯边收缩成凸边，如图 7-47（c）所示。

步骤 5：再次起皱褶、打平，使弯边再次收缩。如此反复多次，即可获得所需外拔缘件，如图 7-47（d）所示。

要求：拔缘时，捶击点的分布要稠密，捶击力大小要均匀，不能操之过急。捶击力不均匀可能使弯边形成细纹皱褶或发生裂纹。

注意：内拔缘的操作方法与外拔缘相似。

操作二　圆筒形零件拔缘

圆筒形零件拔缘的步骤及拔缘零件如图 7-48 所示。

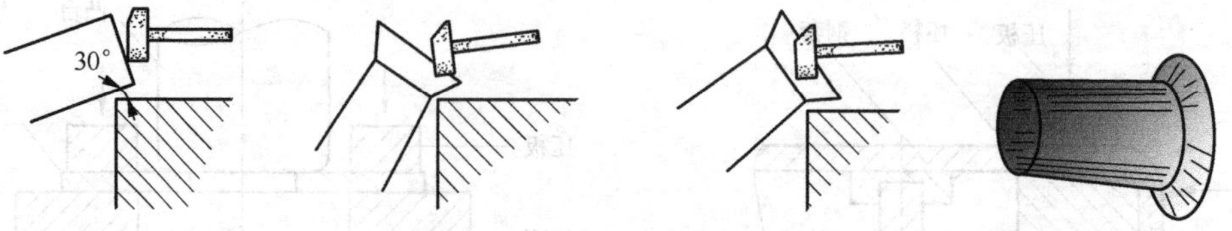

图 7-48　圆筒形零件拔缘的步骤及拔缘零件

步骤 1：用钢锉锉光板料边缘毛刺。

步骤 2：划出拔缘的标记线。

步骤 3：将制件靠在平台或砧座的边棱上，标记线和边棱对齐，使伸出部分与砧座的平面保持 30° 左右的夹角，如图 7-48（a）所示。

步骤 4：在铁砧上用锤子将标注线处敲打成圆角。敲击用力要适当，击点要均匀，以免产生裂纹；敲击一周后，将工件压低一些，使已形成的凸缘和铁砧仍保持一定角度，然后进行第二次敲击；再敲击一周后，压低制件，进行第三次敲击。一般情况下，经过三次敲击，拔缘便可完成，如图 7-48（b）所示。

步骤 5：最后打平波纹，使弯边收缩，如图 7-48（c）所示。

注意：内拔缘的方法与外拔缘基本相似，但在拔缘过程中，由于材料受拉减薄，容易产生裂纹，所以拔缘前锉去毛刺很重要。

课题四 卷边与拱曲

基础知识

一、卷边

为了增加零件边缘的刚度和强度，将零件边缘卷曲为卷边。卷边除了能起到增强刚度、强度的作用外，还可以起到美观的装饰作用。卷边有时还用于铰链连接。

卷边分为夹丝卷边和空心卷边两种。夹丝卷边是将零件的边缘卷边内嵌入一根钢丝，以增强零件边缘的刚度。钢丝的粗细应根据零件的受力情况及零件的尺寸大小来决定，一般钢丝的直径是板料厚度的 3 倍以上。包卷钢丝的边缘应不大于钢丝直径的 2.5 倍，如图 7-49（a）所示。空心卷边是将零件的边缘卷曲成圆管状，如图 7-49（b）所示。

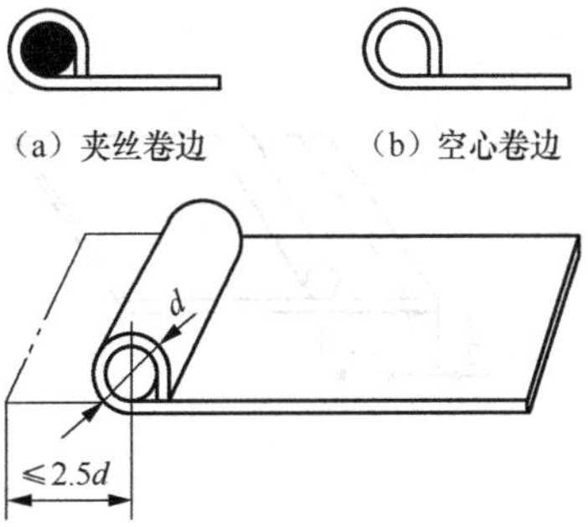

图 7-49 卷边

卷边常用的工具有手锤、木锤、手钳、平台、砧座等。

1．卷边零件展开长度的计算

卷边零件的展开长度等于卷曲部分长度与直线部分长度之和。图 7-50 所示为卷边展开尺寸的计算，其展开长度 L 为：

$$L = L_1 + \frac{d}{2} + L_2$$

其中

$$L_2 = \frac{3}{4}\pi(d+t) = 2.36(d+t)$$

所以

$$L = L_1 + \frac{d}{2} + 2.36(d+t)$$

式中：L——卷边零件展开长度；

L_1——板料直线部分长度；

L_2——卷曲部分（270°）展开长度；

d——钢丝直径；

t——板料厚度。

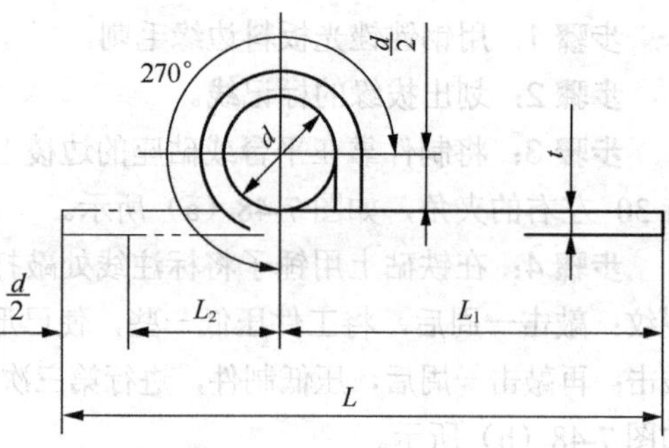

图 7-50 卷边展开尺寸的计算

2. 卷边的操作工艺

（1）在毛料上画出两条卷边线并修光毛刺，如图 7-51（a）所示。图中的尺寸 d 为钢丝直径，$L_2 = 2.36(d + t)$，t 为板料厚度。

（2）将毛料放在平台上，使其露出平台的尺寸为 $d/2$，左手压住毛料，右手用木锤敲打伸出平台部分的边缘，使之向下弯曲成 85°～95°，如图 7-51（b）所示。

（3）再将板料向外伸，直至第二条卷边线对准平台边缘为止，并在第一次敲成的边缘处继续敲打，使其边缘靠上平台，如图 7-51（c）和图 7-51（d）所示。

（4）将板料翻转，使卷边向上，轻而均匀地敲打卷边向里扣，使卷曲部分逐渐形成圆弧形，如图 7-51（e）所示。

（5）将钢丝放入卷边内，为防止钢丝弹出，可先将两端及中间间隔地扣合，再从头至尾依次扣合。完全扣合后，轻轻敲打，使卷边紧靠钢丝，如图 7-51（f）所示。

（6）翻转板料，使卷边接合口靠住平台的边缘，轻轻敲打，使卷边接口咬紧，如图 7-51（g）所示。

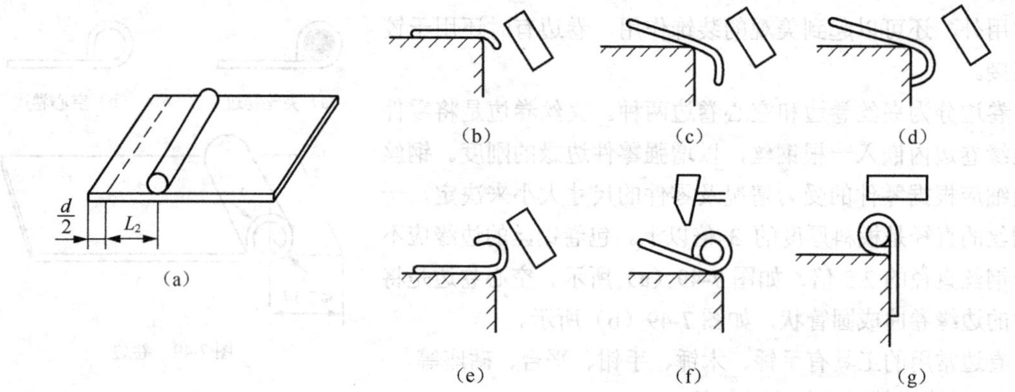

图 7-51 卷边操作工艺

若工件形状复杂，在平台上不便于操作，可用砧座和手锤配合进行卷边。

空心卷边的操作工艺与夹丝卷边工艺相同，只是最后将钢丝抽出即可。若卷边尺寸较长抽丝困难，可在卷边前将夹丝表面涂油，将夹丝一端固定，然后边旋转零件边抽出夹丝。

二、拱曲

将板料加工成为凹凸曲面形状零件的加工方法称为拱曲，拱曲分为冷拱曲和热拱曲两种。

手工拱曲所需的工具有手锤、木锤、顶杆、顶铁、顶木、木砧、胎模、喷灯、射吸式焊炬等，拱曲用设备有步冲机。

1．拱曲件展开尺寸的确定

拱曲件展开尺寸由于板料厚度、拱曲程度和操作手法等不同因素，难以准确计算。在实际生产中常采用实际比量法和近似计算法来确定。

实际比量法是用纸按实物或胎模的形状压成皱褶，附在实物或胎模上，沿实物或胎模的边缘把纸剪下来，再按纸的展开尺寸加减适当的余量才能得到该零件的展开料。

2．冷拱曲

冷拱曲的原理是通过将板材的周边起皱向里收缩，将板材的中间部位展开打薄向外拉，如此反复多次，使板材逐渐成为凹凸面的零件。拱曲零件因为边缘收缩而变厚，如图 7-52 所示。冷拱曲的操作方法通常有顶杆手工拱曲、胎模手工拱曲、步冲机拱曲等。

（1）顶杆手工拱曲。顶杆手工拱曲法适用于制作拱曲深度较大的零件，主要是利用顶杆和手工锤击的方法制成拱曲零件，半球形零件的拱曲如图 7-53 所示。用顶杆手工拱曲法制作的零件材料应具有良好的塑性，以满足制作中板材延展、收缩的需要。在加工过程中如出现硬化现象，应及时采用退火方法消除才能继续拱曲。其操作过程说明如下。

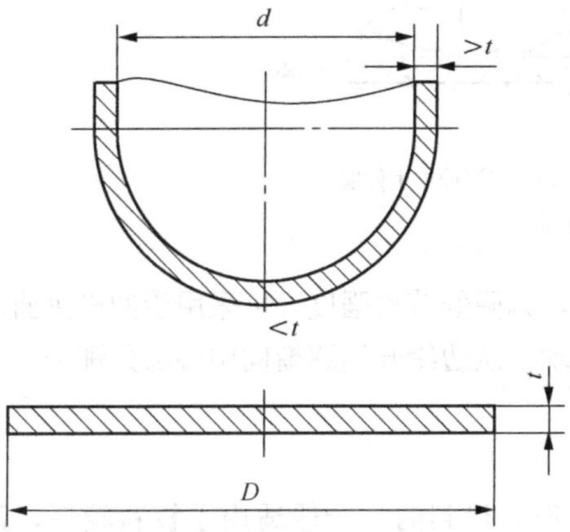

图 7-52　拱曲件的厚度变化

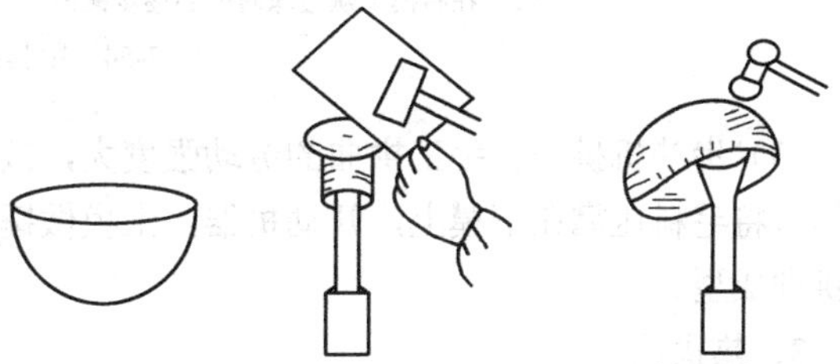

（a）零件　（b）皱缩　（c）伸展中部或修光

图 7-53　半球形零件的拱曲

① 拱曲时，首先将板材的边缘制出皱褶，然后在顶杆上将边缘的皱褶敲平，使板料的边缘因增厚而向内弯曲，此时，再用木锤轻而均匀地锤击板料中部，使其伸展拱曲。锤击的位置要稍稍超过支撑点，敲打位置要准确，否则容易打出凹痕。

② 锤击时，击打点要稠密均匀，锤击力要均匀适度，边锤击边旋转毛料，根据目测随时调整锤击部位和锤击力度，以保证表面光滑、均匀。

③ 锤击到毛料中心部位时，不能集中在一点锤击，以防止毛料中心伸展过度而凸起。凸起的部位严禁再敲击，而应锤击凸起周围的部位，使毛料均匀伸展，消除凸起。

④ 依次收边锤击中部，并配合中间的样板检查，使拱曲达到要求。考虑到修光时产生的回弹变形，拱曲度应稍大些。

⑤ 用平锤在圆杆顶上将拱曲成型好的零件进行修光，然后按要求划线，并切除多余材料，锉光边缘。

（2）胎模手工拱曲。胎模手工拱曲适用于尺寸较大、深度较浅的零件，如图 7-54 所示。其操作过程如下。

① 将毛料压紧在胎模上，用手锤从边缘开始逐渐向中心部位锤击，如图 7-54（a）所示。

② 每锤击一下即转动毛料，使其周围变形均匀，由外向内，逐渐进行，如图 7-54（b）所示。

③ 拱曲继续向中心进行，直至完成所需的拱曲度，如图 7-54（c）所示。

④ 在厚橡皮上伸展毛料，如图 7-54（d）所示，最后用平头锤在球形顶杆上去除皱纹并修平整。

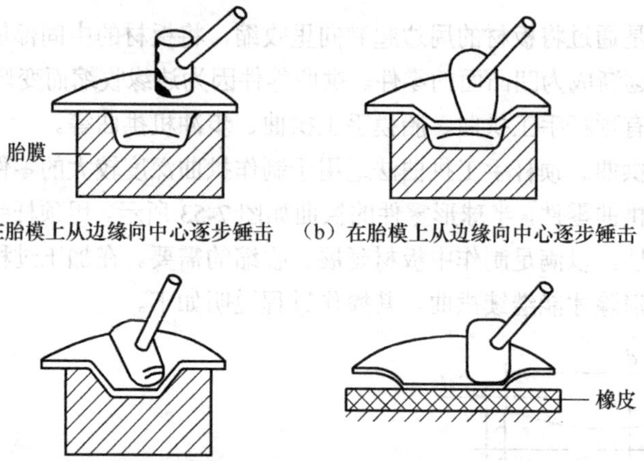

（a）在胎模上从边缘向中心逐步锤击 （b）在胎模上从边缘向中心逐步锤击

（c）在胎模上从边缘向中心逐步锤击 （d）在厚橡皮上伸展

图 7-54 胎膜手工拱曲

（3）步冲机拱曲。手工拱曲的劳动强度大，效率低，为降低劳动强度，可采用步冲机拱曲。操作时将毛料压靠在下模上，开动机器，上模做锤击运动，从边缘开始逐渐向中心部分锤击，直至拱曲成型。

3．热拱曲

热拱曲是通过对毛料进行局部加热后冷却收缩变形而得到的，一般适用于板料较厚、形状比较复杂以及尺寸较大的拱曲零件。加热方法可采用喷灯、焊炬进行。热拱曲原理如图 7-55 所示。

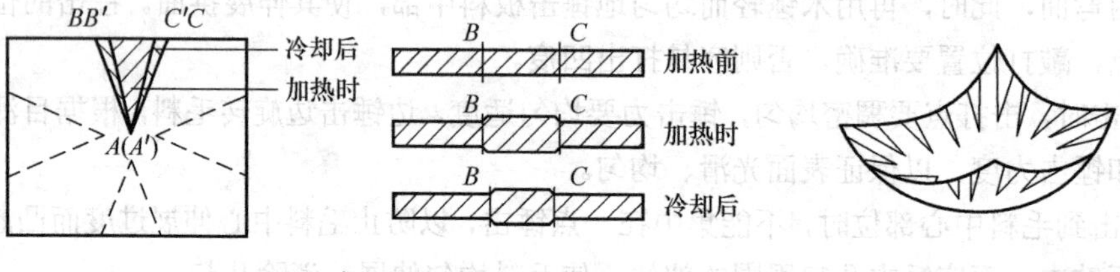

（a）三角形加热 （b）热拱曲后零件的形状

图 7-55 热拱曲原理

对毛料 ABC 三角区域进行局部加热，其受热后要向周围膨胀，但由于该区域处于高温状态，其屈服强度远比四周未加热部位的屈服强度低，所以其加热部位不但不能膨胀伸展，反而其纤维被压缩变短，材料的厚度增加，ABC 区域冷却后缩小为 $A'B'C'$。如果沿毛料的四周对称而均匀地进行分区加热，便可以收缩成所需要的拱曲零件。拱曲的程度与加热的多少、加热温度高低成正比，加热点越多、越密，加热温度越高，拱曲程度就越大。

课题五 咬缝与制筋

基础知识

一、咬缝

将两块板料的边或一块板料的两边折弯扣合并彼此压紧的连接方式称为咬缝，也称为咬接，咬缝连接比较牢固，在许多地方用来代替焊接。

咬缝常用的工具有手锤、木锤、拍板、规铁、角铁、方钢、圆钢等；咬缝的设备有辗型机、折扳机、压缝器、旋压机等。

1．咬缝的种类及用途

咬缝的形式按结构分为挂扣、单扣和双扣；按形状分为立扣和卧扣；按位置分为纵扣和横扣。

常用咬缝的种类及用途如表 7-2 所示。

2．咬缝方法

（1）咬缝余量。咬缝下料时，应留出咬缝余量，咬缝余量是根据咬缝宽度和扣合层数计算的。

咬缝宽度与板厚有关，一般厚度在 0.5mm 以下的板料，其咬缝宽度为 3～4mm；厚度为 0.5～1mm 的板料，咬缝宽度为 5～7mm，板厚在 1mm 以上的板料，宜用焊接而不用咬接。

表 7-2 咬缝的种类及用途

序号	种类	结构	特点及应用举例
1	立式单咬缝	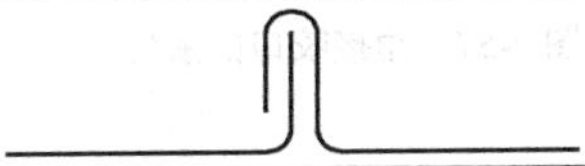	用于房盖上铁瓦及多节弯头对接，接合强度不高
2	立式双咬缝	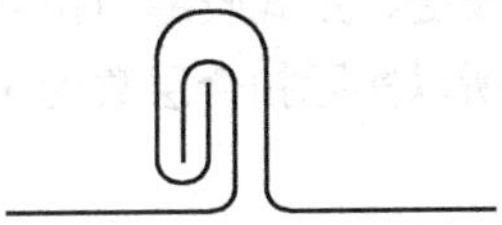	用于刚度大且牢靠处，咬缝较困难
3	卧式单咬缝		既有一定强度，又平滑，应用较广，如盆、桶、水壶等
4	卧式双咬缝		强度大，牢靠，如屋顶水槽
5	角式双咬缝	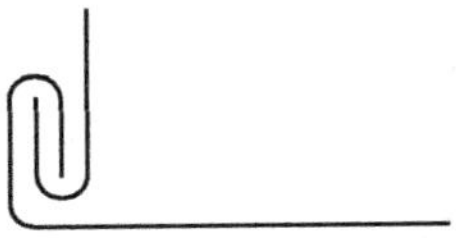	用于角形的连接处，具有较大的连接强度，如壶、桶底部连接
6	匹兹堡咬缝	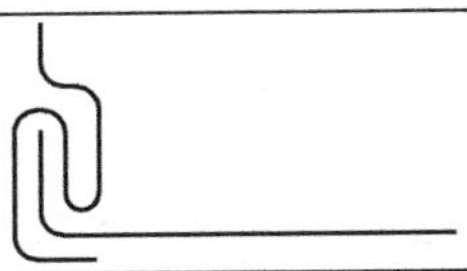	外表面平整、光滑、刚性好，适用于矩形弯管和各种罩壳结构连接

（2）咬缝口的余量计算。

① 卧缝咬口的余量计算。如图 7-56 所示，对于卧式单咬缝，若咬缝口 A 设在 S 段中间，如图 7-56（a）所示，则板Ⅰ和板Ⅱ的余量 δ 相等（δ=1.5S）；若咬缝口 A 设在 S 段右侧，如图 7-56（b）所示，则板Ⅰ的余量 δ=S，而板Ⅱ的余量 δ=2S。对于卧式双咬扣，若 A 处在 S 段右侧，如图 7-56（c）所示，则板Ⅰ的余量 δ=2S，而板Ⅱ的余量 δ=3S。

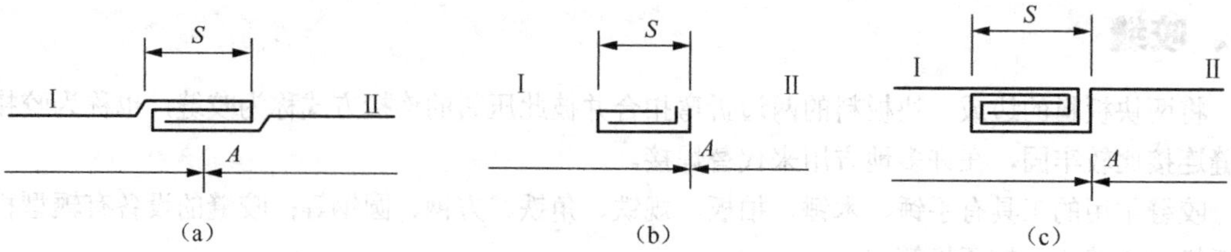

图 7-56 卧缝咬口的余量

② 角接咬口的余量计算。咬口为单角咬口时，板Ⅰ的余量 δ=2S，板Ⅱ的余量 δ=S，如图 7-57（a）所示；当咬口为内单角咬口时，板Ⅰ的余量 δ=3S，板Ⅱ的余量 δ=S，如图 7-57（b）所示。

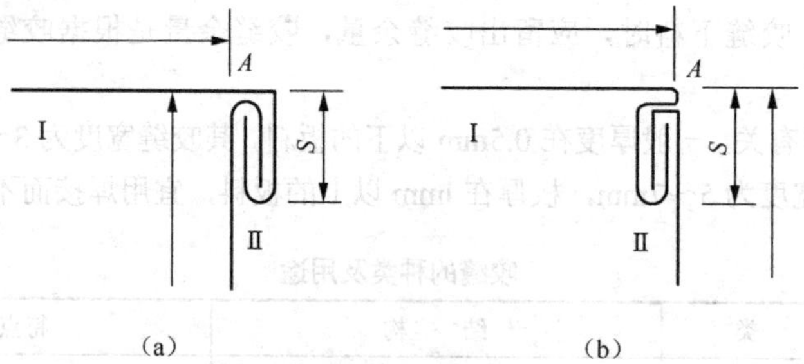

图 7-57 角接咬口的余量

扣合层数决定于咬缝结构。立式单咬缝、角式咬缝的扣合层数为 3 层；卧式单咬缝，扣合层数看似 4 层，但其中一层为有效尺寸，所以实际扣合层数为 3 层；立式双咬缝、卧式双咬缝扣合层数均为 5 层。

因为 1mm 以下的板厚通常都忽略不计，所以立式单咬缝、角式单咬缝、卧式单咬缝的咬缝余量一边为一个咬缝宽度，另一边为 2 个咬缝宽度。卧式双咬缝、立式双咬缝的咬缝余量一边是 2 个咬缝宽度，一边是 3 个咬缝宽度。

（3）操作方法。

① 卧式单边咬缝过程如图 7-58 所示。

② 卧式双边咬缝过程如图 7-59 所示。

③ 立式单边咬缝过程如图 7-60 所示。

④ 立式双边咬缝过程如图 7-61 所示。

⑤ 角式咬缝过程如图 7-62 所示。

⑥ 匹兹堡咬缝过程如图 7-63 所示。

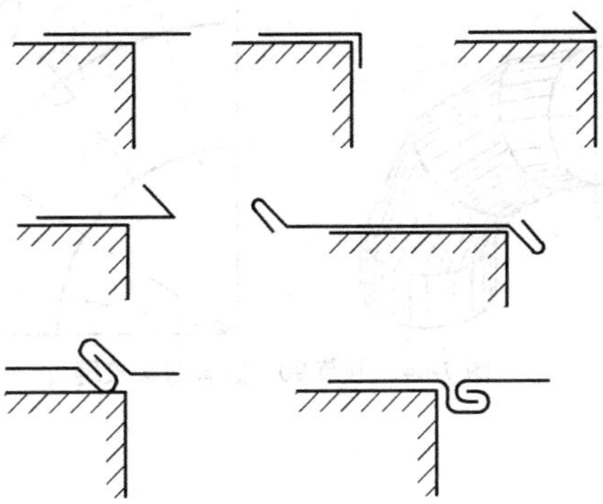

图 7-58　卧式单边咬缝过程

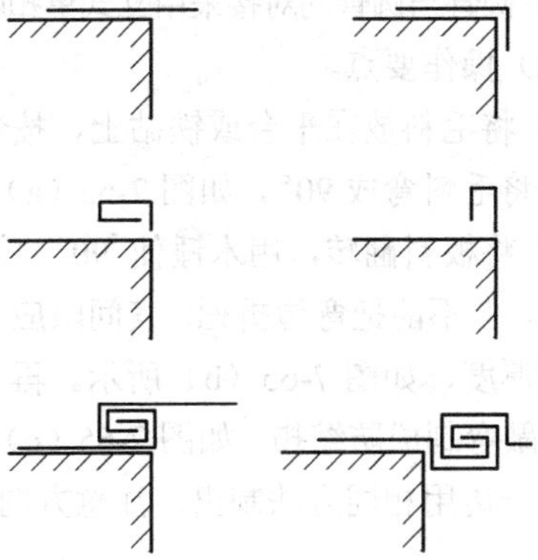

图 7-59　卧式双边咬缝过程

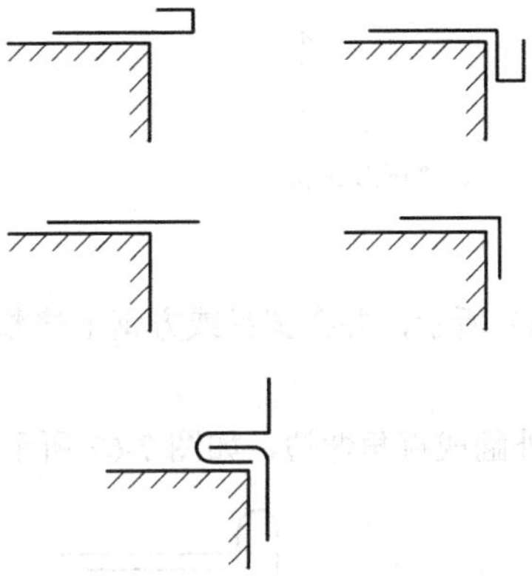

图 7-60　立式单边咬缝过程

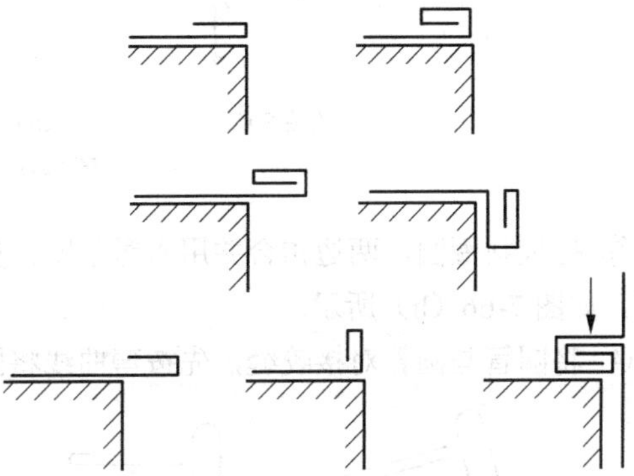

图 7-61　立式双边咬缝过程

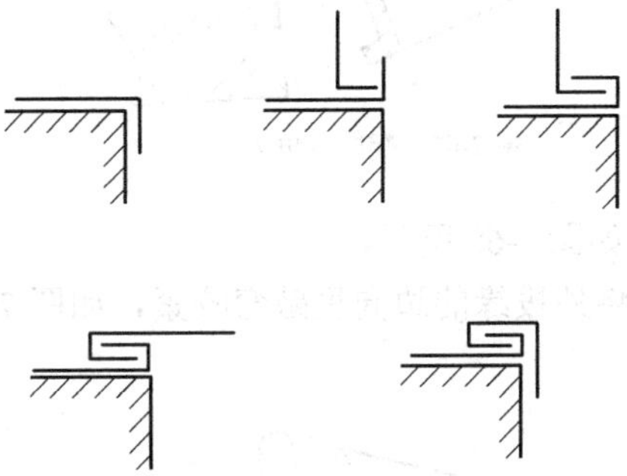

图 7-62　角式咬缝过程

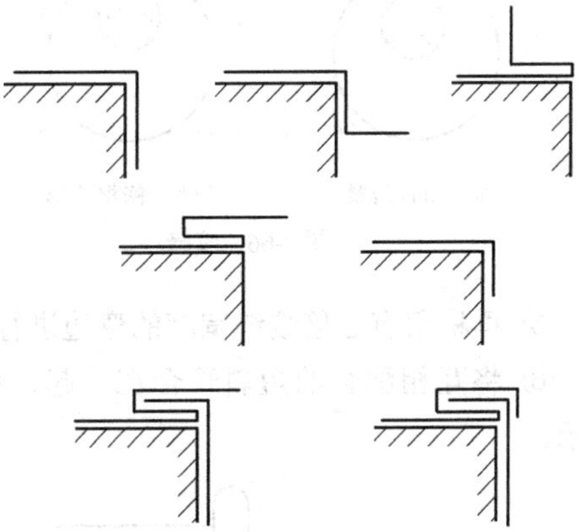

图 7-63　匹兹堡咬缝过程

3．应用实例

五节 90° 圆管弯头咬缝如图 7-64 所示。

（1）操作步骤。

① 计算展开料，并留咬缝余量。

② 下料并将毛料边缘去除毛刺后划好弯曲线。

③ 圆管咬缝采用单扣咬缝。

③ 圆管与圆管的对接采用立式单扣咬缝。

（2）操作要点。

① 将毛料放在平台或铁砧上，按弯曲线用木锤将毛料弯成 90°，如图 7-65（a）所示。

② 将板料翻转，用木锤使 90°弯边进一步压弯，但不能把弯边折死，其间隙应不小于板料的厚度，如图 7-65（b）所示。再将板料前移，敲弯制成防缩扣，如图 7-65（c）所示。板的另一边用相同方法制出，注意方向相反。

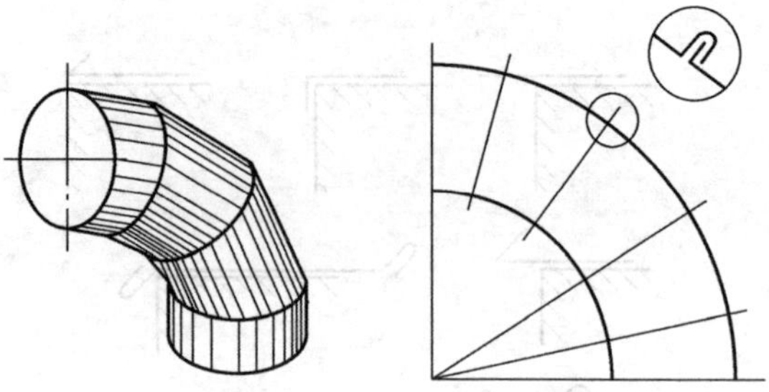

图 7-64 五节 90° 圆管弯头咬缝

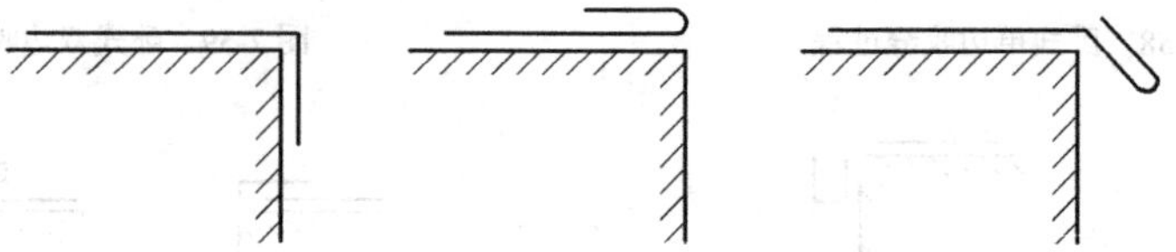

（a）弯成 90°　（b）压弯　（c）制成防缩扣

图 7-65 咬缝制作

③ 把板料圈圆，两边扣合并用木锤敲紧，如图 7-66（a）所示，并在圆钢或方钢上修整圆管外形，如图 7-66（b）所示。

④ 将圆管与圆管对接咬缝，先按弯曲线将圆管斜口向外翻成直角弯边，如图 7-67 所示。

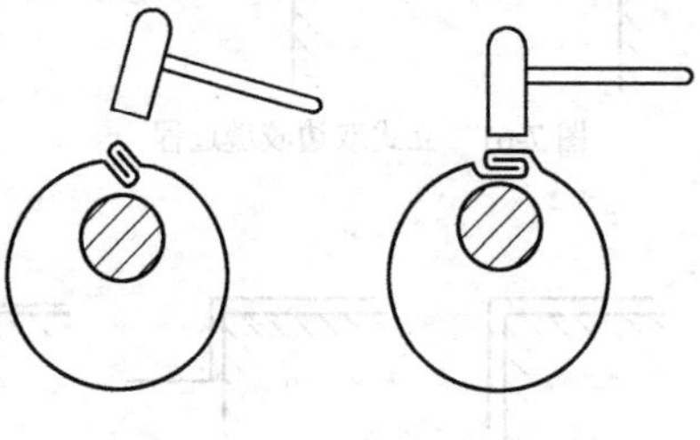

（a）扣合敲紧　（b）修整外形

图 7-66 咬缝

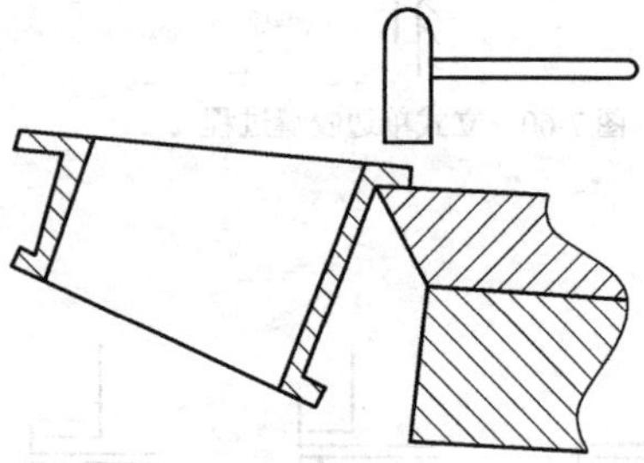

图 7-67 翻成直角边

⑤ 再将留有 2 倍咬缝宽度的弯边进行第二次弯边，如图 7-68 所示。

⑥ 将互相配合的短斜管合在一起，放在平台上，将外拔缘的边向里敲弯咬紧，如图 7-69 所示。

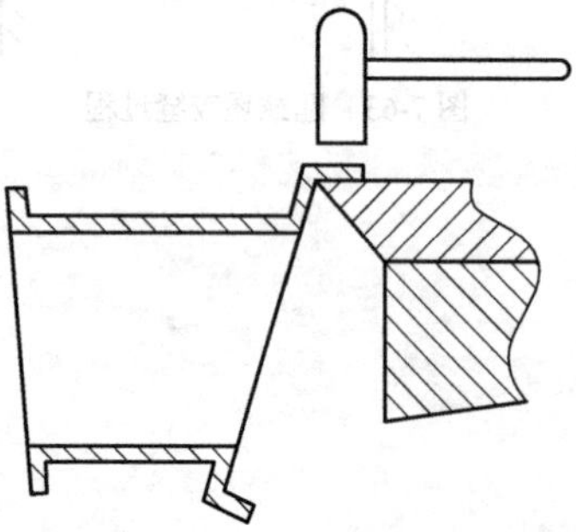

图 7-68 第二次弯边

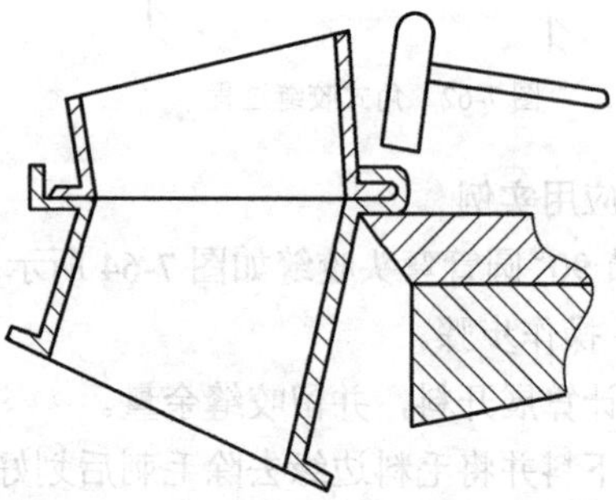

图 7-69 对接咬缝

二、制筋

金属薄板由于其厚度较小，若仅以其平面形式作为钣金件使用，刚度太低，极易产生凹陷变形，影响整体的美观和承载能力。在钣金件表面上制出各种凸筋，可以提高其刚度和使用性能，增加美感。筋的横断面一般为圆弧形和三角形，还有方形、梯形等形式，如图 7-70 所示。

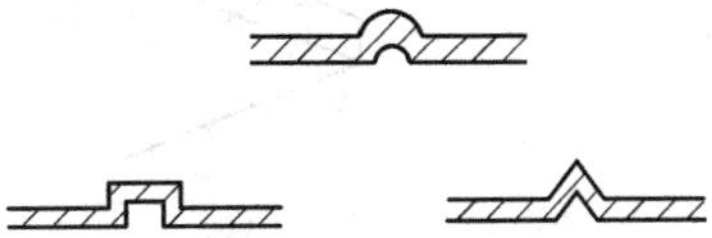

图 7-70 常见的筋条截面形状

手工制筋适用于单件生产和修配，简易的手工制筋方法有两种，即用扁冲制筋和用简易模具制筋，如图 7-71 所示。

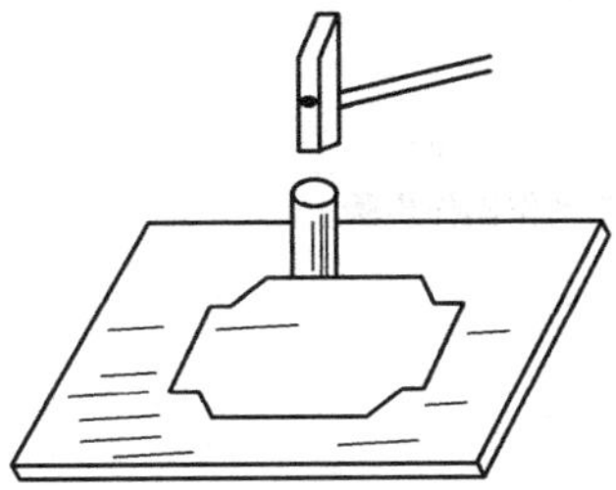

（a）用扁冲制筋

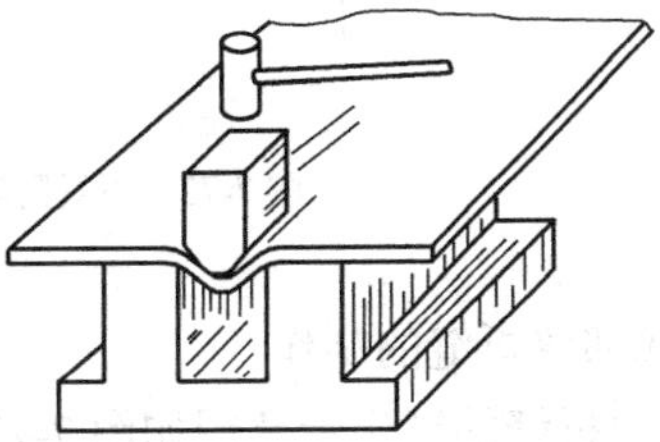

（b）用简易模具制筋

图 7-71 手工制筋方法

用扁冲制筋工艺过程如下。

（1）在毛料上画出制筋棱线的标记线。

（2）平台上铺一块较厚的橡胶垫（厚 5～10mm），将制件放在橡胶垫上，操作者手持扁冲对准标记线，捶击扁冲；每冲击一次，要沿标记线移动一次扁冲，移动距离不可超过扁冲的宽度，以便冲痕前后相衔接。

（3）沿整个标记线冲击一次后，再重复冲击若干次，直至达到所需的筋的深度为止。

（4）最后，去掉橡胶垫，直接在平台上轻轻冲击一次，使筋棱形成整齐的线条，用木锤将非制筋部分的表面整平即可。

课题实施

操作一 双折缝操作

双折缝有两种，一种用来结合不规则的配件，如直角肘管（弯头）、偏位管、箱盒等；另一种用来连接圆筒形底部，如桶、罐等。

1．不规则配件双折缝的制作

不规则配件双折缝的制作示意图如图 7-72 所示。

步骤 1：将件 1 单边折成直角，如图 7-72（a）所示。

步骤 2：将件 2 单边折做成弯角，如图 7-72（b）所示。

步骤 3：然后将两件套扣在一起，如图 7-72（c）所示。

步骤 4：在砧铁上按图 7-72（d）所示弯折。

步骤 5：最后弯折成图 7-72（e）所示的双折缝。

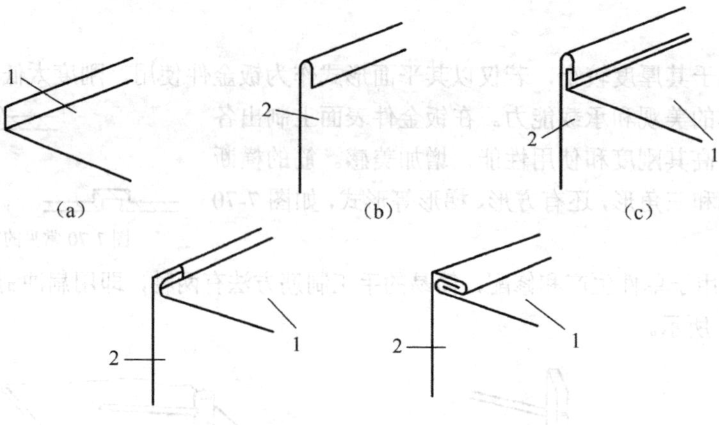

图 7-72 不规则配件双折缝制作操作步骤

2．圆筒形底部双折缝的制作

圆筒形底部双折缝的制作示意图如图 7-73 所示。

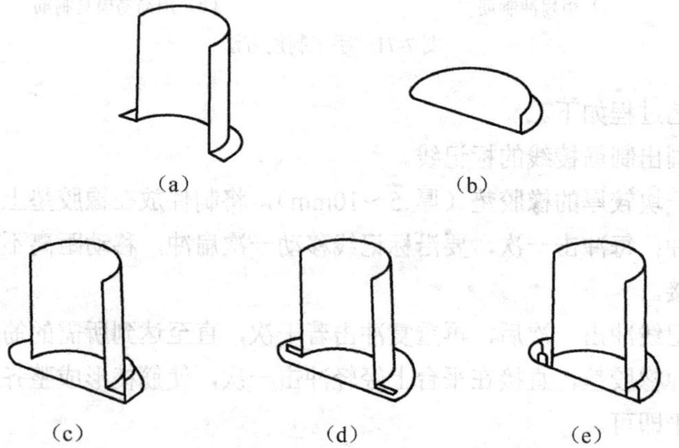

图 7-73 圆筒形底部双折缝（圆筒形）制作操作步骤

在制作咬缝前，应根据展开图和接口的咬缝结构，画出下料图。下料图是在零件展开图沿接缝边外加咬缝余量构成的，如图 7-74 所示。图中 δ_1、δ_2 为卷成圆筒所需咬缝的余量，δ_3 为肘弯咬缝的余量。

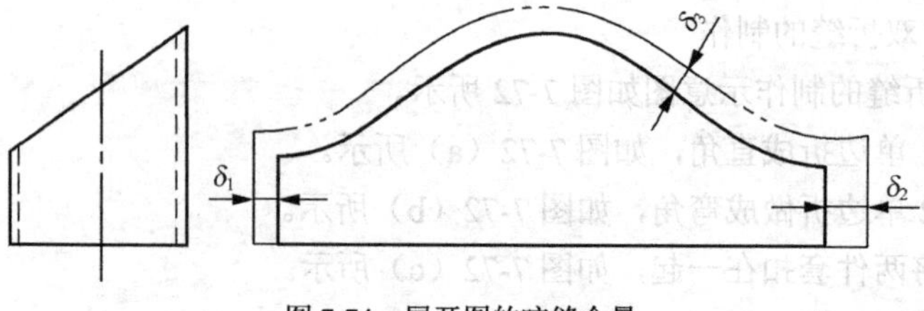

图 7-74 展开图的咬缝余量

模块总结

通过本模块的学习，应能熟练地使用所选用的工、夹、胎具等手工制作工艺所需的设备及工具，并能够熟练完成包括弯曲、收边、放边、拔缘、卷边、拱曲、咬缝、制筋等在内的钣金件手工制作工艺。

思考与练习

一、选择题

1．金属在外力作用下首先发生的是________变形。

A．直接　　B．永久　　C．塑性　　D．弹性

2．在钣金成型过程中，往往感到板料愈敲愈硬是因为金属板材________。

A．产生弹性变形　　B．冷作硬化现象　　C．材质变硬　　D．产生塑性变形

3．要消除金属板内部应力，一般用________的方法使晶粒被激活，重新松弛后恢复到原来状态。

A．加热　　B．锤击　　C．可控制的加热和锤击　　D．拉伸

4．维修或替换掉有预应力设计的部件时，一定要________来维修。

A．采用焊接的方法　　B．按照汽车生产厂维修手册的建议

C．采用铆接的方法　　D．按老师傅的经验

5．将钣件进行角形弯折时，一般折弯线划在折角________。

A．外侧　　B．内侧　　C．内外均可　　D．说不好

6．做夹丝卷边时，一般钢丝的直径应为板料厚度的________倍。

A．1～2　　B．2～4　　C．4～6　　D．6～8

7．________手工成型方法可以代替焊接、铆接等工艺方法，将板料连接牢固。

A．卷边　　B．咬缝　　C．收边　　D．拔缘

二、简答题

1．怎样进行圆弧的弯曲？

2．叙述无波折收边、有波折收边的操作过程。

3．常见的收边方法有几种？各有什么特点？

4．打薄放边操作要点是什么？

5．如何计算放边零件的展开尺寸？如何计算收边零件的展开尺寸？

6．什么是拔缘？有几种形式？利用什么方法实现？

7．叙述内拔缘的工艺过程。

8．冷拱曲的基本工作原理是什么?有几种操作方法?

9．什么是胎模手工拱曲？用于何处？叙述其操作的工艺过程。

10．什么是热拱曲？工作原理是什么？

11．什么是卷边？有几种形式？对夹丝卷边的要求是什么？

12．叙述卷边操作的工艺过程。

13．咬缝的种类及用途有哪些？

14．制筋的作用是什么？筋条的截面形状有几种？

模块八 8 车身的测量

汽车发生碰撞时，车身发生了变形，安装各个总成的构件或支架不仅受到破坏，而且可能改变了位置，超出了偏差，就会改变转向机构或悬架部件的几何形状和尺寸，或造成机械部件的移位，从而使转向和操纵不畅，传动系统出现振动和噪声，各个活动的零部件产生过度磨损，制动不灵。为保证汽车使用性能良好，总成的安装位置必须正确，因此在修理后要求车身尺寸配合公差不能超过±3mm。

车身的测量对于汽车钣金维修技术人员非常重要。承载式车身在碰撞中的损伤情况比车架式车身要复杂得多，在维修前首先要通过准确的测量，才能正确评估车身变形情况，确定损伤部位和未损伤部位，制订合理维修方案。在维修过程中，还要对车身进行全程测量和监控，保证拉伸和校正有效进行。在维修结束时，还要通过对车身进行全面的测量，保证维修偏差在允许范围之内。

知识目标

◎ 掌握汽车车身的各项基本尺寸
◎ 了解车身测量中的尺寸单位、车身测量图表
◎ 能够进行车身数据图的识读
◎ 掌握车身测量的基准及其作用
◎ 了解电子测量的基本原理

能力目标

◎ 认识三维测量的各种方法
◎ 知道车身各部尺寸的测量要求
◎ 掌握奔腾 Allvis 车身电子测量系统的使用方法

课题一 车身数据图的识读

基础知识

将车身的尺寸恢复到标准值，对原车的尺寸掌握是最基本的要求。在进行车身测量和调整之前，掌握车身数据的知识是十分必要的。

一、汽车的外廓尺寸

1．汽车的外廓尺寸

（1）车长 L（见图 8-1）。汽车长是垂直于车辆纵向对称平面并分别抵靠在汽车前、后最外端

位的两平面之间的距离。简单地说，就是沿着汽车前进的方向，最前端到最后端的距离。

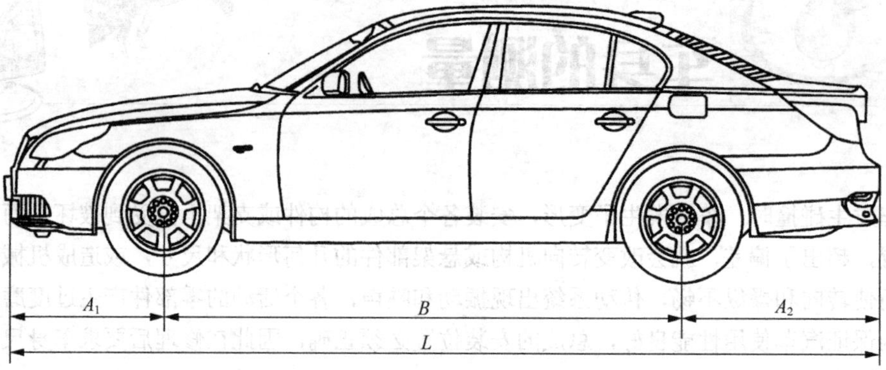

图 8-1 车长、轴距、前悬和后悬尺寸

车身长意味着纵向可利用空间大，前后排腿部活动空间都比较宽敞，乘客不会有压抑感。但车身太长会给转弯、调头和停车造成不便；相反，如果车身较短，如微型车，乘坐在前排的乘客经常是腿没有办法伸直，而坐在后排的乘客的膝盖常常顶到前排座椅背部，无论是坐在前排还是坐在后排都很容易产生疲劳感。

（2）车宽 S（见图 8-2）。汽车宽度是平行于车辆纵向对称平面并分别抵靠车辆两侧固定突出部位的两平面之间的距离。简单地说，就是汽车最左端到最右端的距离。

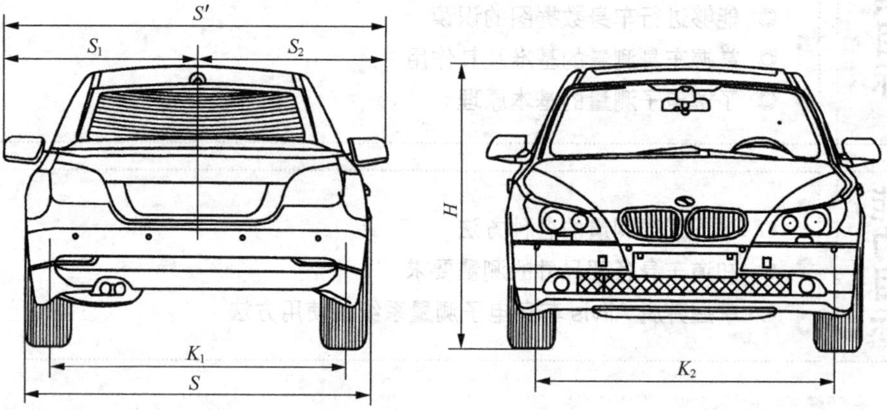

图 8-2 车宽、车高和轮距尺寸

两侧固定突出部位不包括后视镜、侧面标志灯、示位灯、转向指示灯、挠性挡泥板、防滑链以及轮胎与地面接触部分的变形。宽度主要影响乘坐空间和灵活性。对于乘用轿车，如果要求横向布置的三个座位都有宽阔的乘坐感（主要是有足够的肩宽），那么车宽一般都要达到 1.8m。近年来由于对安全性的要求，车门壁的厚度有所增加，因此车宽也普遍增加。车身过宽的好处是乘坐在后排的乘客不会感到拥挤，提高了乘坐舒适性，但这会降低车在市区行走、停泊的方便性，因此对于轿车来说车宽 2m 是一个公认的上限。接近 2m 或超过 2m 的车都会很难驾驶。但汽车的宽度也不能过窄，过窄会使前后排的乘客感到拥挤，长时间行驶也易使人产生疲劳感。

（3）车高 H（见图 8-2）。汽车的车高是指车辆支承平面与车辆最高突出部位相抵靠的水平面之间的距离。简单地说就是从地面到汽车最高点的距离。

车高通常是指汽车在空载，但可运行（加满燃料和冷却液）的情况下的高度，车身高度直接影响到车的重心和空间。大部分轿车高度在 1.5m 以下，与人体的自然坐姿高度相比低很多，牺牲了不少乘客的头部空间，主要是出于降低全车重心的考虑，以确保高速转弯时不会翻车。

MPV、面包车等为了营造宽阔的头部空间和载货空间，车身高度一般在 1.6m 以上，但随之使整车重心升高，高速转弯时很容易翻车，这就是高车身车型的一个重大特性缺陷。此外，大部分的室内停车场都有高度限制，一般为 1.6m，这也为车身高的车型带来了某种限制。

（4）轴距 *B*（见图 8-1）。指汽车呈直线行驶位置时，同侧相邻两轴的车轮落地中心点到车辆纵向对称平面的两条垂直线之间的距离。

（5）轮距 *K*（见图 8-2）。在支承平面上，同轴左右车轮两轨迹中心间的距离，分前轮距 *K*，和后轮距 *K*（轴两端为双轮时，为左右两条双轨迹的中线间的距离）。轮距越宽，汽车的稳定性越好。

（6）前悬 *A*1（见图 8-1）。指汽车呈直线行驶位置时，汽车前端刚性固定件的最前点到通过两前轮轴线的垂面间的距离。

（7）后悬 *A*2（见图 8-1）。指汽车后端刚性固定件的最后点到通过最后车轮轴线的垂面间的距离。

（8）最小离地间隙 *C*（见图 8-3）。指满载时，车辆支承平面与车辆最低点之间的距离。

（9）接近角 α（见图 8-3）。指汽车空载时，前端突出点向前轮引出的切线与地面的夹角。

（10）离去角 β（见图 8-3）。指汽车空载时，后端突出点向后轮引出的切线与地面的夹角。

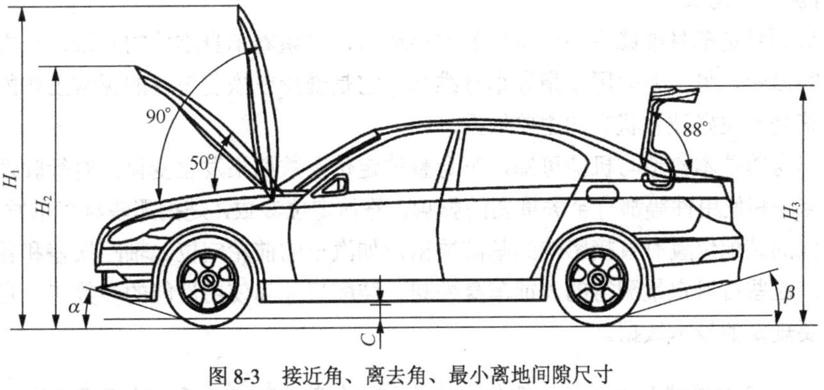

图 8-3　接近角、离去角、最小离地间隙尺寸

2．车身尺寸规定

车身外廓尺寸的国家标准 GB 1589—2004 中规定乘用车车身的外廓尺寸最大极限为（单位为 mm）：车长 12 000；车宽 2 500；车高 4 000。

3．车辆外廓尺寸的其他要求

（1）当汽车处于满载状态、外后视镜底边离地高度小于 1 800mm 时，其单侧外伸量不得超出汽车最大宽度处 200mm。外后视镜底边离地高度大于或等于 1 800mm 时，其单侧外伸量不得超出汽车最大宽度处 250mm。

（2）汽车的顶窗、换气装置等处于开启状态时不得超出车高 300mm。

（3）汽车的后轴与挂车的前轴之间的距离不得小于 3m（牵引中置轴挂车除外）。

（4）汽车必须能在同一个车辆通道圆内通过，车辆通道圆的外圆直径 *D* 为 25m，车辆通道圆

的内圆直径 D 为 10.60m。汽车由直线行驶过渡到上述圆周运动时，任何部分超出直线行驶时的车辆外侧面垂直面的值 r（车辆外摆值）不得大于 0.80m，单铰接客车的车辆外摆值 r 不得大于 1.20m。

4．车辆通道圆与外摆值的测量（见图 8-4）

（1）汽车以直线行驶状态停于平整地面上。

（2）汽车起步，由直线行驶过渡到直径 D_1（按照车辆最外侧部位计算）为 25m 的圆周内行驶，至少在圆周内行驶 1/2 圈（半个圆周），在此过程中车速控制在 5～10km/h。

（3）在此圆周内运动的车辆，最外侧部位在地面上的投影所形成的圆周轨迹即为车辆通道圆的外圆。

（4）在此圆周内运动的车辆，最内侧部位在地面上的投影所形成的圆周轨迹即为车辆通道圆的内圆。

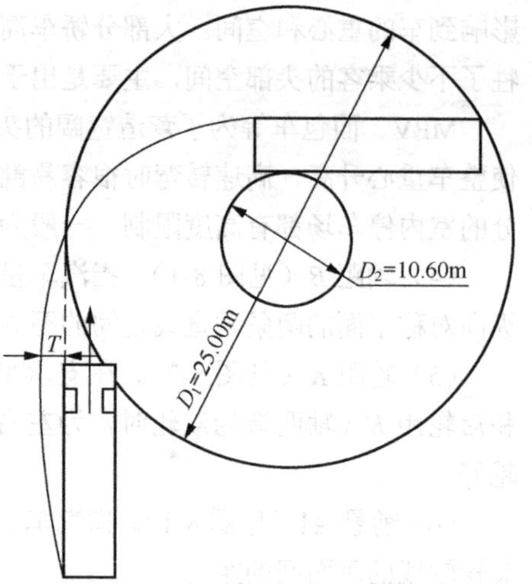

图 8-4　汽车通道圆与外摆值检查示意图

上述过程中车辆外侧任何部位在地面上的投影形成外摆轨迹，该轨迹与车辆静止时车辆最外侧部位形成的投影线的最大距离即为车辆外摆值 r。

（5）上述过程左右各进行一次，记录相关数据。

二、车身三维测量的原理

1．车身测量的意义

汽车车身测量是车身维修中不可缺少的重要环节，关系着车身维修的质量，一方面用于对车身技术状况的诊断，另一方面用于指导车身维修。它是维持或恢复车身的正常工作能力、延长使用寿命并使其处于完好技术状态的主要依据。

由汽车车身的基本构造与机能可知，车身整体定位参数如果发生变化，对行驶性、稳定性、平顺性、安全性和使用性等都有至关重要的影响。整体定位参数，是指那些对汽车发动机、底盘、车身主要构件的装配位置有直接影响的基础数据，如汽车的前轮定位、轴距误差和各总成的装配位置精度等。这些可以定量测得的表征车身外观、装配尺寸和使用性能的参数值，是原厂技术文件上作了重要规定的技术数据。

提示

车身维修的测量，一般分为作业前、作业中和竣工后三个步骤。作业前的检测，旨在确认车身损伤状态和把握变形程度的大小；维修作业过程中的检测，有助于对修复过程的质量进行有效地控制；竣工后的检测，为验收和质量评估提供可靠的数据。

车身整体变形的认定，主要依赖于对关键要素的测量结果，它有助于对变形作出正确的技术诊断，为合理地制订维修方案提供依据。其中，属于单一构件变形时，可以通过更换或修复相应的构件来解决；属于关联部件变形时，从变形较大的构件入手逐一进行校正和修复；而对于车身的整体变形，则应以基础构件为基准，综合、全面地对整体定位参数值进行校对和修理。以测量结果为依据制订的维修方案，不仅可行而且可靠，是实现正确诊断和高质量维修的基础。

对车身的校正或更换主要构件，需要通过测量来保证其相关的形状尺寸精度和位置准确度。

维修过程中不断测量车身定位参数值，可以确保修复作业是否在质量控制之下。在维修或恢复车身完好技术状况、工作能力和使用寿命的作业中，应遵循的技术标准除可以进行定性评价的技术要求外，更多的则是依照测量结果进行定量评价的技术指标。更确切地说，测量对修复效果起着量化的验证作用。

2．车身测量基准的选择

车身修复中对变形的测量，实际上就是对车身及其构件的形状与位置偏差的检测。选择测量基准又是形状与位置偏差检测中十分重要的内容，像使用直尺测量数据一样，要有一个零点作为尺寸的起点。同样，车身三维测量也必须先找到长度、宽度和高度的测量基准。只有找到基准，测量才能顺利进行。

（1）控制点的选择。车身测量的控制点，用于检测车身损伤及变形的程度。车身设计与制造中设有多个控制点，检测时可以测量车身上各个控制点之间的尺寸，如果测量值超出规定的极限尺寸时，就应对其进行校正，使之达到技术标准规定范围。承载式车身的控制点如图 8-5 所示。控制点 1 通常是在前保险杠或前车身散热器支撑部位；控制点 2 在发动机舱的中部，相当于前横梁或前悬架支承点；控制点 3 在车身中部，相当于后车门框部位；控制点 4 在车身后横梁或后悬架支承点。

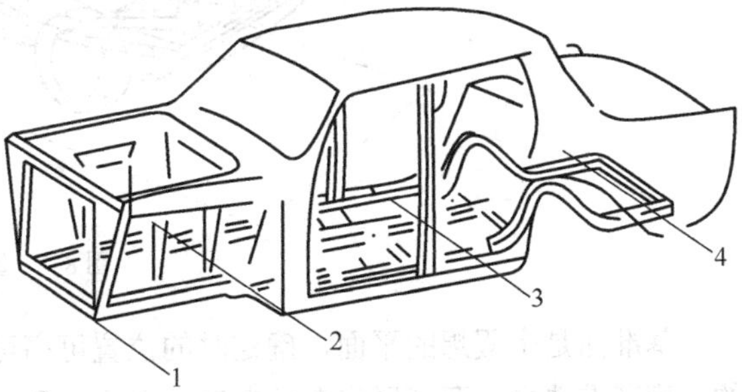

图 8-5　车身控制点的基本位置

对车身进行整体校正时，可根据上述控制点的分布，将车身分为前、中、后三部分，如图 8-6 所示。这种划分方法主要基于车身壳体的刚度等级和区别损伤程度，分析并利用好各控制点在车身测量基准中的作用和意义。

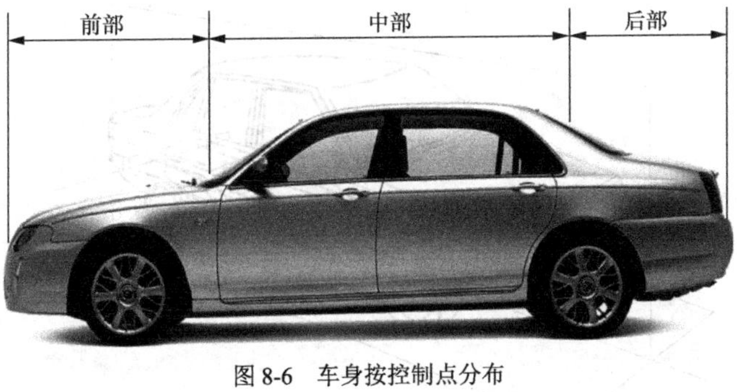

图 8-6　车身按控制点分布

由于车身设计和制造是以这些控制点作为焊接和加工的定位基准。这些控制点是在生产工艺上留下来的基准孔，同样可以作为车身测量时的定位基准。此外，汽车各主要总成在车身上的装配连接部位，也必须作为控制点来对待，因为这些装配连接部位的位置都有严格的尺寸要求，这对汽车各项技术性能的发挥有着重要的作用。例如，汽车前悬架支承点的位置正确与否，会直接影响前轮定位角和汽车的轴距尺寸；发动机支承点则会影响到发动机和传动系统的正确装配，如有偏差会造成异响甚至零件损坏。

实际上，对控制点的测量就是对车身关键参数的检查，不仅汽车制造厂储存有这些重要数据，车身测量设备制造商也根据这些控制点的标准数据来设计自己的车身测量系统数据体系，形成目前车身修复中比较实用和流行的测量方法。

（2）三维测量的尺寸基准。

① 基准面。基准面是指与汽车车底平行且距车底一定距离的一个假想平面，如图 8-7 所示。在车身尺寸测量图中，基准面在侧视图上投影成一条直线，用基准线来表示。基准面既是汽车制造厂和车身测量设备制造商测量和标注车身所有高度尺寸的基准，也是维修时测量车身高度尺寸的基准。

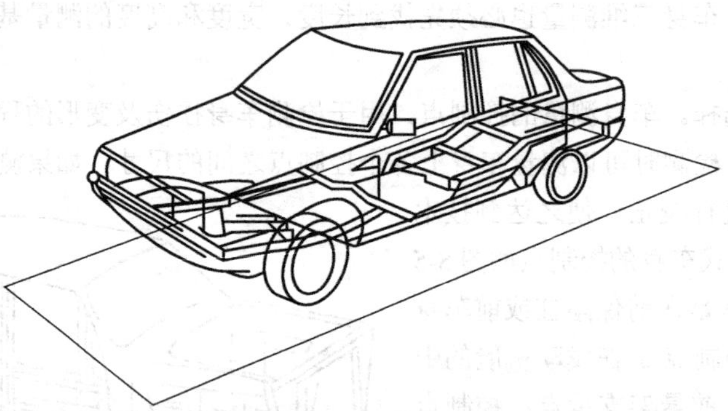

图 8-7 基准面

基准面是个假想的平面，确定时的位置可高可低。车身维修手册中的高度基准选择与维修时的高度基准选择，两者同汽车的车底距离不一致，会造成高度尺寸不相符合的情况。

② 中心面。中心面是指将汽车分为左右相等的两半的一个假想平面，如图 8-8 所示。中心面与基准面相互垂直，在车身尺寸测量图中，在俯视图上它投影成一条直线，用中心线来表示。中心面（中心线）是汽车车身所有宽度尺寸，也叫横向尺寸的测量基准。

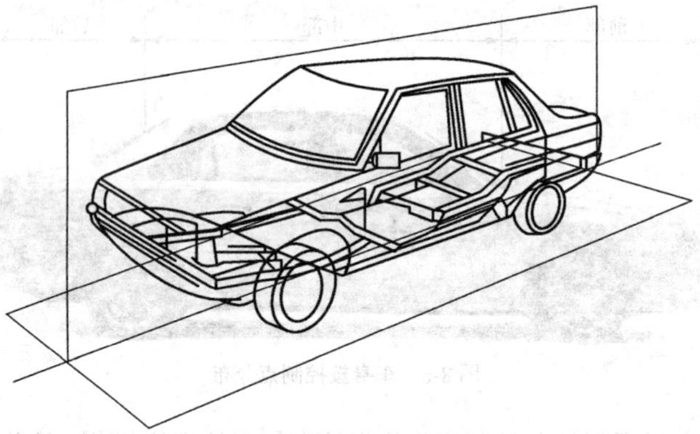

图 8-8 中心面（中心线）

一般情况，汽车车身的宽度尺寸是对称的，即从中心线到右侧某点的距离与到左侧相对称点的距离完全相等，也称为对称式结构。但也有非对称情况，即非对称式结构，也仍然是从中心线开始测量。

③ 零平面。为了方便对汽车的研究，将车身看作是一个长方形结构，并利用两个能同时垂直中心面和基准面的平面把它划成前、中、后三个部分。这两个平面处于前、后桥附近，也是假想

平面，为了方便长度测量，把它们确定测量长度尺寸的起点叫零平面，如图 8-9 所示。

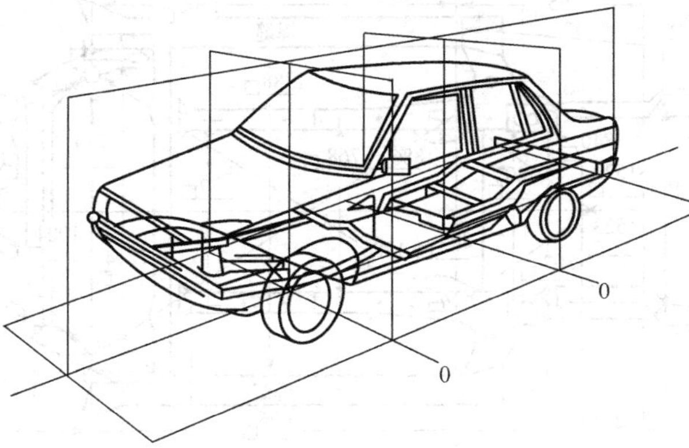

图 8-9　零平面

习惯上，利用机械式三维测量系统时，前零平面作为测量汽车前车身长度尺寸的基准，后零平面作为测量汽车后车身长度尺寸的基准；但利用电子测量系统时，为了测量得更精确，把前零平面作为测量汽车后车身长度尺寸的基准，后零平面作为测量汽车前车身尺寸的基准。

对于承载式结构，中间车身段在汽车设计时就已经把它的强度定为最强，所以在检查结构的正确性时，应把中部车身作为基础，先测量中部车身，如果中部车身由于撞击而变形，只能移到车身上未受损伤的一端进行。要对车身进行准确的测量，必须从至少三个已知正确的尺寸开始测量，也即至少有三个参考点处在理想位置，最好有四个或五个。

（3）车身测量基准的选择。在实际测量工作中，高度基准面一般使用车身校正仪的平台平面；宽度基准面是车辆的中心面与测量系统的中心面重合或平行的平面；长度基准面不在平台或测量尺上，而是在车身上，可以找到前或后的零平面作为长度基准面，来测量其他测量点的长度数据。

三、车身数据图的识读

车身尺寸手册是车身维修必备的资料，但大多数车身尺寸手册中的尺寸数据都是设计尺寸，不是按车身实测尺寸给出的，经过生产制造的各个环节后，也不可避免地出现误差，这给车身维修查验相关数据带来了一定的障碍。

各个测量设备公司和厂家提供的数据格式可能不同，但要表达的基本内容是一致的，如都要提供车身主要结构件、板件（车门、发动机罩、行李箱盖、翼子板等）的安装位置，机械部件（发动机、悬架、转向系统等）的安装尺寸，但测量基准不一定是相同的，测量时务必注意这一点。

在大多数维修中，车身维修尺寸手册和拉伸校正设备生产厂家提供的车身测量尺寸图表中的尺寸是以车身实际测量尺寸标注的。

1．识读车身底部三维尺寸数据图

对照车身底部三维尺寸数据图，找出车身底部测量点的三维尺寸。

（1）选择一个车身底部三维尺寸数据图后，首先浏览全图，如图 8-10 所示。

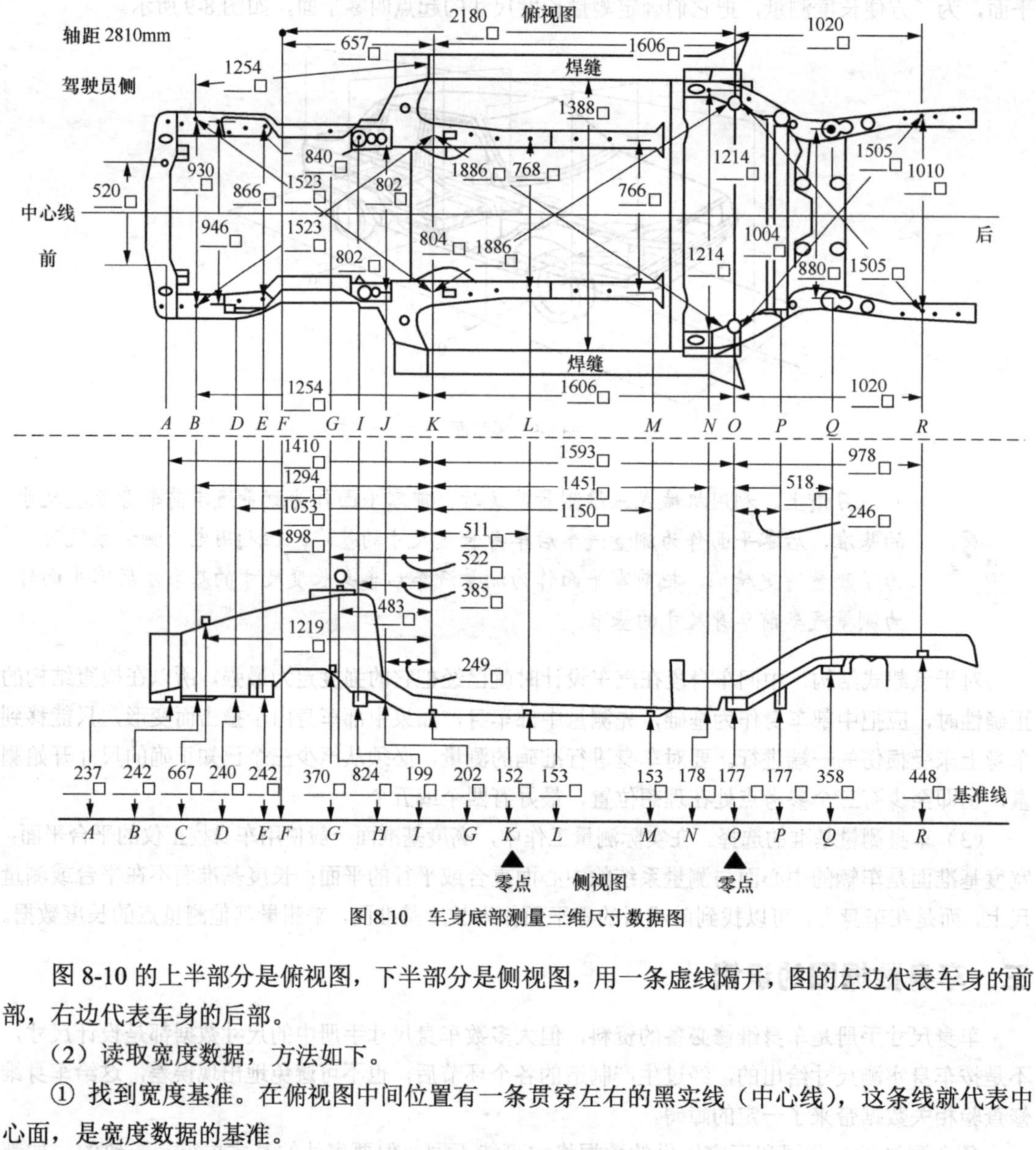

图 8-10 车身底部测量三维尺寸数据图

图 8-10 的上半部分是俯视图，下半部分是侧视图，用一条虚线隔开，图的左边代表车身的前部，右边代表车身的后部。

（2）读取宽度数据，方法如下。

① 找到宽度基准。在俯视图中间位置有一条贯穿左右的黑实线（中心线），这条线就代表中心面，是宽度数据的基准。

② 读取宽度数据。俯视图上的黑点表示车身上的测量点，一般测量点是沿中心面对称的。两个黑点之间的距离有数据显示，单位是毫米（有些图还会在括号内标出英制数据，单位是英寸），每个测量点到中心面的宽度数据是图上标出的数据值的二分之一。

（3）读取高度数据，方法如下。

① 找到高度基准。在侧视图的下方有一条较粗的黑线（基准线），这条线就是车身高度测量的基准线。

② 读取高度数据。在基准线的下方有从 *A* 至 *R* 的字母，表示车身测量点，一般每个字母表示的测量点分别对应俯视图上沿中心面对称的两个测量点。侧视图上每个点到高度基准线的距离都有数据表示，这些数据就是测量点的高度值。

（4）读取长度数据，方法如下。

① 找到长度基准。在高度基准线的字母 K 和 O 的下方各有一个小黑三角，表示 K 和 O 是长度方向的零点。K 点是车身前部测量点的长度基准，O 点是车身后部测量点的长度基准。

② 读取长度数据。从 K 点向上有一条线延伸至俯视图，在虚线的下方位置可以看出汽车前部每个测量点到 K 点的长度数据；从 O 点向上有一条线延伸至俯视图，在虚线的下方位置可以看到汽车后部每个测量点到 O 点的长度数据。

（5）读图举例，确定 A 点的长、宽、高的尺寸。

① 首先要在图中找出 A 点在俯视图和侧视图上表示的位置。

② 从俯视图中可以找出对称 A 点之间的距离是 520mm，A 点至中心线的宽度值是前述距离的一半 260mm。

③ 从侧视图的高度基准线可以找出 A 点的高度值为 237mm。

④ 从 A 点和 K 点的向上延伸线可以找出 A 点的长度值为 1410mm。

提示

当使用三维尺寸数据图配合测量系统进行测量时，应注意以下事项。

首先调整测量系统的宽度基准与车辆的中心面一致或平行。

然后调整车辆的高度，让车辆的高度基准与测量系统的高度基准平行。

长度基准在车身下部的基准孔位置。

找到基准后，可以使用各种测量头对车身进行三维测量。

2．读车身上部三维尺寸数据图

根据车身上部三维尺寸数据图正确找出车身上部的三维尺寸。

（1）选择车身上某部位的三维尺寸数据图后，首先浏览全图，如图 8-11 所示。图 8-11 的左侧表示汽车前方，显示了包括发动机罩铰链位置、前后风窗、前后门、背门、窗角，以及前、中、后立柱的尺寸数据。

（2）读取宽度数据，方法如下。

① 在俯视图的中心部位有一条线把车身一分为二，这条线就是中心线。

② 车身上的测量点用 1～17 的数字表示，每个数字代表车身上左右两个测量点。通过每个测量点到中心面显示的数据可以直接读出宽度数据。

（3）读取高度数据，方法如下。

① 在数据图的上方有一排图标，有六边形、正方形、三角形和菱形等，内部有 C、E、F、DS、GF、GC 等字母和数字。六边形表示测量点是一个螺栓；正方形表示测量部件的表面；数据图下部的三角形表示测量基准位置的变化情况，H 表示基准升高；菱形表示非重要测量点。

② C、E、F、D、S 等字母表示测量时所用测量头的型号，G 表示要用 G 型测量头与其他测量头配合使用。数字表示高度数值。

（4）读取长度数据，方法如下。

① 找到长度基准。上部测量点长度的基准与车身底部测量点的长度基准一致，一般有前后两个长度基准。

② 读取长度数据。数据图下部箭头上的数值为测量点的长度尺寸，读取数值时要分清是以哪个基准点开始的。

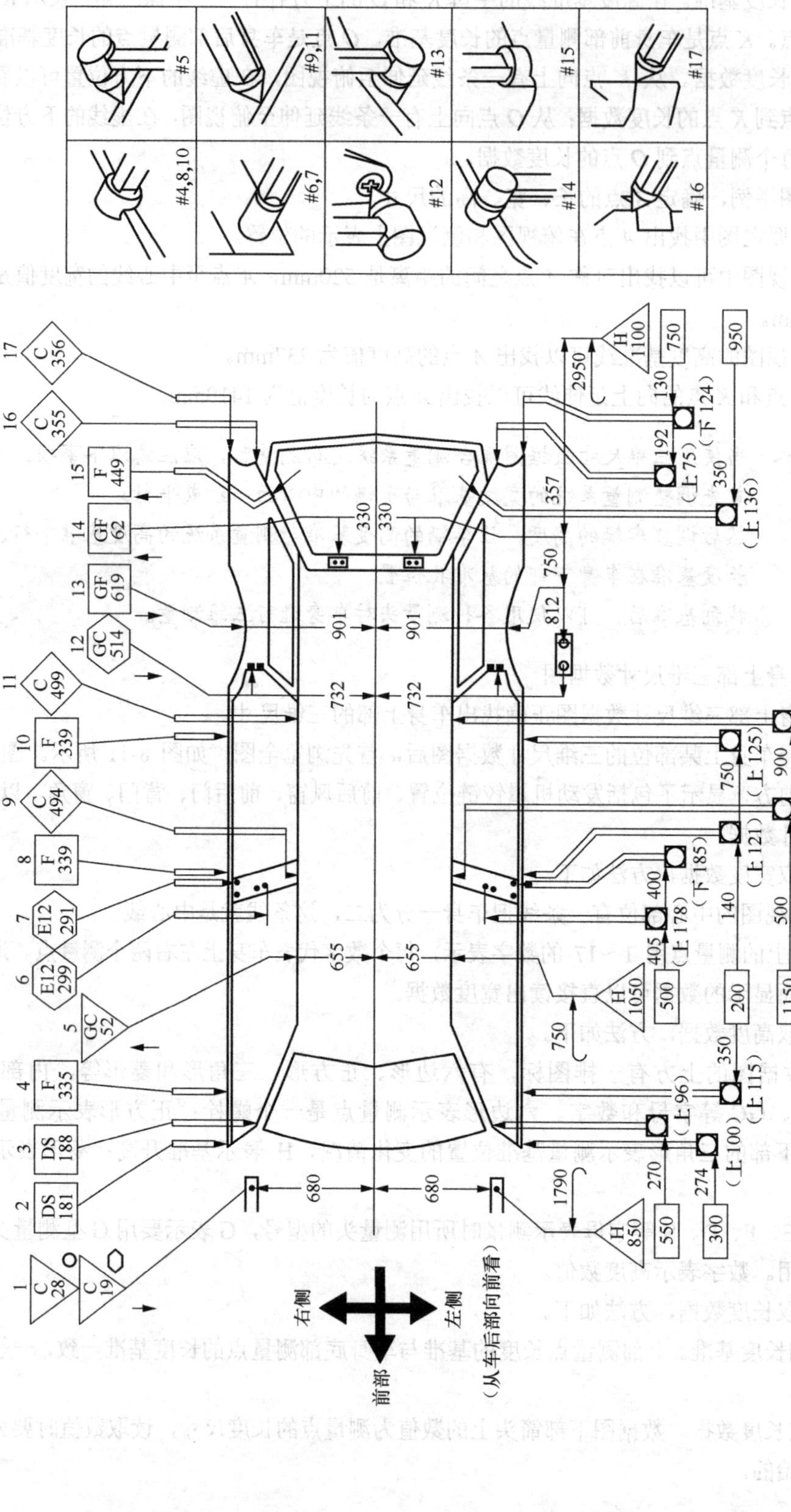

图 8-11 车身上部三线尺寸测量数据图

（5）读图举例，确定1点的长、宽、高数据。

① 首先找到1点在车身上的位置，可以读出左右1点到中心面（线）的宽度数据为680mm。

② 在数字1的上方有两个倒三角以及圆圈和六边形标志，内有字母C及数字28和19，表示用C型测量头测量1号圆孔时，高度数据值是28mm，用C型测量头测量1号螺栓时，高度数据值是19mm。

③ 在1点的延伸线的下部有标有数字1790的弯箭头，表示1点位于车身后部基准点前方1790mm处。

④ 同时要注意，在1点的延伸线的下部还有一个内部有字母H和数字850的三角形标志，850表示1点的高度尺寸是在以此高度基准向上850mm为新的高度基准测得的。

四、车身测量的要求

对于任何车辆，基准点（参考点）都是检验车身其他各点位置是否正确的基准。对事故车的车身维修，只有使损伤部位所有的基准点都恢复到事故前原有的位置，维修才能算完成。

提示

对于承载式车身的维修，必须要对整个维修过程进行测量并记录尺寸的变化。全过程监控尺寸变化情况，才能对每个环节的维修质量做出及时的评估，为下一个环节的工作做出预见性的调整。

车身测量的要求有以下几个方面。

（1）准确地找到参考点，精确地测量各个尺寸。

（2）在整个维修过程中要经常、反复、不断地进行测量。

（3）各参考点都维修好后，再次检验整车的尺寸。

课题二 车身尺寸的机械测量方法

基础知识

机械法测量车身尺寸主要是指利用钢板尺、钢卷尺、车身测量量规和机械三维测量系统等进行车身尺寸的测量。传统方法简单、快捷；机械三维测量要求非常熟练才能提高效率，但它们的测量精度都不如电子测量方法高。

一、车身变形的机械测量方法

检测车身整体变形的常用方法有测距法、定中法、坐标法等几种。

1．测距法

测距法是指直接测量车身各控制点之间的距离或各总成的安装位置尺寸，将所量得的数据与车身技术参数中所给定的值相比较判定变形程度的方法。通过测距法可以直接获得定向位置点与点的距离，是最简单、实用的一种测量方法。它主要通过测距来体现车身构件之间的位置状态。测距法所使用的量具是钢卷尺、轨道式量规等。

（1）钢卷尺。钢卷尺测量简单、方便，工具费用低，但测量误差大，不够准确，用于对精度要求不高的场合。因为车身测量的许多基准点是孔洞，利用钢卷尺进行测量时，最好能把它的钩头做一下处理，变细一些，可以直接伸入测量孔中，这样可以提高效率和准确度。

在用卷尺测量的基准点是孔时，一定要注意尺寸数据的读取方法，建议不要读取钢卷尺在基准点孔中心位置的刻度，应该读取基准点孔边缘位置的刻度，如图 8-12 所示。因为用眼睛来判断孔中心位置是很困难的，而观察孔边缘比较容易。

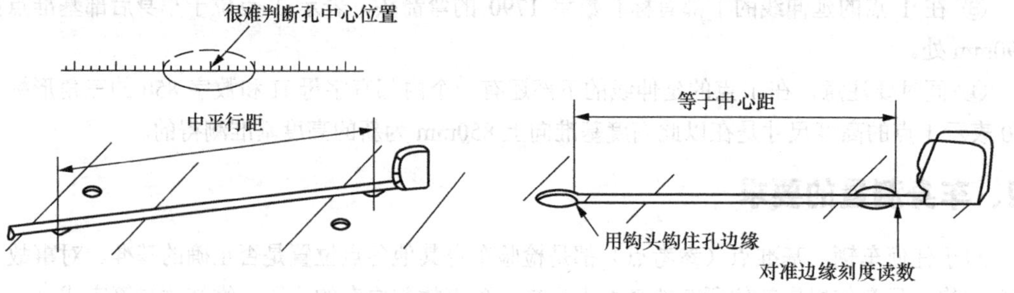

图 8-12 利用卷尺测量时尺寸的读取方法

当测量两个直径相等的孔时，利用图 8-12（b）的方法就十分容易读出，但当测量两个孔直径不一样时，测量的结果要稍做计算，测量方法如图 8-13 所示。

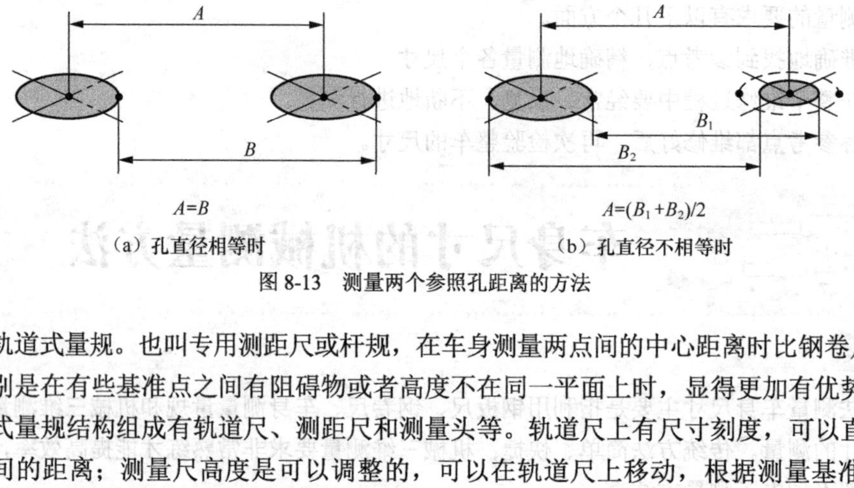

图 8-13 测量两个参照孔距离的方法

（2）轨道式量规。也叫专用测距尺或杆规，在车身测量两点间的中心距离时比钢卷尺要灵活、方便，特别是在有些基准点之间有阻碍物或者高度不在同一平面上时，显得更加有优势。

轨道式量规结构组成有轨道尺、测距尺和测量头等。轨道尺上有尺寸刻度，可以直接读出两个测距尺间的距离；测量尺高度是可以调整的，可以在轨道尺上移动，根据测量基准点之间距离调整到适当位置；测量头是圆锥形的，有自动定心作用。轨道式量规结构及使用方法如图 8-14 所示。

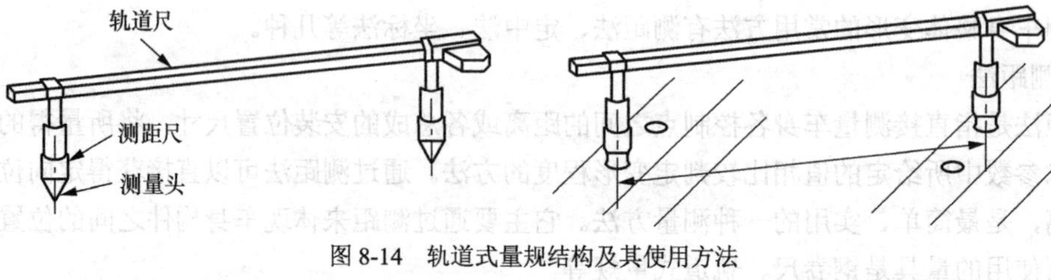

图 8-14 轨道式量规结构及其使用方法

当两个基准点的孔径都比测量头的圆锥直径小时，用轨道式量规测量最为方便，不管两个孔径大小是不是一样，只要用图 8-14 所示的方法，把测量尺调整到合适位置和合适高度让两个测量头能自然地落到测量孔中，然后从轨道尺上读数位置直接读出相应刻度就可以了。如果基准点的孔径比测量头的圆锥大，或者孔的深度太浅，测量头的自动定心功能就失去了作用，这时要想测得准确尺寸，同样采用边缘测量的方法，如图 8-15 所示。

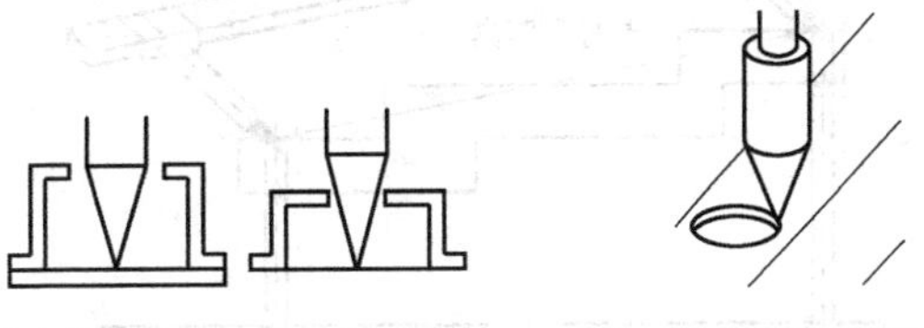

（a）测量头失去自动定心作用　　（b）应在孔的边缘测量

图 8-15　测量头失去自动定心作用时，要在孔的边缘进行测量

如果两个孔径大小不同，要测出中心距，同样可以先分别测出内侧边缘距和外侧边缘距离，如图 8-16 所示。然后把这两个测量结果相加再除以 2 即可。例如，有两个圆孔，一个孔径为 15mm，另一个孔径为 30mm，测得内缘的距离为 582mm，外缘距离为 760mm，则两孔的中心距为（582+760）/2 = 671mm。

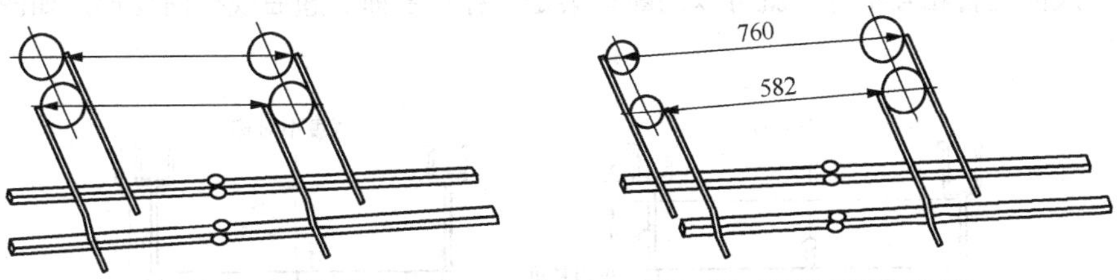

（a）孔径相同　　（b）孔径不同

图 8-16　基准点边缘之间距离的测量方法

轨道式量规可以用于车身不同部位的测量，在测量过程中必须及时做好记录，并且基准点之间的尺寸要相互印证，可以通过对角线测量方法印证。如果测量前知道相应位置的正确尺寸，就能准确地确定损伤变形或者及时知道维修恢复的程度。如果没有标准的参考尺寸可用，可以采用同样牌号、生产年份、型号、车身类型的完好汽车作为参考，得到正确的车身尺寸。

提示

如果车身仅仅是一侧损坏，那么可用轨道式量规测量未损伤一侧的尺寸，然后把测得的尺寸用于损伤一侧进行比较测量。

轨道式量规和钢卷尺都主要是用来测量两点之间的距离，但轨道式量规可以测量点对点的距离，也可以测量线对线的距离，在车身测量中一定要根据车身尺寸图表说明或者根据需要来测量。点对点测量指用轨道式量规测出两个点之间的直线距离；线对线的测量指测量两点轴线间的距离。线对线的测量必须在测量前调整好左右测量尺的高度，保证其与两个点的轴线重合或者平行，如图 8-17 所示。

2．定中规法

定中规法就是在控制点中悬挂定中规，通过观察定中规间的相对位置来判断车身的变形。车身的许多变形尤其是综合性变形，用测距法测量往往体现得不十分明显，所反映出的问题也不够直观。如图 8-18 所示，当车身或车架与汽车纵轴线的对称度发生变化时，就很难用测距法对变形作出准确的判断，如果使用定中规法，就可以比较好地解决这类测量问题。

提示

在使用中应注意区别具体情况，有针对性地做好对称性调整。否则，也会影响测量的准确性。

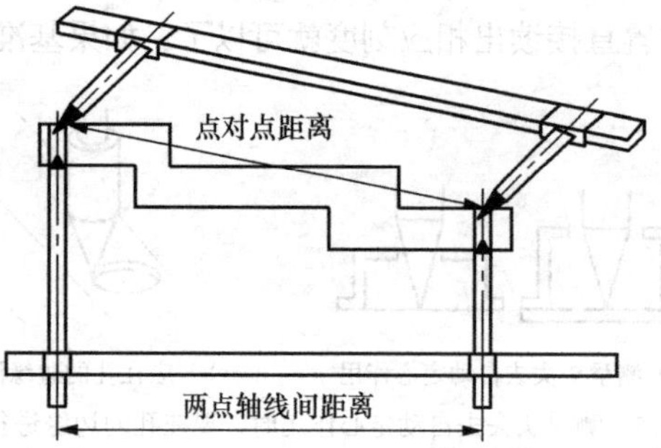

图 8-17 点对点或线对线测量

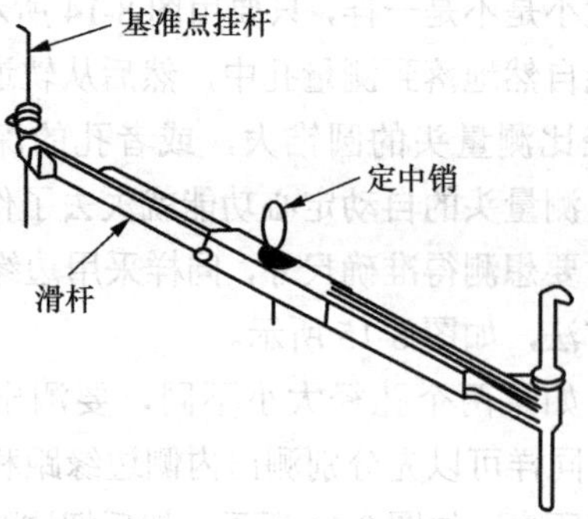

图 8-18 中心量规

将图 8-19（a）所示的定中规挂于车架的基准孔上，通过检查定中销是否处于同一条轴线上以及定中规尺面是否相互平行，就可以判断车架是否存在弯曲、翘曲或扭曲变形，如图 8-19（b）所示。

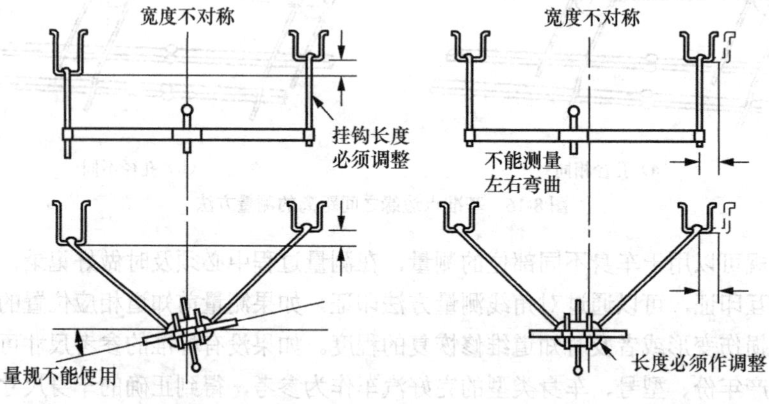

（a）垂直方向上的差别 （b）水平方向上的差别

图 8-19 定中规悬架点的对称性调整

将图 8-20（a）所示的定中规挂于车身壳体骨架的基准孔上，通过检查定中销、垂链及平行尺是否平行以及定中销是否处于同一条轴线上，就可以十分容易地对骨架变形作出相应的诊断，如图 8-20（b）所示。

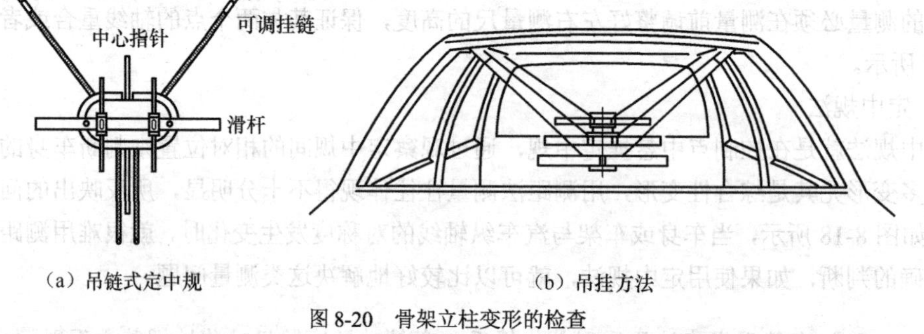

（a）吊链式定中规 （b）吊挂方法

图 8-20 骨架立柱变形的检查

使用定中规判断车身变形有其规律可循。如当定中销发生左右方向的偏离时，可以判断为水平方向上的弯曲；当定中规的尺面出现不平行时，可以判断为扭曲变形；当尺面的高低位置发生错落时，则可以判断为垂直方向上的弯曲，如图 8-21 所示。

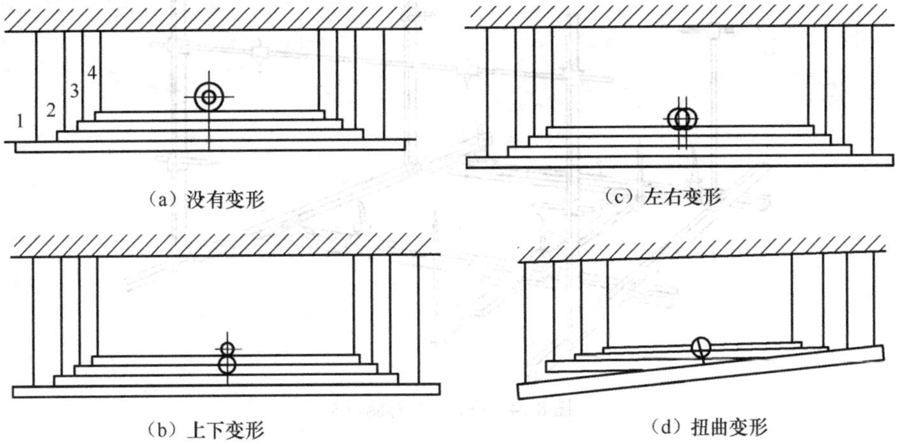

图 8-21 变形的判断方法

应当指出，欲对垂直方向上的弯曲作出精确判断时，应保证定中规的吊杆长度符合要求。也就是说，当其中一个定中规的高度确定后，应以参数表规定的数据为准，对其他定中规吊杆的长度按高低差作增减调整，使悬架高度符合标准（见图 8-22）。

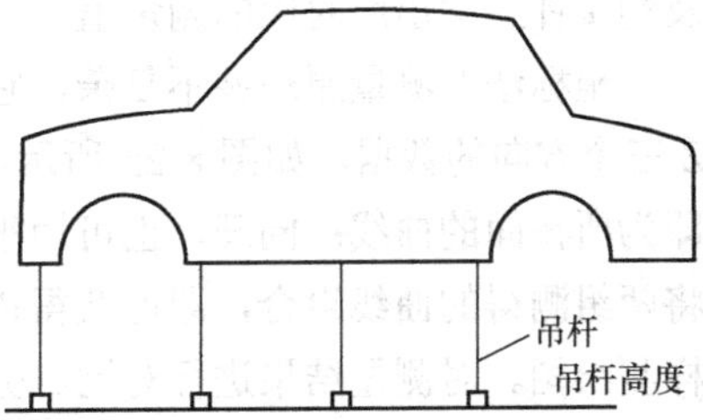

图 8-22 吊杆长度应按车身参数调定

用定中规法测量从理论上讲是精确的，但如果操作不当却很容易出错造成测量结果失准。为此应特别注意对定中规挂点的选择。一般应以基准孔为优选对象，并注意检查基准孔有无变形等（见图 8-23）；当左右基准孔的高度不一或为非对称结构时，一定要通过调整定中销的位置或吊杆（吊链）的长度加以补偿，其调整值应以车身尺寸图中提供的数据为准。

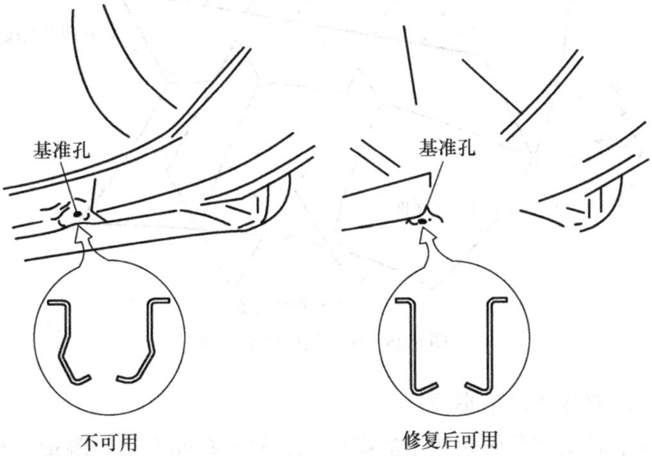

图 8-23 定中规悬架点变形分析

3. 坐标法

轿车的多曲面外形无法通过一般的简单测量得到准确有效的结果，可采用坐标法进行测量。

如果使用图 8-24 所示的桥式测量架，就可以比较容易地实现这方面的工作。

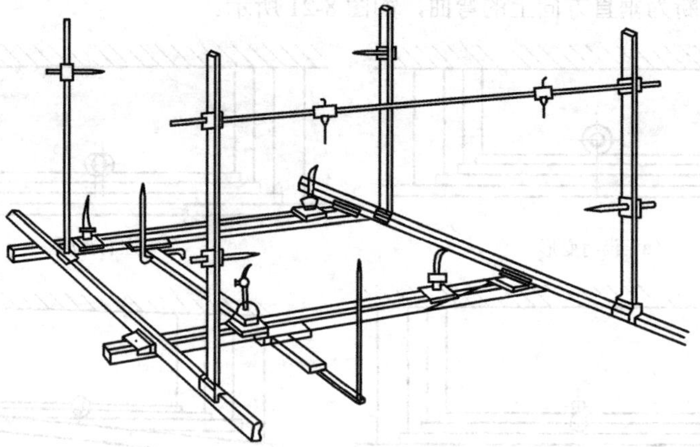

图 8-24 桥式三坐标测量架

桥式测量架由导轨、移动式测量柱、测量杆和测量针等组成。在测量过程中，可以根据需要调整其与车身的相对位置，使测量针在接触到车身表面的同时，还能够直接从导轨、立柱、测杆及测量针上读出所对应的测量值。

坐标法的测量原理并不复杂，它利用车身构件的对称性原则，用测量架采集被测点上 *X*、*Y*、*Z* 三个方向的数据。如图 8-25 所示，通过用一组平行于 *XZ* 平面的平面 α 截取被测件型面，交线即为所在面的曲线；同理，也可用平行于 *YZ* 平面的一组平面 β 测得等距 *X* 间隔的各截面曲线。将两组测得的曲线组合，即可获得该构件曲面型线的坐标参数，圆滑连接便可形成该构件表面实样测绘图。对测量结果进行对比、分析，车身构件的外观形状误差便可体现出来。

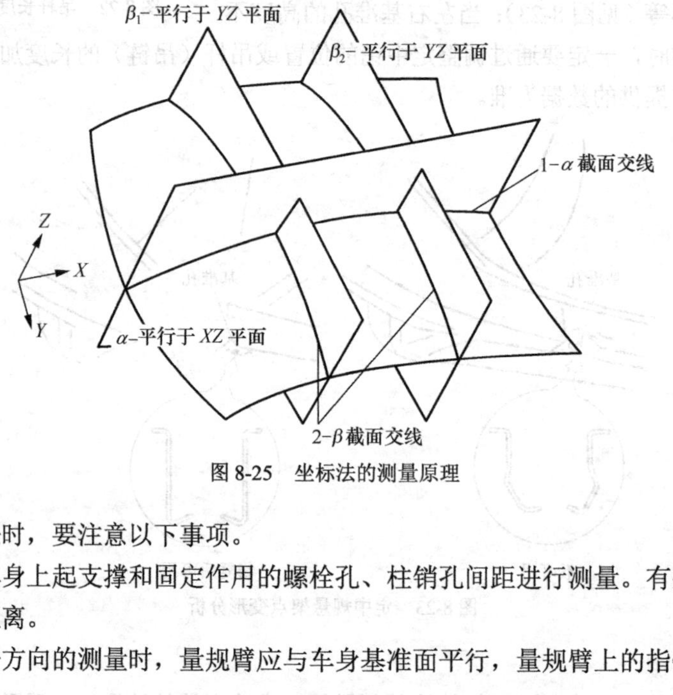

图 8-25 坐标法的测量原理

在使用坐标法时，要注意以下事项。

（1）着重对车身上起支撑和固定作用的螺栓孔、柱销孔间距进行测量。有些点至点的测量为两点间直线测量距离。

（2）进行水平方向的测量时，量规臂应与车身基准面平行，量规臂上的指针长度应根据需要进行适当的调整。

（3）车身尺寸说明书上的测量要求是多样的，重要的一点是必须使用与车身说明书或维修手册要求一致的测量方法，否则就很容易发生测量误差。

（4）对车身说明书标注出的所有点都要进行测量。变形量通常以说明书上的尺寸为准并与实际测量结果做比较。

二、车身各部尺寸的测量要求

车身各部尺寸可以按理想平面的概念，将其大致分成4个部分，所使用的专用量具应能满足测量要求。

1．车身上部的尺寸测量

车身上部损伤可以用导轨式量规或测距尺来进行，其具体测量部位如图8-26所示。当然，对照维修手册或厂家说明书，还可以找到更多的检查、测量点，这些都足以判定车身上部所发生的变形。

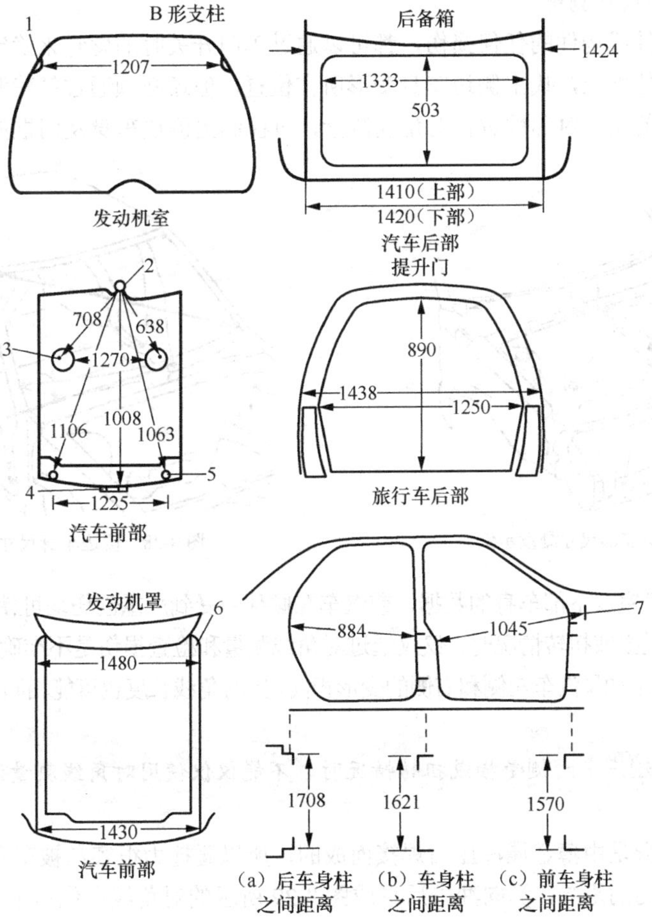

图8-26 车身上部测量示例（福特汽车）

1—安全带紧固螺栓；2—刮水器枢钮；3—撑杆支柱上的交叉件；4—发动机罩碰销；5—发动机罩减振孔；6—车颈部位；7—前翼板支架

2．车身前部的尺寸测量

由于车身前部受损后，需进行发动机罩及前端部件的修复或更换，修复过程中和装配后的测量都是必须做的。即使是车身的前右侧受到碰撞，左侧通常也会受到关联损伤或变形，因此也需要在维修之前检验变形的程度。图 8-27 给出了典型的前部车身测量控制点，对照厂家推荐的车身尺寸表即可对变形程度加以验证。

提示 检验汽车前端尺寸时，桥式量规和测距尺都是最佳的测量工具，关键是选择的测量点必须符合手册中的要求。

控制点的对称度是关键性参数，故每一尺寸应该对照另外的两个基准点进行检验，其中至少有一个基准点要进行对角线测量。通常，测量的尺寸越长，其精确度越高。例如，测量发动机室后部上端至下部前端发动机底座间的尺寸，就比测量同一断面内端的尺寸要精确、合理得多，因为它是在车身长度和高度方向上较大范围内的尺寸。从每一对控制尺寸交叉测得两个或多个数据，既保证了测量精度又能够帮助辨别损伤的范围及变形方向。

3．车身侧板的尺寸测量

车身侧边覆盖件或构件的任何损伤，都可以通过车门开关时的感觉来确定，即把注意力放在影响车门密封的可能性上，找出侧边车身变形所在位置，但还必须通过精确测量才能保证找到位置准确。利用车身的左右对称性进行对角线测量，可检测出侧边车身及门框的变形（见图 8-28）。

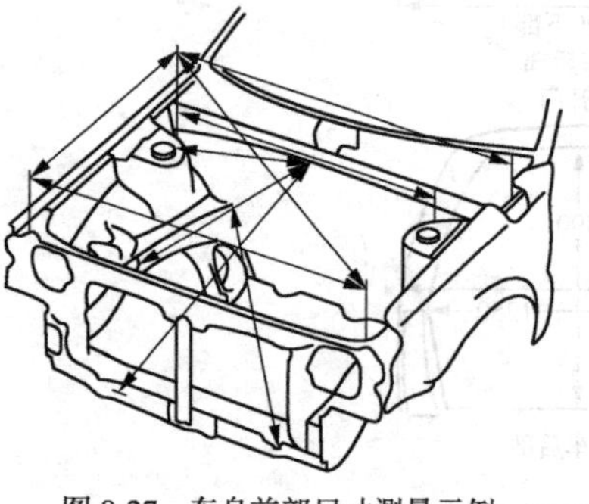

图 8-27 车身前部尺寸测量示例

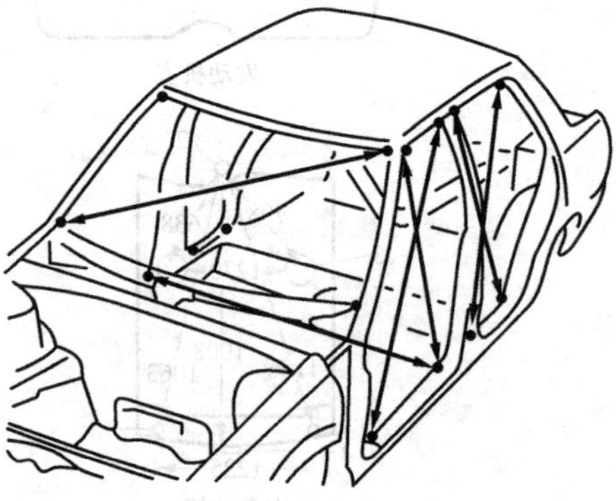

图 8-28 侧边车身尺寸测量示例

即使没有发动机室及下部车身的数据，或汽车在倾翻中受到严重创伤均可使用对角线测量方法。但在检测汽车两侧受损或扭转情况时，仅仅通过对角线测量和检查损伤是不准确的，因为测量不出这两条对角线间的差异；如果汽车左侧和右侧的变形相同，则对角线长度也可能相同，测量时应予以注意。

提示 检测汽车两侧受损或扭转情况时，不能仅仅使用对角线测量法。

由于承载式车身是由薄金属冲压后焊接而成的，所以碰撞力很容易被车身壳体构件所吸收，并且受碰撞时惯性力的影响，侧向冲击后形成图 8-29 所示的对角线变化是十分常见的。因此，测量时不仅要关注被撞一侧的损伤情况，同时还要注意用对角线法检查另一侧的变形和驾驶室门框的变形（见图 8-30）。

4．车身后部的尺寸测量

车身后部的变形可通过后备箱开关时的状况作出初步判断，后部地板上的皱褶通常都归因于后部元件的扭弯，因此测量后部车身时也要结合测量车身底部的尺寸进行，这样可为修复作业提供有效的测量数据。

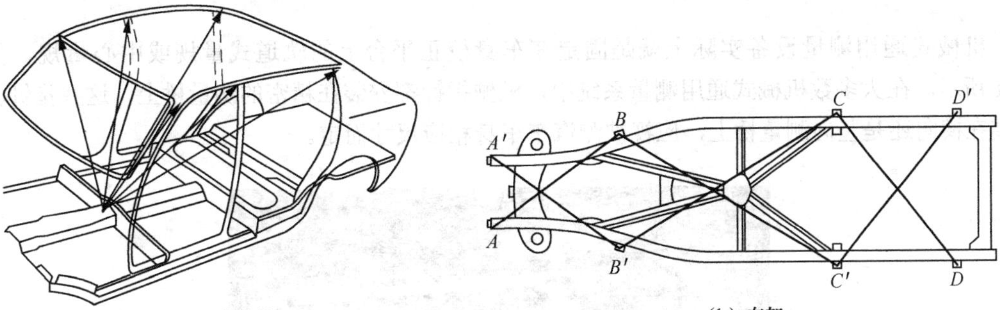

（a）轿车壳体　　　　（b）车架

图 8-29　注意不同断面上对角线的变化

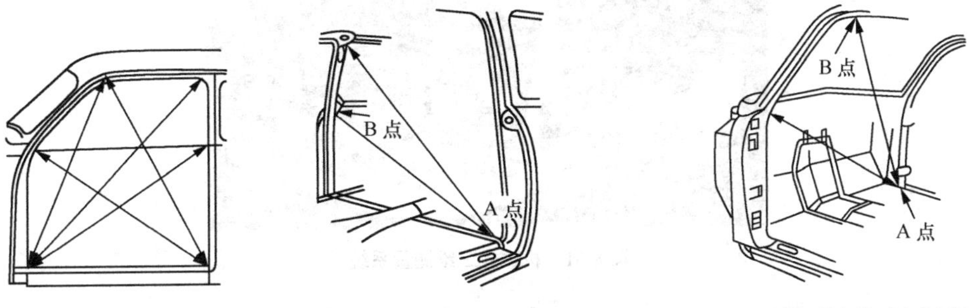

（a）车门对角线的测量　　（b）两车门后立柱对角线的测量　　（c）两车门前立柱对角线测量

图 8-30　驾驶室门框变形的测量

测量过程中应注意以下事项。

（1）所有尺寸单位均为 mm。

（2）尺寸公差为±3mm。

（3）所有尺寸均为直线长度。

课题实施

操作　三维尺寸的机械测量方法

【实训准备阶段】

在实训前的准备

（1）设备：承载式车身一台、车身校正平台、龙门式车身测量系统、空气压缩机。

（2）材料：车身底部三维尺寸数据图一套、车身上部三维尺寸数据图一套。

（3）工具：lm 长的钢板尺、3m 长的卷尺、其他常用工具。

学生在实训前的准备

（1）了解本次实训课所要求的技能。

（2）穿戴好个人安全防护用品：工作服、工作帽、工作鞋、线手套。

（3）准备好学生实训记录单。

【实训阶段】

实训要求学生穿戴工作服、工作鞋、工作帽和线手套。

一、机械式车身测量系统

机械式通用测量设备实际上就是固定在车身校正平台上的轨道式量规或中心量规，如图8-31所示。在大多数机械式通用测量系统中，机械指针都安装在精密的测量桥上，这些指针具体安装在横向还是竖向测量桥上，应视被测汽车车身相应尺寸而定。

图 8-31　机械式三维测量系统

将指针放置在适当位置后，就可以对车身上各控制点进行检测，而且能通过眼睛直接读出测量尺寸的数据。

使用机械式通用测量系统，应按照使用说明书上标注的尺寸对车身的下部和上部基准点进行检测，专门记录在“长、宽、高测量记录表”里，作为修理依据。在对车身的左侧部件与右侧部件之间的三项尺寸指标（长度、宽度和高度）的测量结果进行比较时，如果测量数据与汽车车身上被测控制点的标准数据不一致，说明汽车发生了变形。长、宽、高测量记录比较表见表8-1。

表 8–1　　　　　　　　　　长、宽、高测量记录比较表

测量位置		长度			宽度			高度			备注
		理论值	实测值	误差	理论值	实测值	误差	理论值	实测值	误差	
	左侧										
	右侧										
	左侧										
	右侧										
测量者						校核者					

二、三维车身测量系统使用方法

1．调整车辆基准与测量系统基准

（1）使用拖车器将车辆拉上车身校正平台，尽量要把车辆放置在平台的中部。

（2）调整四个主夹具的位置和钳口开合程度，车身底部裙边要完全落入主夹具的钳口中。

（3）调整高度基准。车身被安置在车身校正平台上时，按照这套测量系统的要求调整高度基准。

（4）安装基准点测量尺。把测量尺放到车身底部，在测量尺上安装固定座和测量锥头（按照车身三维尺寸数据图选择合适的测量锥头），选择车身中部的四个测量基准点进行定位测量。

（5）找宽度中心。测量车身中部前后基准点的宽度尺寸，调整车身横向位置，使得前后两边基准点的宽度尺寸相等。这时测量系统的中心线和车辆的中心线是重合的，如图 8-28 所示。

（6）选择长度方向的基准点。

① 如果汽车前部碰撞，中段车身没有变形，可以按照图纸选择前面的零平面作为测量长度的基准；如果中段车身前面的基准点变形，可以选择后面的零平面作为长度基准。

② 如果汽车后部碰撞，中段车身没有变形，可以按照图纸选择后面的零平面作为测量长度的基准；如果中段车身后面的基准点变形，可以选择前面的零平面作为长度基准。

③ 如果汽车中部碰撞，就需要先对车辆中部进行整修，直到中部四个基准点至少有三个尺寸校准后，再按照前后损坏的情况选择前面或后面的零平面作为长度基准。

（7）完成龙门式车身测量系统的安装。

① 将底部测量尺安装到校正平台上，在底部横尺的两端安装测量高度的立尺。

② 然后在立尺上安装测量车身上部尺寸的量规，以及测量车身侧面尺寸的量规。龙门式车身测量系统组装完成后就可以进行车身尺寸的测量了。

2．测量车身尺寸

（1）选择量杆和测量头。在车身上找出要测量的点后，选择正确的量杆和测量头，安装在中心线杆（横尺）上，使测量头与要测量的测量点配合。

提示

在测量车身底部尺寸时，测量头的选择正确与否非常重要，选择不合适的测量头，测量的高度尺寸数据将是错误的。

（2）车身底部测量点的测量。

① 测量点的长度尺寸通过移动标尺固定座上的孔来读取。

② 宽度数据从测量横尺上读出。

③ 高度数据从不同高度的量杆上读出。

④ 测量点的三维数据读出来后，与标准数据对比就可以知道数据的偏差，从而可以判断车身的变形程度。

（3）车身侧面测量点的测量。

① 根据图纸的要求把立尺放置在底部测量横尺上，设置好立尺的长度基准。

② 在立尺上安装量规。

③ 对侧面测量点或测量面进行尺寸测量。

（4）上部尺寸的测量。

① 根据图纸的要求把立尺放置在底部测量横尺上，设置好立尺的长度基准。

② 调整上横尺高度的基准，把上横尺安装到左右两个立尺上。

③ 调整上横尺的宽度基准中心，然后把量规安装在上横尺上。

④ 组装完成以后，就可以对发动机室或后备箱的上部尺寸进行测量。

（5）拉伸操作中的测量。在拉伸过程中进行测量时，可以先把测量头按车身某测量点的标准宽度、长度和高度固定，但注意不能把测量头放入测量孔中，避免损坏测量系统；然后进行拉伸操作，当测量点拉伸到测量头的位置时，拉伸校正完成。用多个测量头可以同时测量几组要拉伸的数据，同时监控拉伸中数据的变化情况，保证修理后车身尺寸的准确性。

【拓展训练】

要求学生选择合适的车身测量设备，测量车身 8 处三维尺寸，要求独立完成准备、组装、测量及结果分析等工作。检查学生能否正确使用设备，能否准确完成教师设定的任务。

课题三 车身尺寸的电子测量方法

基础知识

电子测量系统使用计算机和专门的电子传感器迅速、便捷地测量车身结构的损坏情况，有些电子测量系统还能够在车身拉伸校正过程中给出实时的测量数据。

在测量系统计算机的数据库中，储存了大量不同厂家、不同年代的车身数据，这些标准车身数据图可以随时被调出，都在计算机屏幕上显示出来，系统就可以自动地将实际的测量值与标准值进行比较，不再用人工翻查印刷数据手册和记录、计算测量结果了。

一、车身三维尺寸检测原理

1．典型的车身三维尺寸检测系统

典型的车身三维尺寸检测系统结构如图 8-32 所示，该系统包括多个视觉传感器和全局校准、现场控制、测量软件等几部分。每个视觉传感器是一个测量单元，对应车身上的一个被测点，系统组建时，所有的传感器均已统一到基准坐标系下（即系统全局校准），传感器由系统中的计算机

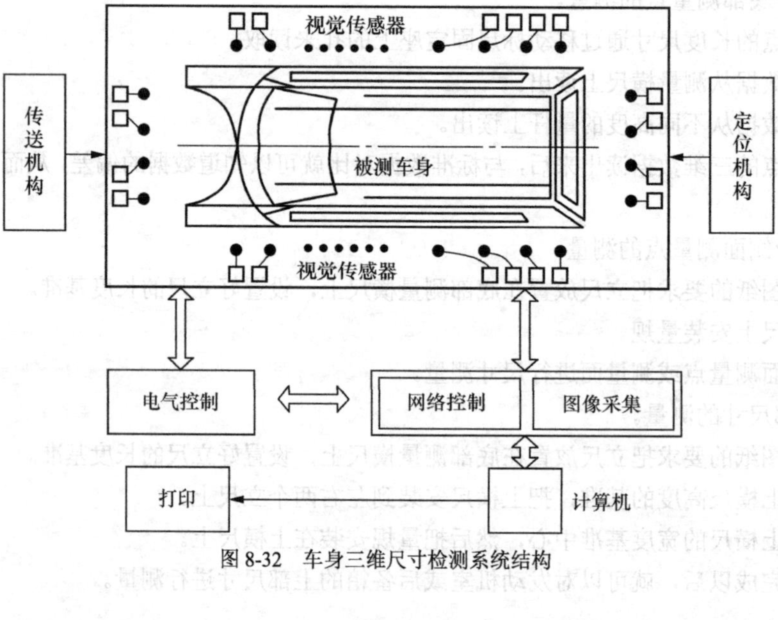

图 8-32　车身三维尺寸检测系统结构

控制。测量时，每个传感器测量相应点的三维坐标，并转换到基准坐标系中，全部传感器给出车身上所有被测点的测量结果，完成系统测量任务。

2．视觉传感器

传感器包括光平面投射器和摄像机两部分。基于三角法测量原理，测量时，光平面投射器投射出光平面，光平面和被测物表面相交形成光条，光条图像由摄像机经图像采集卡进入计算机，经计算机处理得到的图像，提取被测点对应的图像特征在像面上的坐标，由摄像机模型及三角法测量原理可以得到被测点的三维坐标。

通常，车身上的被测点可归纳成棱线点和一般特征点两类。棱线是车身上不同块面之间的交线，它的装配精度对车辆的空气动力学性能有影响，检测棱线是通过检测其上点的位置完成的；车身上一般特征点是指控制整车装配精度的重要安装定位孔（如发动机安装孔等）及可以表征车身制造精度的一些标准点。棱线点和一般特征点相对视觉传感器而言是两种不同类型的被测点，需要结构光传感器来检测，这种传感器是最早得到应用的视觉传感器，技术发展成熟。

（1）结构光传感器分为光条结构光传感器和光栅结构光传感器。光条结构光传感器原理如图 8-33 所示，用于测量棱线点；光栅结构光传感器原理如图 8-34 所示，相当于具有多个光平面的光条传感器，一次测量可以同时得到多个不同空间位置上点的三维坐标（如测量圆孔时，可得到圆周上多个点的坐标），由此计算出被测特征点（如圆孔的孔心）的三维坐标。

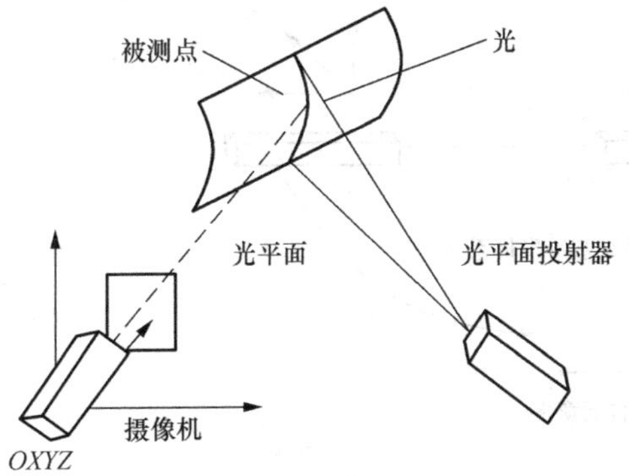

图 8-33　光条结构光传感器原理

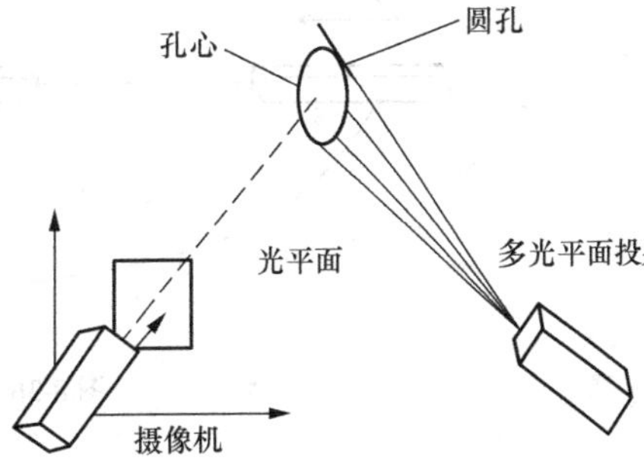

图 8-34　光栅结构光传感器原理

上述两种传感器已成功地应用在较早的车身三维尺寸视觉检测系统中。随着应用逐步深入，这两种传感器暴露出明显的缺陷。

① 传感器校准困难、精度低。传感器在使用前，必须标定光平面和摄像机之间的空间关系，目前的方法是使用细丝散射结合经纬仪的方法，这种方法受散射光点无法精确瞄准的影响，校准精度难以提高，同时由于经纬仪的使用，也大大增加了传感器校准工作量。

② 两种传感器结构及校准方法不一致，造成整个检测系统组建及维护困难。在实际的检测系统中，每种传感器的数量随着车型的不同而变化，传感器结构及校准方法的不同会严重影响系统的组建效率和维护成本。

（2）最新研制的视觉传感器采用了基于立体视觉检测原理的统一结构，克服了以上两种传感器结构及校准方法不统一的缺点，传感器原理如图 8-35 所示。

传感器采用立体视觉检测原理，由双摄像机和结构光投射器组成，被测点的空间坐标由两个摄像机得到的图像中该点对应的立体视差决定。结构光投射器的不同形式决定了传感器的不同类型，采用光条结构光投射器，相当于光条结构光传感器；采用光栅结构光投射器，相当于光栅结构传感器。此外，还可以通过设计特殊的投射器，进一步扩展视觉传感器的应用范围。

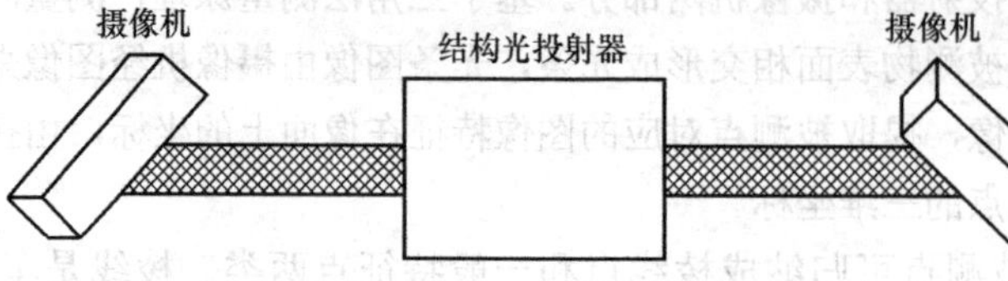

图 8-35　基于立体视觉统一结构摄像机

基于立体视觉统一结构的传感器具有突出的优点。不同类型传感器的结构和校准方法完全一致，可以采用基于标靶的精确校准技术实现传感器的高精度校准；传感器的适应性优良，对于不同类型的被测点，只需变更传感器中的光投射器即可。

3．全局校准

完整的车身三维尺寸视觉检测系统由多达几十个传感器组成，每个传感器均在自身的坐标系（传感器局部坐标系）中进行测量，必须将系统中全部传感器局部坐标系统一到一个全局坐标系（系统基准坐标系）中，才能实现系统功能，这就是全局校准技术，图 8-36 所示为全局校准示意图。

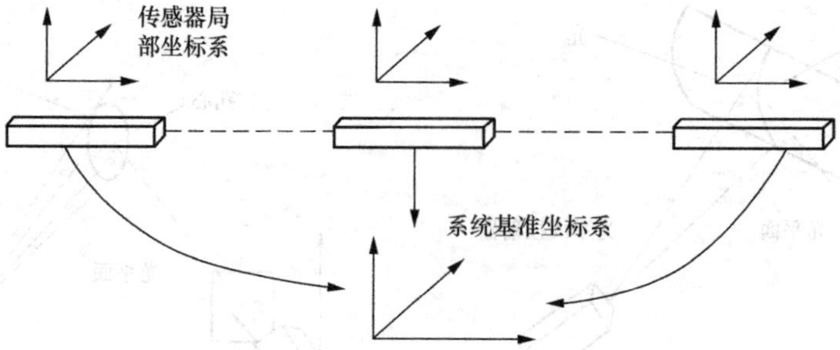

图 8-36　全局校准示意图

最直接的全局校准技术就是所谓的金规校准。在校准系统时，制作一个和被测对象完全一致的标准金规（如被测车身），标准金规上分布着控制点，它们对应于被测车身上的被测点，控制点在金规基准坐标系中的位置是已知的。校准时，传感器测量控制点，通过控制点的位置坐标可以得到传感器局部坐标系到金规基准坐标系的统一。金规校准方法直观明确，但实际应用时存在重大缺陷，如金规应当和被测对象一致，不同车型的检测系统需要不同的金规。此外，制作如车身大小的高精度金规，成本高，对于某些大型的车身，实际上是不可能的。

鉴于金规校准的缺点，当前车身视觉检测系统采用的是借助中间坐标测量装置的间接全局校准标准，原理如图 8-37 所示。该校准技术的核心是由两台经纬仪组成的移动式高精度空间坐标测量装置和一块精密标准标靶组成。间接全局校准时，先将标靶放置在传感器的测量空间内并固定，用传感器测量标靶（标靶上设计有标准圆孔）得到传感器坐标系和标靶坐标系之间的关系；其次，同时用经纬仪测量装置坐标系观测标靶在空间的位置，得到标靶坐标系和经纬仪测量装置坐标系之间的关系；再次，用经纬仪测量装置坐标系观测视觉检测系统的基准坐标系，得到它们之间的关系；最后由坐标变换链，即传感器坐标系—标靶坐标系—经纬仪测量装置坐标系—基准坐标系，实现传感器坐标系到视觉系统基准坐标系之间的统一，即间接全局校准。

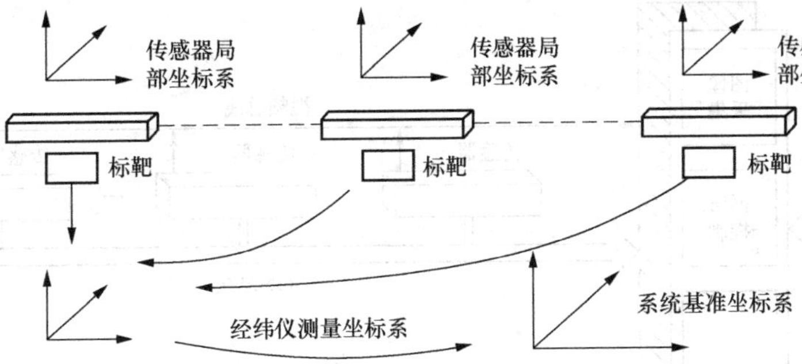

图 8-37 间接全局校准标准

与金规校准相比，基于经纬仪测量装置坐标系的间接全局校准有明显的优势，通用性好、成本低及能够用于不同车型的车身视觉检测系统。特别需要指出的是，如果视觉系统中的传感器采用基于立体视觉的统一结构，则基于经纬仪测量装置坐标系的间接全局校准优点更为突出，不同的视觉检测系统可以采用完全相同的标靶及校准软件，从而给系统的组建和维护带来极大的方便，这对大范围推广视觉检测技术非常有利。

4．系统控制

车身三维尺寸视觉检测系统是基于计算机控制的大型系统，系统中一般包含几十个传感器，传感器的有效控制对系统的性能有重要的影响。早期的传感器控制采用星形专线连接方案，如图 8-38 所示。每个传感器的控制线和视频线均独立连接到控制柜，计算机通过分配 I/O 接口分别控制传感器，传感器输出的视频信号经控制柜切换后进入图像采集卡，再由计算机处理。

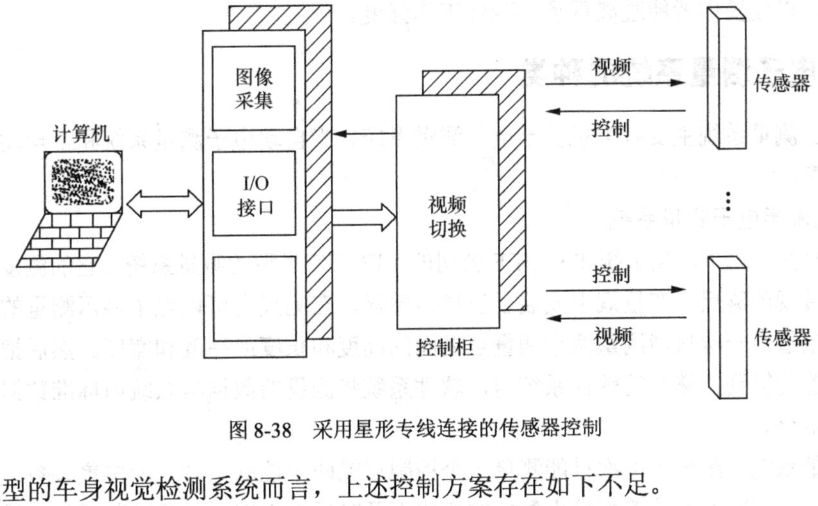

图 8-38 采用星形专线连接的传感器控制

对于大型的车身视觉检测系统而言，上述控制方案存在如下不足。

（1）布线复杂，线缆需求量大，影响系统工作稳定的隐患多。

（2）系统不具备良好的伸缩性，扩展能力差，即当将一个有 20 个传感器的现有系统扩展到 30 个传感器时，必须重新设计控制柜并布线。

最新的视觉检测系统采用了现场总线控制方案，彻底解决了上述问题，原理如图 8-39 所示。其方案具有优良的扩展性能，能够在不改变现有系统结构的基础上，对系统进行平滑扩充，且布线规范、线缆需求量小，安全隐患少，便于维护。目前，系统在使用 RS-485 中继器的情况下，可以扩展128个以上传感器。

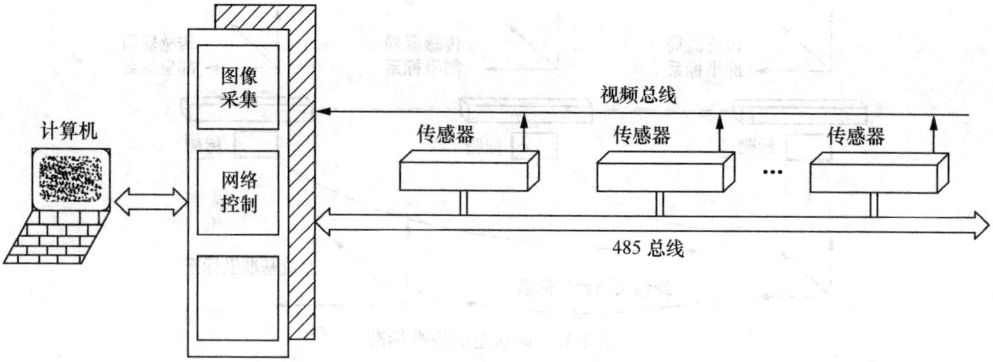

图8-39 传感器总线控制原理

5．测量软件

车身三维尺寸视觉检测系统管理的硬件数量多，种类复杂，为保证系统功能的可靠性和达到设计测量精度，必须有强大的测量软件支撑。测量软件的设计必须考虑以下几点。

（1）选择可靠性高的操作系统。视觉检测以图像处理为基础，涉及大量算法和运算量，需要消耗大量的计算机系统资源。

（2）设计算法时，应当着重考虑容错性。图像的精确量化处理和一般的变换（几何变化、线形变化、颜色变化等）不同，常常伴随算法的不稳定，以至于产生很大的测量误差。

（3）测量软件必须有直观易用的使用界面。对于普通操作者，应当屏蔽检测系统硬件的复杂性。另外，车身视觉检测系统是在线检测系统，系统在现场工作的实时状态应当在软件界面上有充分的体现，以便操作者能脱离现场，减轻工作强度。

二、车身电子测量系统的种类

车身电子测量系统主要有半机械半电子测量系统、半自动电子测量系统和全自动电子测量系统等几种类型。

1．半机械半电子测量系统

常见半机械半电子测量系统如CHIEF公司的VIRTEX类型的测量系统，它的测量工具是一个类似轨道式量规的测尺，在量规上安装了位移传感器，在测尺上可以电子显示测量的高度、长度两个方向的数值，一次只能测量两个测量点之间的高度和长度或高度和宽度。然后把数据通过有线或无线装置传输到计算机的软件系统内，软件系统将测量的数据与系统内标准数据对比，才能得到测量的结果。

这种测量系统在测量中每次只能测量一个控制点或两个控制点之间的位置参数，不能同时测量多个控制点，同时不能随着测量点数据的变化而及时反映出来，需要不断反复测量不同的控制点来确定相关尺寸的正确性，操作比较烦琐，效率较低。

2．半自动电子测量系统

半自动电子测量系统如Car-O-Liner、Car-benc，Spenis等系统，也叫做自由臂测量系统，其测量自由臂由一节节可以转动的关节连接，每两个臂之间可以在一个平面内360°转动，多个臂的转动可以移动到空间的任意一个位置。在连接处有角度位移传感器，任何一个关节转过的任何一个角度都会被传输记录到计算机上。自由臂的每个臂长是一定的，计算机会自动计算出自由臂端部到达空间位置的三维数据尺寸。

自由臂测量系统在测量中每次只能测量一个控制点，有的测量臂的端部只是测量指针，使用不方便，有的测量臂配备了不同的测量头，测量起来就简单多了。在实际拉伸修复中自由臂测量系统不能做到多点同步进行测量；计算机接收系统在测量前需要进行调平，在测量过程中接收器或者被测量车辆的移动都会导致基准变化而使测量数据不准确。

3．全自动电子测量系统

（1）红外线测量系统。红外线测量系统包括若干个反射靶、一个红外线发射及接收器和一台计算机。它采用红外线测量技术，由两个准分子红外线发射并投射到标靶上，每个标靶上有不同的反射光栅，红外线接收器通过接收光栅反射的红外线束测量出数据并传输给计算机，由计算机通过计算可以得到测量点的空间三维尺寸。红外线系统提供直接且即时的尺寸读数，在拉伸和校正作业过程中，车辆的损伤区域和未损伤区域中的基准点都可被持续监测。

将车辆装到校正架上之后，将红外线发射接收器放置在车辆的中部下面，然后将红外线发射接收器的电缆插到计算机上，在计算机调出被修复车辆的车身数据尺寸图后，便可以进行测量。

（2）超声波测量系统。全自动电子测量系统中目前应用最广泛的一种是超声波测量系统，它的测量精度可以达到±1mm 以下，测量稳定、准确，可以瞬时测量，操作简便、高效。可以为车辆预检、修理中的测量和修理后检验等工作提供有效的帮助，现在也用于一些二手车辆交易的车身检验工作中。

超声波测量系统由超声波发射器、超声波接收器、控制柜（包括计算机，也称为主机）及各种测量头组成。

课题实施

操作一　奔腾 Allvis 车身电子测量系统的使用

【实训准备阶段】

教师在实训前的准备

（1）设备：承载式车身一台、实训轿车一台、车身校正平台、奔腾 Allvis 车身电子测量系统、空气压缩机、拉伸系统。

（2）工具：常用工具。

学生在实训前的准备

（1）了解本次实训课所要求的技能。

（2）穿戴好个人安全防护用品：工作服、工作帽、工作鞋、防护手套、防护眼镜。

（3）准备好学生实训记录单。

【实训阶段】

实训时要求学生穿好工作服、工作鞋，戴好工作帽和线手套。

奔腾 Allvis 车身电子测量系统精确度高，中文界面，操作便捷；配备各种测量头，车身底部和上部尺寸可轻松测量；测量数据即时显示，通过蓝牙技术无线传输；适合各种维修方式操作，如校正平台、举升机、地框式校正系统等；测量不受外界干扰，测量精度稳定；具备损坏/维修报告打印输出功能，可用文件证明车辆在维修前、维修中、维修后的状况，如图 8-40 所示。

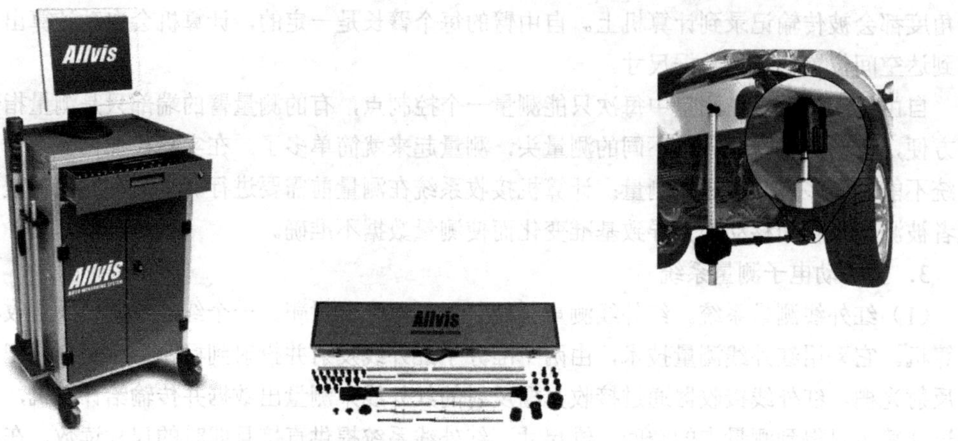

图 8-40　奔腾 Allvis 车身电子测量系统

一、BANTAM-ALLVIS 组成

BANTAM-ALLVIS 是一款具备蓝牙数据传输功能的电子测量系统，主要用于车身及底盘尺寸的精确测量，系统主要部件包括伸缩式电子测量臂、成套的测量附件及适配器、车型数据和蓝牙 USB 等。

1．伸缩式电子测量臂

伸缩式电子测量臂如图 8-41 所示，起始位置为 900mm 和 400mm。长度测量范围在 900～2653mm 或 400～2153mm，长度测量精度达到±1.5mm。

2．电子控制盒

测量臂前端有一个带 LCD 显示的电子控制盒，盒内有一个可插入高度测量杆的插孔，可通过内嵌的电子水平仪进行水平基准面的标定及高度测量。LCD 显示的高度测量值是标准值，最终补偿后的高度值显示在计算机上，如图 8-42 所示。

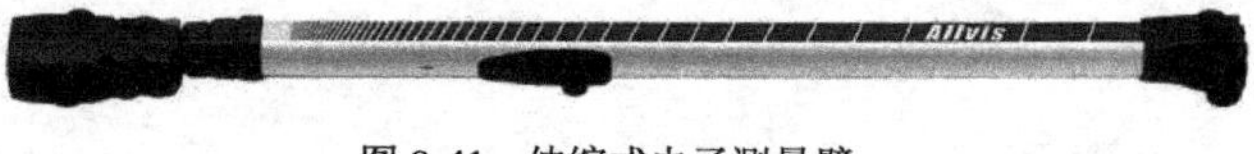

图 8-41　伸缩式电子测量臂

图 8-42　LCD 显示电子控制盒

3．高度测量杆

高度测量杆一共有六根，从短到长杆号为 A 到 F，如图 8-43 所示。高度测量范围在 20～900mm，高度测量精度达到±1.5mm。

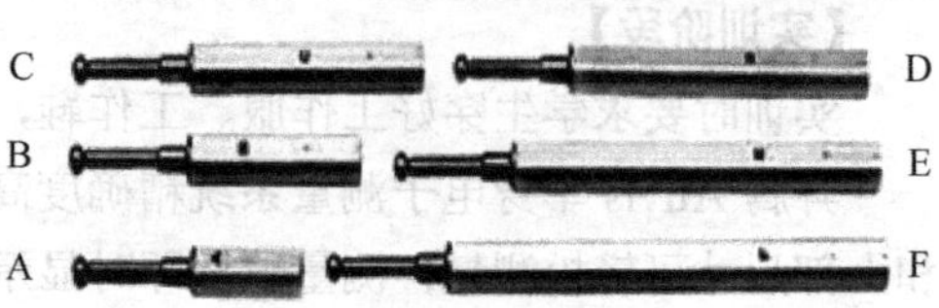

图 8-43　高度测量杆

4．探头附件

探头附件主要包括圆锥体ϕ60、ϕ35、ϕ25 等，用来测量圆孔及椭圆孔；90°转换器一个，用来转换角度测量侧面的点；套筒 16 个（ϕ8～ϕ22），用来测量螺钉头；M201 适配器 9 个（ϕ6～ϕ18）；磁力座 2 个，ϕ35 和ϕ60，如图 8-44 所示。

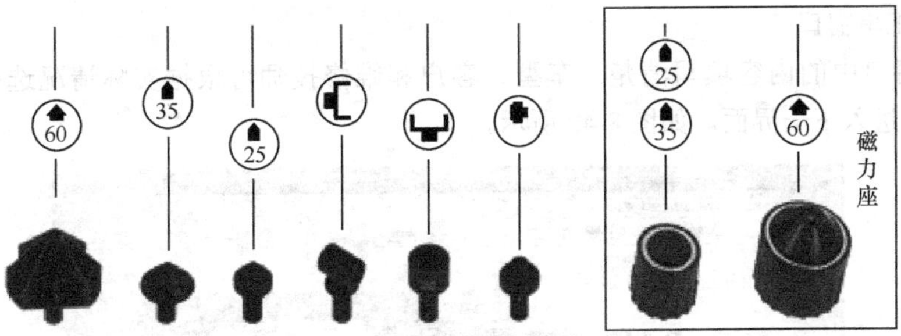

图 8-44 探头附件

5．蓝牙

蓝牙用来进行无线传输数据，可传输距离 10m，如图 8-45 所示。

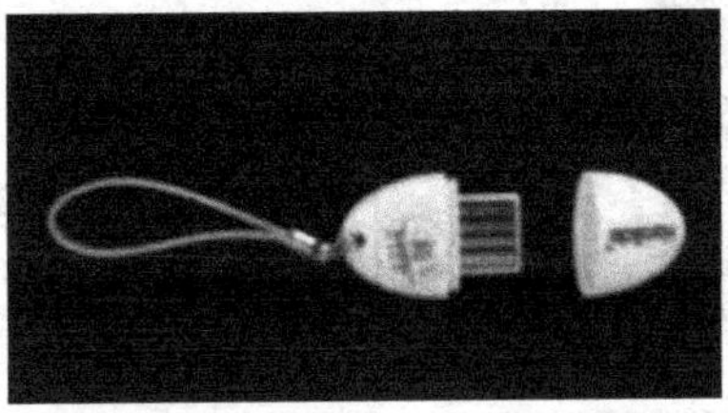
图 8-45 蓝牙传输设备（USB）

二、设备的测量操作

1．进入系统

单击桌面快捷方式进入，如图 8-46 所示。

图 8-46 桌面快捷方式

2．进入工单管理界面

进入主界面点击工单管理中新建工单子程序，如要查询以前工单可选择工单查询，如图 8-47 所示。

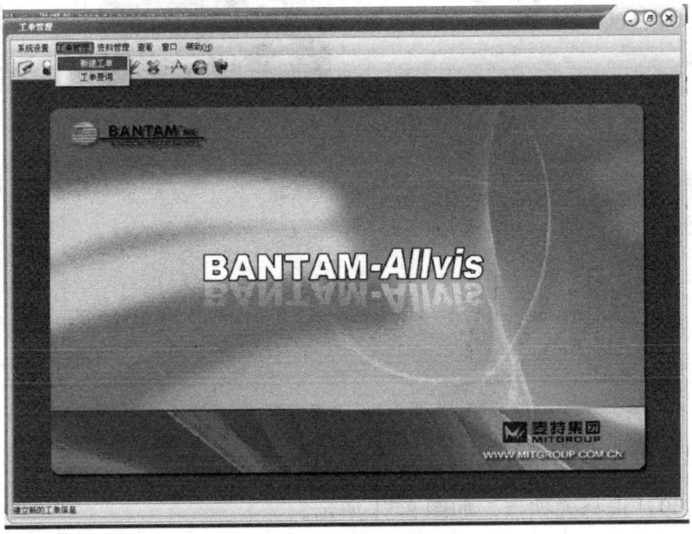

图 8-47 工单管理界面

3．新建工单窗口

将工单窗口中的内容填写清楚。车型、客户和维修技师可根据实际情况选择。然后单击“OK”按钮，进入下一界面，如图 8-48 所示。

图 8-48 新建工单窗口

4．水平标定（见图 8-49）

进入水平标定有两种方式，点击工具栏的水平标定按钮或点击测量菜单下的水平标定菜单都可以进入。

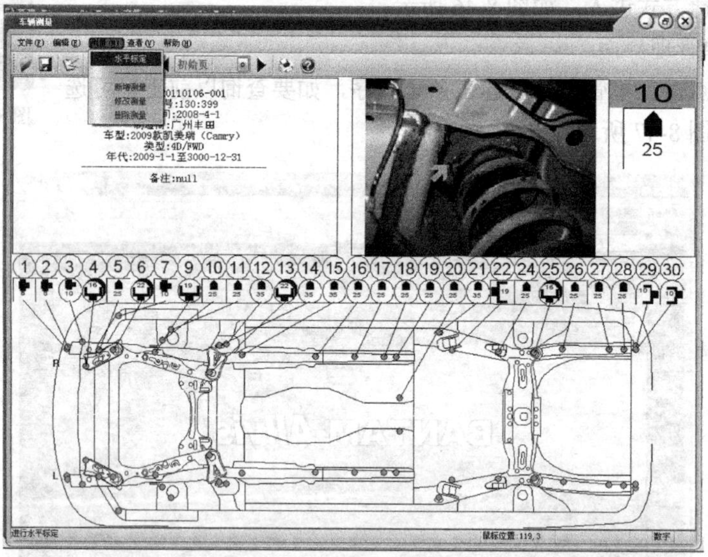

图 8-49 水平标定

（1）标定第一步：选择发动机位置和标定杆，如图 8-50 所示。

（2）标定第二步：选择磁铁点，如图 8-51 所示。

磁铁点要选择没有碰撞损坏的孔，尽量是圆孔，被选择的点会用蓝色标识出来。并在底盘图上绘制阴影，阴影内的区域表示超出测量杆的极限。将磁力座安装到车身上，单击下一步。

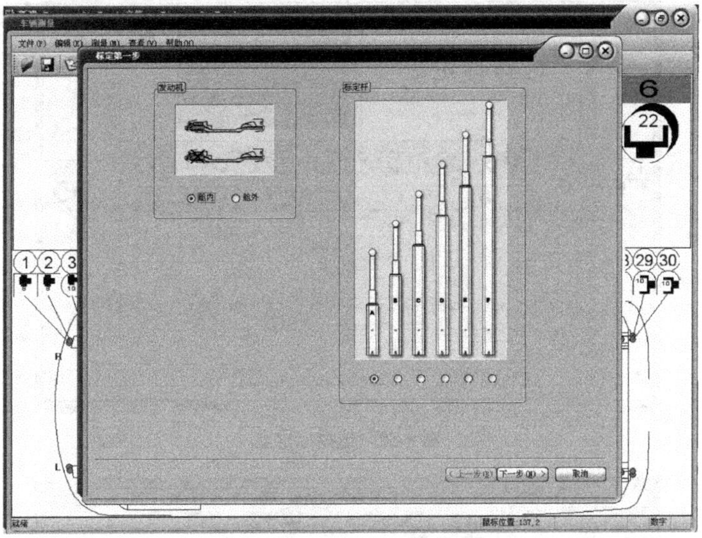

图 8-50　选择发动机位置和标定杆

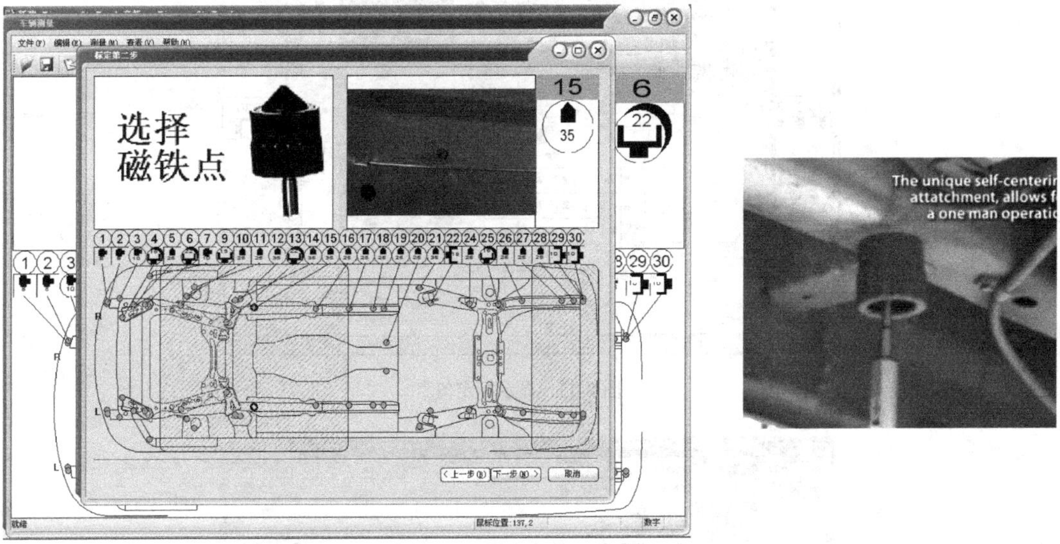

图 8-51　选择磁铁点和安装磁力座

（3）标定第三步：选择标定点，如图 8-52 所示。

在阴影区域外的编号上按下鼠标左键选择标定点，被选择的点会用红色标识出来。

（4）标定第四步：显示标定值，如图 8-53 所示。

系统将两组磁铁点和标定点的长度和高度值，连同高度测量杆（标定杆）类型一起显示在屏幕上，并自动向测量臂发送第 1 组标定数据，也可手动选择相应的数据组后单击“发送数据”按钮进行发送。单击“完成”按钮弹出提示，确认后完成标定。

5．车辆测量

单击“测量”菜单选择“新建测量”或单击工具栏的“新建测量”按钮进入界面，如图 8-54 所示。

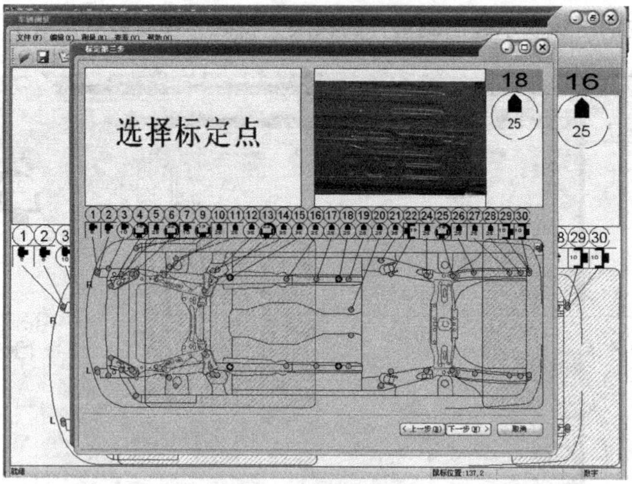

图 8-52　选择标定点

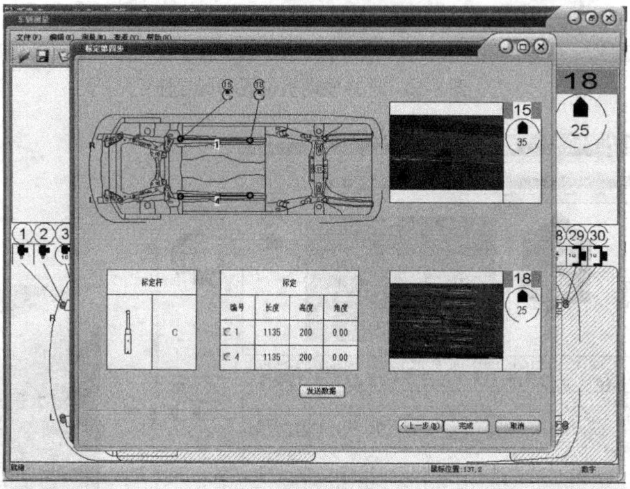

图 8-53　显示标定值

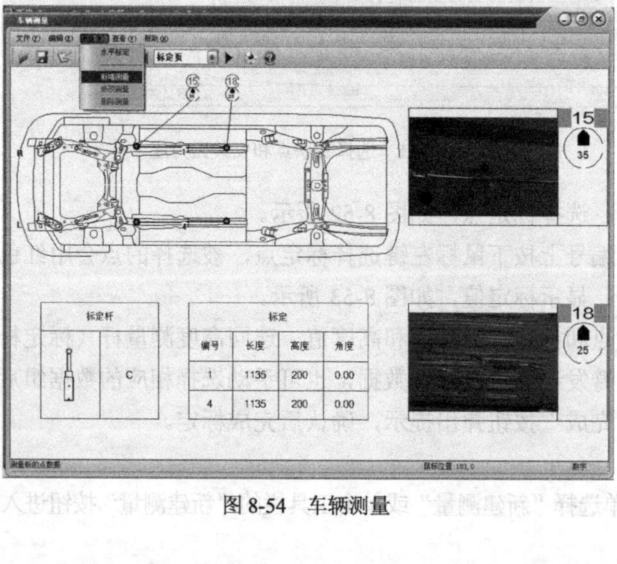

图 8-54　车辆测量

（1）测量第一步：选择起始点，如图 8-55 所示。

选择要测量起始点即磁铁点，被选择的点会用蓝色标识出来，单击下一步。

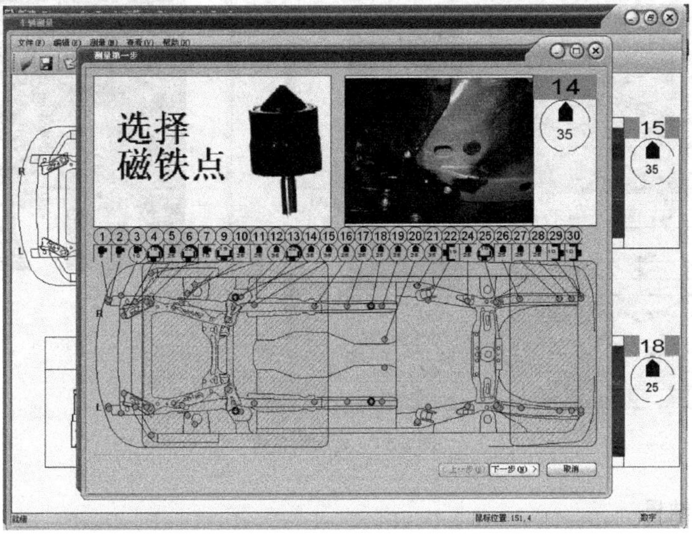

图 8-55 选择起始点

（2）测量第二步：选择测量点，如图 8-56 所示。

在页面中间的点编号移动，所在点相应实车图和工具类型及编号会显示在右上方。在阴影区域外的点编号上按下鼠标左键选择测量点，被选择的点会用绿色标识出来。

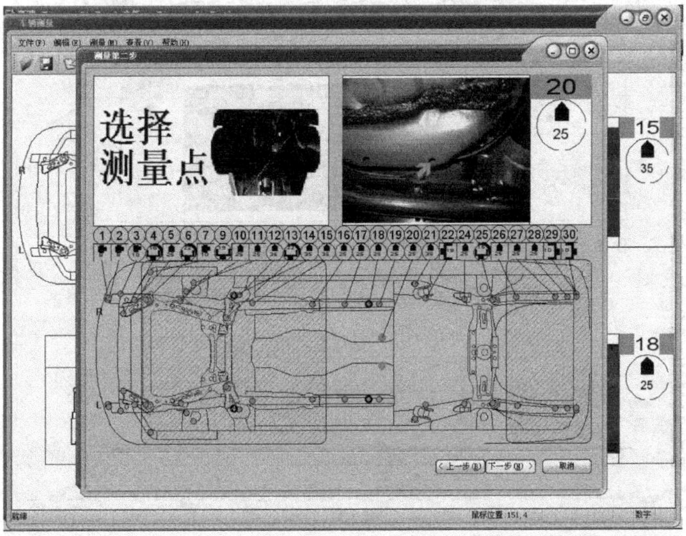

图 8-56 选择测量点

（3）测量第三步：显示测量值，如图 8-57 所示。

系统将磁铁点和测量点之间及相关的长度值和高度值显示出来，并自动向测量设备发送 1 号连线的标准值，也可以选择编号后通过单击“发送数据”按钮发送当前编号的数据，每组数据测量完成后通过蓝牙发送至计算机，同时自动接收下一组标准数据。

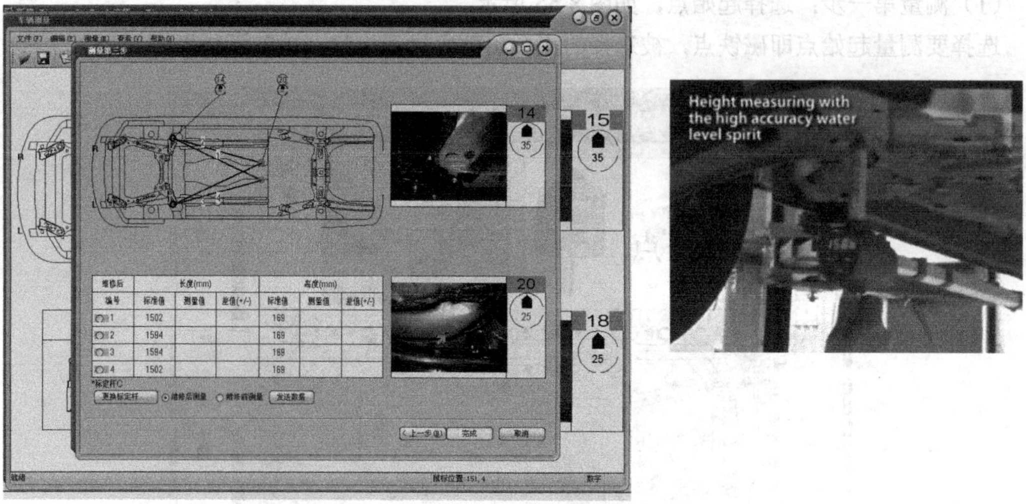

图 8-57 显示测量值

6．保存测量结果

（1）单击工具栏“保存”按钮保存测量结果。

（2）保存在 worksheet 目录下，文件名为工单号，扩展名为“*.SDF”。

7．打印测量报告

单击文件菜单下的“打印预览”菜单，弹出预览窗口，单击“打印”即可，如图 8-58 所示。

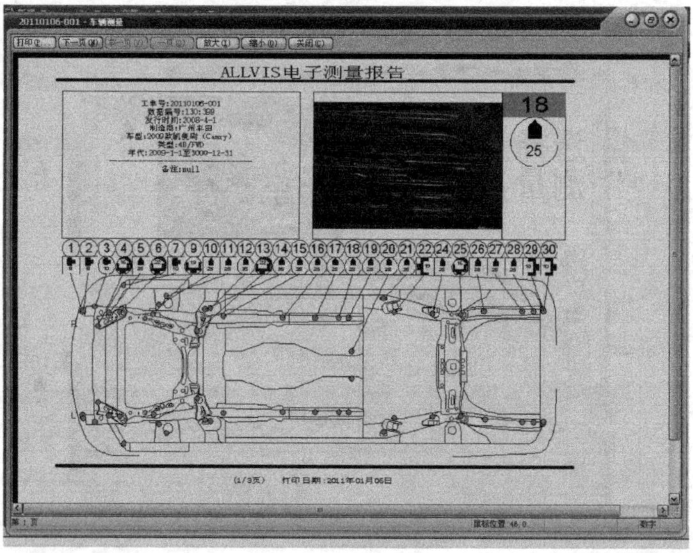

图 8-58 打印测量报告

【拓展训练】

由实训教师在车身上选取 8 个不同位置的点，要求学生进行三维尺寸的电子测量，独立进行操作，并根据测量结果分析车身变形情况。检查学生能否正确使用设备，准确完成教师设定的任务。

模块总结

通过对本模块的学习，可以对车身测量的方法、步骤有所了解，能够根据不同的需要正确选择测量设备及方法。掌握点对点测量及三维立体测量的步骤、方法要求。超声波车身测量系统在现在的车身维修测量中应用非常广泛，了解它的使用方法，在以后的工作中会起到一定的作用。

思考与练习

一、选择题

1. 汽车宽度是平行于车辆纵向对称平面并分别抵靠车辆两侧________的两平面之间的距离。

A．固定突出部位　B．倒车镜外缘　C．侧面标志灯　D．转向指示灯

2. 对于轿车来说车宽________m 是一个公认的上限，接近或超过的车都会很难驾驶。

A．1　B．1.5　C．2　D．2.5

3. 一般情况下通常把生产工艺上留下来的________作为车身测量时的定位基准。

A．基准孔　B．焊点　C．螺栓孔　D．排水孔

4. 基准面被用来作为车身所有垂直轮廓测量的参照面，汽车________数据就是从基准面得到的测量结果。

A．宽度尺寸　B．高度尺寸　C．长度尺寸　D．水平尺寸

5. 测量系统在找正中心时需要调整车辆或测量尺，使测量系统的中心线与车辆的中心面________。

A．必须重合　B．不能重合　C．最好不重合　D．重合或平行

6. 在车身测量时零平面有________个，作为长度方向上的测量基准。

A．1　B．2　C．3　D．4

7. 用________测量车身尺寸简单易操作，但是测量的准确性要差一些，适合于车身维修前的损伤鉴定工作。

A．三维坐标法　B．激光测量法

C．点对点方法　D．专用三维测量系统

8. 现在车身维修后的测量公差标准为________，只有使用精确的测量系统才能够对车身进行精确的测量。

A．±2mm　B．±3mm　C．±4mm　D．±5mm

9. 检验部件之间是否发生错位时，经常用________来测量。

A．卷尺　B．中心量规　C．轨道式量规　D．钢板尺

10. ________是用来判断车身变形的，而不能测量变形的数值。

A．中心量规　B．轨道式量规　C．卷尺　D．钢板尺

11．在车身电子测量中，如果汽车前部碰撞就选择________作为长度基准点。

A．前面的基准点　　B．中部的基准点

C．后面的基准点　　D．规定的基准点

12．最直接的全局校准技术，有时也被称为________。

A．标准校准　　B．金规校准

C．直接校准　　D．直接全局校准

13．________的测量精度可以达到±1mm 以下，测量稳定、准确，可以瞬时测量，操作简便、高效。

A．激光测量系统　　B．电子测量系统

C．超声波测量系统　　D．机械测量系统

14．如果车身中部发生碰撞，则要对车身中部进行整修，直到车身中部 4 个基准点有________个尺寸被恢复。

A．1　　B．2　　C．3　　D．4

二、简答题

1．车身测量的要求有哪些?

2．什么叫做基准面，基准线，零平面?

3．车身测量的基准与车身长度、宽度和高度相应关系如何?

4．车身测量尺寸图表一般包括哪些部位的尺寸?

5．对角线测量方法，测量的对角线长度相等，说明车身尺寸绝对没有变形，对吗?

6．轨道式量规测量，点对点距离与线对线距离肯定一样，对吗?

7．三维测量只有电子测量的形式，机械测量都不是，对不对?

8．如果车身底部的测量基准点受损伤了，怎么办?

9．如何将测量三维尺寸的机械法更好地应用到实际工作中?

10．车身电子测量系统还有哪些应用?

模块九 9 车身的拉伸与校正

拉伸校正作业必须以测量、分析、诊断为基础，才能在修复过程中体现“有的放矢”。校正作业所遵循的基本原则是利用力的合成、分解、位移的原理，将车身构件受到碰撞的变形部分向相反的方向牵引，并消除金属材料的内部应力。

对于现代汽车车身来说，精确的整体定位参数和消除构件的内应力，对使用性和安全性都有十分深刻的意义。手工操作或传统的作业方法，很难保证校正的精度和质量。在这里以专用机械和设备的应用方法为主介绍对车身变形的校正。

知识目标

◎ 了解拉伸校正的重要性及其基本原理

◎ 掌握拉伸校正方案的内容及其准备工作

◎ 掌握车身固定与校正方法与步骤

能力目标

◎ 掌握车身大梁校正系统的使用方法

◎ 熟练使用车身固定设备

◎ 熟练使用液压校正设备骤

课题一 拉伸校正的原理及方法

车身校正的重点是“精确地恢复车身的尺寸与状态”。因为车身（特别是承载式车身）是车辆的基础，汽车的发动机、悬架、转向系统等都安装在车身上，如果这些部件安装点的尺寸没有校正到位，那么就会影响车辆的性能。

对于承载式车身而言，车身尺寸的精确度是车身修复过程中的一个关键因素。如果车身结构尺寸没有整形到位，仅仅通过调整或垫上垫片等方法把更换的钣件装好，把修整和其他机械方面的问题留给机修人员的工作方式显然是不妥当的。机械的调整手段仍然是必要的，但是只能做一些微小的调整，车身修理人员有责任把基本结构全部修复。

基础知识

一、车身校正的重要性及原理

1．车身校正的重要性

车辆受到严重撞击后，车身的外覆盖件和结构件都会发生变形。车身外覆盖件的损伤可以用锤子、垫铁和外形修复机来修理，但车身结构件的损伤修理仅仅使用这些工具是无法完成的。车架式车身的车架和承载式车身的结构件非常坚固，强度很高，对于这些部位的整形，必须通过车身校正仪的液压力才能够进行校正工作。液压系统产生的力大且平稳，使现代化的车身校正设备成为技术人员进行车身维修不可缺少的设备。

车身校正是一个非常重要的操作过程，不适当的车身和车架校正技术，是车身结构不能恢复到原来尺寸的主要原因。如车身碰撞后，虽然钣件表面被修复好，但如果用户仍抱怨轮胎磨损异常、偏向某一边，经检查就可能发现前翼子板的安装处有扩大的裂纹，甚至车门铰链上有扩大的裂缝，就是因为在车身修理时没有真正修复好车身的结构钣件。

提示 车身校正工作的好坏直接影响到汽车的安全性、修复所用的时间以及整车的修理质量。

并不是所有的变形部件都可以校正后再继续使用，有些部件特别是高强度钢和超高强度钢制造的部件，其变形后内部的应力相当大，而且用常规的方法无法完全消除这些应力，这时就不能校正而需要更换。

2．车身校正的基本原理

拉伸和校正车身时，有一个基本原则，即按与碰撞力相反的方向，在碰撞区施加拉伸力，如图 9-1 所示。当碰撞很小，损伤比较简单时，这种方法很有效。

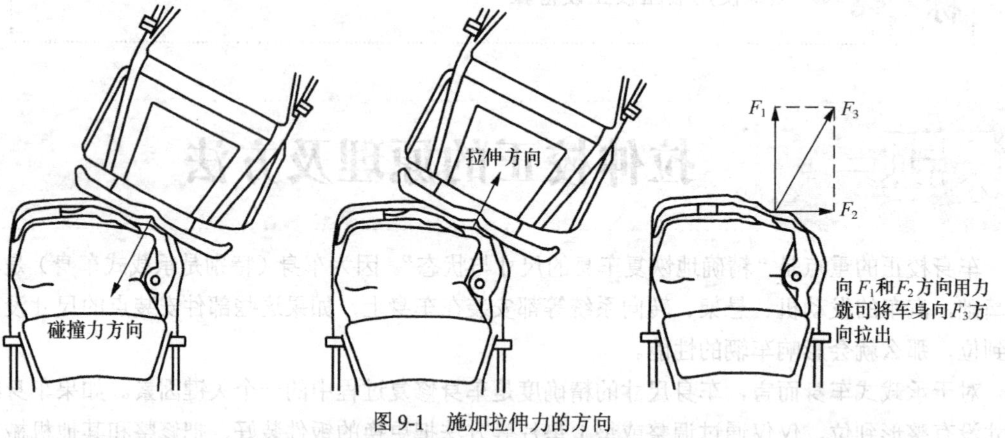

图 9-1 施加拉伸力的方向

但是当损伤区域有皱褶，或者发生了剧烈碰撞，构件变形比较复杂，这时仍沿着一个方向拉伸就不能使车身恢复原状。这是因为变形复杂的构件，在拉伸恢复过程中，其强度和变形也随着改变，因此拉伸力的大小和方向就需要适时改变，把力仅仅施加在一个方向，就不能取得好的修复效果，如图 9-2 所示。

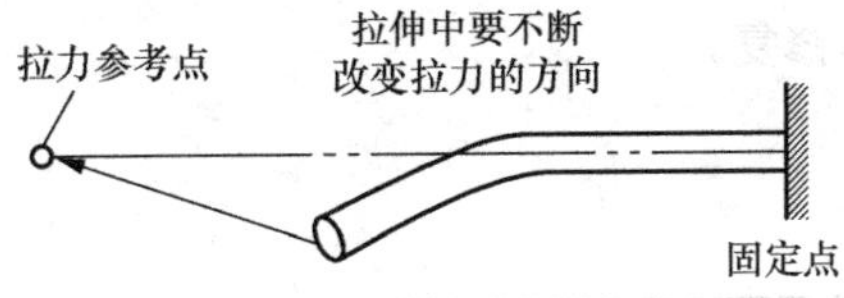

（a）开始时拉伸时拉力方向

（b）拉伸过程中拉力方向

（c）板件基本恢复时拉力方向

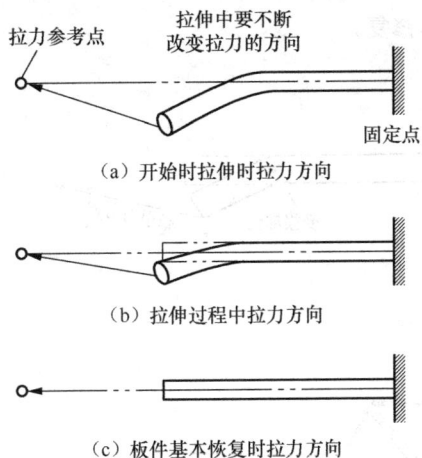

图 9-2　拉伸中不断改变拉力的方向

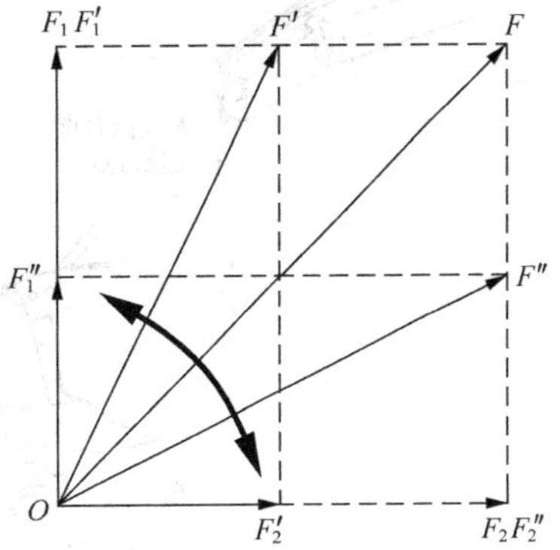

图 9-3　拉伸力的分解

从力的分解和合成中知道，分力与合力构成平行四边形关系，如图 9-3 所示。以 O 为原点，拉伸力 F 可以分解为 F_1 和 F_2 两个分力；拉伸力 F' 可以分解为 F_1' 和 F_2' 两个分力；拉伸力 F''，可以分解为 F_1'' 和 F_2'' 两个分力。如果变形更加复杂，可以在空间中分解，每个合力就可以分解出三个分力。可见，在单向拉伸过程中要随着变形恢复的程度改变拉伸力的大小和方向，而成功的拉伸，拉伸力应该是逐渐减小的，形状变化后拉伸力方向要同步改变。

二、拉伸校正的方法

1．单向拉伸

在进行拉伸校正时，首先根据碰撞力的相反方向找到施加拉伸力的方向，然后在撞击点上向该方向进行拉伸。对于碰撞程度较轻的局部变形，很容易使变形得到校正，但在拉伸过程中还要根据变形恢复的程度调整拉伸力方向和大小，才能有效维修，如图 9-4 所示。

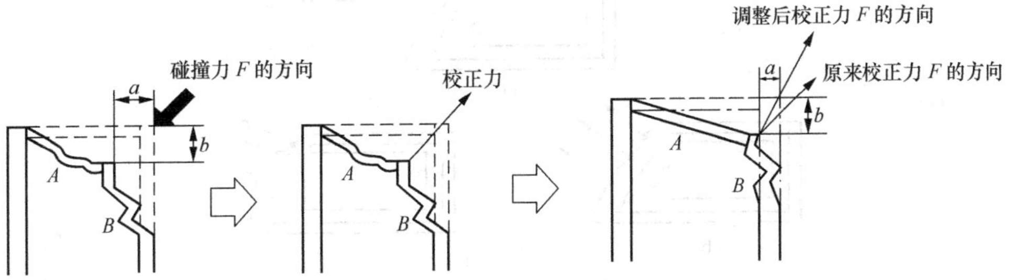

图 9-4　单向拉伸法

2．复合拉伸（多向拉伸）

当车身发生严重的变形时，碰撞力的作用是非常复杂的，其受力状态多为空间力系，车身变形的情形也是十分多样的，仅仅依靠单向拉伸，维修的效果会很差，特别是承载式的车身，往往容易把钣金件拉坏。这时应该用多向拉伸（也叫做多点拉伸）方法，提高拉伸效率和拉伸校正质量。

实现多向拉伸，必须找到多向力。方法是把校正的拉伸力分解，分解为两个或者两个以上的力。同样利用力的平行四边形法则进行。实现多向拉伸最直接的方法是多点拉伸，有时只是在分析好的某一点上附加一个小小的其他方向拉力，就能达到较好的目的。如图 9-5 所示，纵梁产生弯曲变形，可以把校正的拉伸力分解为纵向和横向的两个分力，即一个是惯性锤的作用力，另一个是液压系统产生的拉力，就比较容易把纵梁的变形修复。

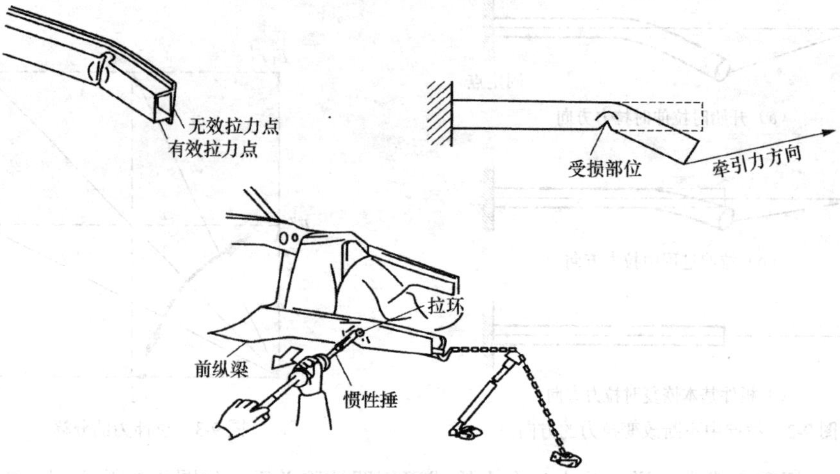

图 9-5 适当增加辅助拉伸力，弯曲便很容易得到恢复

车身侧面碰撞引起的整体弯曲变形，校正时需要三个方向的拉伸力，如图 9-6 所示。

车架的校正可以用单向拉伸，承载式车身开始应该用多点、多方向的拉伸，到变形恢复程度差不多时再用单向拉伸，如图 9-7 所示。通过多点拉伸，很大程度上减小了每个受力点上所需的力，大的拉伸力经过几个连接点加以分散，减少了薄钢板被拉断的危险。

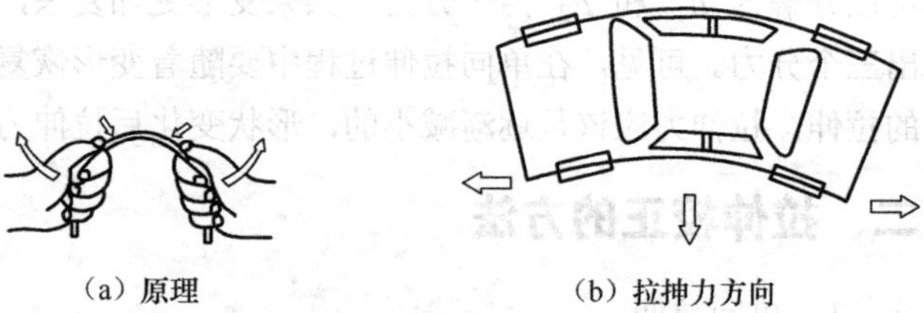

图 9-6 车身侧向整体变形的拉伸校正

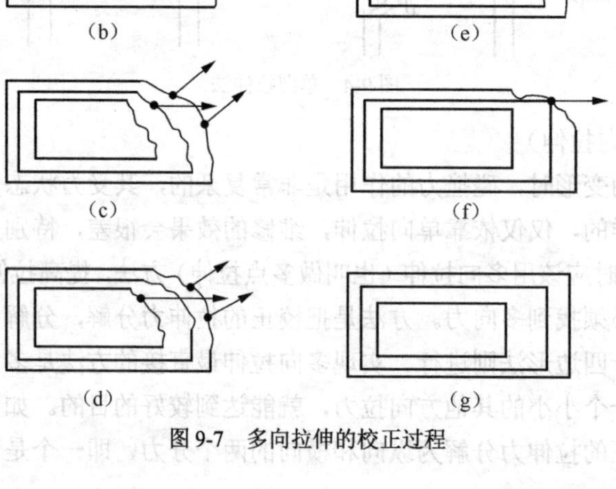

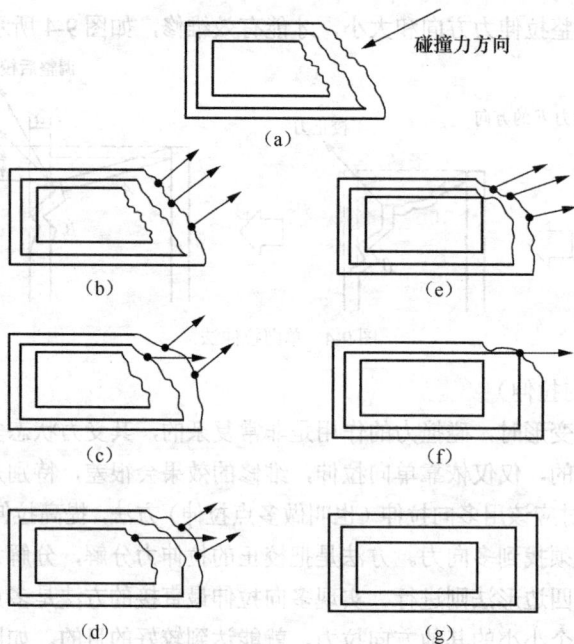

图 9-7 多向拉伸的校正过程

想一想

单向拉伸和多向拉伸对钣金件有哪些不同的影响？

三、拉伸校正的过程

对钣金件进行拉伸校正，既要使其恢复表面形状，也要消除其内应力，所以在校正过程中要实施“拉伸→保持→拉伸→保持”的反复拉伸过程，避免产生因为想一次拉伸到位而引起的钣金件二次损伤，比如断裂等；在校正过程的保持阶段中还要对被拉伸部位，利用钣金锤进行适度敲击，以释放钣金件内部应力。如图 9-8 所示。

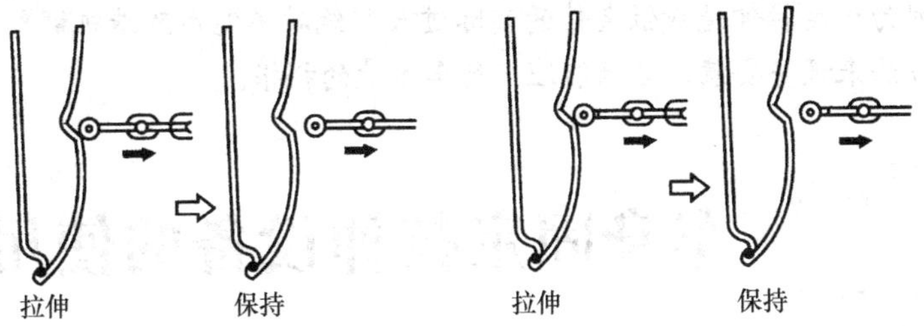

（a）校正过程

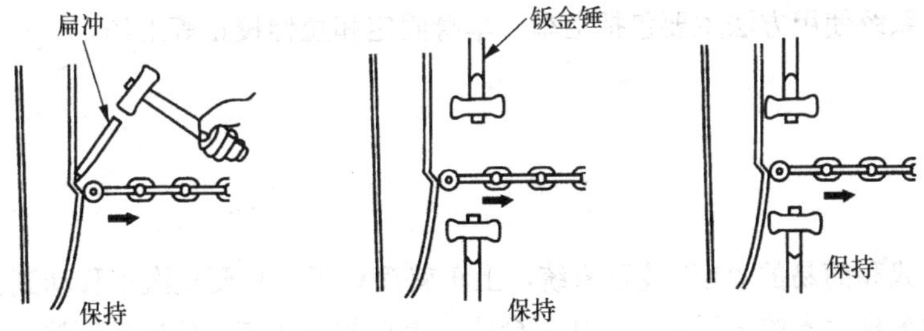

（b）消除应力

图 9-8　板件拉伸校正过程

拉伸校正过程中，要小心地启动液压系统，仔细观察车身损坏部位的移动，看它是否与预计恢复的方向相吻合，它是否在正确的方向上移动。如果不是，应查明原因，调整角度或方向后再重新启动。

四、防止过度拉伸

钢板可以被拉长，但不可能通过推压使其缩短。任何损坏的钢板，在拉伸校正之后，超过了极限尺寸，就很难再收缩或被压缩了。过度拉伸唯一的修理方法就是把损坏的板件更换，为防止产生过度拉伸而损伤承载式车身，在每一次的拉伸校正过程中，都要对损伤部位的校正进程进行测量、监控。产生过度拉伸的原因一般有两个。

① 在修复中没有遵循“先里后外”的拉伸原则，导致修理程序的混乱，修理好的钣件在其他变形板件进行修理时影响了它的尺寸，使原先已经校正好的钣件长度又被加大了，超过了原尺寸。

② 在校正过程中没有经常地、精确地测量拉伸部位的尺寸，没有很好地控制拉伸的程度，这

就可能导致过度拉伸（见图 9-9）。

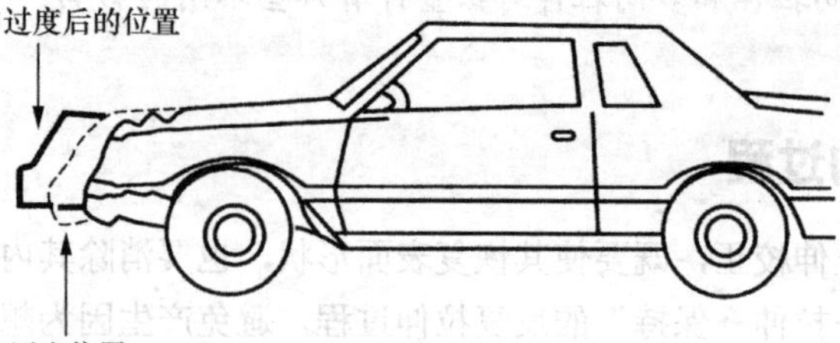

图 9-9 过度拉伸

提示 因为过度拉伸造成钣金件的实际过长，绝对不能用改造机械部件安装位置孔尺寸的方法来调整安装，这只能埋下行车事故的祸根。

课题二 车身固定拉伸设备的使用

车身、大梁校正系统是车身大修的主要设备，只有正确使用它们，才能使校正工作顺利进行。车身、大梁校正系统使用方法主要包括上车、车身固定和拉伸校正等工作。

基础知识

一、上车

如果是地框式和简易的“L”校正系统，上车就简单了，只要把汽车移动到位摆正即可。如果是其他形式的车身大梁校正系统，比如平台式，上车的方式有时就比较麻烦。

对于平台式校正平台，如果事故车还可以开动，可以把校正系统平台的上车端通过液压系统放低，并放正上车板，小心开车或倒车上去，注意一定要有人在附近指挥；如果事故车已经不能开动，但转向系统没有问题，可以把平台放低后，利用拉车装置把汽车拉上平台；特别严重的事故车，只能利用起重设备上车。有时必须拆卸机械部件以后才能把车身放到平台上。

不管用哪一种方式上车，都要小心操作，保证安全。

二、汽车固定设备

提示 汽车放上校正平台后，第一个工作就是要把它牢牢固定。

校正将使车身构件承受很大的拉压作用力，必须对车身进行可靠固定，否则就不能与很大的校正变形作用力相适应，既不可能使维修、校正到位，同时还给修理工作带来许多困难和麻烦。常见的车身固定形式有以下几种。

1．插桩方式的固定

在传统的车身维修作业中，是以大树等结实物体来固定车身的。

插桩方式实际上也是由传统方法演变而来的。如图 9-10 所示，将牵引用拉链的一端通过夹具或其他连接装置与车身固定，另一端则与插入（或预先埋入）地面的插桩连接。为了便于调整拉链的松紧度，其间还装有紧链器。插桩方式一方面用于固定车身，另一方面还要承担对变形构件的牵引。但无论是牵引还是对车身的固定，都需要视情况选择不同的位置和方向。为此，只好将插桩沿车身校正场地的四周布置，以供从不同方向固定车身或牵引变形时选择。当固定或牵引的水平高度需要调整时，则可通过上、下移动拉链的位置来实现。

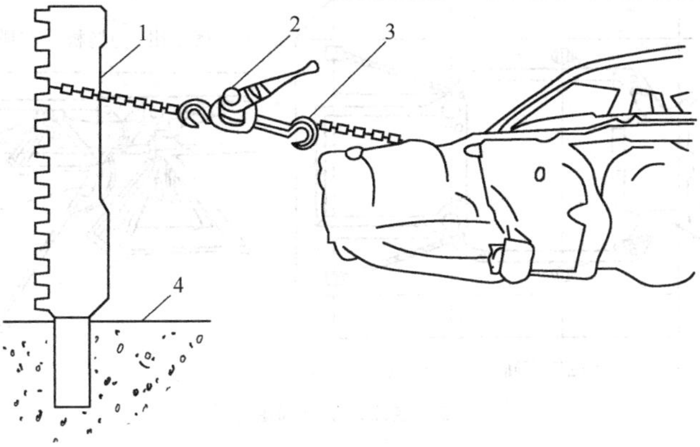

图 9-10　插桩式固定

1—插桩；2—紧链器；3—备用挂钩；4—混凝土地面

这种固定车身的方式，只能解决整体水平移动问题，而且仅适合校正车架以上部分、水平方向上变形的部分，对于垂直方向或其他方向变形的校正，则难以选择固定点并实现可靠的固定，其应用范围因此受到诸多方面因素的制约。

2．地锚式车身固定设备

地锚式车身固定设备是利用地锚固定车身的底板纵梁和车架来校正车身，如图 9-11 所示。这种方式可以防止因校正而造成二次损伤，牵引力的方向与大小也比较容易控制。

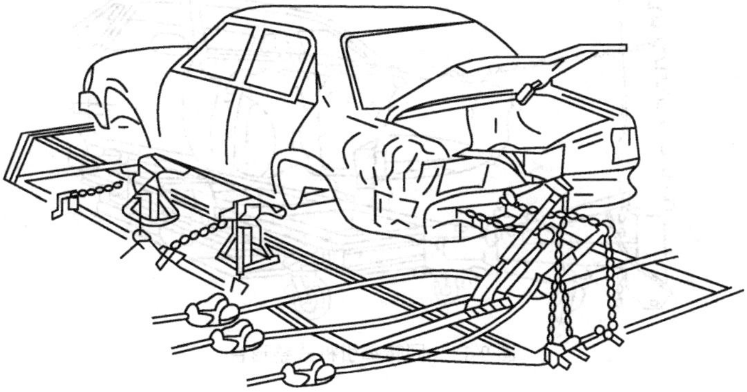

图 9-11　利用地锚固定车身

地锚与地面的固定方式有两种，一种是与地面位置相对固定的埋入式地锚，另一种是能相对移动的滑动式地锚。前者施工简便、易行，但灵活性较差，后者虽然施工复杂，但车身固定点的可选范围较大，灵活性好。

地锚式车身固定设备使用时用车身固定器来夹持车身某一部位，且其底座又能用螺栓固定在地板导轨上，使整个车身处于固定位置，其安装示意如图 9-12 所示。安装时先用千斤顶将车身支起使轮胎脱离地面，然后在车身特定的位置安装固定支架并将此处夹紧，再将支架底部移动到底架系统的适当位置，初步安放地脚螺栓，最后在车身的 4 个支点均已夹紧且高度调节合适之后，将所有地脚螺栓拧紧。这样，整个车身就被固定夹持住了。汽车固定好后，就可以沿任意方向、绕车身进行 360° 牵拉。

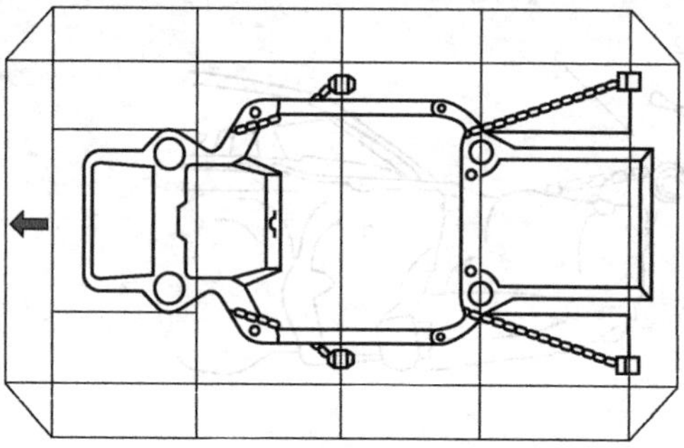

(a) 拉伸方向

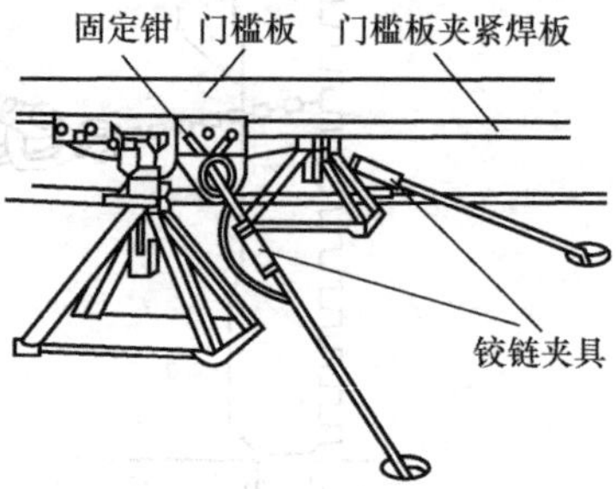

(b) 夹紧方式

图 9-12 地锚式车身固定与拉伸

应用这种方式固定车身时，还应注意分力对校正作业的影响。由于固定点与地面存在着高度差，所以在进行水平方向的校正时，拉链受力后将产生一个向下的垂直分力。拉链与地面的夹角越大（拉链短），则垂直分力也越大；反之，拉链与地面的夹角越小（拉链长），则垂直分力变小。因此，除非是较小的车身变形，否则都要拆除汽车底盘的悬挂装置，改用可靠的刚性支撑。

3．回转牵引桩式整形台

可移动的回转牵引桩式整形台，能够更加灵活地运用于车身和车架的校正与修理中，如图 9-13 所示。这种整形台可整体移动，牵引桩亦可方便地变换牵引方向；对车身高度方向上的测量也十分容易实现。

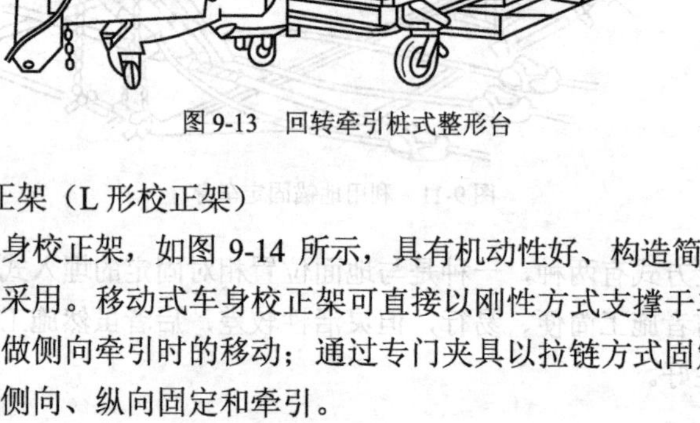

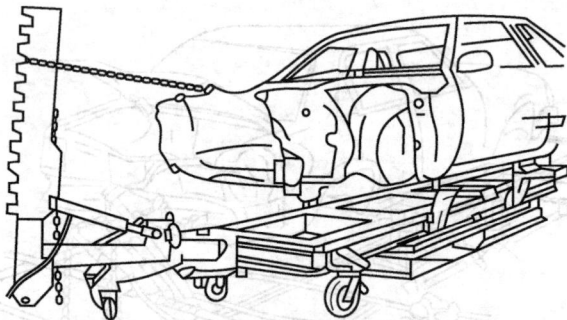

图 9-13 回转牵引桩式整形台

4．移动式车身校正架（L 形校正架）

还有一种移动式车身校正架，如图 9-14 所示，具有机动性好、构造简单、价格低廉等优点，也被汽车车身维修广泛采用。移动式车身校正架可直接以刚性方式支撑于车身底板纵梁的一侧，用以限制在同一断面上做侧向牵引时的移动；通过专门夹具以拉链方式固定于车身另一侧的门槛上，也可以实现车身的侧向、纵向固定和牵引。

5. 台架方式

台架方式固定车身是通过夹紧支撑装置与台架呈多点刚性连接，故具有固定可靠、支撑稳定性好等优点。尤其是用在对变形同时进行任意方向的校正作业时，可以有效地使变形及其关联损伤一并得到校正。因此，这种车身固定方式得到广泛的应用。

图 9-14 移动式车身牵引架

典型的连接与使用方式如图 9-15 所示。夹具的下部与台架横梁固定，上端则通过夹板、螺栓与车身门槛下边缘牢固地连接在一起。为了适应不同的车身宽度，一般固定架还可以沿车身的宽度方向水平滑动。如果车身的宽度与台架的差距较大，也可以借助贯通的中间轴和拉臂将车身固定在台架上。如此，这种台架方式可以实现多方位的牵引与校正。

以这种台架方式固定的车身，还为测量工作提供了很大的方便。校正与定位都是在同一台架上进行的，故操作过程中一般不会发生位移。作业前的检测、校正过程中参数的校核、竣工验收的质量评价等测量工作，都可以在台式固定架上依次完成。

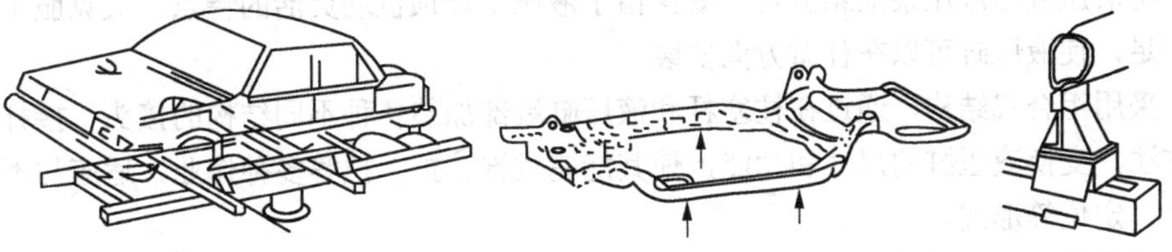

（a）整车放置　（b）支撑点　（c）卡装

图 9-15 台架式车身固定

想一想

几种车身固定方式各有什么特点，适合什么样的车型？

三、液压校正设备

车身维修作业的质量、效率和劳动强度，均取决于车身维修机械与工具的应用水平，液压设备是车身维修作业中必不可少的专用设备，了解和正确使用液压式车身校正设备可以给维修作业带来更大的方便。

1. 液压式校正设备的结构与使用特点

液压式车身校正设备依靠液体压力进行能量转换，比其他方式所进行的能量转换更方便、平缓、安全。利用液压传动的特点是更为省力，可以使操纵力与校正力之间形成相差悬殊的能量转换。

对于承载式车身，当汽车受到碰撞冲击时，除了车身局部会受到损伤外，车身的整体变形也是不可避免的。若要实现有效的、高质量的修理，必须对车身覆盖件、骨架及支撑构件进行校正，针对金属材料变形和车身构件的特点，修复时的校正力应连续、均匀，并且能够根据修理需要调节校正力的大小和方向。

液压式车身校正设备的液压泵种类很多，其中脚踏式液压泵具有操纵方便，运动精确、反应迅速等优点，它还可以使作业者在操纵液压泵的同时，用双手从事与其相配合的其他作业（见图 9-16）。脚踏式液压泵与手动式液压泵不同的是，其结构分为油、气复合式动力缸和控制阀两部分，它需要以压缩空气为动力，通过复合式动力缸为工作液压缸输入动力；空气控制阀受脚踏板的操纵，可以实现增压或卸荷两个控制功能。

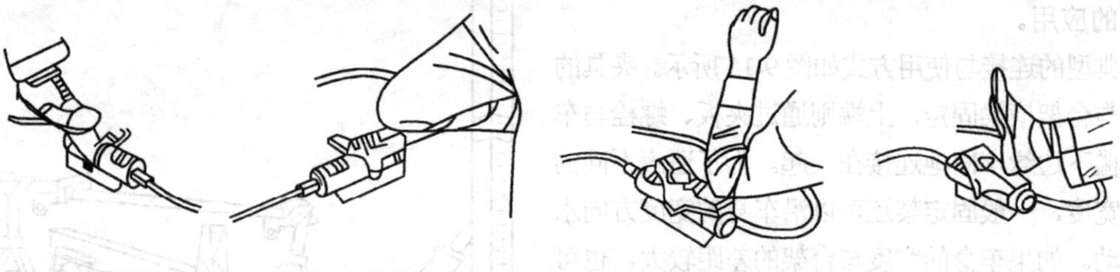

（a）脚踏操纵方式　（b）膝盖操纵方式　（c）肘操纵方式　（d）脚跟操纵方式

图 9-16　脚踏式液压泵的操纵

液压静力式施力装置中的液压缸，是校正作业中的执行机构，要直接或间接与车身各种不同的变形部位发生关系，完成支撑、装夹、拉伸等各种操作，要求液压缸必须具有体积小、质量轻、结构简单、组装方便和功能齐全的特点，为此在液压缸的结构上采用如下措施。

（1）采用柱塞式单作用液压缸，可以简化管路连接和液压缸内部结构，缩小外形尺寸。

（2）将液压缸与液压泵油箱分置，既保留了液压千斤顶机动灵活的特点，又克服了垂直方向使用的不足，使液压缸可以在任意方向安装。

（3）采用组合式结构，通过在柱塞杆和液压缸端部加装各种不同结构的接头、接杆、接盘等装置的方法，变换液压缸的尺寸和功能，使其能完成推、扩、拉等多种作业，适应与不同支承结构的连接、定位等形式。

液压系统的组成及其连接如图 9-17 所示。

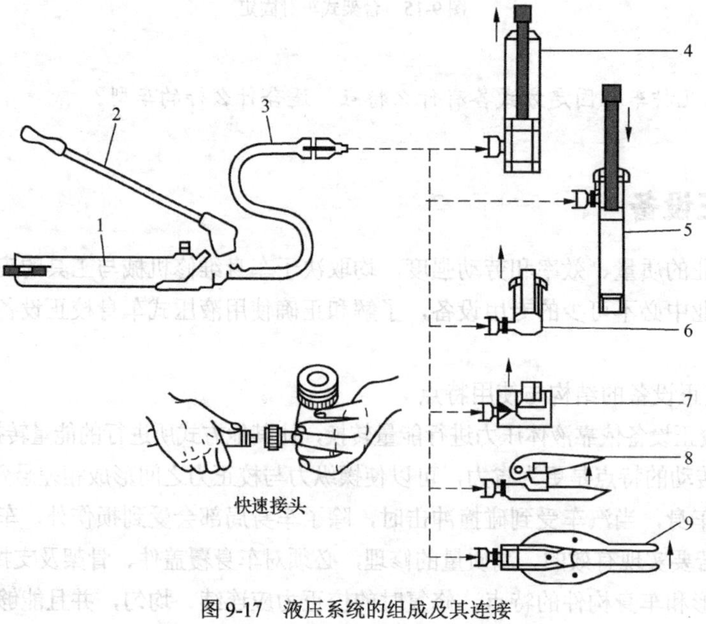

图 9-17　液压系统的组成及其连接

1—手动液压泵；2—泵手柄；3—高压软管；4—推杆；5—拉杆；6—60mm 行程的液压杆；

7—16mm 行程的液压杆；8—楔环；9—扩张器

2．液压式校正设备的工作原理

液压式校正设备液压系统的原理可以通过液压千斤顶的工作原理来说明，如图 9-18 所示。

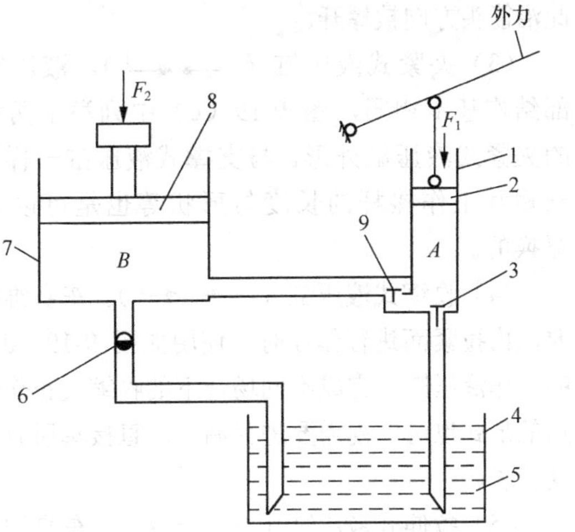

图 9-18 液压千斤顶工作原理

1—油泵；2—油泵活塞；3—进油阀；4—储油缸；5—液压油；6—放油阀；7—工作油缸；8—工作缸活塞；9—出油阀

当用手柄拉动油泵 1 的活塞 2 向上移动时，油室 A 的容积增大并形成真空，进油阀 3 因此被打开而出油阀 9 关闭，油缸 4 中的液压油同时也被吸入 A 室；当下压手柄使油泵活塞 2 向下移动时，则进油阀 3 关闭而出油阀 9 被推开，油室 A 中的液体被压入油室 B，工作缸活塞 8 在油室 B 油压的作用下向上移动。

如果以 F_2 的力限制工作缸活塞 8 移动，则截面积为 S_1 的油泵活塞 2 作用着力 F_1，根据帕斯卡定律，处于封闭状态下的油室 A 和 B 将会同时产生相等的压强（用 P 来表示）。即

$$P=F_1/S_1 \qquad P=F_2/S_2$$

整理后可得

$$F_2=F_1 \cdot S_2/S_1$$

由此可见，只要 S_2 的活塞面积远比 S_1 大，就可实现使用很小的力 F_1 而产生很大的力 F_2 的目的；只用轻轻的摇动油泵 1，就可以把很重的汽车 F_2 顶起来（或者产生很大的输出力 F_2）。钣金维修中所需的作用力相当于油泵约 10t 以上的输出力，以手动操纵油泵即可，也常采用气动方式。

油泵活塞 2 与油缸 A 所构成的部分，具有输出液压动力的作用称为动力缸（也称其为油泵）；而工作缸活塞 8 与油缸 B 所构成部分，具有力的输出作用称为工作缸（也称其为柱塞）。动力缸与工作缸通过高压油管连接在一起，便形成了整套的、可以正常工作的液压系统，在油泵与储油缸之间还装有放油阀 6，以便在需要解除压力时将液压油放回到储油缸 4 中。

3．工作液压缸的类型

在车身校正过程中需要实现支撑、扩展、夹紧、收缩和拉伸等各项作业，才能高效率、高质量地完成修理工作，这就需要形式多样的液压缸，如图 9-19 所示。

（1）支撑式液压缸（←→）。支撑式液压缸的基本结构如图 9-19（a）所示。它主要由支撑座、液压缸、柱塞、工作接杆和进油口接头等主要零件组成。进油口接头与高压输油管连通，支座和工作接杆均可以根据使用需要进行更换。

当有液压油输入至工作液压缸时，柱塞便在液压的作用下移动并产生相应的支撑力，实现对车身构件变形等校正工作。在实际使用中对柱塞的行程要求往往有限，但对其长度方向上的尺寸要求却比较灵活。如可根据需要来选择加长杆、丝杠、支撑座、工作接头等进行安装和调整，使液压工具更加完善、适应性更强。

（2）扩展式液压缸（↲ ↳）。车身维修中的某些作业很适合使用扩展式液压缸来完成。

扩展式液压缸有如图 9-19（b）所示的两种形式。图中左侧所示的扩展式液压缸与支撑式液压缸相似，在工作接头的安装部位和方式有所不同；图中右侧所示扩展式液压缸就有些不同，它更适于将扩展臂插入较小的缝隙之中。

后一种类型的工作液压缸主要由两个臂、支撑轴、液压缸主体、柱塞、支撑杆、销轴和防滑垫等零件组成。工作时柱塞在油压的作用下向外移动，支撑杆由水平位置趋于垂直，扩展臂也因此沿箭头方向被撑开。

（3）夹紧式液压缸（└→←┘）。液压缸的内部结构基本相同，图 9-19（c）中列举了两种典型的夹紧式液压缸外形。与支撑式液压缸一样，它的长短和工作接杆的长度与形状等也是可以调整或更换的。

（4）收缩式液压缸（→ ←）。车身维修中需要向内拉紧而进行作业时，使用如图 9-19（d）所示的工作液压缸，完成不同场合下的收缩校正作业。拉爪的形式也可以视需要进行调换，直接牵引时也可将其加长。

（5）拉伸式液压缸（← →）。车身维修中有时也需要从构件两端向外进行拉伸牵引性作业，用图 9-19（e）所示的拉伸液压缸则是再合适不过，尤其方便于在车身内部从事各类校正操作。

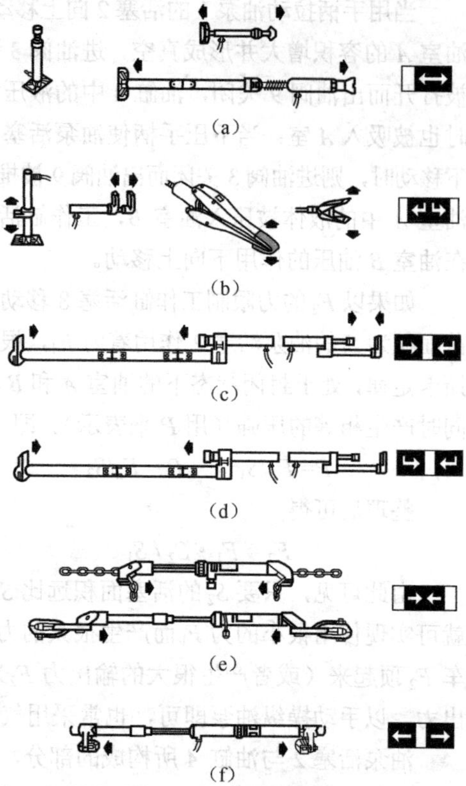
图 9-19 工作液压缸的类型

4. 轻便液压杆系统的运用举例

轻便液压杆系统，实际上就是最常见的汽车钣金修理用的分离式千斤顶。以下是利用轻便液压杆系统进行车身校正的几种最常用的单一牵拉装置示意情况，可根据实际情况灵活运用，如图 9-20 所示。

（1）把液压缸安置在与地面近似成 45° 角的位置，并且与固定点的高度相同，就形成一个垂直向外的拉力，如图 9-20（a）所示。

（2）液压缸低于固定点并且接近地面就形成向下和向外的拉力装置，如图 9-20（b）所示。

（3）向下和稍微向前的拉力是由一个牢固的并且可施加拉力的桥形链条形成，如图 9-20（c）所示。

（4）液压缸和足够长的加长杆组合，按图 9-20（d）所示的方法定位和锁止连接在车顶上，就形成一个在修理车顶时的有效水平拉力。

（5）在车顶的任何位置，所需要一个向上和向外的拉力装置，由一根较长的链条和安装加长杆的液压缸组成，它的高度比车顶部分的固定点要高出很多，如图 9-20（e）所示。

（6）当液压缸安装上足够长的加长杆并置于如图 9-20（f）所示的垂直位置时，就会产生一个向上和稍微向外的拉力。

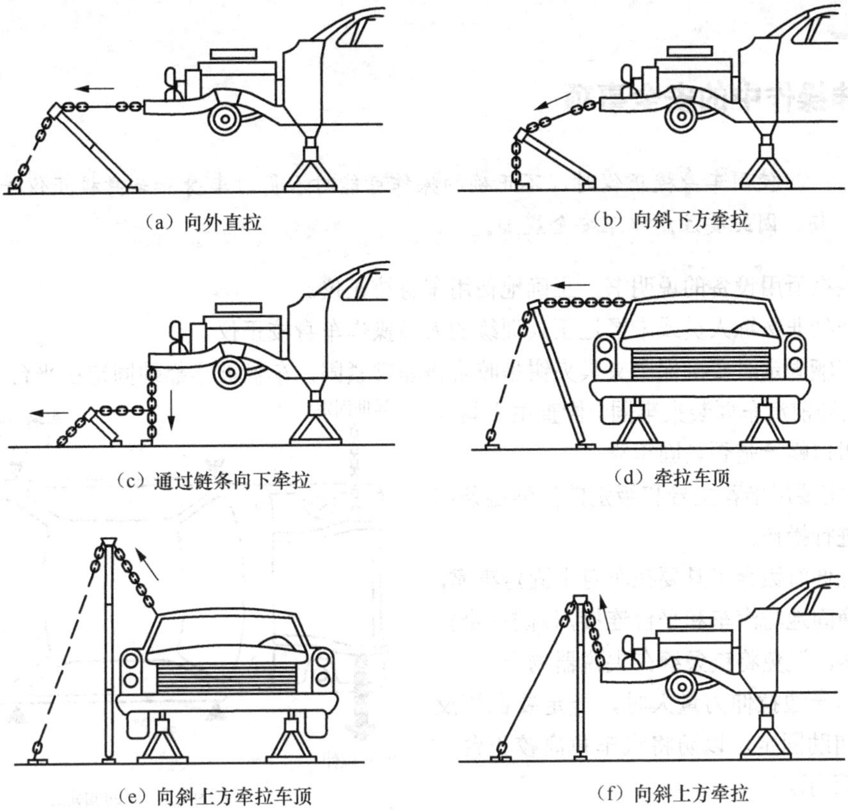

(a) 向外直拉　(b) 向斜下方牵拉
(c) 通过链条向下牵拉　(d) 牵拉车顶
(e) 向斜上方牵拉车顶　(f) 向斜上方牵拉

图 9-20　基本的液压杆单一牵拉装置

课题实施

操作一　车身大梁校正系统的使用

【实训准备阶段】

教师的准备工作

1. 设备：车身校正仪、拉伸工具、车身测量系统、空气压缩机、轿车车身壳体、等离子切割机、二氧化碳保护焊焊接设备、台虎钳、钣金平台。

2. 材料：与车身壳体规格相同的水箱框架或前纵梁、2mm 厚钢片（焊接到车身上辅助拉伸）、防锈底漆。

3. 工具：大力钳、焊接钳、钢板尺、钣金锤、垫铁、手电钻、钻头、砂纸、角磨机、点焊转除钻、其他常用工具。

学生的准备工作

1. 了解本次实训课所要掌握的操作技能。

2. 个人防护用品：安全鞋、工作服、工作帽、护目镜、线手套、焊接手套、焊接面罩、耳塞、护脚、护膝。

3. 准备好学生实训记录单。

实训阶段

一、拉伸操作中的安全事项

> 提示 使用车身校正仪时，不正确的操作可能对人员、车身和车身校正仪等都造成损伤，因此要注意以下安全规则。

（1）根据所用设备的说明书，正确地使用车身校正仪。

（2）严禁非熟练人员或未经过正式训练的人员操作车身校正仪。

（3）车辆固定时要确保主夹具夹钳齿咬合得非常紧固，车辆被牢靠地固定在平台上。

（4）拉伸前汽车要装夹牢固，检查主夹具固定螺栓和钳口螺栓是否紧固牢靠。

（5）一定要用推荐型号和级别的拉伸链条和钣金工具进行操作。

（6）拉伸时钣金工具要在车身上固定牢靠，链条必须稳固地与汽车和平台连接，以防在牵拉过程中脱落。避免将链条缠在尖锐器物上。

（7）向一边拉伸力量大时，一定要在相反一侧使用辅助固定，以防将汽车拉离校正台，如图 9-21 所示。

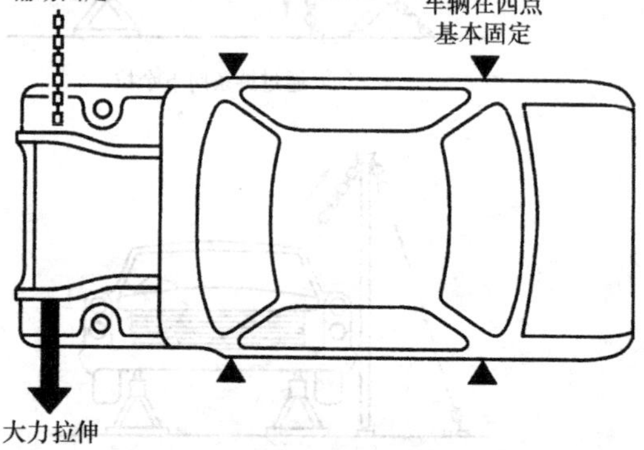

图 9-21 辅助固定

> 提示 如果汽车前端只有一个辅助固定，那么会在拉伸过程中对车身产生一个偏转力矩，使车身扭转，如图 9-22（a）所示。而汽车前端使用两个辅助固定后，拉伸过程中就不会对车身产生偏转力矩，如图 9-22（b）所示。

（a）前端一个辅助固定 （b）前端两个辅助固定

图 9-22 辅助固定防止拉伸中汽车偏转

（8）操作人员在汽车上面和汽车下面工作时，不要用千斤顶支撑汽车。

（9）严禁操作人员与链条或牵拉夹钳在一条直线上。因为当链条断裂、夹钳滑落、钢板撕断时，在拉伸方向可能会造成直接的伤害。

（10）用厚防护毯包住链条或用钢丝绳把链条、钣金工具固定在车身的牢固部件上，万一链条断裂，可防止工具、链条甩出对人员和其他物品产生损伤，如图 9-23 所示。

(11)在拉伸时要把塔柱与平台的固定螺栓紧固牢靠，否则拉伸中塔柱滚轮移动装置会受力损坏，可能导致塔柱突然脱离平台造成人员和物品的损伤。

(12) 使用塔柱链条进行拉伸时，链条在顶杆的锁紧窝锁紧，链条不能有扭曲，所有链节都应呈一条直线。

(13) 导向环的固定手轮是在拉伸前固定导向环高度的，当拉伸开始后要松开手轮，一旦链条断裂，导向环会因自重向下滑，可防止链条向左右甩出。

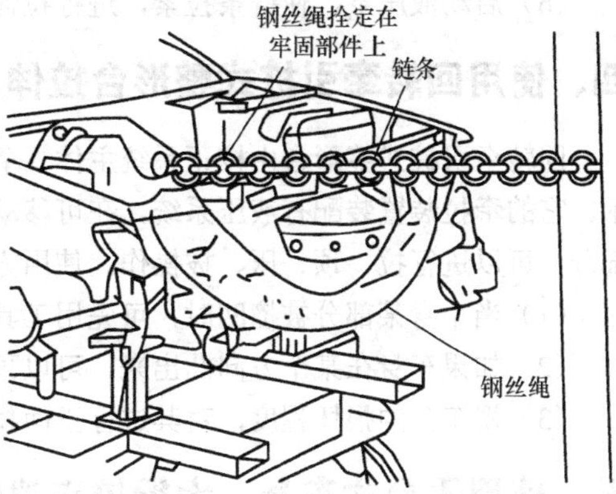

图 9-23 拉伸时要使用安全防护绳

二、拉伸操作中的车身防护

在进行牵拉校正之前，应对车身和一些部件进行保护，其事项如下。

(1) 拆卸或盖住内部部件，如座位、仪表、车垫等。

(2) 焊接时用隔热材料盖住玻璃、座位、仪表和车垫，特别在进行惰性气体保护焊接时，这种保护更为必要。

(3) 拆除车身外面的部件时，用棉布或保护带保护车身以防擦伤。

(4) 如果油漆表面擦破，这部分必须修复好，因为油漆表面的极小擦伤都可能造成锈蚀。

三、使用地框式校正系统拉伸

在框轨上安放自锁式锚固锁，通过三点式拉具，用铁链拉伸车身，如图 9-24 所示。

拉伸的操作过程如下。

(1) 将液压顶杆装在顶杆座上，以便液压顶杆能够在需要的方向上施力。

(2) 将液压泵与液压顶杆连接，并把空气软管连接到气动液压泵上。

(3) 链条一端钩在支架上，另一端钩住车身受损部位。

(4) 启动液压泵，使液压顶杆升到需要的高度，把链条拉紧并锁紧链条，如图 9-25 所示。

图 9-24 用地框式校正系统校正车身

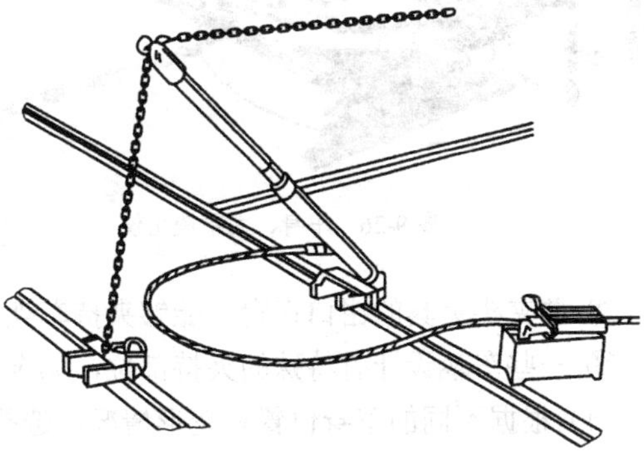
图 9-25 三点式拉具

(5) 调整支架、液压顶杆及汽车上的拉伸点，必须与牵拉方向成一条直线。

（6）启动液压泵，使链条拉紧，进行拉伸校正。

四、使用回转牵引桩式整形台拉伸

回转牵引桩式整形台由校正系统主体、牵引小车（拉杆器）和校正架附件组成，如图 9-13 所示。它的牵拉装置装配有液压系统，在可移动的立架和支柱之间用链条和夹钳牵拉被损坏的车身部分，可以进行拉、顶、压、拔操作。使用方法如下。

（1）当车身某部分被撞凹时，可先用工具夹紧，再用牵引小车把它拉出来。

（2）如果车身在某个方向凸出来，可以顶或压进去。

（3）视车身的损坏程度，对其进行正面拉、侧面拉、向上拔、向下拉等操作。

五、使用平台式车身、大梁校正仪进行拉伸

使用平台式车身校正仪，可以对各种类型、型号的车身进行有效校正，如图 9-26 所示，操作过程如下。

（1）将事故车用上车板、拖车器、车轮支架、拉车器等上车。

（2）通过车身校正仪自带的液压升降机构把平台升起到一定的工作高度。

（3）调整好车身的位置，用主夹具将车身固定。为满足不同型号车身的固定需要，主夹具有多种结构。

① 双夹头夹具可以夹持比较宽的裙边部位，防止拉伸中损坏夹持部位，如图 9-27 所示。

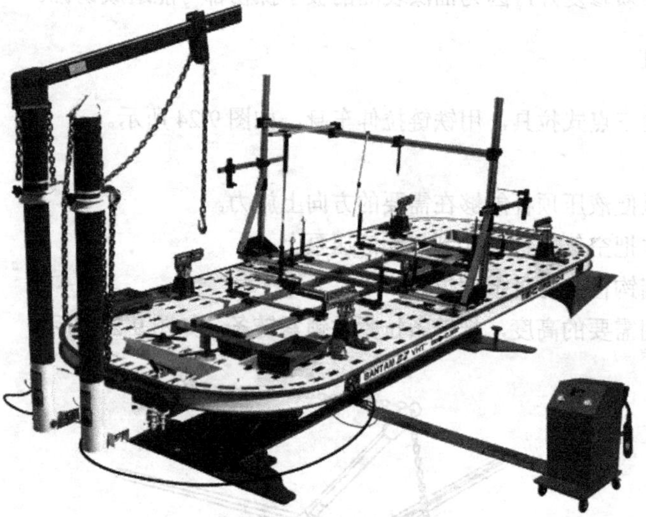

图 9-26 车身、大梁校正仪

图 9-27 双头夹具

② 单夹头夹具的钳口很宽，能够夹持车架。

③ 一些车辆设计有特殊的夹持部位，如奔驰或宝马车就需要专门的夹具来夹持。

（4）根据不同的车身位置和变形情况，选择合适的钣金拉伸夹具。

（5）用链条将钣金拉伸夹具与塔柱拉伸系统连接。

① 导向环通过摩擦力卡在塔柱上，链条通过导向环把拉力的方向改变成需要进行拉伸的方向。

② 在顶杆的后部有链条锁紧窝用于锁住链条，塔柱内部有油缸，液压油推动油缸活塞，活塞推动塔柱的顶杆，顶杆伸出塔柱的同时拉动链条。

（6）将液压系统油管与塔柱连接好，启动气动液压泵进行拉伸操作。

六、拉伸中的测量

测量在拉伸中是必不可少的，注意在拉伸过程中要经常进行测量，随时监测拉伸的效果，防止拉伸过度，或者拉伸不到位。

想一想

使用车身钣金工具进行拉伸时，如何确定拉力的方向？

课题三 拉伸校正的方法与步骤

基础知识

一、制订拉伸校正方案

对车辆损伤进行全面分析之后，制订出合理的车身拉伸校正方案，应该明确以下问题。

1．基本内容

分析拉伸力的方向，如何按照在碰撞过程中出现损坏的相反次序来维修；拉伸夹具如何安装在正确的位置上；维修损伤所需要的拉伸次数；是否需要拆件，哪一部分必须拆掉后才进行拉伸，哪些又该先初步拉伸校正后才能拆卸等。

2．拉伸方法决定

根据车身变形情况，承载式车身的拉伸校正要利用力的合成与分解法分析出多点拉伸的位置，使车身实现多方位固定，进行多方向拉伸校正。

3．车身固定位置

选择车身固定位置时，在满足校正力作用力方向的前提下，选择车身上强度较高的封闭式或半封闭式构件作为优先选择的固定点，如地板梁、车架、门槛、纵梁等，使夹具固定可靠，而且还能避免因校正所引起的固定点构件的二次损坏。

4．拉伸过程的控制

校正方案中必须明确拉伸过程的具体控制方法，如尺寸变化后的预见性控制。

二、拉伸校正的准备

正确选择拉伸校正的受力点，选择合适的钣金专用夹具并安装到位。钣金夹具最好安装在下列位置：保险杠能量吸收器的安装点和螺栓孔；转向、悬架和机械安装点；损坏的金属板；焊接接头；加强件的凸缘等。如图 9-28 所示。

（1）正确选择钣金夹具。车身钣金专用夹具是指在对车身进行拉伸校正时使用的各种特制夹钳、拉钩、尼龙带等，它们适用于翼子板、车轮罩、壳体及车门下边缘等处变形的校正，而且这些夹具的夹持方式一般也不会损坏校正部位的金属。但使用时必须正确选择，才能发挥它们的作用，以便更快更好地维修变形的车身。

（2）正确使用钣金夹具。进行车身拉伸校正工作，必须时刻注意安全，钣金夹具是否正确使用，不仅关系到车身维修的效率，也关系到安全。钣金夹具夹持车身可以承受较大的校正力，但装夹钳的方法和拉伸力的作用方向一定要正确。正确使用钣金夹具，主要是安装夹具时要注意其准确到位，拉伸力的方向必须经过夹具的中心，避免拉伸时拉伸力偏离中心产生扭矩，把夹具拉离开车身或者把车身拉坏，如图 9-29 所示。

（3）临时焊板。对于不方便安装夹钳的、强度大的部件的拉伸校正，有时需要临时焊上一个带挂钩的钢板或者 U 形铁环，然后钣金夹钳或者挂钩就可以与之相连，进行拉伸校正，校正结束后再切割去，如图 9-30 所示。

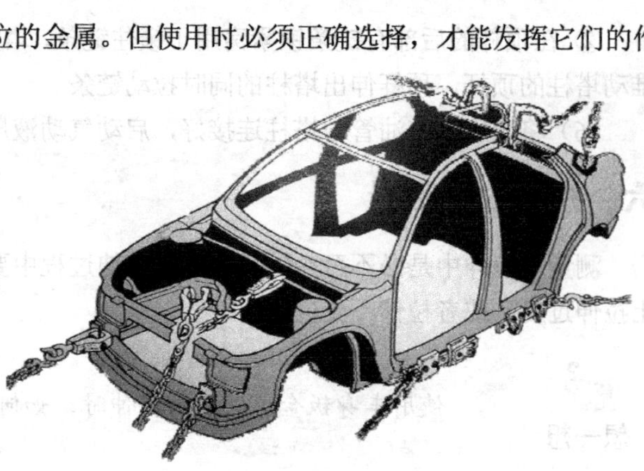

（a）钣金夹具在车身上安装位置

（b）部分车身钣金夹具

图 9-28 车身夹具及其在车身上安装位置

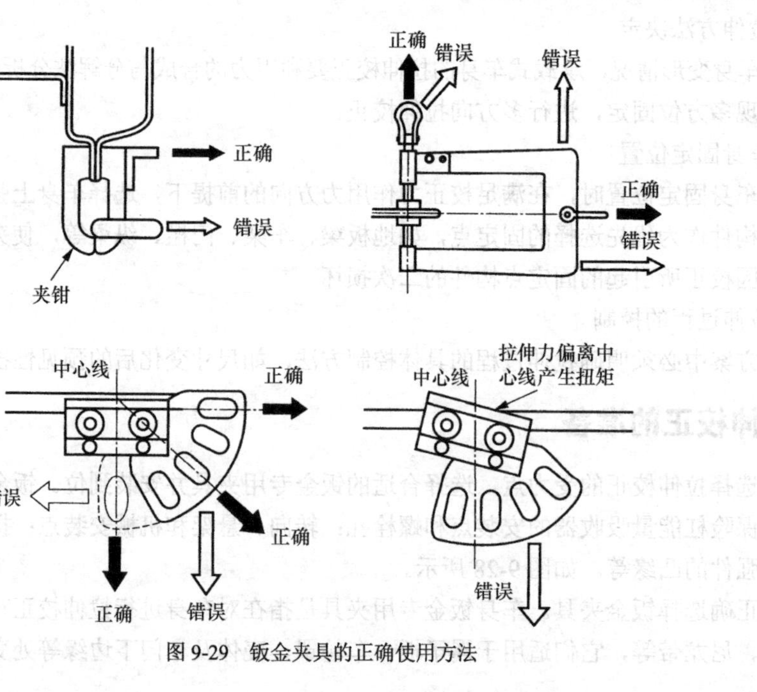

图 9-29 钣金夹具的正确使用方法

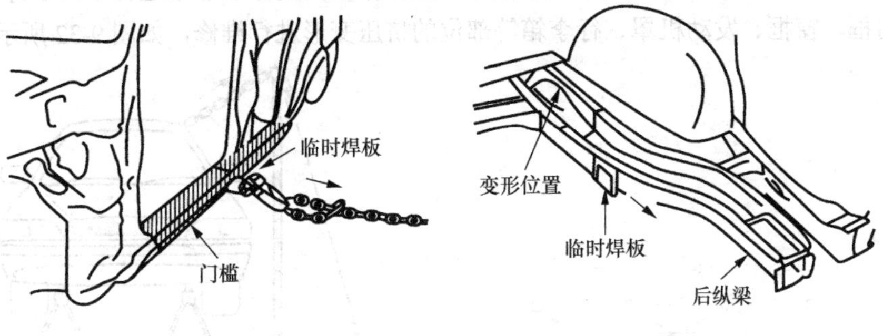

（a）门槛拉伸校正　　（b）后纵梁拉伸校正

图 9-30　门槛板拉伸的临时焊片

三、车身校正时的施力方法

车身校正时的施力装置可以分为塔柱式装置和多功能液压千斤顶装置，其中塔柱式装置又可以分为液压缸塔柱一体式、液压缸和塔柱组合式两种。

1．施力装置

（1）液压缸塔柱一体式。液压缸塔柱一体式施力装置的液压缸是液压系统的主要组成部分，但它又作为坚固的拉伸塔柱，液压缸里的活塞在液压缸里向上运动时，就能把拉伸链条拉紧。对车身变形位置进行拉伸时，只要把拉伸链条导向环调整到合适高度，然后把链条挂到车身已经安装了拉伸夹具的位置上，启动液压系统即可。

（2）液压缸和塔柱组合式。液压缸与塔柱是分开的，它们通过活动铰链来连接，塔柱与其底座也是通过铰链连接。液压缸里的活塞杆向外伸出时，就能把塔柱向校正平台外推动，也就把卡在塔柱槽上的链条拉紧，对车身钣件进行拉伸校正。

（3）多功能液压千斤顶。现在的车身拉伸校正主要是利用塔柱，但在需要多向拉伸的时候还会经常使用到无塔柱的液压装置。无塔柱式液压装置主要是指多功能液压千斤顶，包括分离式千斤顶，也叫轻便液压校正系统，它通常与拉伸链条、固定位置形成三角形结构，使用时要注意链条锚定的角度，不能超出临界位置，即内角为 90°，否则会发生危险，液压缸工作时会向下倒。

2．施力方法

根据车身的变形情况和受损位置不同，在拉伸校正时，校正系统向拉伸钣件施加拉力或支撑力必须也能够全方位实现，才能把车身快速修理好。从校正车身钣件的不同位置来分，施力方法主要有水平拉伸、向下拉伸、向上拉伸、向外向下拉伸、向外和向上拉伸等拉伸形式（见图 9-20）以及各种支撑方法、拉伸与支撑组合方法。但从施力装置施力的作用来分，只有拉伸法和支撑法。

（1）拉伸法。拉伸法借助外力（如液压力、气动力）的牵拉作用，来实现对骨架、横纵梁、门槛等变形的校正。拉伸法的校正力可以非常容易地从零开始逐渐加大到所需的力，可以从不同角度同时增大拉伸力，这对校正综合变形很有利。可见，拉伸法适合于校正大型构件的多方位变形，尤其是校正车身的整体变形使用拉伸法非常合适，如图 9-31 所示。

（2）支撑法。支撑法利用可以伸长的支撑杆来施加支撑力，将框架式构件的变形顶压至理想的位置。组合式多功能液压千斤顶可用于拉伸、支撑作业。支撑法非常适合于对于开口类框架式结构，如门框、窗框、发动机罩、行李箱等部位的挤压变形进行维修，如图 9-32 所示。

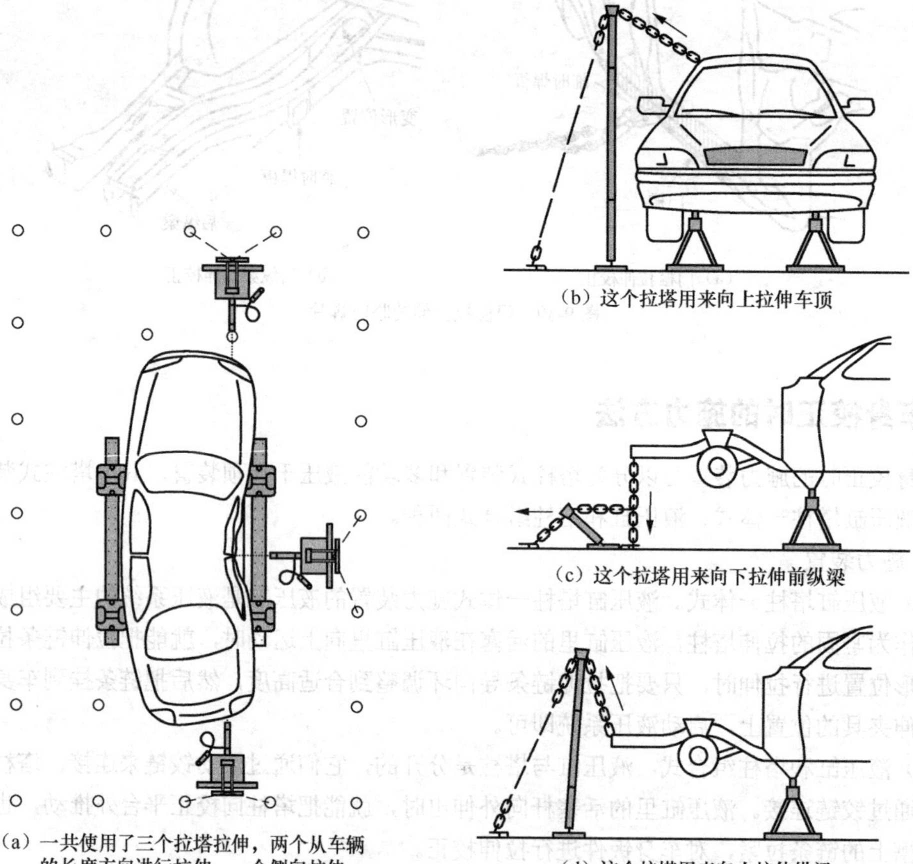

(a) 一共使用了三个拉塔拉伸，两个从车辆的长度方向进行拉伸，一个侧向拉伸

(b) 这个拉塔用来向上拉伸车顶

(c) 这个拉塔用来向下拉伸前纵梁

(d) 这个拉塔用来向上拉伸纵梁

图 9-31 校正系统各种施力方法

组合式多功能液压千斤顶可用来支撑、展宽、夹紧、拉拔和矫直等工作，如图 9-33 所示。

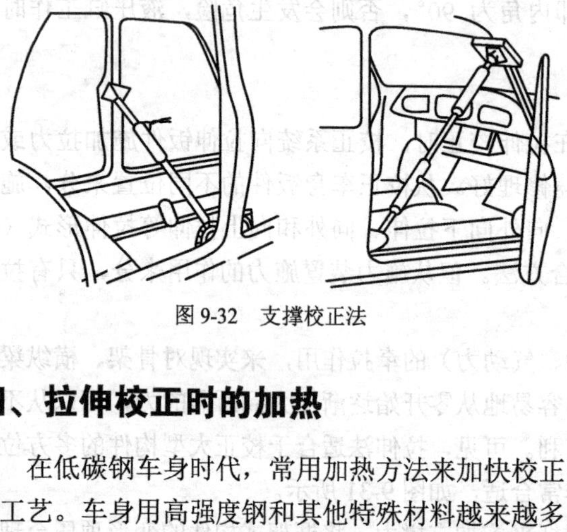

图 9-32 支撑校正法

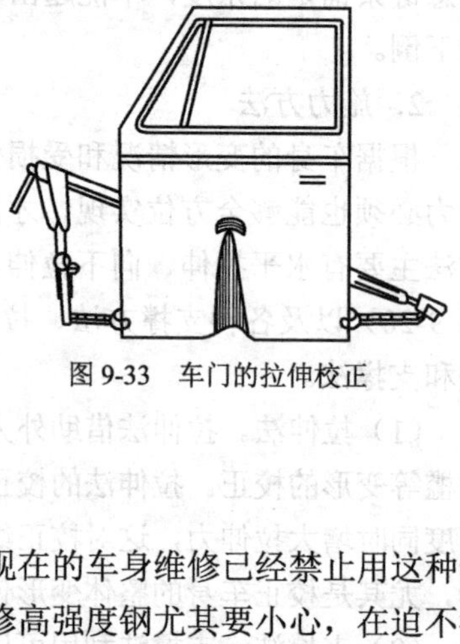

图 9-33 车门的拉伸校正

四、拉伸校正时的加热

在低碳钢车身时代，常用加热方法来加快校正的速度，但现在的车身维修已经禁止用这种维修工艺。车身用高强度钢和其他特殊材料越来越多，特别是维修高强度钢尤其要小心，在迫不得

已的时候才允许用加热方法进行维修。

1．加热的目的

高强度钢可以被加热到它的临界温度，并允许自然冷却而不会影响到它的强度和内部结构。如果高强度钢被加热超过其临界温度，它的强度就会被削弱。

对于一些皱纹折叠得很牢固的地方，俗称“死褶”，拉伸校正时，有可能会把它撕裂。如果它是在拐角处或是双层板，强度足够，拉伸时就可以加热，但加热时一定要小心，把加热作为放松“死褶”金属、消除应力的一种方法，不要把加热当作软化金属的方法。

2．加热的方法

加热可以使用碳棒或氧-乙炔火焰。氧-乙炔火焰比较容易，但要注意是利用其中性焰的外焰进行。汽车上使用多种型号的高强度钢，它们的临界温度各不相同，只从表面观察是不可能确认出它们的临界温度的。监视加热的最好方法是使用热敏笔或热敏涂料，用热敏笔在加热位置旁边的冷金属部位做记号，当加热温度达到一定时，热敏笔记号就会变色，加热也就要停止，加热温度会得到很好控制，如图 9-34 所示。

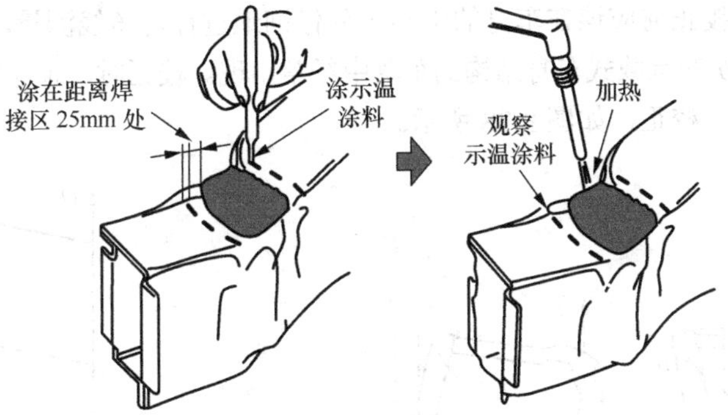

图 9-34　示温涂料的用法

3．加热的注意事项

必须按照汽车维修手册的推荐方法来给损坏处加热，每个制造厂都有对其车身加热温度的推荐范围；不能用水或压缩空气来冷却加热的区域，应让其自然冷却，快速冷却会使金属变硬并且在一些情况下会变脆；金属的任何一个区域的累计加热时间不能超过 3min，车门加强梁和保险杠加强件等部位禁止被加热；因为车身上的材料种类很多，建议所有的金属都应按照高强度钢处理，就不会修坏钣件。

五、拉伸校正方法

1．侧弯变形的校正

如图 9-35 所示，顶起并固定褶皱部位后面未损坏的车架部分，向正确的方向拉伸。

车身受到侧向冲击的危害性很大，严重时可使车身整体弯曲。校正方法如图 9-36 所示，从三个方向同时进行牵引。

对于前纵梁弯皱，如图 9-37 所示，校正前应先测量变形状况，如对角线 *AB* 和左右的垂直弯曲等。在设定牵引方向时，应视变形的实际情形而定。属于图 9-37（a）所示的纵梁变形向右倾斜时，可斜向牵引变形最大的左梁的端部，左端的变形和右梁的弯曲自然会同时得以校正；如果纵梁变形向左倾斜，应将牵引方向适当向外倾斜一定的角度；如果变形是向内倾的，只需向前牵引即可，待弯曲的构件展开后再确定是否需要调整牵引方向，如图 9-37（b）所示。

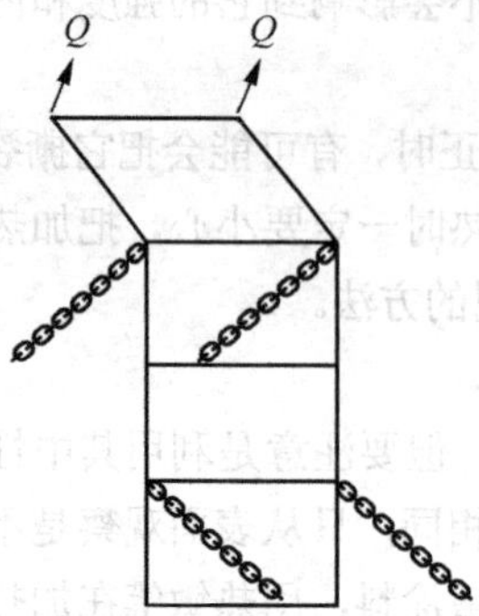

图 9-35 侧弯的校正

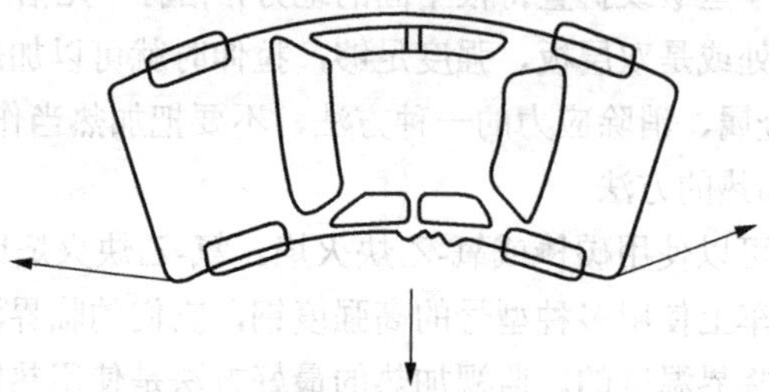
图 9-36 车身侧向整体变形的校正

2．错移变形的校正

对错移变形，在校正前应该在车身的中心部分仔细地进行对角线测量，以确保能将横梁拉回适宜的角度。这种损伤在承载式车身结构的车辆中经常出现。校正时，顶起并固定未受损坏的梁，在拉伸损坏的一侧进行校正，如图 9-38 所示。

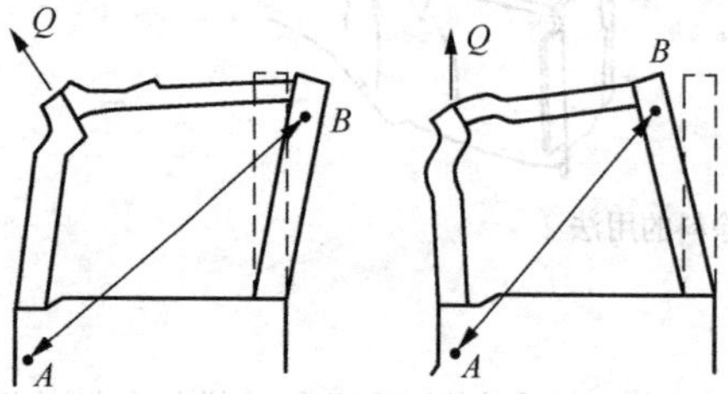

（a）向右倾斜 （b）向左倾斜

图 9-37 前纵梁弯皱的校正

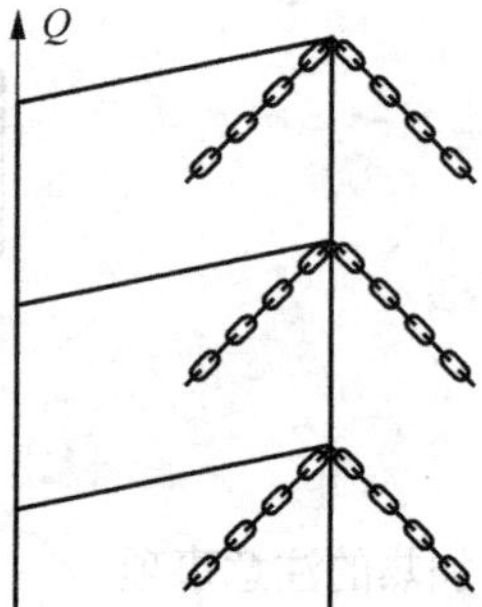

图 9-38 错移变形的校正

3．垂直变形的校正

将车架顶起适当的高度并固定，按需要向上或向下拉伸，如图 9-39 所示。

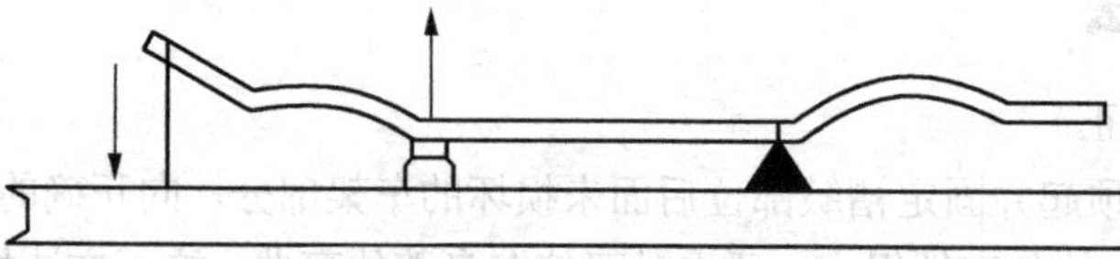
图 9-39 垂直变形的校正

4．扭曲变形的校正

进行车架扭曲变形的校正时，在前围板下用木块垫起并用锁链拉紧以固定车架。将向上翘起的部分向下拉伸，向下翘曲的部分向上拉伸，如图 9-40 所示。

5．皱曲变形的校正

对于如图 9-41 所示的前纵梁严重弯曲损坏，可以将校正力分解成两个相互垂直的力分别拉伸弯曲皱褶部分进行修复。

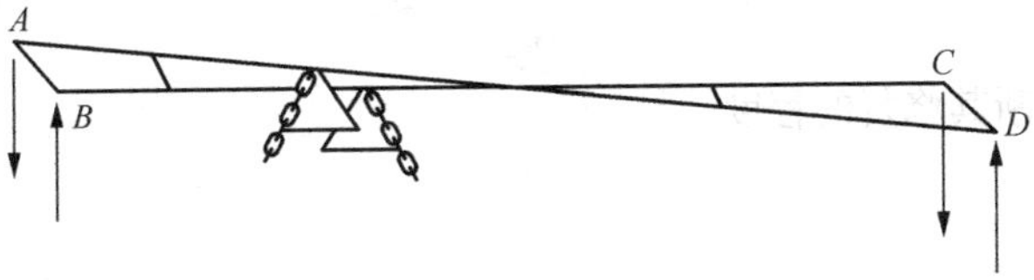

图 9-40　扭曲变形的校正

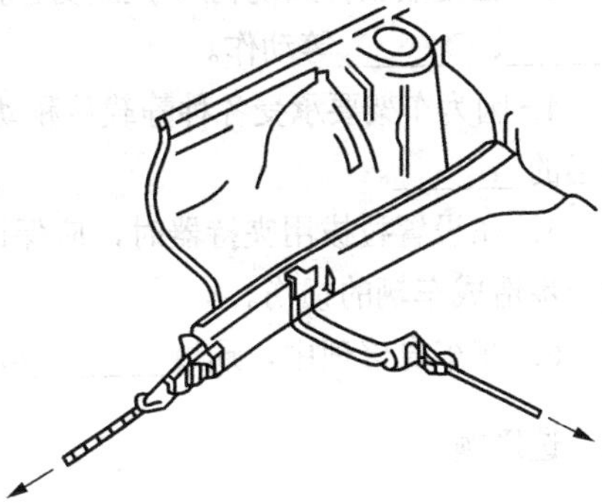

图 9-41　皱曲变形的校正

6．进行校正作业时的注意事项

（1）遵循拉伸操作中的各项安全事项。

（2）当要对车身和车架进行校正操作时，应该将车架或车身钣金件上有裂缝的地方首先进行焊接以避免进一步的撕裂。在所有的焊接工作完成之后，应立即在高强度钢的焊缝上涂抹富锌涂料，以免氧化。

（3）车架、车身上的损伤一般按照其受到冲击的相反方向来消除。在大多数情况下，应采用拉的方法而不是推的方法来消除损伤。

（4）当对一个车架进行拉伸时，一般应对零件进行稍微的过度校正以抵消回弹的影响。应该尽量不使用加热的方法，所有工作应尽量在冷态下进行。当需要对车架零件加热时，应使用中性焰或稍接近化焰将要修理的区域加热到所需的温度。

（5）牵拉时，切勿用千斤顶支撑汽车。

模块总结

通过对本模块的学习，可以了解汽车车身拉伸与校正的基本原理及方法、常用拉伸校正设备的使用方法，在使用车身、大梁校正系统拉伸车身的操作方法、操作步骤以及在使用过程中所注意的安全事项等。

思考与练习

一、填空题

1．车身固定器的用途是用来夹持车身某部位，且其底座又可以用螺栓固定在________上，使整个车身处于________。

2．简易式车身车架牵拉器作牵拉作业时，先用________将车身固定在工作台上，利用立柱与工作台之间的拉链系统对车身牵引。

3．轻便液压杆系统利用手摇液压泵提供压力能，通过液压缸驱动，实现________、________、________、________等动作。

4．因为车架要承受各种静载荷和动载荷，所以车架必须具有足够的________，足够的________，适当的________。

5．在设置拉拔用夹持器时，应保证拉拔力的延长线通过________，否则会把夹持器拉脱，并进一步造成车辆的损伤。

6．在车身修理中，通过________可判断其修复的程度。

二、选择题

1．发动机罩前后位置的调整点是________。

A．发动机罩锁　　B．固定发动机罩与铰链的螺栓

C．橡胶垫　　D．发动机罩上的螺栓孔

2．校正（拉伸）车身时的基本原则是________进行校正操作。

A．先碰先修　　B．先修简单后修复杂

C．按与碰撞力一致的方向　　D．按与碰撞力相反的方向

3．车身校正架上的量具尺寸非常精确，一般量具允许误差________。

A．小于1mm　　B．小于或等于1mm　　C．小于2mm　　D．小于3mm

4．*L*形简易校正仪能在________方向上拉拔，它适用于一些小的碰撞修复。

A．1个　　B．2个　　C．3个　　D．4个

5．平台式车身校正仪一般配有两个或多个塔柱进行拉伸校正，可在绕车身的________进行拉伸。

A．几个方向　　B．几个高度

C．任何高度和任何方　　D．3个高度、3个方向

6．当进行车身拉伸操作时，操作人员做法正确的是________。

A．非熟练人员或未经过正式训练的人员操作校正设备

B．拉伸时不需要用钢丝绳把链条、钣金工具固定在车身的牢固部件上

C．操作人员在汽车上面和汽车下面工作时，可以用千斤顶支撑汽车

D．严禁操作人员与链条或牵拉夹钳在一条直线上

三、简答题

1．简述事故车钣金维修的工艺流程。

2．什么叫力的合成与分解？

3．为什么承载式车身要采用多向拉伸？

4．拉伸校正的正确过程有哪些环节？每个环节要注意什么？

5．车身拉伸校正维修的两个基本原则是什么？

6．拉伸校正中，绝对不能过度拉伸，对吗？

7. 平台式校正系统主要用什么方法对汽车进行固定？
8. 拉伸时应该如何对汽车进行保护？
9. 拉伸时拉伸力与钣金夹具的中心有什么关系？
10. 使用多功能液压千斤顶，组成三角形施力结构要注意什么？
11. 如果在拉伸校正中一定要对车身钣件加热，用什么方法能准确监控加热温度？
12. 在拉伸结构件时，需要注意的安全操作事项有哪些？
13. 如何使用地框式车身拉伸系统和 *L* 形车身校正仪进行车身拉伸操作？

模块十 10 车身钣金结构件的切割更换

汽车因受到碰撞而引起大范围的损伤时，有些钣金件或其他车身附件损坏严重，无法就车修理或者无法修复好，必须切割更换新件。

钣金结构件在修理时，应按照制造厂的规定，遵从切割钣金件的统一原则，即不要割断可能降低乘客安全区域、涉及汽车性能区域和关键性尺寸控制区域的钣金件。承载式车身的高强度钢板区域的钣金件受损后，绝对不允许用加热办法来校正，必须切除更换。

车身钣金结构件切割更换的连接方式，主要有三种，即有插入件对接、无插入件对接和搭接，如图 10-1 所示。

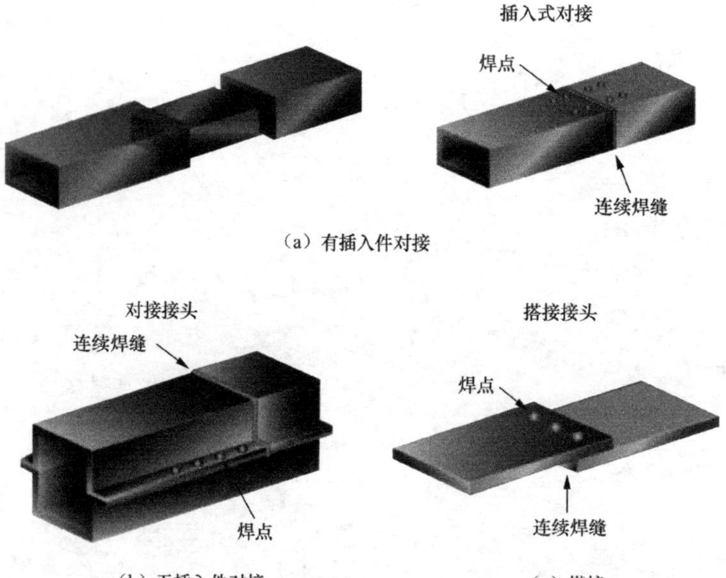

（a）有插入件对接

（b）无插入件对接　（c）搭接

图 10-1　车身钣金结构件切割更换的连接方式

知识目标

- ◎ 了解车身钣件更换的条件
- ◎ 掌握车身构件的拆解作业
- ◎ 掌握切割的基本方法和原则

能力目标

- ◎ 了解车身钣件的切割与切割更换时的焊接方法
- ◎ 掌握车身上不同部位新构件切割更换维修方法及步骤

课题一 车身钣金结构件的拆解

在钣金维修过程中，用合理的拆解方法来拆解已经确定更换的车身构件，以达到关联构件变形最小和易于装配调校的目的。拆解作业应在关联件变形得到基本校正后进行，否则，将使新件丧失装配基准，从而给车身构件的定位带来困难。

基础知识

一、拆解部位的选择

对于螺栓连接或铆接的构件，不会存在这类选位的问题。因为以这种方式装配起来的车身，构件之间的划分都比较明确。但是，对于以焊接形式装配起来的车身，构件之间就没有明显的界线特征。而且，连接形式的多样化，也必然会给构件的拆解造成一定的困难。

构件的切割更换在钣金维修作业中比较实用，但对切割部位、切口走向、切割更换范围等都有一定要求，应视车身构件的结构强度、焊接方式、断面形状等因素而定（见图 10-2）。

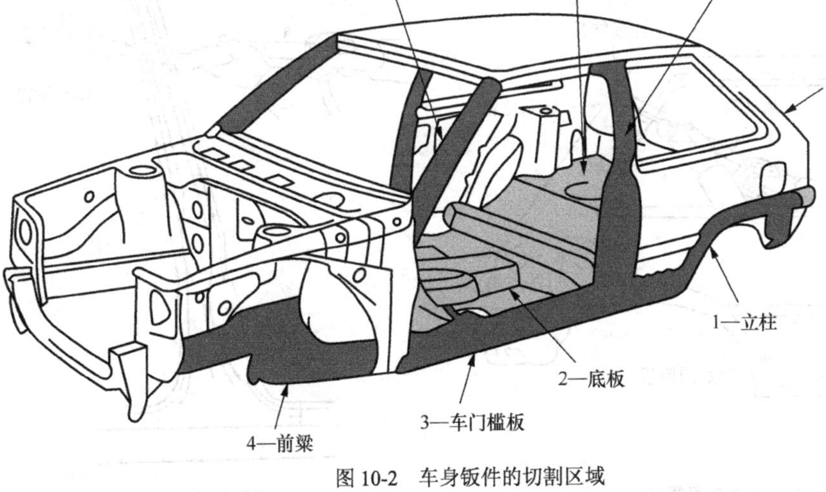

图 10-2 车身钣件的切割区域

为此，在进行车身构件的切割更换作业时，一定要按汽车维修手册中推荐的方案选定切割位置或在弄清具体构造的基础上，按以下基本原则选位。

1．避重就轻

所谓避重就轻，就是要求切口位置一定要避开构件的强度支撑点，而选择那些不起重要支撑作用的位置切割。同一构件上强度大小的区别在于是否有加强板等结构在起辅助增强作用。

2．易于修理

如果按修整工作量的大小选择切口，就可以简化构件更换后的作业，如所选切口正好位于车身内、外装饰件的覆盖范围内，其接口或焊缝的表面处理就显得容易得多；应兼顾到切割更换、修整、装配和焊接作业的难易，还有需要拆装的关联件的多寡与作业难易。

3．避免应力集中

应力集中会使构件发生意想不到的损坏，切口的选位应避开车身构件的应力集中区。否则，将影响构件的连接强度并诱发应力集中损伤，造成维修作业的失败。

二、车身钣金结构件的拆解作业

尽管车身构件的拆解方法因车型、部位和焊接形式而异，但只要掌握其构造和拆解的一般操作要领，就会从中找出规律性来，在以后的维修作业中不会感到无从下手。

1．车身构件的切割

在钣金件切割的维修作业中，以焊接方式连接的车身构件，即使已经去除了焊点或焊缝，有时也不能将构件作为一个整体拆下。如果用“粗割法”沿接缝把构件割断，就可以很容易地将形状复杂的构件拆下，再进一步清除焊点或焊缝也就方便多了。

粗割法作业所使用的工具应与切割部位相适应。用气动锯（风动锯）切割可以获得整齐的切痕，适于断面尺寸不大的中板类构件，如窗柱、门柱、门槛板等（见图 10-3）；用气动錾配切割錾刀的割断效率高，适于切割薄板类构件，如车身壁板、底板、翼子板等（见图 10-4）；氧-乙炔割具虽然具有切割能力强、切断效率高的优点，但热影响区域较大且涉及面广，适于对用较厚钢板制成件的割断，如底板横纵梁、车架、骨架等。

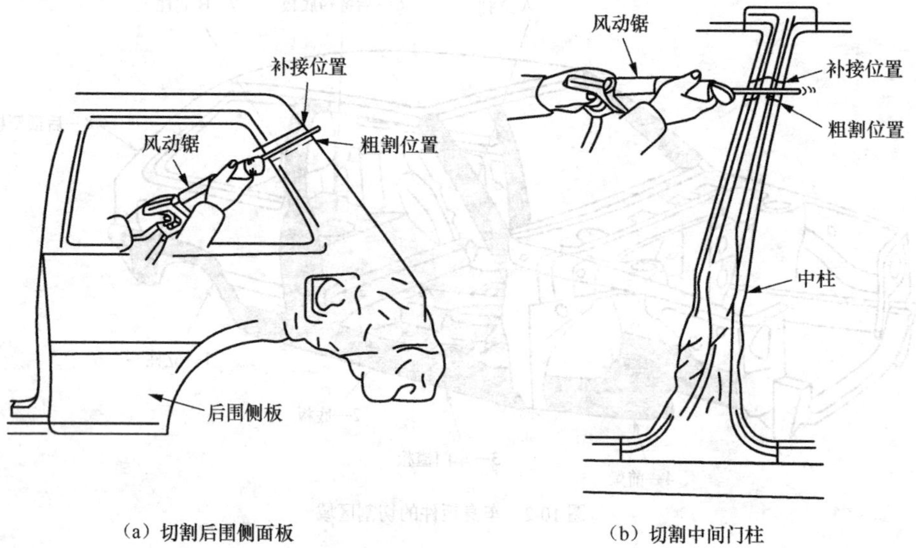

（a）切割后围侧面板　　（b）切割中间门柱

图 10-3　用气动锯粗切割

2．构件焊点的拆解

对于焊接而成的车身构件的拆解，其关键作业是剥离焊点或焊缝。剥离方法主要取决于焊接方式及其在车身构件上的分布状况等。在维修过程中要确定是焊点还是焊缝、在边缘还是在中间、朝上还是朝下等。操作方法以切割、钻削、磨削等方式为主。

以万能夹钳改装成的专用气动钻，可以便利地切除塞焊或点焊的焊点，如图 10-5（a）所示。由于万能夹钳能自锁在焊点拆解部位并形成一定的预紧力，钻削焊点时刀具不会发生跑偏现象，如图 10-5（b）所示。

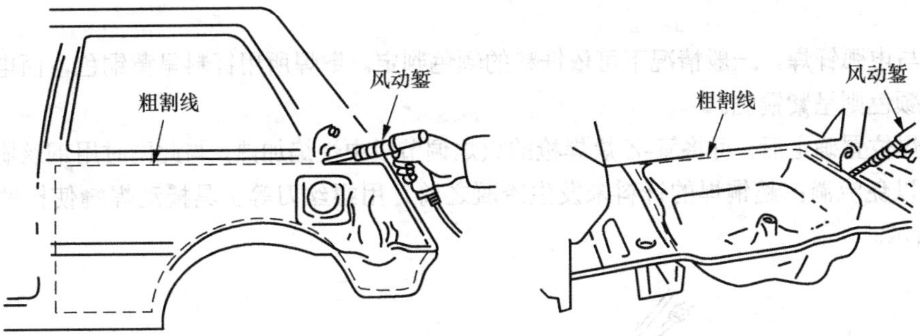

（a）后围侧面板的錾割　　（b）车身底板的錾割

图 10-4　用气动錾粗切割

车身构件如果是以点焊方式连接的，可用焊枪沿接缝的边缘加热，待表层涂料被火焰烧焦时，用钢丝刷或气动钢丝磨轮将涂层去掉。加热过程中应严格控制温度，以免因过热使金属材料及周边构件损坏；如果仍然找不到焊点时，可按图 10-5（c）所示的方法，将扁鉴沿构件的接缝处冲入，隐藏的焊点即可显现出来。点焊或塞焊的焊点剥离后，可配合使用手锤及惯性锤将构件拆下，如图 10-5（d）所示。

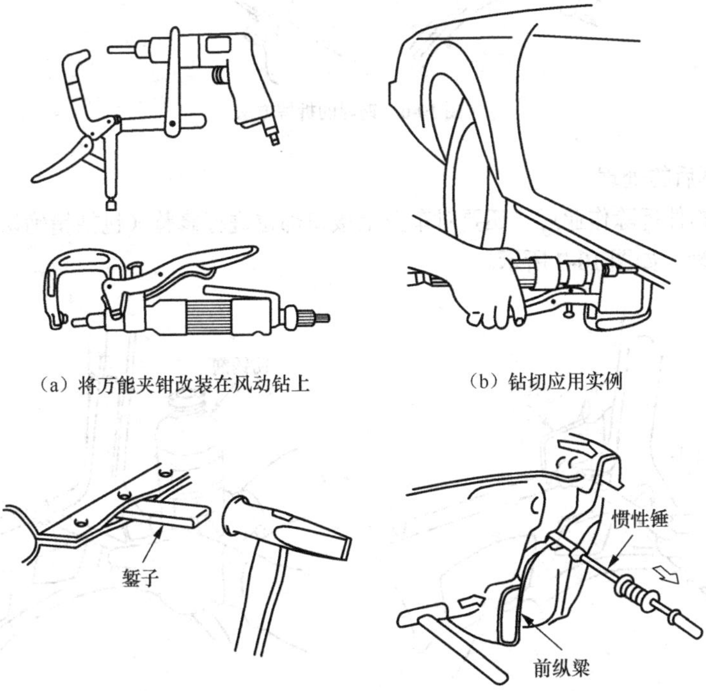

（a）将万能夹钳改装在风动钻上　　（b）钻切应用实例

（c）用錾子剥离　　（d）用双锤配合解板

图 10-5　焊点的剥离与焊件的拆解

3．构件铜焊的拆解

在汽车车身焊接方式中，有个别车身构件是以铜焊方式连接的，例如，轿车的车身立柱与顶盖的结合部等。拆解铜焊构件可用氧-乙炔焊枪加热使之熔化。但是，这种方法不适于拆解用电弧钎焊连接的构件，因为电弧钎焊的熔点比较高，仍用此法加热时，有可能烧坏焊缝下面的其他构件。

铜焊与电弧钎焊，一般情况下可依钎料的颜色判定。铜焊所用钎料呈黄铜色，而电弧钎焊所用钎料的颜色则呈紫铜色。

当铜焊位置确定后，可将氧-乙炔焊枪的火焰调节成中性焰加热，与此同时用钢丝刷将熔化的焊料除掉以免流淌；趁铜焊的钎料未发生冷凝之前，用螺丝刀等工具撬动焊缝使构件松动，如图 10-6 所示。

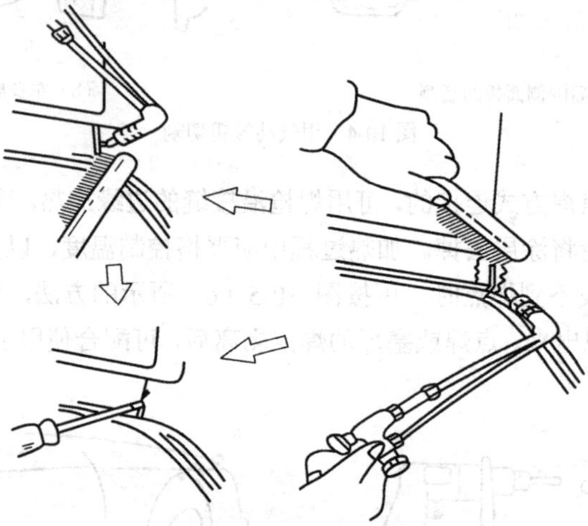

图 10-6 铜焊的拆解方法

4．构件拆解后的处理

在完成车身构件拆除作业后，还要对车身上接口部位进行修整（包括精确切割）、位置度的校正和防锈密封处理，如图 10-7 所示。

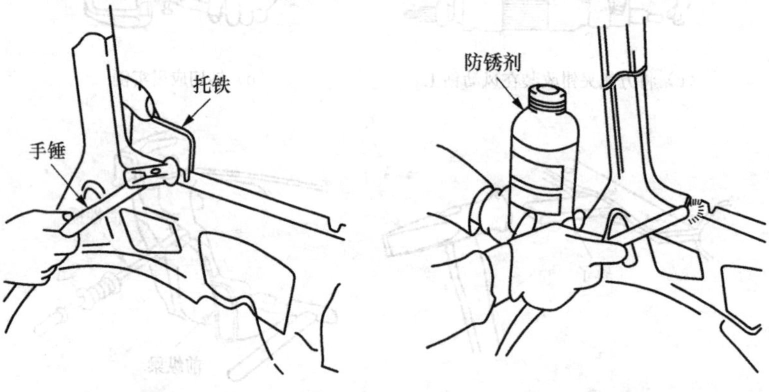

（a）局部修整作业　　（b）刷涂防锈剂

图 10-7 构件拆解后的处理

（1）端口的修整。待更换的车身构件拆除后，车身一侧必然会留下切割、钻削、磨削的痕迹，以及撬动接缝造成的局部变形等。端口修整作业是为消除这些缺陷而进行的，目标是使构件达到清、齐、平的良好程度。

① 清。所谓清是指端口处的整洁程度，它将影响对车身构件的防腐处理。要通过砂磨的

方法，将锈污和加工后留下的金属屑、毛边、割痕等清除干净，特别是对气割切口及其所残留的金属熔球，要用砂轮将其磨掉。只有干净、清晰的端口表面，才有益于实现可靠的防锈与密封。

② 齐。所谓齐是指切口走向是否与划定的切割线吻合，它将影响新构件的装配与定位。由于拆解过程中不便于操作，切口的走向与划定的切割更换线不符的情况经常出现，用切割砂轮、锉削等方法对端口进行修整，不仅能够避免新件装配时发生障碍性干涉，而且还有助于改善外观质量。

③ 平。所谓平是指车身构件端口应无弯曲、翘曲、波折等变形现象，这些现象有碍于新件的安装、定位和焊接，严重时还会导致新换构件也随之变形。操作方法是，使用钣金锤、垫铁等工具，由内向外、由大到小将其敲平，使之恢复到原来的正常形状。如果因变形较重难以调平时，还可以采取收放措施消除金属材料发生的拉伸现象。

（2）位置度的校正。由于车身上的切割更换部位，往往并无明确的定位基准可循，可采取对比法测取有关的位置参数值。即通过与相同车身或同一车身上与之对称的部位进行测量和对比，确定切割更换部位上坐标点的位置。具体操作方法如下。

先测量切口各点沿纵向（行驶方向）至某一基准点的距离，然后分别以这一长度值为准在与之对比的车身上测得各点的空间位置，即垂直方向、水平方向以及任意方向上与车身某一基准点的相对位置尺寸。测量中应注意的是，测量坐标点与车身基准点的相互位置，应分别于两个以上不同方向上量取参数值，参数值过少不能实现坐标点的准确定位，参数值过多则使操作过于复杂化，使校正作业无可适从。

（3）防锈与密封。钣金维修作业中的防锈与密封应善始善终地进行。车身构件拆解后的最后一道处理工序，是于构件搭接部位涂敷防锈剂。不要误以为防锈仅仅依赖于最后涂装时进行的刮腻子、喷漆等，因为两构件装配、焊接后的结合部位，并不能得到表面喷涂材料的保护。

想一想 车身构件的拆解作业的步骤有哪些？有哪些方面需要注意？

课题二 新钣金件的切割、定位与焊接

在汽车钣金切割更换修理过程中，新钣金件的切割与定位是更换作业中的关键一环，也是一项不容忽视的作业。如果在未确定新件定位参数的情况下，盲目进行更换和焊接作业，其后果将是可想而知的。因此，在新钣金件切割更换安装过程中要有充分的准备，在此基础上进行的焊接、调整等作业才会得到精确地实施。

基础知识

在以往传统作业中往往不太重视新件的准备与定位这一环节。其中主要原因是装配式车身所换构件是按单元划分的，而这种单元式车身构件所允许的装配误差较大。但在维修作业精度要求较高的今天，必须做好这一点，才能符合修复技术要求。

一、新件的准备

1．新件的粗切割

切割更换部位是视情并按基本原则确定的，故新构件的尺寸未必与需要的相符。因此，可按图 10-8 所示的方法切割、下料，这一步称之为新件的粗切割，需按图中所示的规定预留 20～30mm 的重叠量。待新件的定位作业完成后再重新画线精切割，操作时应注意下料的余量不宜过大，否则将不便于构件的安装就位。

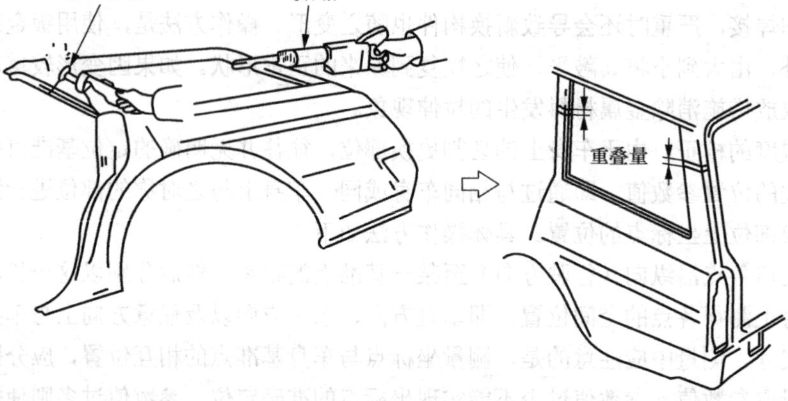

图 10-8 新构件的粗切割

2．新件的精切割

由于车身构件的连接形式不同，其切割方法也有所区别。对于能够搭接在一起的简单断面形状构件，其切割方法可参照图 10-9 所示的方案进行。先沿搭接构件的端头画定切割线，如图 10-9（a）所示；然后用气动锯沿切割线将构件切割，如图 10-9（b）所示，由此可获得对接质量很好的切割，如图 10-21（c）所示。

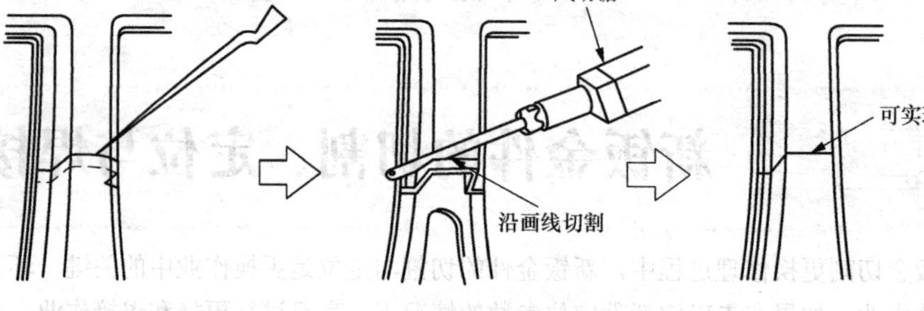

（a）比照搭接边缘画切割线　（b）沿画定的线切割　（c）可使接口无缝

图 10-9 划线切割法

如果采用图 10-10 所示的方法切割，虽然接缝质量不受锯割时走偏的影响，但锯割后留下的切口将会使接口缝隙变大。因此切割方法的正确选择与否会关系到钣金修理质量的好坏。

有些构件的断面形状较为复杂，异形结构决定其不能够搭接在一起，如图 10-11（a）所示。对此，可分别采用测量法切割。所谓测量法，是通过量取基准孔或装配孔至切割更换部位的距离，并以此作为确定切割位置的依据，如图 10-11（b）所示。

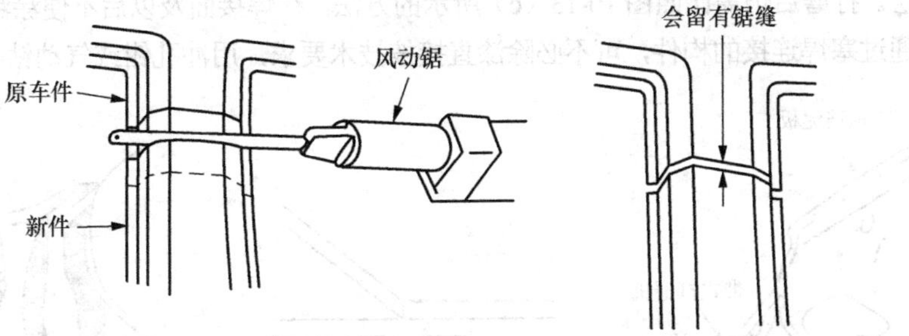

（a）在新旧件的搭接部位直接切割　（b）切割后形成相当于锯口宽度的缝隙

图 10-10　搭接切割法

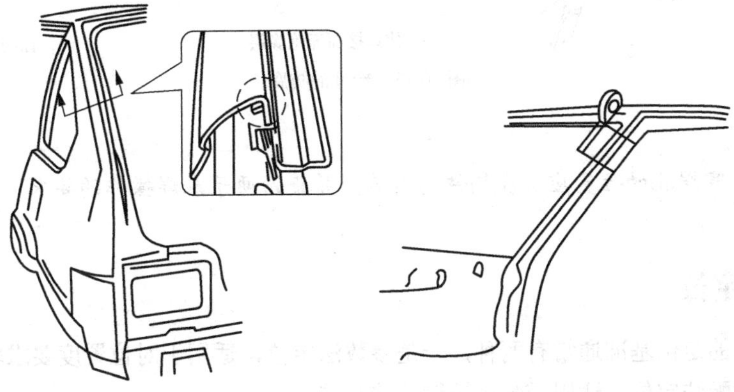

（a）异形结构件　（b）用测量法画定切割线

图 10-11　测量切割法

为使切割线能与新件的切口相吻合，可用由新件上割下的断头为基准在车身一侧画线（见图 10-12）。

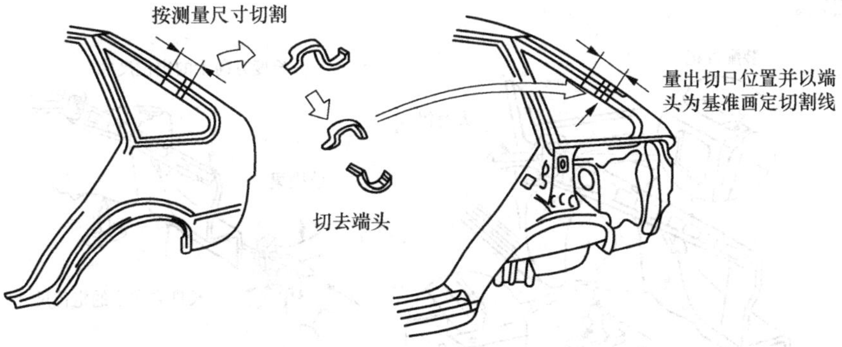

（a）按测量尺寸割下端头　（b）比照新件端头画定切割线

图 10-12　比照新件切口画定切割线

3．新件的防腐

新构件的表面都覆有涂料，其表面涂层的绝缘性将会影响点焊电流的通过。拟用点焊方式焊接时，应预先按图 10-13（a）所示的方法，用带式砂磨机（砂带机）将焊接部位两面的涂层除掉，使接触面形成图 10-13（b）所示的焊接面。磨削时应注意不要用力过大并及时换位，以免使构件过热而影响周围涂层。打磨后仍需比照图 10-13（c）所示的方法，在焊接面及以后不便涂漆的部位刷涂防锈剂。对于拟通过塞焊连接的构件，可不必除漆直接按技术要求，用冲孔钳或气动钻在构件上制孔。

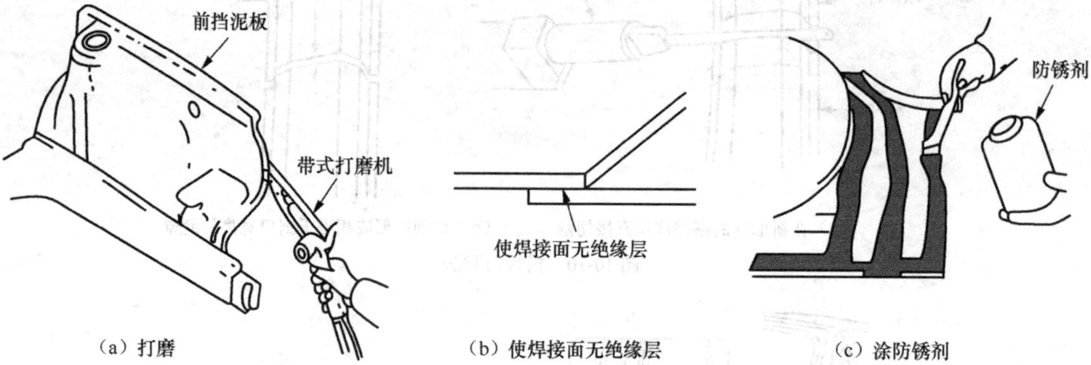

图 10-13 新件的防腐

提示：塞焊孔的位置应选在构件的内侧，并兼顾便于塞焊操作的要求。

二、新件的定位

新换钣金件的定位基准通常有两种，一是参数法定位，适用于对位置度要求较高的车身构件的安装；二是适配法定位，适用于装饰性钣件的安装。

1．参数法定位安装挡泥板

轿车翼子板内支撑板（俗称挡泥板），利用参数法定位安装过程如下。

（1）安装挡泥板。将挡泥板按图 10-14（a）所示的方法，装配到位并注意对正有关的安装标记；如新件上没有作出装配标记时，可比照旧件拆解后留下的痕迹安装；随后用万能夹钳等夹具将挡泥板固定。

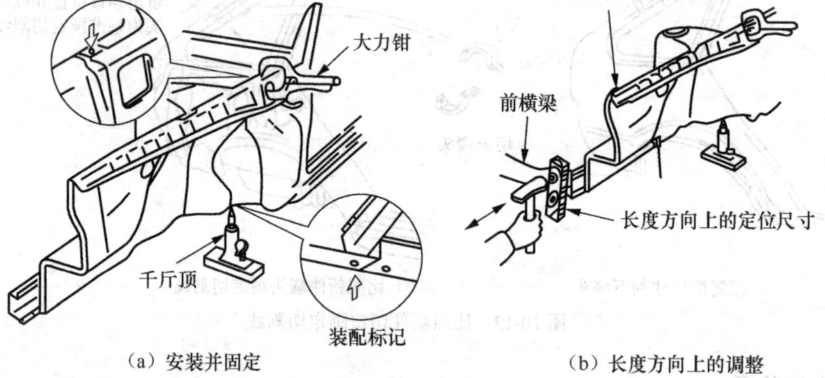

图 10-14 新件的安装与调整

提示：如果挡泥板的前端不便使用万能夹钳时，为使其结构稳定可与其他相邻构件暂焊（如前横梁、散热器支架等）。

（2）长度调整。也称为纵向装配位置的调整。按维修手册或对比法确定安装长度，调整测距尺，按图 10-14（b）所示的方法，沿纵向测量、调整挡泥板的装配长度。注意，测量的起止点应以基准孔或构件的装配孔为准，而不能以挡泥板的前端面为依据；纵向长度尺寸定位后应于上部选 2～3 点暂焊（因为测量点在上面）。

（3）高度调整。也称为垂直方向上装配位置的调整。可按标准参数调整挡泥板测量点的定位高度，并将其下部与车身暂焊，如图 10-15（a）所示；也可使用定中规按图 10-15（b）所示的方法测量，并通过调整使之与对称一侧的构件等高并对称。挡泥板的高度调定后及时将液压千斤顶锁住。

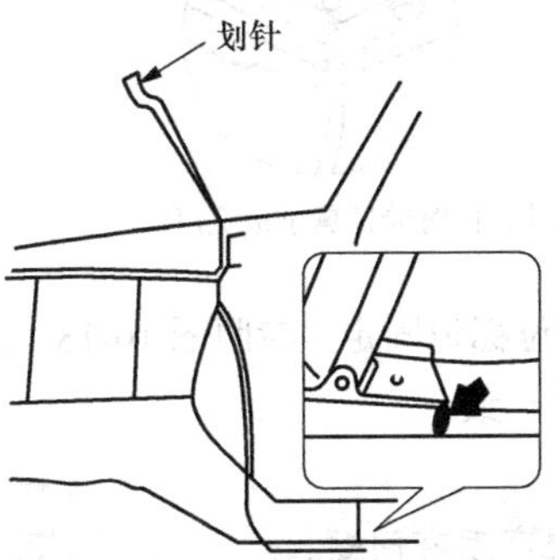

（a）高度方向上的尺寸确定后，当即在下部暂焊

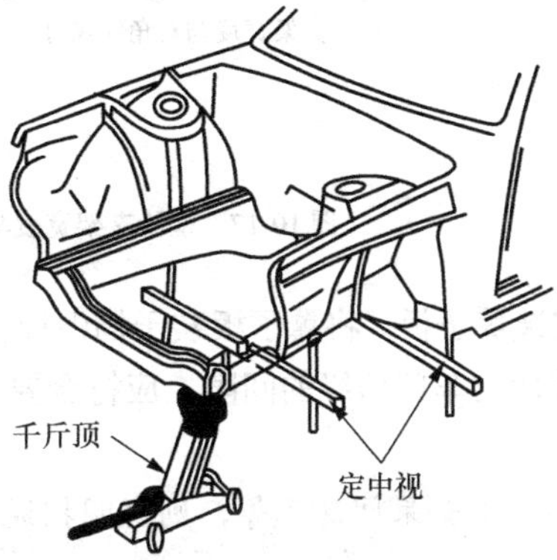

（b）高度方向上的测量与调整

图 10-15　高度方向上的调整

（4）宽度调整。也称为水平方向上装配位置的调整。使用测距尺检验如图 10-16（a）所示的宽度参数值，调定后将其与前横梁横向固定。然后，重新按图 10-16（b）所示的方案校准高度和长度方向上的参数。如不符合要求时，应继续进行微量调整直至合格为止。确认无误后装上悬架横梁并加以可靠固定（如螺栓连接、塞焊等）。

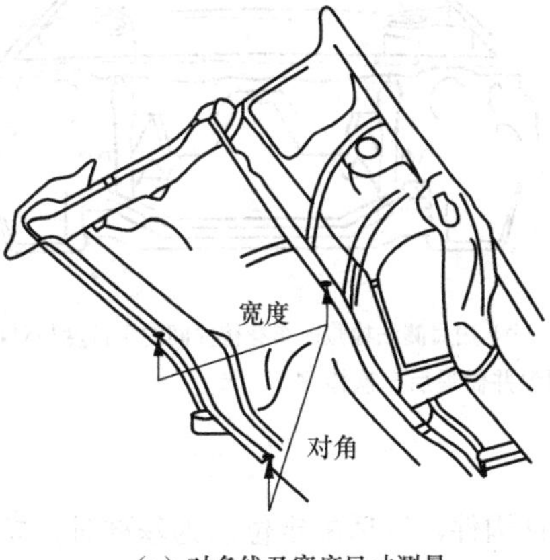

（a）对角线及宽度尺寸测量

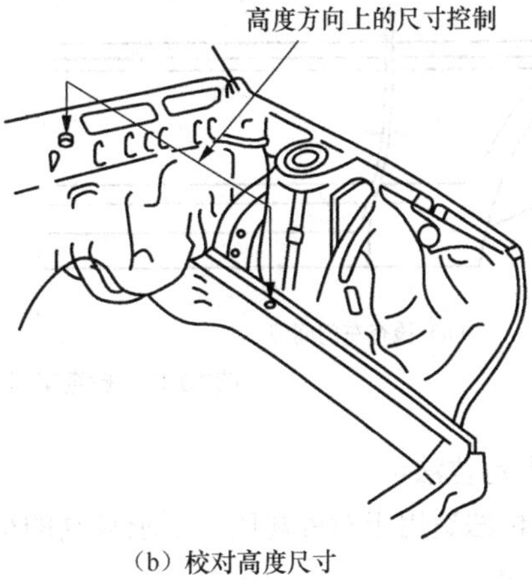

（b）校对高度尺寸

图 10-16　宽度方向上的调整

（5）安装散热器支架。将散热器支架安装并固定，然后用测距尺按标准参数值检查图 10-17 所示的尺寸，必要时进行调整并用万能夹钳将其固定。

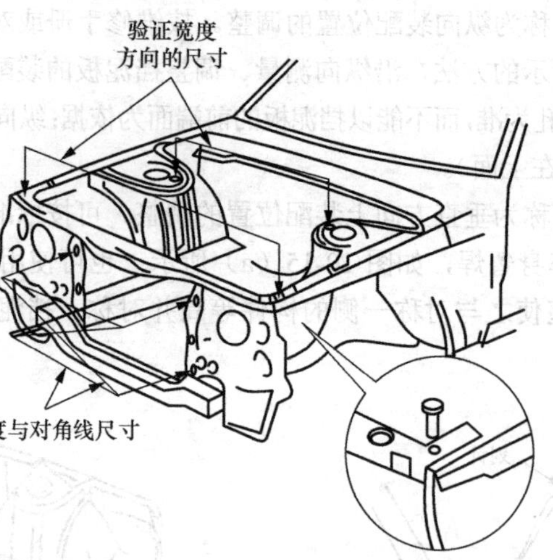

图 10-17 检验支架宽度与对角线尺寸，同时验证翼子板宽度

（6）安装翼子板。将翼子板装于挡泥板上并按定位标记固定，参照图 10-18（a）所示的方法，检查其后端面与车门边缘的间隙，应符合要求并上下一致。

提示 如果间隙不等，则说明挡泥板的装配高度有问题。

（7）参数验证。正式焊接前应按图 10-18（b）所示方法，对全部定位参数作一次综合验证，并以目测的方式观察前车身的装配情况，检查各构件之间的平行与对称状态有无异常现象，否则应查明原因并予以修正。至此，即可转入焊接作业阶段。

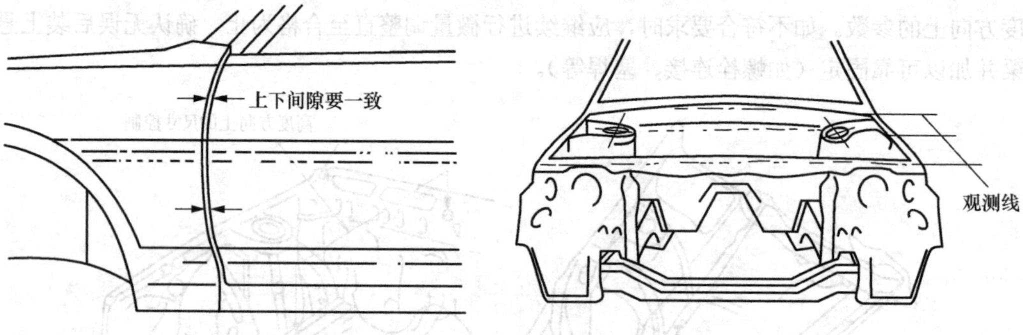

（a）检查车门间隙 （b）用目测法检验前车身构件间的平行度与对称度

图 10-18 检查车门间隙并做最后一次检测

2．适配定位法

适配定位法适用于对外观质量要求较高的车身构件，以适配定位法为基准时，轿车后翼子板的更换过程如下。

（1）安装后翼子板。将后翼子板按图 10-19 所示的方法安装到位，用万能夹钳将相邻构件的边缘夹紧，以使后翼子板于若干处得到固定。注意，新件落料时的边缘余量不宜留得过大，否则不便于装卡和固定。

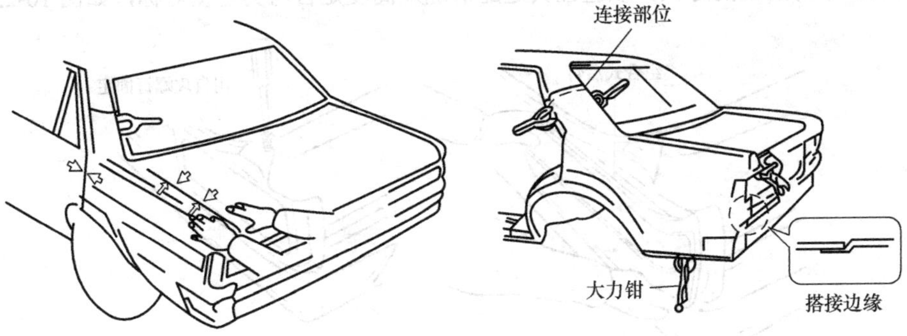

图 10-19 适配定位法

（2）用适配法调整。用目测的方法检查构件的形线是否对齐，翼子板与车门的间隙是否符合要求，如图 10-20（a）所示，并用自攻螺钉将其临时固定，如图 10-20（b）所示。

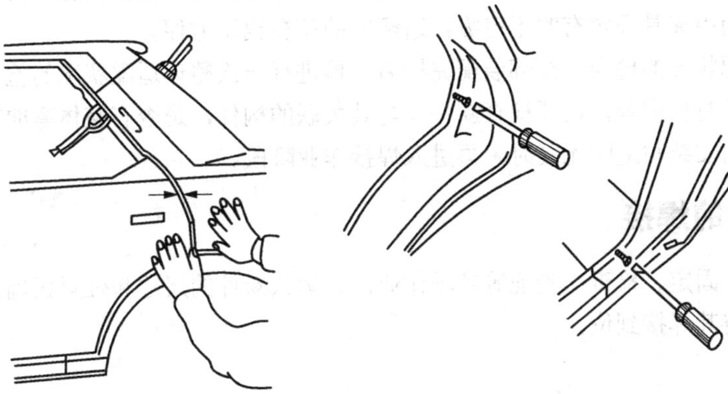

（a）目测检查 （b）用自攻螺钉固定

图 10-20 调整后翼子板与车门的适配度并加以固定

在行李箱盖处于关闭状态下，检测后翼子板与其的间隙和高度是否合适，并用对比法测量、验证窗口的对角线，如图 10-21（a）所示，确认无误后也用自攻螺钉临时固定，如图 10-21（b）所示。

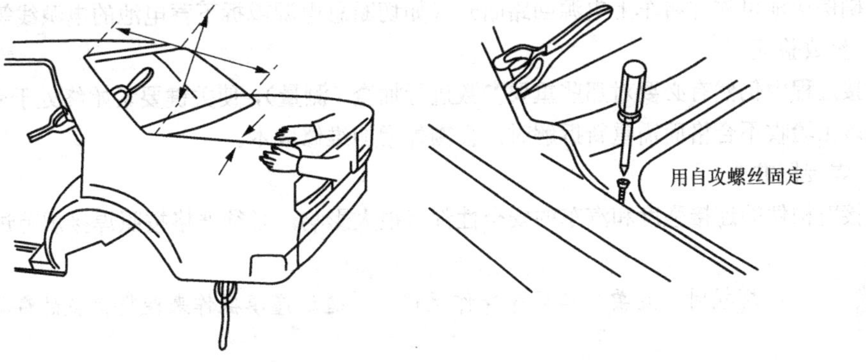

（a）检测后翼子板与行李箱盖 （b）用自攻螺钉固定

图 10-21 调整后翼子板与行李箱盖及后窗的适配度并加以固定

最后装上车身后部的灯具，以验证其适配情况及高度是否与另一侧对称，如图 10-22 所示。

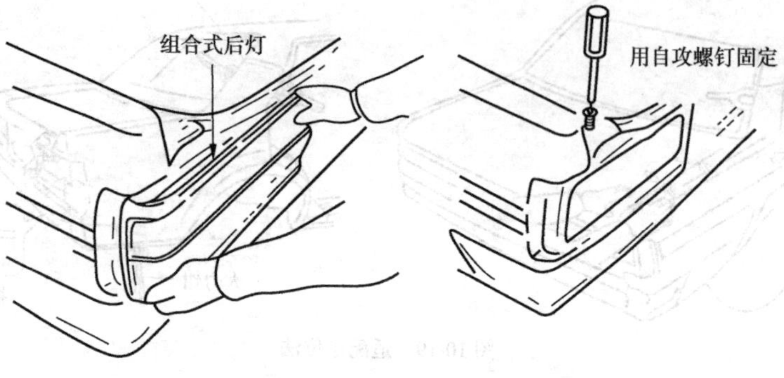

（a）安装组合式后灯　　（b）用自攻螺钉固定

图 10-22　安装后围下板及组合式后灯

（3）临时固定。每进行一项适配作业，都应在构件边缘的适当部位钻孔，而后用自攻螺钉将其临时固定。因为用夹具固定有时不可靠，适配度的调整也不方便。

（4）整体适配状况的检视。全部装配完毕后，再进行一次整体适配状况的检查，查看各部分的间隙、形线以及对称度等，还要检查新件及与其关联的构件，是否有整体弯曲或扭曲等变形现象。在确认构件的安装与适配无疑时，再进入焊接作业阶段。

三、新钣金件的焊接

在通过调整、固定、检查、验证等各项作业，并确认新件的尺寸和位置正确无误后，即可转入焊接作业阶段将其焊接到位。

1．焊接顺序

焊接顺序应遵循由中间向两边、先基础件后附属件的原则。使用气体保护焊时，应按图 10-23 所示的程序焊接，以免使焊口局部过热而变形。同时注意暂焊时应先用万能夹钳固定，然后由中部开始起焊以避免焊接缺陷。

2．焊接防护

焊接过程中所产生的火花或热影响，会损坏车身涂层、玻璃、装饰件等，应采取相应的保护措施（如遮盖、拆除等）。此外，点焊机地线虚接所产生的电动势，有可能击穿车上的微电子设备，所以应确保接地可靠并将车上电源回路断开（如切断总电源或拆下蓄电池的电源线等）。

3．参数验证

焊接过程中仍然有必要对那些重要参数进行抽查（测量），使关键要素始终处于受控状态。否则，当竣工验收不合格而需重新拆解时，会额外增加维修成本。

4．焊接标准

焊接对构件的连接强度和汽车的安全性都有很大影响，必须严格按照焊接规范进行焊接。

提示　焊接时一定要严格遵守操作规程，并通过谨慎操作来获得优良的焊接质量。

5．焊缝的修整与处理

焊缝的修整方法主要是砂磨或锉削。应注意的事项主要有对焊缝的光整程度无特别要求的部位（如隐藏部位、装饰部位等），仅磨削到表面圆滑为止并留有一定的凸起；对于有平面度要求的部位，应磨削适度以免影响车身构件的焊接强度；对那些不便于用砂轮机打磨的部位，可改用带式打磨机或锉削的方法解决。

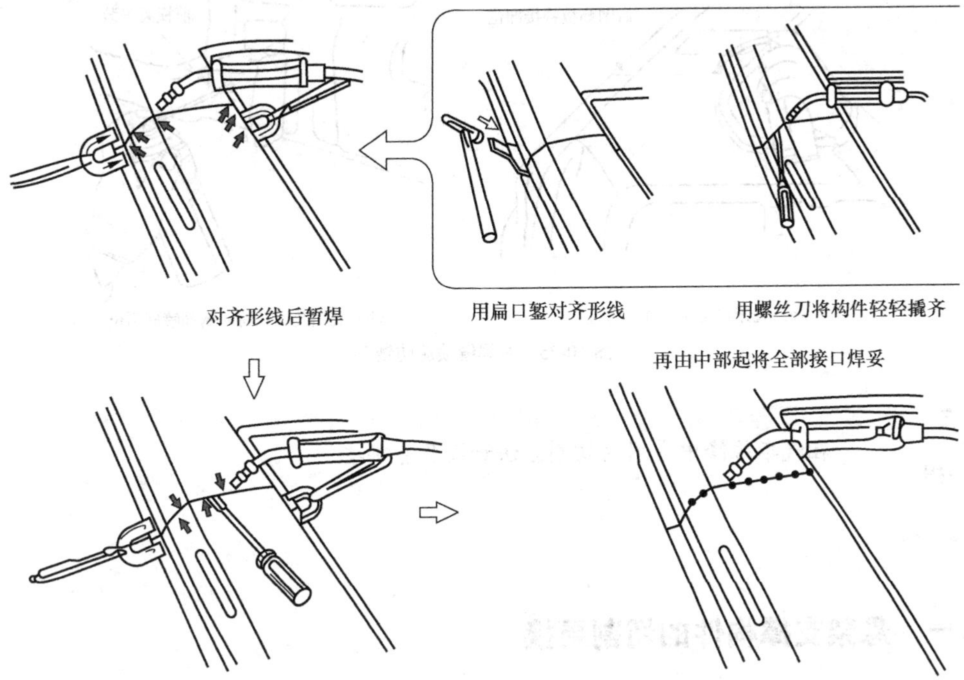
对齐形线后暂焊
用扁口錾对齐形线
用螺丝刀将构件轻轻撬齐
再由中部起将全部接口焊妥

图 10-23 新件的对接焊操作程序

除了焊前在接合面上施涂防锈剂以外，焊接竣工后还应在焊缝处施涂车身密封剂，以阻止泥水等污物的渗入使焊缝或金属锈蚀。施涂前应先将焊缝及其周围清理干净，然后用胶枪按图 10-24（a）所示的方法沿焊缝施胶。枪嘴的直径应与焊缝相等，涂胶过量时应用手指将其抹平，如图 10-24（b）所示。

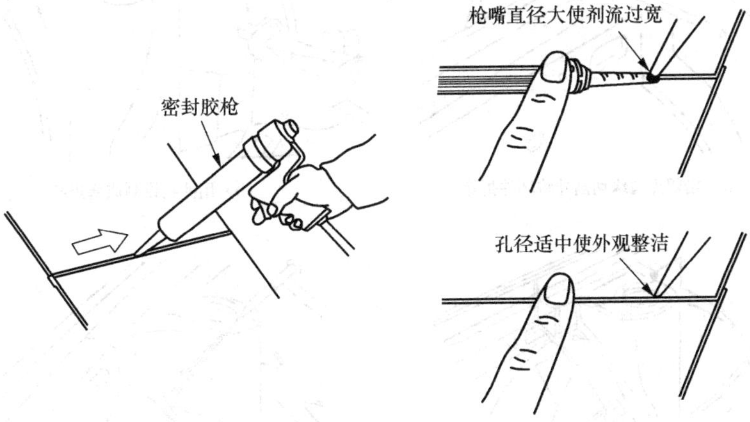
密封胶枪
枪嘴直径大使剂流过宽
孔径适中使外观整洁

（a）从一端开始至另一端结束　（b）胶枪口的直径应与缝隙相称

图 10-24 用胶枪涂施密封剂

提示：对于有装饰要求的部位，还可先在焊缝两边粘接胶带纸并在施胶后将其揭除，由此使涂胶后的部位更加美观。

对于图 10-25 所示的箱式断面构件，由于焊接后原有的防锈涂层已经被破坏，故应按图示方法对准焊缝喷涂防锈剂，最好至流出为止。

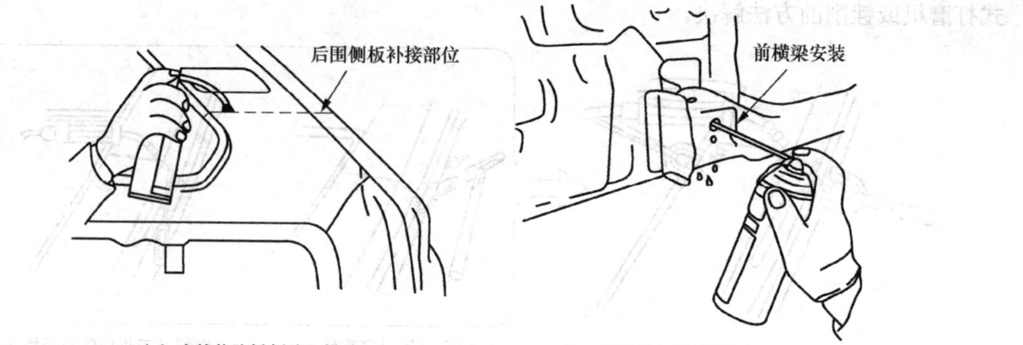

（a）直接将防锈剂喷入焊缝　　（b）利用装配孔将防锈剂喷施到位

图 10-25　对焊缝喷施防锈剂

想一想

在汽车维修中常用的切割方法和设备有哪些？

课题实施

操作一　悬架支撑构件的切割更换

在钣金维修作业中，如果前车身悬架支撑构件（亦称翼子板内支撑板）发生严重损伤时，可按图 10-26 所示方法予以更换。

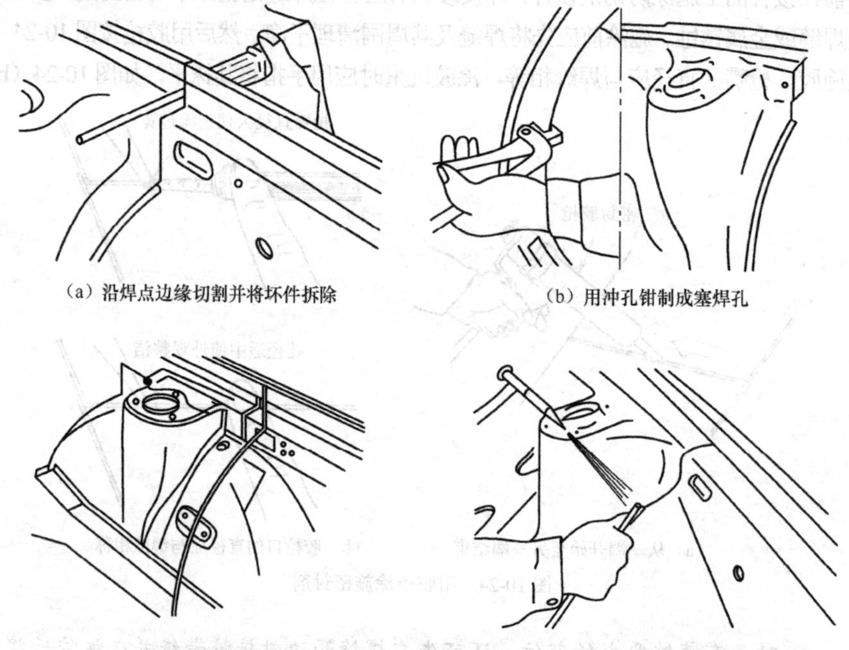

（a）沿焊点边缘切割并将坏件拆除　　（b）用冲孔钳制成塞焊孔

（c）点焊或塞焊　　（d）用钎料填充缝隙

图 10-26　前悬架支撑构件的更换

步骤 1：拆除

前车身悬架支撑构件是以点焊方法连接的。由于该构件的尺寸较大，有时即使将焊点分离也很难将其作为整体拆下。对此，可用气动锯切割，也可先用氧-乙炔割炬将报废部分沿原焊缝边缘割下，然后再拆除焊点就方便了。钣金维修作业中称这个办法为“粗割”，适用于车身上许多报废构件的更换。

用钻削或磨削的方法将焊点清除并使焊件剥离，借助撬板等工具将残留部分从车身上拆下。受损部分拆除后，要对车身上的接口部分进行整理，如用手砂轮机磨去原来的焊痕，但要注意既要磨平又要避免损坏车身钢板；用手锤和垫铁将端口变形调整好；位置度有误差时，还应先行校正；将焊接面两边的油漆除净，并于焊接面上涂敷防锈剂。

提示 凡类似不易涂漆的部位均应按此要求操作。

步骤 2：更换

如新构件表面覆盖有涂装材料，以点焊方法连接时一定要先将焊接部位的漆层除掉，否则会影响点焊电流的通过。如果采用塞焊，则应在构件拟焊接部位用冲孔钳或电钻制出塞焊孔。塞焊孔径过大容易使车身钣件烧穿，过小则影响焊接强度。

前车身悬架支撑构件一方面承担着前悬架的部分载荷，另一方面还决定着前轮定位参数的准确度。所以，新装的前车身悬架支撑构件，必须以尺寸法定位，即以车身尺寸图中规定的位置要求为准，决定其与车身装配的相对位置。若没有技术资料可查时，也可利用对称性原则在车身的另一侧通过实测获得。

在各部尺寸逐一校准的过程中，可用局部暂焊方式将前车身悬架支撑构件适当加以固定；将起定位作用的部分关联件（如横梁、散热器支架等）装配牢靠，将翼子板装合并调整其与车门的间隙。在正式进行定位焊的前后，应分别将全部定位尺寸逐一核对，确认其定位尺寸准确无误后再施焊。

无论是用点焊还是用塞焊，均应在构件搭接部分涂敷防锈剂，并且点焊焊点的数量应以原厂数量的 1.3 倍为宜。

需要说明的是，在清理钢板表面涂层时，应注意检查构件钢板的材料性质，属于耐腐蚀（表面处理）钢板时，应将拟焊接部位的耐腐蚀层磨掉，点焊时还要将电流放大 10%～20%。

操作二　前纵梁的切割更换

车身左侧被严重碰撞，左纵梁及轮罩都需要作截断更换维修。

步骤 1：找出需要切除的相关焊点，并用焊点切割钻钻除。与纵梁有关的焊点主要在挡风玻璃基座处、轮罩与纵梁连接处等；要注意隐藏的焊点，隐藏焊点在悬架支座下部轮罩延长板与纵梁延长板接合部，轮罩上板与悬架支座外部后法兰连接处，在切割的相应环节也要把它们切除，如图 10-27 和图 10-28 所示。

提示 纵梁内外侧的连接处往往都涂有密封胶和吸音材料，必须把它们去除后才能找到焊点。

步骤 2：在悬架支座中心的前方截断下纵梁，其内外侧以错口方式截断，两个切口处均用搭接。纵梁的这个位置没有内部加强件，是个比较合适的截断部位。注意，是悬架支座中心的前方，不要离开太远。纵梁内部加强件的位置如图 10-29 所示。

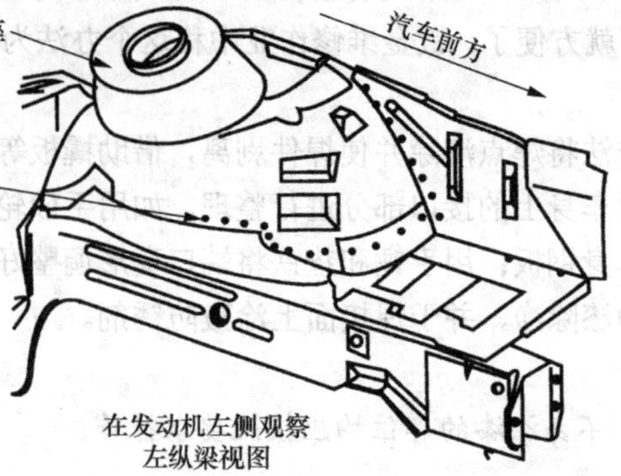

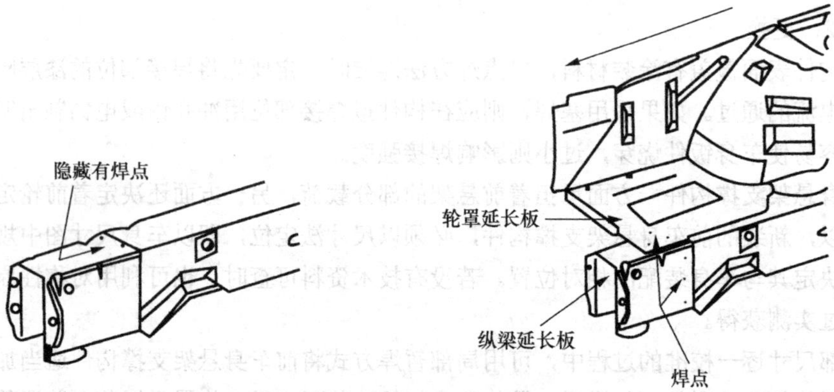

图 10-27　前纵梁相关点焊位置

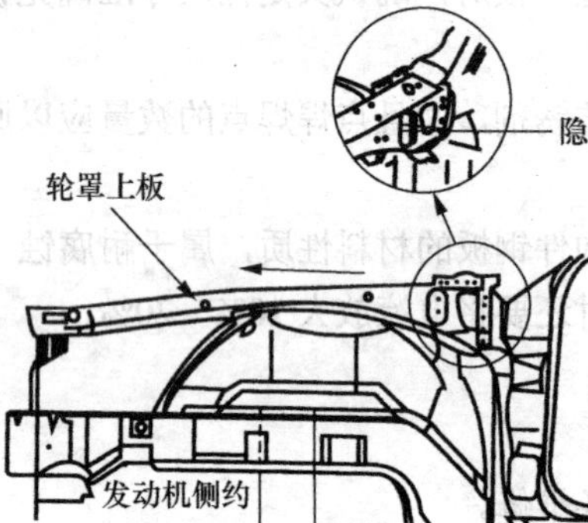

图 10-28　左纵梁的切割位置

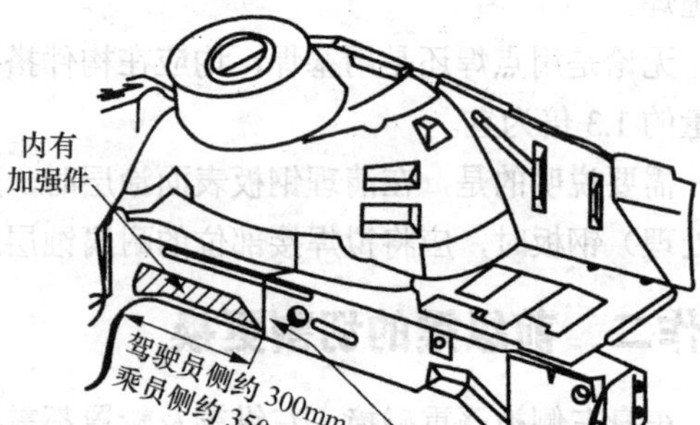

图 10-29　纵梁内部加强件位置

步骤 3：具体切割位置是在发动机一侧的截断位置应距前围约 305mm（右纵梁 355mm），轮罩侧的截断位置应在发动机侧切口的后方 80～120mm 处。

> 提示　在进行钣金件切割作业时，建议用气动锯切割。注意切割长度要比更换长度多 1.5～6mm，如图 10-29 所示。

在内加强件附近进行切割操作时必须特别小心。如果把内加强件锯伤了一个小切口，必须把它焊好；如果锯口长度大于 6mm 甚至把加强件完全锯透，必须认真考虑连接纵梁的强度。

步骤 4：先把固定散热器支座和轮罩延长板的焊点钻除，再将轮罩延长板向上翻，去除轮罩延长板连接纵梁的焊点，把轮罩延长板和纵梁延长板拆开。

步骤 5：钻掉所有必须去除的焊点，并切割出对接错口后，将损伤件从车上拆下来。

步骤 6：车身纵梁接口处的准备，为了保证良好的搭接，应在车身上原结构件伸出端的拐角处仔细做出“开口”。开口的长度不能超过 6mm，保证安装后开口的露出部分能完全焊严。安装时新结构件必须搭在原来的结构件之上，使对接更加稳定可靠，还可以不用内插件，也使防腐蚀材料的涂敷更为省时有效，如图 10-30 所示。

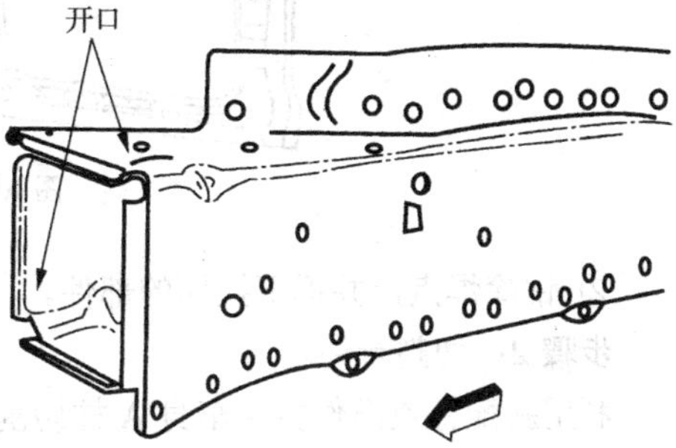

图 10-30　纵梁“开口”

步骤 7：新件的准备。用试装的方法，把新件放到车身接口位置上，准确测量好，并在测量的尺寸上增加一个适当长度，切割出对接错口。在安装之前对更新件总成还要进行检查、测量，必要时还要进行校正，使其达到要求的安装尺寸。

步骤 8：对所有的接合部翻边及焊接部位进行打磨和彻底清理。注意，不要磨掉镀锌层。在清理后和焊接前，必须在裸露金属接合面上涂敷透焊底漆。

步骤 9：将新件可靠地夹紧在安装位置上之后，用测量设备进行检测，以确保其尺寸及位置准确，当检查所有尺寸在公差范围内之后，即可焊接。

步骤 10：按照焊接规范进行焊接，塞焊在原来焊点上进行，所有对接的焊缝必须完全焊到，不得留有间隙。并做焊后焊缝磨光处理。

步骤 11：最后对焊接部位进行防腐处理和密封处理。

操作三　A 柱的切割更换

在汽车钣金维修专业术语中，A 柱即前立柱或前支柱，它的切割更换维修，比沿原制造接缝作整体拆换要容易得多。A 柱的更换常采用有内插件的对接、错口对接或搭接加对接的复合接头进行维修，如图 10-31 所示。

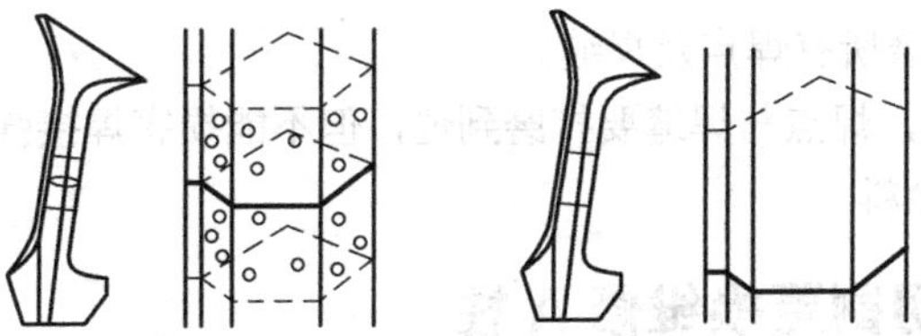

图 10-31　A 柱切割连接方法

一、用内插法切割更换维修 A 柱

步骤 1：切割

① 在大概中间位置切割。A 柱有两件结构和三件结构，内部加强件一般在上端、下端或两端都有，中间则没有。因此在中间截断，是最合理的部位。利用切割夹具帮助定位及引导切割，可

以获得整齐的切口，如图 10-32 所示。

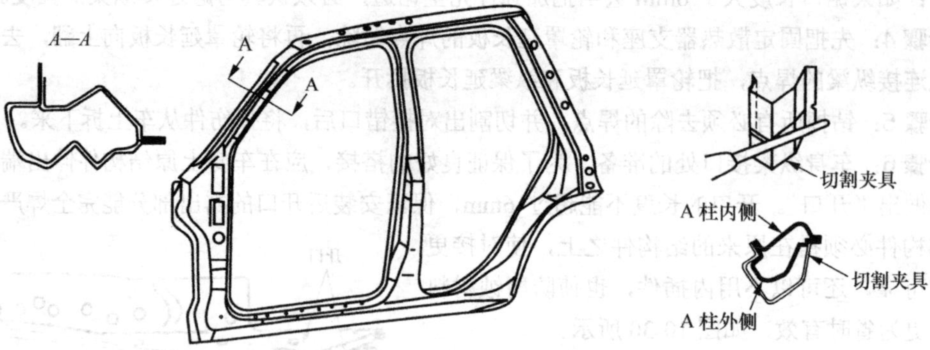

图 10-32 A 柱的切割方法

② 钻除焊点，并拆下损坏的部件。

步骤 2：切割新件。

利用新配件或旧件按照车身 A 柱切割位置画线，然后切割下来作为更换的新件。

步骤 3：切割立柱内插件。

切割长度为 100～150mm 的内插件。

步骤 4：在新件和车身旧件上错位钻 8mm 塞焊孔。

步骤 5：钣件打磨和清洁。

用钣金工具对钣件进行校正，并打磨掉上面的毛刺。除掉所有油漆、底涂层以及焊缝保护层，但不要去掉镀锌层。喷涂透焊底漆。

步骤 6：试焊。

调整焊机参数，对立柱材料进行试焊。最好用相同材质材料在车身外进行试焊。

步骤 7：焊接内插件。

把内插件安装在车身 A 柱位置，并插入到位，进行塞焊。

步骤 8：焊接外板。

把新旧两板对接放好，并留出与板厚度尺寸大致一样的间隙。进行定位焊，调整，塞焊和对接焊。确保接合面完全封闭及焊点焊透到内插件。

步骤 9：用砂轮机打磨所有焊点及焊缝。

注意立柱装饰性很强，焊点与焊缝要打磨到位，但不能损害焊接强度。

步骤 10：喷涂防锈涂料。

二、用错位对接法切割更换维修 A 柱

错口对接时，支柱内侧上的切口位置和其他侧面上的不同，从而形成错口。尽可能在原点焊的焊点之间断开，这样钻除焊点比较容易。切口之间错开的距离应不小于 50～100mm，截断的各部分对接起来，再在接口周围用连续焊焊好。

步骤 1：切割。

在两个焊点之间进行切割，最好利用夹具引导并定位切割。先切割立柱的一侧钣件，而且切断其边缘，但不要切断对面板的边缘，更不能切进对面板；然后在对面板离刚才切割位置 50～

100mm 处进行切割，并要切断边缘，但同样不能切断对面板的边缘。

步骤 2：分离钣件。

利用焊点切割钻，钻除焊点，把变形部分与车身分离。

步骤 3：修理切口。

在车身立柱上下切口位置进行修平和打磨工作，并喷涂透焊底漆。

步骤 4：新件准备。

① 把可用替代件，按照车身立柱切割位置形状、尺寸切割下来，作为装配的新件。

② 钻 8mm 塞焊孔，去掉所有板上的毛刺、油漆、底涂层以及焊缝保护层，但不要去掉镀锌层。喷涂透焊底漆。

步骤 5：定位试焊。

把新件安装在车身上，并夹紧，定位试焊。根据出现问题进行调整配合。

步骤 6：焊接。

按照塞焊孔进行塞焊，在对接位置进行连续焊接。注意焊接顺序，设法减小热量对钣件的影响。完成所有焊点，确保接合面完全封闭。

步骤 7：焊后清理、喷涂防锈漆。

想一想

两种切割更换维修 A 柱的方法各有哪些特点？

操作四　车厢地板的切割更换

车厢地板及行李箱地板也是经常遇到的作业项目，这两种作业都是利用搭接法进行切割更换维修的，维修的原则是要保证接合面能完全密封，防止水分及废气进入车厢；也要保证维修部位的防腐能力达到要求。

提示

安装地板时，在搭接位置一律要让上面板的端面朝向汽车前面，而下面板端面朝向汽车后面。这样就会使道路污尘流过接合面的底部边缘，而不会迎面冲击接合面，如图 10-33 所示。

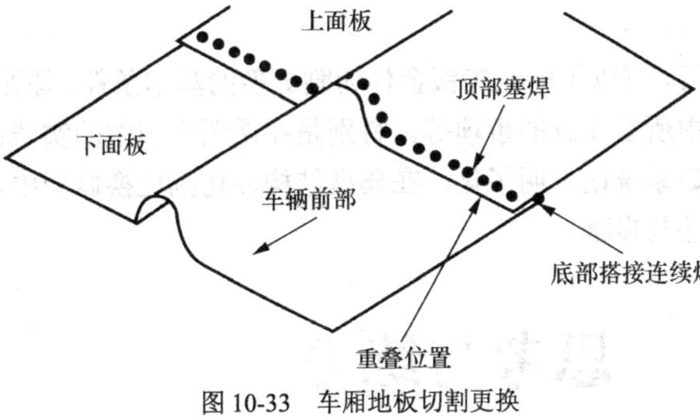

图 10-33　车厢地板切割更换

步骤 1：切割。

① 在没有加强件，没有固定座的地方进行切割，尤其注意不要切割到座椅安全带固定点；钻除有关焊点，把地板分离。并除去车身切割位置上的毛刺。

② 按照所切割的地板位置，切割更换板。注意尺寸要与原有板至少重叠 25mm。除去板上的毛刺，并钻 8mm 塞焊孔。

步骤 2：钣件清洁。

把要装配钣件焊接部位的油漆、底涂层以及焊缝保护层去掉，但保留镀锌层。在待焊接位置喷涂透焊底漆。

步骤 3：装配。

把后板放在上面重叠前板 25mm，经过调整后用夹具夹紧。进行定位焊，并再次进行测量和调整。

步骤 4：焊接。

① 从上面板向下面板进行塞焊。

② 沿重叠接合面的下方板边，进行连续搭接缝焊。

步骤 5：清理。

清理所有焊点及焊缝。

步骤 6：防腐及密封处理。

在接合处的车厢面喷涂防锈漆，并加上填料软嵌条；车身底部面在焊缝上加焊缝保护涂料，再加上接缝密封胶，然后对维修区域喷涂防锈底漆和面漆，如图 10-34 所示。这样可以保证没有一氧化碳气体进入车厢，必要时还应涂吸音材料。

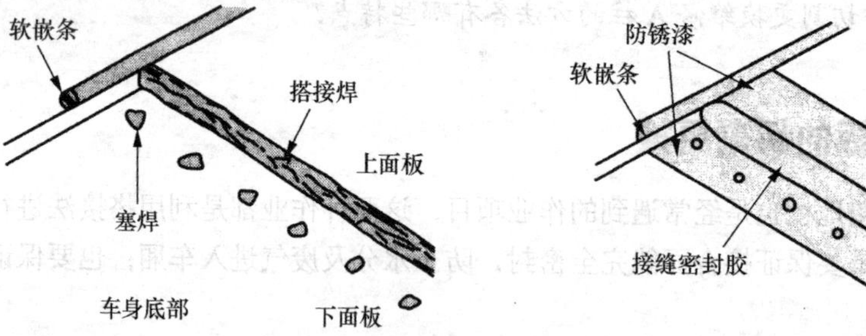

图 10-34　地板切割更换修理的防腐及密封处理

模块总结

通过对本模块的学习，可以了解汽车钣金件切割更换的基本条件、原则以及切割更换的方法、步骤，以及在实际操作中所要注意的事项等。特别是在课题实施中的实践内容，它能够结合理论知识，把切割更换的知识系统化、明了化。在典型结构件切割更换修理中，能够掌握一些常更换的典型结构件更换的方法与步骤。

思考与练习

一、判断题

1. 车架横梁、托架与纵梁一般采用焊接方法。(　　)

2. 结构性钣金件都是采用机械固定法，即用螺栓、铆钉固定到承载式车身上，而非结构性或装饰性钣金件都是采用焊接的方法与承载式车身连接在一起的。（　　）

二、简答题

1. 拆解部位的选择原则是什么？
2. 构件拆解后的处理作业内容包括哪些？
3. 新件的准备与定位方法有哪些？
4. 简述焊缝的修整与处理方法。

参 考 文 献

[1] 冯培林．汽车钣金维修技术［M］．北京：化学工业出版社，2010．

[2] James E • Duffy，Robert Scharff．吴友生，译．汽车车身维修技术［M］．北京：高等教育出版社，2006．

[3] 马云贵，谭本忠．汽车钣金教程［M］．北京：机械工业出版社，2008．

[4] 张成利，宋孟辉．汽车钣金修复技术［M］．北京：人民邮电出版社，2010．

[5] 黄勇，路学成．汽车维修钣焊工［M］．北京：国防工业出版社，2007．

[6] 黄平．汽车车身修复技术［M］．北京：人民交通出版社，2005．

[7] 张吉国．汽车车身修复技术［M］．北京：高等教育出版社，2005．

[8] 周方寿．客车车身覆盖件的设计与制造［M］．北京：机械工业出版社，1998．

[9] 夏国谌．钣金工手册［M］．北京：化学工业出版社，2005．

[10] 夏国谌．使用钣金工［M］．北京：机械工业出版社，2001．

[11] 高忠民．电焊工基本技术［M］．北京：金盾出版社，1997．

[12] 张洪源．汽车钣金［M］．北京：人民交通出版社，1997．

[13] 汽车百科全书编纂委员会．汽车百科全书［M］．北京：机械工业出版社，1992．